21世纪

高职高专规划教材 · **会计系列**

Financial Management Practice

财务管理实务

（第2版） | 主编 ◎ 薛春燕 马元兴

中国人民大学出版社

· 北京 ·

第 2 版前言

本教材第 1 版自 2013 年 5 月出版发行以来，得到了全国广大高等职业院校会计专业师生的一致好评。

根据教育部最新的关于教材建设工作的相关文件精神，我们按照坚持职教特色、坚持产教融合的原则，遵循学生技术技能人才成长规律，适应专业建设、课程建设、教学模式与方法改革创新等方面要求，进一步突出岗位针对性，加强实践技能的训练，按照理实一体化的模式，注重学生职业判断能力的培养和职业精神的养成，同时结合最新的财税政策，对第 1 版教材进行了认真的修订。

本书积极发挥教材培根铸魂的重要作用，做到知识传授与品德修养相互促进的高度统一。本书以习近平新时代中国特色社会主义思想为指导，全面融入党的二十大精神，始终把提高学生的思想道德素质与专业素养融为一体，培养学生诚实守信、爱岗敬业等优秀品质，为中国式现代化建设提供高技能人才支撑。修订后的教材，保持了原有的项目导入、任务驱动，融教、学、做为一体的特色。同时，修订后的教材由于更注重强化学生综合业务素质的培养和学生财务管理实践技能的训练，因此更名为《财务管理实务》。

本教材在内容编排设计上遵循学生的认知规律，充分体现以学生为主的教育理念。本教材共分为九个项目，项目一是财务管理基础知识认知，项目二帮助学生树立财务管理基本观念，项目三至项目九按照预测、决策、预算、控制的财务管理工作环节，介绍了财务管理的筹资、投资、股利分配等主要工作任务。每个项目首先列出必须达到的学习目标，继而以真实的导引案例激发学生的学习兴趣，然后分任务进行阐述。每个任务都以简要的语言进行描述，精心设计典型的案例，模拟和解析工作过程，并且配有职业能力训练。另外，每个项目后还配有项目小结、术语与公式、项目实训、案例分析及阅读推荐，帮助学生巩固知识、提高实践技能。

修订后的教材进一步凸显了以下特色：

第一，紧扣财税政策新变化。

《企业会计准则》的修订及新的税收政策法规制度的实施，使原有的相关教学内容发生了较大的变化。我们以新修订的《企业会计准则》和财税法规为依据，对教材有关内容进行了修订，从而实现教材内容与企业实际业务更好的结合。

第二，选取内容难度深浅适度。

第 1 版教材出版发行后，很多高职院校师生认为部分内容难度偏深，我们充分考虑他们的意见和建议，删减了原来教材中教学要求偏高、偏深的内容，使教材选取的内容更加符合高职学生的接受能力，内容难度深浅适度，取舍更加合理，以期更好地反映企业财务管理岗位职业能力要求。

第三，案例选取精练贴切。

为了更好地让学生理解各项目知识点，我们精心挑选了与教学内容密切相关的短小精悍、生动活泼的案例，更能激发学生的学习兴趣，通过引导学生进行案例分析，更能锻炼学生综合分析能力和解决问题能力。

本教材由课程负责人薛春燕负责总体修订工作，并修订了项目四、项目五。参加修订工作的人员有马元兴（项目一、项目二、项目三）、裴淑琴（项目六、项目七）、郭素娟（项目八、项目九）。

在修订过程中，我们得到了若干专家学者、院校领导以及中国人民大学出版社的大力支持，在此一并表示感谢！

由于作者水平有限，书中疏漏之处在所难免，敬请读者批评指正。

薛春燕

第 1 版前言

2012 年 3 月，教育部发布《关于全面提高高等教育质量的若干意见》（教高〔2012〕4 号），提出强化实践育人环节，要求高职院校结合专业特点和人才培养要求，分类制定实践教学标准，增加实践教学比重，确保各类专业实践教学有必要的学分（学时）。为了满足社会发展对高素质、高端技能型人才培养的需求，我们编写了本教材。本教材针对财务管理的工作过程及特点，全面创新教材结构体系，推行项目导向、任务驱动，融教、学、做为一体，强化学生综合业务素质和实际操作能力的培养。

本教材融入了财政部最新颁布的《企业会计准则》和《企业财务通则》，借鉴全国会计专业技术资格考试“财务管理”内容，依据企业财务管理岗位实际情况，以及职业教育对财务会计人才培养的要求，突出体现了财务管理的岗位性、技能性、实践性。

本教材的项目一是财务管理基础知识认知，项目二帮助初学者树立财务管理基本观念，项目三至项目十按照预测、决策、预算、控制、分析的财务管理工作环节，介绍了财务管理的筹资、投资、股利分配等主要工作任务。每个项目首先列出必须达到的学习目标，继而以真实的导引案例激发读者的学习兴趣，每个工作任务都以简要的语言进行描述，精心设计典型的案例，模拟和解析工作过程；在每个工作任务后配有职业能力训练；另外，在每个项目后还配有综合性的项目实训和案例分析，帮助读者巩固知识、提高实践技能。

本教材体系清晰、结构新颖、内容适度、例题经典，是一本便于高等职业院校教学且具有较强可读性的教材，也可作为广大财务会计工作者工作、进修和参加职称考试的参考书。

本教材由马元兴主编，并编写了项目一、项目二、项目三；薛春燕担任副主编，并编写了项目四、项目五；裴淑琴编写了项目六、项目七；郭素娟编写了项目八、项目九；季光伟编写了项目十。在编写过程中，我们得到了若干专家学者、院校领导以及中国人民大学出版社的大力支持，在此一并表示感谢！

由于编者水平有限，书中疏漏之处在所难免，敬请读者批评指正。

编　者

2013 年 1 月

目　录

项目一

财务管理基础知识

【学习目标】

- 能准确界定企业的财务活动。
- 认识企业的财务关系。
- 理解财务管理的目标。
- 认识企业管理与财务管理的关系。
- 了解财务管理环境对财务管理产生的影响。
- 了解企业财务管理的工作过程。
- 了解企业财务管理的基本体制、岗位设置与岗位职责。
- 具备一定的沟通协调能力，能够熟练处理财务关系。

【导引案例】

“给我一个支点，我就可以撬动地球！”创业是最能体现自我价值的事情，古今中外多少成功者正是凭着这样一股豪情，开创出惊天动地的事业。然而，创业也是最具挑战性的事情，商海茫茫，变化无常，有成功自然也会有失败。不少创业者主要是在财务管理方面面临问题的，如财务管理制度创建不到位，创业者素质提高不及时，财会人员选拔不审慎等。由于创业者未能意识到上述问题的重要性，最终导致公司财务管理失控，造成严重后果。

很多创业者在各自的专业领域都是专家，但大部分人对会计与财务知识一知半解，导致本不应发生的财务舞弊与错误操作层出不穷，不仅在企业内部制造了许多麻烦，而且经常招致税务机关等执法部门的处罚。《财富》杂志曾经对企业经理人的失败原因进行长期跟踪分析，最后得出结论认为，这些企业家失败有六大原因，依次为：缺乏对坏消息（亏损或利润下降）的处理能力、疲劳综合征、缺乏处理人事的能力、决策有局限性、缺乏财务知识、坐失良机。

任务一

企业管理与财务管理的关系

※ 任务描述 ※

财务管理是企业管理的一个重要组成部分。学习财务管理首先要了解企业管理，在此基础上明确企业管理与财务管理的关系，并掌握财务管理的概念和特征。

※ 知识准备 ※

一、企业管理的概念

企业管理（business management）是对企业的生产经营活动进行组织、计划、指挥、监督和调节等一系列职能活动的总称。

二、企业管理的内容

（1）计划管理。通过预测、规划、预算、决策等手段，围绕总目标的要求把企业的经济活动有效地组织起来。计划管理体现了目标管理。

（2）组织管理。建立组织结构，规定职务或职位，明确责权关系，以使组织中的成员互相协作、共同劳动，有效实现组织目标。

（3）物资管理。对企业所需的各种生产资料进行有计划的采购、供应、保管、节约使用和综合利用等。

（4）质量管理。对企业的生产过程与成果进行监督、考查和检验。

（5）成本管理。围绕企业所有费用的发生和产品成本的形成，进行成本方面的预测、计划、控制、核算、分析、考核等。

（6）财务管理。对包括固定资金、流动资金、专用基金、盈利等的形成、分配和使用在内的企业各项财务活动进行管理。

（7）劳动人事管理。对企业经济活动中各个环节和各个方面的劳动和人事，进行全面计划、统一组织、系统控制、灵活调节。

（8）营销管理。对产品的定价、促销和分销进行管理。

（9）团队管理。依据成员的工作性质、能力组成各种生产与议事团队，进行各类决策和问题解决的实践，以提高组织生产力，有效实现组织目标。

（10）企业文化管理。以价值观管理为核心，涉及企业战略、人力资源、品牌等各方面，与企业领导及员工关系密切。成功的企业文化可以提升企业绩效，推动企业价值持续增长。

三、企业管理的意义

（1）提高企业的运作效率。

（2）明确企业的发展方向。

（3）发挥员工的潜能。

（4）使企业财务清晰，资本结构合理，投融资恰当。

（5）为顾客提供满意的产品和服务。

（6）更好地树立企业形象，为社会多做实际贡献。

四、财务管理的概念

财务管理是从财务活动和财务关系中产生的管理活动，它主要利用价值形式对企业所从事的生产经营活动进行管理，是组织资金运动、处理财务关系的一项综合性管理工作。

财务管理是企业管理的一个重要组成部分，财务管理的对象是企业资金的循环与周转。财务管理的实质是处理好企业与各方面的财务关系，其主要内容是筹资、投资、资金营运和收益分配，其主要职能是预测、决策、预算、控制与分析评价。

五、财务管理的特征

（1）财务管理的基本特征是价值管理。财务管理主要运用价值形式对经营活动实施管理，通过价值形式，把企业的一切物质条件、经营过程和经营结果都合理地加以规划和控制，达到企业效益不断提高、财富不断增加的目的。

（2）财务管理与企业各方面具有广泛的联系。企业的一切经营活动都涉及资金的收支，财务管理的触角常常伸向企业经营的每个角落，每个部门都会通过资金的使用与财务部门发生关系，财务部门也要对各部门合理使用资金、节约资金支出、提高经济效益进行管理，与各部门密切合作。

（3）财务管理是一项综合性管理。财务管理所运用的指标统称财务指标，它以价值形式综合反映企业经营的能力、成果和状态。公司的决策是否得当、经营是否合理、技术是否先进、产销是否顺畅，都可以迅速地在财务指标中得到反映。

六、财务管理的地位

（1）企业的宗旨和性质决定了财务管理的中心地位。企业是一种以营利为目的的经济组织，而盈利是以良好的财务运作为基础的。现代企业大多以财务管理为中心，即要求企业不仅重视资本的盈利性，而且重视资本的流动性，保持最佳的资本结构，提高资产利用效率，保证按期偿付债务，避免有盈利但不能按期偿债导致的破产。

（2）企业管理以财务管理为中心，是市场机制发挥作用及正常运行的基础。市场机制要发挥作用，需要企业对市场信号作出灵敏的反应，并依据这些信号及时调整自己的经营行为。市场经济是平等竞争的经济，其结果是经济资源在全社会范围内得到最佳的配置。如果企业不以财务管理为中心，而是以产量、规模或其他非价值目标为中心，结果必然是市场机制失灵，资金配置扭曲。

（3）财务管理是企业各项管理工作的“龙头”。在企业经营管理中，财务管理可以说是最主要的、起决定性作用的，生产管理、原料供应、产品需求、技术和设备管理等部门的各项工作都有其财务意义，都必须围绕财务目标开展工作，都要事先算一算财务账。可以说，财务目标是统率其他目标的总目标，企业从上到下各个部门都要为实现这一目标而奋斗。

※ 职业能力训练 ※

判断题

(1) 财务管理是企业管理的一个重要组成部分。 (　　)

(2) 财务管理主要利用价值形式对企业所从事的生产经营活动进行管理。 (　　)

(3) 企业管理的最终目的是生存。 (　　)

(4) 企业管理以财务管理为中心，是市场机制发挥作用及正常运行的基础。 (　　)

(5) 财务管理是一项综合性管理。 (　　)

任务二

财务管理目标和原则

※ 任务描述 ※

企业管理的目标可以概括为生存、发展和获利。财务管理是企业管理的一部分，是有关资金的获得和有效使用的管理工作，实施财务管理必须掌握财务管理的目标和原则。

※ 知识准备 ※

一、财务管理目标的概念

财务管理目标又称理财目标，是指企业财务活动所要达到的结果，也是评价企业理财活动是否合理的基本标准。只有明确了财务管理目标，才能理解财务管理到底是干什么的，它能干什么，它该怎么干。财务管理目标具有客观性、可验证性，因此，也具有绩效考核的作用。明确财务管理目标，有利于充分发挥财务职能，实施目标管理，有利于调动员工的积极性，创造出最佳业绩。

二、财务管理的总目标

财务管理的总目标是企业全部财务活动需要实现的最终目标，它是企业开展一切财务活动的出发点和归宿。关于财务管理的总目标，有三种观点：

（一）利润最大化

利润最大化观点来源于西方经济学理论，西方许多经济学家都是以利润最大化来分析和评价企业行为和业绩的，如亚当·斯密、大卫·李嘉图等。20 世纪 50 年代以前，西方财务管理界也大都认为以利润最大化作为财务管理目标是财务管理的最佳选择。

1. 利润最大化的优点

以利润最大化作为企业财务管理目标的优点在于：

（1）利润是企业一定时期内全部收入和全部费用的差额，将利润最大化作为财务管理目标，在一定程度上有利于资源的合理配置，有利于经济效益的提高。这是因为企业追求利润最大化，就必须讲求经济核算，不断改善企业管理，降低产品成本，提高劳动生产率。这些措施都有利于资源的合理配置和经济效益的提高。

（2）企业的利润指标比较具体直观，而且容易分解与分配，因此利润最大化目标容易被企业管理者和职工所接受。

2. 利润最大化的缺点

以利润最大化作为企业财务管理目标在实践中也存在以下缺点：

（1）利润是一个绝对数指标，不能反映投入与产出比，因此不利于同一企业不同时期之间，以及不同规模企业之间的比较。

（2）利润指标虽然可操作性强，但一定时期内利润的增加并不代表企业净资产的增加。

（3）利润最大化未能考虑取得利润的时间，即未能考虑资金的时间价值。

（4）利润最大化一般不能有效地考虑风险，这可能会使企业忽视风险而去追逐高额利润。

（5）利润最大化的目标往往会使企业管理者的决策带有短期行为倾向，即只重视实现近期的利润目标，而忽视企业的长远发展。

由此可见，不断提高企业的盈利能力无疑是企业长期稳定发展的重要基础，但是利润最大化并不是财务管理的最优目标。

（二）每股收益最大化

所有者作为企业的投资者，其投资目标是取得资本收益，具体表现为净利润与出资额或股份数（普通股）的对比关系，这种关系可以用每股收益这一指标来反映。每股收益是指归属于普通股东的净利润与发行在外的普通股股数的比值，它的大小反映了投资者投入资本获得回报的能力。

每股收益最大化的目标将企业实现的利润额同投入的资本或股本数进行对比，能够说明企业的盈利水平，可以在不同资本规模的企业之间或同一企业不同时期之间进行比较，揭示盈利水平的差异。但与利润最大化目标一样，该指标仍然没有考虑资金时间价值和风险因素，不能避免企业的短期行为，可能会导致企业行为与企业的战略目标相背离。

（三）企业价值最大化

所谓企业价值，是指企业全部资产的市场价值，通俗地说就是企业值多少钱。企业价值最大化是指通过企业财务上的合理经营，采用最优的财务政策，充分考虑资金时间价值和风险与报酬的关系，在保证企业长期稳定发展的基础上，使企业总价值达到最大。企业价值最大化的基本思想是将企业的长期稳定发展摆在首位，强调在企业价值增长中满足各方利益关系。企业价值最大化有两种计量方法：未来企业报酬贴现值和资产评估值。

1. 企业价值最大化的优点

采用企业价值最大化作为财务管理目标，具有以下优点：

（1）企业价值最大化目标考虑了取得报酬的时间，并用时间价值的原理进行了计量。

（2）充分考虑了风险和报酬的因素。

（3）企业价值最大化能避免企业追求短期利润的行为，因为现在的利润和将来的利润都会影响企业价值的评估。

（4）有利于社会资源的合理配置。社会资源都是向能够实现企业价值最大化的企业流动，有利于实现社会效益最大化。

2. 企业价值最大化的缺点

以企业价值最大化作为财务管理目标也存在一些缺点：

（1）对于上市公司来说，虽然可以通过股票价格的变动揭示其企业价值，但是股票价格受多种因素影响，特别是即期市场股价不一定揭示企业的获利能力，只有长期趋势才能做到这一点。

（2）对于非上市公司来讲，只有对企业进行专门的评估才能真正确定它的价值。

（3）在评估企业价值时，企业未来报酬和与企业风险相适应的折现率很难预测。

但即使有以上缺陷，企业价值最大化仍是目前认同度较高的财务管理总目标。

三、财务管理的分目标

将企业价值最大化作为企业财务管理的总目标，既充分考虑了资金时间价值和风险与报酬的关系，又兼顾了企业各方相关者的利益。在总目标的指导下，企业财务管理的分目标包括：

（1）企业筹资管理目标。企业筹资管理目标要求所筹资本既满足企业生产经营的需要，又使资本成本风险降至最低。这一目标可以考虑采用加权资本成本、财务杠杆系数来进行分析和评价。

（2）企业投资管理目标。企业投资管理目标要求企业经营者在认真分析影响投资决策各种因素的基础上，进行投资报酬和风险的权衡，作出决策，以使企业价值不断提高，实现企业财务管理的整体目标。这一目标可以考虑用净现值（*NPV*）、内含报酬率来分析和评价。

（3）企业营运资金管理目标。企业营运资金管理目标要求加速资金周转，提高企业资金利用率。这一目标可以考虑采用周转率指标，如存货周转率、应收账款周转率等来分析和评价。

（4）企业利润管理目标。企业利润管理目标要求努力挖掘企业潜力，合理利用人力和物力，以尽可能少的耗费取得尽可能多的经营成果，实现的利润要合理分配，使企业的发展获得不竭的动力，同时及时解决各种利益矛盾和纠纷。这一目标的评价需要利益相关各方共同作出表示，所以难以用具体指标来衡量。

财务管理目标是有层次的，有总目标和分目标之分。总目标应该考虑各利益相关者的利益需求，应具有全局指导性；分目标根据总目标来展开，应具有实际操作性，通过实现分目标最终实现总目标，同时可以适时通过对分目标的评价，来预测企业总目标的实现程度。财务管理总目标和分目标的关系如图 1－1 所示。

图 1－1　财务管理目标体系图

四、财务管理的原则

财务管理的原则也称理财的原则，是指人们对财务活动的共同认识。理财原则符合大量观察和事实，被多数人所接受，为解决新的问题提供指引，是财务交易和财务决策的基础。但原则不一定在任何情况下都绝对正确，原则的正确性与应用环境有关，在一般情况下是正确的，而在特殊情况下不一定正确。道格拉斯·R. 爱默瑞和约翰·D. 芬尼特将财务管理的原则概括为3类，共12条。

（一）有关竞争环境的原则

有关竞争环境的原则，源于对资本市场中人的行为规律的基本认识。

1. 自利行为原则

自利行为原则是指人们在进行决策时按照自己的财务利益行事，在其他条件相同的情况下，会选择有利于自己经济利益最大化的行动。

2. 双方交易原则

双方交易原则是指每一项交易都至少存在两方，在一方根据自己的经济利益作决策时，另一方也会按照自己的经济利益进行决策。因此，企业在决策时要正确预见对方的反应。

3. 信号传递原则

信号传递原则是指行动可以传递信息，并且比公司的声明更有说服力。信号传递原则是自利行为原则的延伸。由于人们或公司是遵循自利行为原则的主体，因此一项资产的买进能暗示出该资产“物有所值”，买进的行为提供了有关决策者对未来的预期或计划的信息。例如，一个公司决定进入一个新领域，反映出管理者对自己公司的实力以及新领域的未来前景充满信心。

4. 引导原则

引导原则是指当所有办法都失败时，寻找一个可以信赖的榜样作为自己的引导。所谓所有办法都失败，是指人的理解力存在局限性，不知道如何做对自己更有利；或者寻找最准确答案的成本过高，以至于不值得把问题完全搞清楚。在这种情况下，不要继续坚持采用正式的决策分析程序，包括收集信息、建立备选方案、采用模型评价方案等，而是直接模仿成功榜样或者大多数人的做法。例如，在一个自己从未到过的城市寻找一个就餐的饭馆，不值得或者没时间调查每个饭馆的所有信息，这时可以找一个顾客较多的饭馆去就餐，那些顾客很少的饭馆，可能不是价格很贵就是服务很差。

（二）有关创造价值的原则

有关创造价值的原则，源于对增加企业财富基本规律的认识。

1. 有价值的创意原则

有价值的创意原则是指新创意能获得额外报酬。

2. 比较优势原则

比较优势原则是指以特定专长创造价值。在市场上要想赚钱，必须发挥专长。没有比较优势的个体，很难取得超出平均水平的收入；没有比较优势的企业，很难增加股东的财富。

3. 期权原则

期权是指不附带义务的权利，它是有经济价值的。期权原则是指在估价时要考虑期权的价值。在评价项目时就应考虑到后续选择权是否存在，以及它的价值有多大。比如面对决策对象，你有选择做或不做的权利，通俗来说就是“进退自如”。有时一项资产附带的期权比该资产本身更有价值。

4. 净增效益原则

净增效益原则是指财务决策建立在净增效益的基础上，一项决策的价值取决于它与替代方案相比能带来更多的净收益。

（三）有关财务交易的原则

有关财务交易的原则，源于对财务交易基本规律的认识。

1. 风险-报酬权衡原则

风险-报酬权衡原则是指风险和报酬之间存在一个对等关系，投资人必须对风险和报酬作出权衡，可以为追求较高的报酬而承担较大的风险，或者为减小风险而接受较低的报酬。所谓对等关系，是指高收益的投资机会往往伴随巨大的风险，风险小的投资机会往往只有较低的收益。

2. 投资分散化原则

投资分散化原则是指不要把全部财富投资于一个公司或项目，而要分散投资。

3. 资本市场有效原则

资本市场是指证券买卖的市场。资本市场有效原则是指在资本市场上频繁交易的金融资产的市场价格，反映了所有可获得的信息，而且面对新信息完全能迅速地作出调整。

4. 资金时间价值原则

资金时间价值原则是指在进行财务计量时要考虑资金的时间价值因素。资金的时间价值是指资金在经过一定时间的投资和再投资后所增加的价值。

※ 任务设计与提示 ※

中国石油化工集团有限公司（简称“中石化”）在经济转型和国有企业改革的历程中，经历了以下过程：

（1）包干制和激励机制阶段。20 世纪 90 年代中期以前，工业生产总值持续高速增长，这个时期的工业生产总值一直是中石化的主要生产经营目标。

（2）现代企业制度阶段。随着企业自主权的进一步加大、市场经济体系的进一步完善，以及国有企业亏损的不断恶化，政府希望通过建立现代企业制度和引进国外先进的企业管理经验来激励国有企业实现利润最大化。但是中石化的利税总额、利润（总额）与净利润在1999年之前有多个年度为负增长，这说明中石化利润最大化的目标没有实现。

（3）国有企业上市阶段。由于股票初始上市（IPO）效应，利润（总额）与净利润在1999年有较大幅度增长，在2000年稍有下降，之后平稳增长；每股收益率在2000年有较大幅度增长，在2001年稍有下降，之后平稳增长。中石化在香港股票市场的股价持续波动增长，涨幅远高于道琼斯股票指数以及上证综合指数。此阶段每股收益最大化是中石化财务管理的目标之一。

（4）国有资产保护和可持续发展阶段。随着科学发展观和建立和谐社会目标的提出，中石化更加关注企业社会责任，建立了健康、安全、环境等体系。此阶段中石化财务管理的目标是企业价值最大化。企业价值最大化要求企业在实现自身利益的同时，正确处理其与国家、社会、消费者和债权人等之间的关系，并尽可能使社会公众的利益得到最大的满足。

【任务】请分析中石化发展历程中，其财务管理目标变化与社会发展的关系。

【提示】在计划经济时代，国家包办一切，企业只需追求生产。进入市场经济时代，中国的经济结构不断完善，企业也跟着跨越了三大步，实现了与国际接轨。企业财务管理目标也随之从利润最大化向每股收益最大化、企业价值最大化转变。

※ 职业能力训练 ※

一、判断题

（1）利润最大化目标考虑了取得报酬的时间。（　　）

（2）每股收益最大化考虑了资金时间价值和风险因素，可以避免企业的短期行为。（　　）

（3）企业价值最大化是目前认同度较高的财务管理基本目标。（　　）

（4）在上市公司，股东财富是由其所持有的股票数量决定的，所持有的股票数量越多，股东财富就越大。（　　）

二、不定项选择题

（1）在下列各项中，能够反映上市公司股东财富最大化目标实现程度的最佳指标是（　　）。

A. 总资产报酬率　　B. 净资产收益率

C. 每股市价　　D. 每股收益

（2）下列各项企业财务管理目标中，能够同时考虑资金时间价值和投资风险因素的是（　　）。

A. 产值最大化　　B. 利润最大化

C. 每股收益最大化　　D. 企业价值最大化

任务三

财务关系与财务管理环境

※ 任务描述 ※

财务管理是对企业经营活动中的财务活动和财务关系进行管理，作为一名财务人员必须清楚财务活动包括的内容，并且能灵活处理纷繁复杂的财务关系。财务管理是对企业筹资、投资、资金营运和收益分配活动所进行的管理，其目标是实现企业价值最大化。实现财务管理目标受财务管理环境与财务管理体制的影响，学习财务管理必须了解财务管理环境和财务管理体制。

※ 知识准备 ※

一、财务活动

企业财务活动是以现金收支为主的企业资金收支活动的总称。财务活动包括：资金的筹集、运用、耗费、收回及分配等一系列行为。财务活动具体由筹资活动、投资活动、资金营运活动和收益分配活动四部分组成。

（一）筹资活动

筹资是指企业为了满足投资和资金营运的需要，筹集所需资金的行为。在筹资过程中，一方面，企业需要根据战略发展的目标和投资计划来确定各个时期企业总体的筹资规模，以保证投资所需的资金，另一方面，企业要通过筹资渠道、筹资方式或工具的选择，合理确定筹资结构，降低筹资成本和风险，提高企业价值。企业通过筹资活动通常可以形成两种不同性质的资金来源：一是企业资本金，二是企业债务资金。

（二）投资活动

投资是指企业根据项目资金需要投出资金的行为。企业投资可分为广义的投资和狭义的投资两种。广义的投资包括对外投资（如投资购买其他公司股票、债券，或与其他企业联营，或投资于外部项目）和对内投资（如购置固定资产、无形资产、流动资产等）。狭义的投资仅指对外投资。

企业在投资过程中，必须考虑投资规模，同时还必须通过投资方向和投资方式的选择，来确定合适的投资结构，提高投资效益，降低投资风险。

（三）资金营运活动

企业在日常生产经营活动中，会发生一系列的资金收付行为。例如销售商品、提供劳务，或采购材料、支付工资和其他经营费用等。上述各种活动都会产生企业资金的收付行为。这种因企业经营而引起的财务活动，通常称为资金营运活动。在一定时期内，营运资金周转速度越快，资金的利用效率就越高，企业就可能生产出更多的产品，取得更多的收入，获取更多的利润。

企业需要确定营运资金的持有政策、合理的营运资金融资政策以及合理的营运资金管理策略。包括：现金和交易性金融资产持有计划的确定；应收账款的信用标准、信用条件和收账政策的确定；存货周期、存货数量、订货计划的制定；短期借款计划、商业信用筹资计划的确定等。

（四）收益分配活动

企业通过投资活动和资金营运活动可以取得相应的收入，并实现资金增值。企业取得的各种收入在补偿成本、缴纳税金后，还应依据有关法律对剩余收益进行分配。广义地说，分配是指对企业各种收入进行分割和分派的行为；而狭义的分配仅指对企业净利润的分配。

企业实现的净利润可作为投资者的收益，分配给投资者或暂时留存企业（作为投资者的追加投资）。企业需要依据法律的有关规定，合理确定分配规模和分配方式，确保企业取得最大的长期利益。

小贴士　公司

公司是指全部资本由股东出资构成、以营利为目的而依法设立的一种企业组织形式。公司具有民事权利能力和行为能力，股东以其出资额或所持股份为限，对公司承担责任，公司以其全部资产对公司的债务承担责任。

二、财务关系

财务关系是指企业在财务活动中与有关各方所发生的经济利益关系。财务关系的核心是经济利益。企业在筹资活动、投资活动、资金营运活动和收益分配活动中，与相关各方存在不同类型的财务关系。这些关系主要包括以下几个方面：

（1）企业与投资者之间的财务关系。这类财务关系主要是指投资者向企业投入资金，企业向其投资者分配利润所形成的经济关系。

（2）企业与债权人之间的财务关系。这类财务关系主要是指企业向债权人借入资金，并按合同的规定支付利息和归还本金所形成的经济关系。

（3）企业与受资者之间的财务关系。这类财务关系主要是指企业以购买股票或直接投资的形式向其他企业投资所形成的经济关系。

（4）企业与债务人之间的财务关系。这类财务关系主要是指企业将其资金以购买债券、提供借款或商业信用等形式出借给其他单位所形成的经济关系。

（5）企业与供货商、企业与客户之间的财务关系。这类财务关系主要是指企业在购买供货商的商品或接受其服务，以及向客户销售商品或提供服务过程中所形成的经济关系。

（6）企业与政府之间的财务关系。这类财务关系主要是指政府作为社会管理者，通过收缴各种税款的方式与企业所形成的经济关系。

（7）企业内部各单位之间的财务关系。这类财务关系主要是指企业内部各单位之间在生产经营各环节中互相提供产品或劳务所形成的经济关系。

（8）企业与职工之间的财务关系。这类财务关系主要是指企业向职工支付劳动报酬过程中所形成的经济关系。

三、财务管理环境

财务管理环境是指对企业财务活动和财务管理产生影响作用的企业外部条件或因素。它们是企业财务决策和管理难以改变的外部约束条件，企业财务管理必须适应它们的要求而主动变化。财务管理环境涉及的范围很广，其中最重要的财务管理环境是经济环境、法律环境和金融环境。

（一）经济环境

财务管理的经济环境是指企业进行财务活动的社会宏观经济状况。

1. 经济发展状况

经济发展状况对财务管理的影响表现为经济发展速度、经济发展波动对财务管理的影响。经济发展速度对企业财务管理有重大影响。我国近几年国内生产总值年增长速度在6%～7%之间，这一经济发展速度是衡量企业发展速度的一个标准。为了使企业发展速度与经济发展速度保持同步，企业财务管理者就必须筹措和管理大量资金，在企业发展上倾注精力。经济发展波动对企业财务管理也有极大影响。经济发展波动表现为经济的繁荣与衰退。市场经济必然会交替出现“过热”与“调整”，企业财务管理者必须适应这种波动，并有足够的准备应对这种波动，维持、管控和调整生产经营。

2. 通货膨胀

通货膨胀不仅对消费者不利，同样会给企业带来较大影响。在通货膨胀时，企业必须利用财务管理手段，调整企业的收入和成本，减少企业的损失。同时，企业财务管理应充分适应通货膨胀这种经济环境，预测通货膨胀的发生与结束，利用通货膨胀的机会，追求企业价值最大化。

3. 利息率波动

利息率波动是指银行存、贷款利息率的调整，以及相关的股票和债券价格的波动。利息率波动是经济环境中经常发生的现象，给企业财务管理带来机会，也带来挑战。企业财务管理者应充分利用利息率波动的机会，变不利为有利，获取额外收益。

4. 政府的经济政策

在市场经济条件下，政府仍然具有调控宏观经济的职能。国民经济的发展规划、国家的产业政策、经济体制改革的措施、政府的行政法规等，对企业财务管理都有重大影响。企业财务管理者必须关心和研究政府的经济政策，如政府支持什么、限制什么，政策导向是什么，企业财务管理者应充分了解，并能把握发展趋势。

5. 社会竞争

竞争是市场经济的全部体现，竞争存在于企业的全部生产经营之中，竞争存在于企业运营的每时每刻。竞争是商业“战争”，它综合了企业的全部实力和智慧，经济发展状况、通货膨胀、利息率波动、政府的经济政策等带来的财务问题，以及企业的对策都在竞争中体现出来。竞争取胜是企业生存的前提，也是企业财务管理的核心。

（二）法律环境

财务管理的法律环境是指企业和外部发生经济关系时所应遵守的各种法律、法规和规章。企业进行财务管理时，无论是筹资活动、投资活动、资金营运活动还是利润分配活动，都要和企业外部发生经济关系。在处理这些经济关系时，应当遵守有关法律规范。对企业而言，规范企业行为的法律、法规主要分为三大类：

1. 企业组织法规

企业组织法规是对企业成立过程以及成立以后的经营活动、理财活动作出的规定。企业组织法规包括《中华人民共和国公司法》（简称《公司法》）、《中华人民共和国外商投资法》（简称《外商投资法》）、《中华人民共和国合伙企业法》（简称《合伙企业法》）等。

例如，《公司法》对公司的设立条件、设立程序、组织机构、组织变更和终止的条件及程序等都作出了规定，包括股东人数、法定资本的最低限额、资本的筹集方式等。只有按其规定的条件和程序建立的企业，才能称为“公司”。《公司法》还对公司生产经营的主要方面作出了规定，包括股票的发行和交易、债券的发行和转让、利润的分配等。公司一旦成立，其主要的活动，包括财务管理活动，都要按照《公司法》的规定来进行。因此，《公司法》是公司制企业财务管理最重要的强制性规范，企业必须履行。

2. 税务法规

税务法规是规定企业纳税义务与责任的法律文本。有关税收立法可分为三大类：（1）所得税的法规；（2）流转税的法规；（3）其他地方税的法规。

企业必须按税务法规的要求，向国家缴纳各种税金。企业缴纳的税金构成企业的一种负担，成为企业的一项费用支出，企业都期望减少税务支出。减少企业税务支出的前提是不违反税法、不偷税漏税。企业依据税法规定，依靠对筹资活动、投资活动、资金营运活动和收益分配活动的精心策划来合理纳税。

3. 财务法规

财务法规是财务管理工作必须遵守的行为准则。我国目前企业财务管理法规制度有《企业财务通则》、行业财务制度和企业内部财务制度三个层次。

除上述法规外，与企业财务管理有关的法规还有许多，包括《中华人民共和国证券法》（简称《证券法》）、《中华人民共和国票据法》（简称《票据法》）、《中华人民共和国会计法》（简称《会计法》）、银行业相关法律法规等。财务人员要熟悉这些法规，把握财务管理法律环境，实现财务管理目标。

（三）金融环境

财务管理的金融环境是指金融市场的资金供应和利率变动对企业财务的影响。金融市场是指资金供应者和资金需求者双方通过某种形式融通资金的场所，是政府进行金融宏观调控的对象。

1. 金融市场的主要功能

（1）将储蓄转化为投资；

（2）改善社会经济福利；

（3）提供多种金融工具并加速流动，使中短期资金凝结为长期资金；

（4）提高金融体系的竞争性和效率；

（5）引导资金流向。

2. 金融市场的要素

（1）市场主体，即参与金融市场交易活动而形成买卖双方的各经济单位；

（2）金融工具，即借以进行金融交易的工具，一般包括债权债务凭证和所有权凭证；

（3）交易价格，即在一定时期内转让货币资金使用权的报酬；

（4）组织方式，即金融市场交易采用的方式。

3. 金融市场的分类

（1）金融市场按期限划分为短期金融市场和长期金融市场。短期金融市场是指以期限一年以内的金融工具为媒介，进行短期资金融通的市场，又称货币市场。长期金融市场是指以期限一年以上的金融工具为媒介，进行长期性资金交易活动的市场，又称资本市场。

（2）金融市场按证券交易的方式和次数分为初级市场和次级市场。初级市场，也称一级市场或发行市场，是指新发行证券的市场，这类市场使预先存在的资产交易成为可能。次级市场，也称二级市场或流通市场，是指现有金融资产的交易场所。初级市场俗称“新货市场”，次级市场俗称“旧货市场”。

（3）金融市场按金融工具的属性分为基础性金融市场和金融衍生品市场。基础性金融市场是指以基础性金融产品为交易对象的金融市场，如商业票据、企业债券、企业股票的交易市场；金融衍生品市场是指以金融衍生产品为交易对象的金融市场。所谓金融衍生品，是一种金融合约，其价值取决于一种或多种基础资产或指数，合约的基本种类包括远期、期货、掉期、期权，以及具有远期、期货、掉期和期权中一种或多种特征的结构化金融工具。

从企业财务管理角度来看，金融市场作为资金融通的场所，是企业向社会筹集资金必不可少的条件。财务管理人员必须熟悉金融市场的各种类型和管理规则，有效地利用金融市场来组织资金的筹措和进行资本投资等活动。

四、财务管理体制

财务管理体制是指组织、领导、管理企业财务活动的基本制度，是企业管理体制的重要组成部分。企业财务管理体制具体包括三方面内容：一是财务管理职权；二是财务管理组织；三是财务管理制度。三者相互联系、相互制约，共同构成财务管理体制。

在市场经济条件下，我国的财务管理体制内容主要是：企业作为经济法人，依法自主经营、自负盈亏、自我发展、自我约束，独立享受民事权利和承担民事义务。实行这一制度，企业在经营上全面进入市场，参与竞争；在财务管理上，企业具有独立地位，拥有投资决策权、经营决策权、资产处置权、资金支配权、工资奖金分配权等，这些权利受国家法律保护，任何部门和单位不得干预和侵犯。

（一）财务管理职权

财务管理职权是指国家与企业、上级与下级之间的财务管理权限的划分。在我国历史上，财务管理职权有三种类型：一是财务管理权限高度集中；二是财务管理权限分散，企业走向自主；三是企业自主经营、自负盈亏，实现资产的保值增值。

（二）财务管理组织

财务管理组织是指企业建立财务管理的职能部门，配备财务管理人员，实施管理企业的财务活动。我国财务管理的组织形式一般是在厂长（经理）或总会计师的领导下成立财务会计部门（部或科），合并执行财务、会计职能。财务、会计部门是合一还是分离，是以会计为主财务为辅，还是以财务为主会计为辅，各企业做法不一。根据我国《会计法》的规定，企业有自主决定企业财会组织的权力，而且财务管理与会计核算有密切的关系，因此，企业可以自主决定其组织体制，其前提应该是发挥财务管理的主动积极作用，更好地为企业适应市场竞争服务。

（三）财务管理制度

财务管理制度是组织企业财务活动、实施企业财务管理的章程。我国目前企业财务管理法规制度有《企业财务通则》、行业财务制度和企业内部财务制度三个层次。国家的为统驭，行业的为主体，企业的为补充，三者组成合理、协调、有序的分层次的法规制度系统。三者的特点如下：

（1）《企业财务通则》是由财政部制定、国务院批准的最基本的财务管理原则和法规，适用于中华人民共和国境内所有企业，是所有企业进行财务管理活动和制定具体财务制度的依据。

（2）行业财务制度是根据各行各业的特点和特定的管理要求，由财政部根据《企业财务通则》制定的，其基本原则是与《企业财务通则》一致的。行业财务制度包括工业、运输、商品流通、邮电、金融、旅游和饮食服务、农业、对外经济合作、施工和房地产开发、电影和新闻出版十个行业，是《企业财务通则》规定的进一步具体化。

（3）企业内部财务制度是企业根据行业财务制度并结合企业具体情况制定的内部管理办法。如企业可以制定企业内部的资金管理办法、成本管理办法、折旧管理办法以及各项财产的分工管理办法等，使企业内部的重要财务活动都有具体的法规作为依据。

【想一想1-1】企业财务管理岗位的人员，应该具备哪些社会能力？

小贴士　商业组织形式

在美国，有四种基本的商业组织形式：独资企业、合伙企业、股份有限公司和有限责任公司。

独资企业：只有一个所有者的商业形式。这个所有者对企业的全部债务承担无限责任。

合伙企业：一种由两个或两个以上的个人充当所有者的商业组织形式。这种商业组织形式分为有限责任合伙人与无限责任合伙人。

股份有限公司：在法律上独立于所有者的商业组织形式。其突出的特点是：有限责任、股份易于转让、永续存在，以及具备筹集大额资金的能力。

有限责任公司：一种混合型的商业组织形式。它的所有者既有公司具备的有限责任的好处，又有合伙企业所具备的联邦税收待遇的好处。

※ 任务设计与提示 ※

（一）

小张学习了财务管理的内容后有一个设想，毕业后自主创办一个广告设计公司，通过5年努力获得100万元利润，然后成家立业。带着这个想法，小张请教了老师，老师说很好，先做个规划看看。于是小张查阅资料，到广告公司实地考察，得到如下信息：广告设计公司需要租用30平方米房屋，每年租金预计5万元；购买一套设计、打印、喷绘设备，预计投资5万元，每年折旧费1万元；聘请2名工作人员，每年需要支付报酬8万元；开业运行后每年需要支付水电、物业等管理费用1万元；承接广告设计需要支付的材料等费用预计占收入的30%；流转税等税费占收入的6%，所得税占25%；工商注册资金需要5万元。根据这些信息，小张编制的财务规划如下：

（1）筹资活动：筹集资本金5万元和借款10万元，共计15万元，开办广告设计公司。

（2）投资活动：到工商所注册、租赁房屋和购买设备。

（3）资金营运活动：聘请2名工作人员每年工资投入8万元，每年水电、物业费1万元，材料费用占收入的30%，流转税等税费占收入的6%。

（4）收益分配活动：每年利润上缴25%的所得税，剩余全部归自己，5年得到100万元。

【任务】小张在5年时间里每年要承接多少业务才能实现目标呢？（假设5年中工人工资不变，聘请工人人数不变。）

【提示】

第一步，计算广告公司每年的固定成本。每年的房屋租金5万元，设备折旧1万元，人员工资8万元，水电、物业费1万元。

固定成本＝5＋1＋8＋1＝15（万元）

第二步，计算广告公司的变动成本率。材料费用30%，流转税等6%，二者合计36%。

第三步，计算每年应得净利润。

每年应得净利润＝100÷5＝20（万元）

第四步，计算每年应实现的销售额。假设每年应实现的销售额为x，则：

$[x(1-36\%)-15]\times(1-25\%)=20$

$x=65.1$（万元）

可见，在没有考虑资本成本和资金时间价值的情况下，每年要承接65.1万元的业务才能实现规划目标。

（二）

信友公司2018年度实现利润12 000万元，按照25%的所得税计算，应上缴国家所得税

3 000万元，获得净利润9 000万元，年初未分配利润5 000万元，年末可供分配利润14 000万元，按照10%提取法定盈余公积，按公司章程分配给投资者利润的30%～50%。

【任务】在该利润分配中涉及哪些财务关系？如果你是财务经理，请问这些财务关系在处理时是否有主次之分？假定公司明年有良好的投资机会，你认为分配给投资者的利润比例更高一点是否合适？

【提示】利润分配涉及国家、企业、投资者和职工四者关系；在这些财务关系中存在主次之分，国家利益高于一切；如果明年有良好的投资机会，则应该选择较低比例向投资者分配利润。

（三）

企业财务管理涉及的经济环境、法律环境和金融环境都是企业外部环境，而且每个企业都会面临，不可能回避。企业在面临这些财务管理环境时，有些可以积极应对，有些可以消极应付，有些必须严格执行，有些可以加以利用。

【任务】如果你是企业的财务经理，你将以什么态度来面对所处的财务管理环境？

【提示】态度决定一切。作为财务经理，面对纷至沓来而又复杂多变的国际、国内环境，应以充满阳光的心态积极对待，对有利的环境不能沾沾自喜，对不利的环境决不能选择回避，有利或不利都是会转变的，应认真分析财务管理环境的过去、现在和将来，分析各类环境因素产生的根源及其变化趋势。

※ 职业能力训练 ※

一、判断题

（1）企业的财务活动具体包括筹资、投资、资金营运、收益分配等一系列行为。（　　）
（2）企业筹集的资金，可以是货币资金，也可以是实物资产，但不能是无形资产。（　　）
（3）购买其他公司的股票属于一种投资活动。（　　）
（4）财务关系的核心是经济利益。（　　）
（5）财务管理环境是指对企业财务活动和财务管理产生影响的企业内部因素。（　　）
（6）竞争取胜是企业生存的前提，也是企业财务管理的核心。（　　）
（7）财务法规是财务管理工作必须遵守的行为准则。（　　）

二、不定项选择题

（1）财务活动具体由（　　）组成。
A. 筹资活动　　B. 投资活动　　C. 资金营运活动　　D. 收益分配活动
（2）企业通过筹资活动通常可以形成（　　）资金来源。
A. 企业资本金　　B. 企业营业收入　　C. 企业债务资金　　D. 企业投资收入
（3）企业与投资者之间的财务关系，主要是指（　　）。
A. 投资者管理企业　　B. 企业的投资者向企业投入资金

C. 经营者经营企业　　　　D. 企业向其投资者分配利润

(4) 企业与债务人之间的财务关系，主要是指（　　）。

A. 购买债券　　B. 提供借款　　C. 提供商业信用　　D. 商品买卖

(5) 筹资管理目标要求所筹资的数量（　　）。

A. 满足企业生产经营的需要　　　　B. 使资本成本风险达到最小

C. 达到最大资金量　　　　D. 使资本成本率最低

(6) 营运资金管理的目标是（　　）。

A. 加速资金周转　　　　B. 增加企业经营收入

C. 提高企业资金利用率　　　　D. 降低企业经营成本

(7) 财务管理环境涉及的范围很广，其中最重要的是（　　）。

A. 经济环境　　B. 法律环境　　C. 金融环境　　D. 企业环境

(8) 对企业财务管理有影响的社会宏观经济状况包括（　　）。

A. 经济发展状况　　B. 通货膨胀　　C. 利息率波动

D. 政府的经济政策　　E. 社会竞争

(9) 企业财务管理应遵守的法律、法规主要分成（　　）。

A. 企业组织法规　　B. 税务法规　　C. 财务法规　　D. 经营法规

任务四

财务管理的方法与流程

※ 任务描述 ※

企业为了有效地组织、指挥、监督和控制财务活动，并处理好因财务活动而发生的各种经济关系，需要运用一系列科学的财务管理方法，通常包括财务规划、财务决策、财务预算、财务控制、财务分析及业绩评价与激励等方法。这些相互配合、相互联系的方法构成了一个完整的财务管理方法体系。作为一名财务经理，要实现财务管理的目标，其必须掌握财务管理的各种方法，熟悉财务管理工作过程与岗位职责。

※ 知识准备 ※

一、企业财务管理的方法

（一）财务规划

财务规划是以全局观念，根据企业整体战略目标和规划，结合未来宏观、微观形势的预测，所确立的企业财务战略目标和计划。企业战略目标的实现需要确定与之相匹配的企业的财务战略目标，因此，财务战略目标是企业战略目标的具体体现。财务战略规划也就是企业整体战略规划的具体化。

在财务战略的指导下，企业财务人员要根据企业财务活动的历史资料，考虑现实的要求和条件，对企业未来的财务活动作出较为具体的预计和测算。测算各项生产经营方案的经济效益，为决策提供可靠的依据；预计财务收支的发展变化情况，以确定经营目标；测定各项定额和标准，为编制计划、分解计划指标服务。

（二）财务决策

财务决策是指财务管理人员按照企业财务战略目标和规划，运用专门的方法对各种备选方案进行比较和分析，并从中选出最佳方案的过程，包括确定决策目标、提出备选方案、优选方案等步骤。财务决策是财务管理的核心，决策成功与否直接关系到企业的兴衰成败。

财务决策的方法主要有两类。一类是经验判断法，是根据决策者的经验来判断选择，常用的方法有淘汰法、排队法、归类法等。另一类是定量分析法，是应用决策论的定量方法进行方案的确定、评价和选择，常用的方法有数学分析法、数学规划法、概率决策法、效用决策法、优选对比法等。

（三）财务预算

财务预算是指企业根据各种预测信息和各项财务决策确立的预算指标编制的财务计划。企业在制定了财务目标、财务规划后，首先要在企业内部建立财务预算体系，并根据各种预测信息和各项财务决策，确立财务预算的指标和编制财务计划。预算体系的建立和财务预算的编制，是实现企业财务目标乃至实现企业整体战略目标的出发点和基础。财务预算就是企业财务战略规划的具体计划，是控制财务活动的依据。财务预算一般包括以下环节：分析财务环境，确定预算指标；协调财务能力，组织综合平衡；选择预算方法，编制财务预算。值得注意的是，财务预算应纳入企业全面预算体系中去，构成企业全面预算体系的重要组成部分。

（四）财务控制

财务控制就是对预算和计划的执行进行追踪监督、对执行过程中出现的问题进行调整和修正，以保证预算的实现。

在控制过程中，一方面，由于企业各个部门的运作及预算的执行最终都会以价值的形式体现出来，都会对企业的资金运动产生影响，这就需要协调企业各部门的关系，发动和激励企业全体员工参与全面预算的落实和执行，以使得企业的经营能高效运转，实现价值增值。此外，企业还要协调好与其外部各方面的关系，并充分利用各方面的资源，为企业谋取更大的利益。另一方面，为保证对各部门财务预算的执行情况进行有效的监督和控制，企业需要设计适当合理的财务控制制度以监控预算的执行，同时保证这种财务控制制度符合企业整体对内部控制制度的要求。更为重要的是，企业要对财务活动的各个环节进行风险控制和管理，以保证目标和预算的执行。风险控制和管理就是要预测风险发生的可能性，尽可能地提出预警方案，确定和甄别风险，采取有效措施规避、化解风险，或减少风险所带来的危害等。

（五）财务分析

财务分析是指根据财务报表等有关资料，运用特定方法，对企业财务活动过程及其结果进行分析和评价。财务分析既是对已完成的财务活动的总结，也是财务预测的前提，在财务管理的循环中起着承上启下的作用。财务分析是评价和衡量企业、部门以及各级管理人员经营业绩的重要依据，是挖掘潜力、改进工作、实现财务管理目标和企业战略目标的重要手段，是合理实施企业决策的重要步骤。财务分析步骤如下：收集资料，掌握信息；对比指标，揭露矛盾；分析原因，明确责任；提出措施，改进工作。

（六）业绩评价与激励

一个企业应该建立业绩评价体系，它是企业发挥激励作用的依据和前提，而激励机制的有效性又是企业目标实现的动力和保证。一般来说，经营业绩评价体系应该是一个以财务指标为基础，并包括非财务指标的完整的体系。非财务指标主要包括企业的战略驱动因素，如客户关系、学习和成长能力、内部经营过程等。一个完善的业绩评价体系应该力求达到内部与外部的平衡和长期与短期的平衡。

【想一想 1-2】企业财务管理工作是一个连续、系统、不断循环的过程，那么企业财务管理以什么为出发点？其最终目标是什么？

二、企业财务管理的工作过程

企业财务管理工作过程是指企业财务管理工作的步骤与一般流程，即财务管理工作的环节。一般而言，企业的财务管理工作过程如图 1-2 所示：

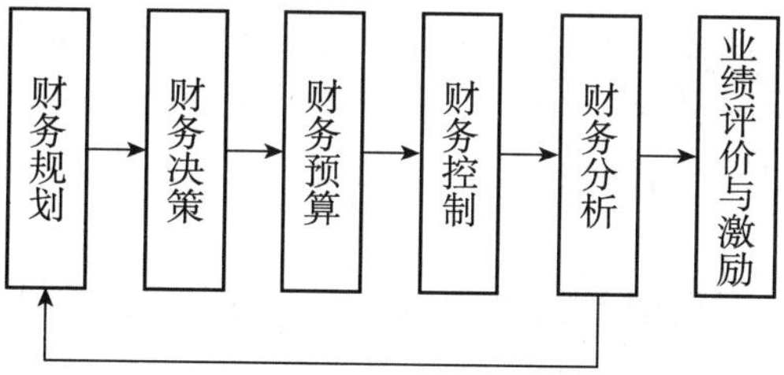

图 1-2　企业财务管理的工作过程

【想一想 1-3】企业财务管理工作过程形成一个系统，请问该系统的纽带是什么？

三、企业财务管理的岗位设置及其职责

（一）财务管理岗位设置

要想抓好企业财务管理，顺利实现财务管理目标，就必须合理有效地组织财务管理工作，健全企业财务管理机构，明确财务管理人员的工作职责。

企业财务管理机构会因企业的规模大小而不同。在小型企业中，财务管理工作是作为会计工作的一部分来完成，一般不设单独的财务管理组织，会计人员除进行会计核算以外，还要同时履行财务管理的职责。但是，随着企业规模的扩大，财务决策在企业战略决策中越来越重要。所以，在大中型企业中，一般都设有单独的财务管理机构，并设一名专管财务的财务长。图 1-3 是一张典型的公司制企业的财务管理组织结构简图。

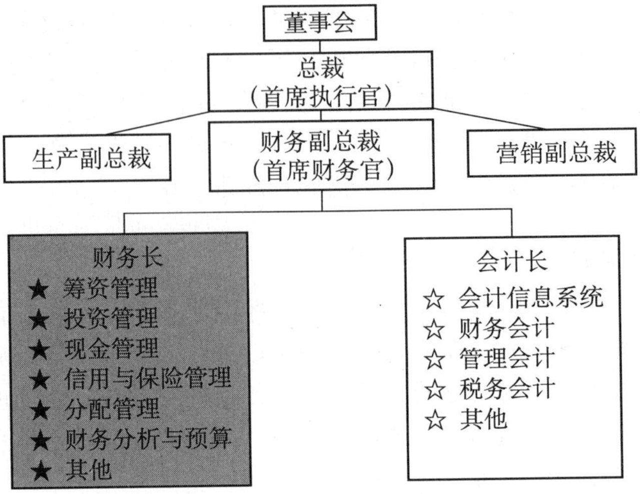

图1-3　公司制企业财务管理组织结构简图

（二）财务管理岗位职责

（1）筹资管理。预测资金需要量，确定融资渠道和选择最佳的融资方式，以保证企业生产经营的资金需求。

（2）投资管理。做好投资决策工作，并与各投资机构保持良好的关系。

（3）现金管理。确定现金的最佳金额，合理控制现金流量。

（4）信用与保险管理。制定信用政策，催收企业的应收账款。鉴别和估算企业应保险财产可能发生的损失，选择保险公司，制定有利于企业的保险条款，负责养老金的管理。

（5）分配管理。制定出适合企业的股利（利润）分配政策，协助董事会处理好股利（利润）分配工作。

（6）财务分析与预算。通过财务报表分析，向企业管理当局提供决策支持信息，编制财务预算，进行财务控制。

【想一想1-4】从企业财务管理组织结构简图中可知，你学习的专业都有相应的岗位，想一想，这些岗位分别需要具备什么样的职业能力？

小贴士　**如何统一CEO与股东的利益**

首席执行官（CEO）会采用适当的政策最大化股东股份的价值。然而，和普通人一样，首席执行官也趋向于为增加自己的利益而行动。董事会一个最关键的职责就是创造一种激励方式，使得首席执行官为自己的利益而采取的行动能够同时增加股东的利益。从理论上看，这并不是一件困难的事情。用下面三种基本政策进行某种组合，就会产生正确的货币激励，从而激励首席执行官最大化公司价值和股份价值：

1. 董事会可以要求首席执行官成为公司的重要股东。

2. 对工资、奖金和股票期权进行组合，以便于给业绩突出的管理者以高额回报，也给业绩不佳的管理者以重罚。

3. 对业绩不佳的首席执行官，坚决予以解雇。

※ 职业能力训练 ※

一、判断题

（1）财务管理体制是指组织、领导、管理企业财务活动的一项基本制度。（　）

（2）在小型企业中，一般不设单独的财务管理组织。（　）

二、不定项选择题

（1）财务决策主要包括（　）等步骤。

A. 确定决策目标　B. 提出备选方案　C. 方案优选　D. 制订计划

（2）财务预算一般包括以下环节（　）。

A. 分析财务环境，确定预算指标

B. 协调财务能力，组织综合平衡

C. 选择预算方法，编制财务预算

D. 组织财务活动，实施财务管理

（3）财务管理组织是指企业（　）。

A. 确定财务管理目标　B. 建立财务管理的职能部门

C. 配备财务管理人员　D. 实施管理企业财务活动

（4）下列关于集权型财务管理体制的表述中，正确的有（　）。

A. 采用该体制，企业总部财务部门在特定情况下可以直接参与各所属单位的执行过程

B. 采用该体制，有利于在整个企业内部优化配置资源，有利于实行内部调拨价格

C. 采用该体制，可能会导致资本成本增大、费用失控、利润分配无序

D. 采用该体制，集权过度，会使各所属单位缺乏主动性、积极性，丧失活力

【项目小结】

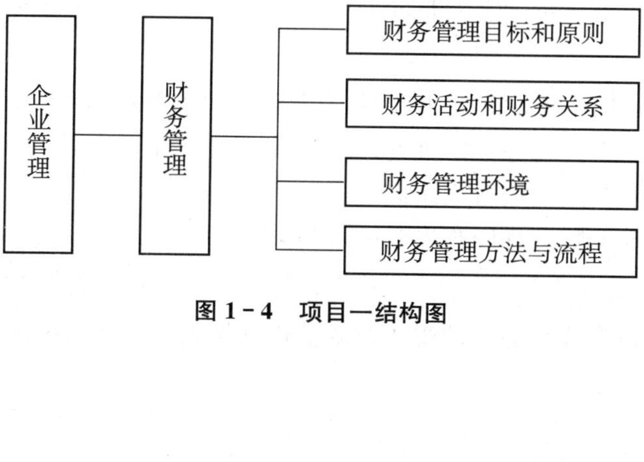

图 1-4　项目一结构图

【术语与公式】

1. 财务管理——基于企业在经营中客观存在的财务活动和财务关系而产生的，它主要利用价值形式对企业所从事的生产经营活动进行管理，是组织资金运动、处理财务关系的一项综合性管理工作。
2. 筹资——企业为了满足投资和资金营运的需要，筹集所需资金的行为。
3. 投资——企业根据项目资金需要投出资金的行为。
4. 资金营运活动——因企业经营而引起的财务活动。
5. 收益分配——广义的分配是指对企业各种收入进行分割和分派的行为；而狭义的分配仅指对企业净利润的分配。
6. 财务关系——企业在财务活动中与有关各方所发生的经济利益关系。
7. 财务管理环境——对企业财务活动和财务管理产生影响作用的企业外部条件或因素。

【项目实训】

调研一家企业的财务管理工作

1. 任务目标

了解企业财务管理的实际情况，懂得学习财务管理的任务、目的与要求。

2. 任务描述

联系一家企业，对企业的财务管理情况进行调研。选择调研的企业性质不限，规模中等及以上。调研的内容包括企业性质、规模，企业生产经营范围，企业机构设置，财务管理人员配备，财务管理人员素质要求，财务经理岗位职责，当前的理财环境对该企业财务管理的影响等。

3. 操作准备

（1）选择企业。由教师从校企合作企业中选择。

（2）学生分组。学生1人1组。

（3）制订工作计划书。每个学生制订一份工作计划书，交指导老师审阅修订。

4. 操作流程

（1）与选择企业的财务部门负责人联系，说明调研的目的、内容和要求。

（2）到达企业后听企业财务部门负责人的总体情况介绍。

（3）就有关不明确的问题进行交流提问。

（4）实地参观企业的财务部门和生产经营场所。

5. 完成任务

每个学生完成一份企业财务管理情况调研报告（见表1-1），不少于1 000字。

表 1-1　企业财务管理情况调研报告

一、企业概况 （包括企业性质、规模，企业生产经营范围，企业机构设置等） 二、企业财务管理组织结构设置 三、企业财务经理岗位职责 四、企业对财务管理人员的素质要求 五、当前企业内外部环境对该企业财务管理的影响 学生签字：

【案例分析】

增值税税率从16%降到13%　钢铁业将打开百亿元增效空间

制造业是国民经济的主体，是科技创新的主战场，是立国之本、兴国之器、强国之基。近年来，我国大力实施减税降费政策，为实体经济特别是制造业降成本、减负担。

2019年国务院《政府工作报告》提出，“深化增值税改革，将制造业等行业现行16%的税率降至13%”。制造业成为增值税改革的最大受益者，此次减税也将为制造业减负增力，增强企业效益、活力、创新力，为制造业的转型升级提供源源不断的动力。

“增值税是钢铁业的第一大税种。今年增值税税率下调3个百分点，能够明显降低钢铁业税负，受到行业企业普遍欢迎。”中国国际工程咨询有限公司冶金建材业务部主任陈子琦表示，这次增值税减税力度非常大，仅黑色金属冶炼和压延业的减税增效空间就高达200亿元到300亿元，对于促进钢铁业以及下游产业高质量发展大有裨益。

据初步测算，增值税税率调整后，每吨钢材税负下降空间约在20元至30元，今年仅钢厂增值税环节的减税空间就达200亿元至300亿元。此外，增值税税率下降还会减少以增值税为税基的附加税缴纳。

“增值税减税的效果立竿见影，能明显减轻企业负担，增加钢铁行业利润空间，使钢铁企业有更大的信心和能力提质升级。”陈子琦表示，这几年通过“去产能”和取缔“地条钢”，钢铁行业已走出全行业亏损的困境，目前行业盈利水平已恢复正常，但仍面临着加快转型升级以及实现绿色发展等艰巨任务。通过减税，钢铁企业的效益进一步提升，将有更大的能力推进产业升级和节能减排。其中包括：加大创新投入，更好地实施创新驱动战略；加大节能减排力度，推进超低排放改造；降杠杆、防风险，尽快把部分钢铁企业过高的负债率降下来。

值得注意的是，增值税减税，会让钢铁行业普遍受益，但各企业受产品结构不同等因素影响，受益程度会有所不同。由于增值税是对商品生产、流通、劳务服务中多个环节的新增价值或商品附加值征收的一种流转税，因此相对于主要生产低档大路货产品的企业，主打高档次、高附加值产品的钢铁企业减税增效空间会更大、金额更可观。可以说，大力推进高质量发展的钢铁企业在减税中获得感更强。

“钢铁行业增值税税率下调，还有利于激发市场活力，带动下游产业，特别是制造业降本增效。”陈子琦表示，钢铁作为国民经济基础产业，其减税利好因素也会传导至机械、汽车、家电、船舶等众多下游产业。此次减税除了能为钢铁行业增效外，还有利于支持钢铁企业降价让利，以拓展市场空间、提升钢铁产品竞争力。这对于降低下游产业的采购成本，带动更大范围的企业增活力、提效益，乃至增强我国制造业的整体竞争力都是有益的。

资料来源：周雷．增值税率从16%降到13%　制造业减税“红包”究竟有多大．(2019-03-21). http://www.ce.cn/xwzx/gnsz/gdxw/201903/21/t20190321_31715559.shtml.

【问题】

增值税税率由16%降到13%，为什么说相对于主要生产低档大路货产品的企业，主打高档次、高附加值产品的钢铁企业减税增效空间会更大、金额更可观？

【阅读推荐】

1.《中华人民共和国公司法》
2.《中华人民共和国合同法》
3.《企业财务通则》

项目二

财务管理基本观念

【学习目标】

- 懂得资金时间价值、风险与收益的概念和作用。
- 会计算各种形式的资金时间价值。
- 能对财务活动中涉及货币收付的业务运用资金时间价值进行分析评价。
- 会计算风险与收益的各种指标。
- 能对生产经营过程中的投资活动运用风险与收益进行分析评价。
- 能比较敏锐地判断内外环境变化对资金时间价值和风险与收益产生的影响。
- 会通过现代媒体等手段收集资金时间价值和风险与收益计算分析所需资料。

【导引案例】

面对今天的1 000美元、五年后的1 500美元、十年后的2 000美元，你会如何选择？

要回答这个问题，就必须把不同时间点的现金值调整到一个统一的时间点，这样就能进行公平的比较。

调整到统一时间点就需要知道资金时间价值率，假定资金时间价值率为8%，调整到统一时间点（今天）的现金值为：

今天的1 000美元不变。

五年后的1 500美元等于今天的1 020.9美元。

十年后的2 000美元等于今天的926.4美元。

通过资金时间价值的计算，应选择五年后的1 500美元。

任务一

资金时间价值

※ 任务描述 ※

资金时间价值是财务管理的第一个基本观念。财务管理工作者应懂得在企业日常财务管理中，资金会随时间变化而增值或减值，这是财务管理的基础。本任务学习目标为：

（1）明确资金时间价值的概念和作用。

（2）掌握用单利法计算资金时间价值。

（3）掌握用复利法计算资金时间价值。

（4）掌握用年金法计算资金时间价值。

※ 知识准备 ※

一、资金时间价值概述

资金时间价值，是指资金经历一定时间的投资和再投资后所增加的价值，也称为货币时间价值。在商品经济中，资金时间价值时刻存在。现在的100元和一年后的100元或一年前的100元，其经济价值是不相等的。假定将现在的100元存入银行，银行存款的年利率为10%，则现在的100元等于一年后的110元。

资金投入生产经营过程后，随着时间的推移，其价值不断增长，这是一种客观的经济现象。企业资金循环和周转的起点是投入货币资金，企业用它来购买所需的资源，然后生产出新的产品，产品出售时得到的货币量大于最初投入的货币量。资金的循环与周转以及因此实现的货币增值需要一定的时间，每完成一次循环，货币就增加一定数额，周转的次数越多，增值额也就越大。因此，随着时间的延续，货币总量在循环和周转中按几何级数增长，使得资金具有时间价值的特征。

从量的规定性来说，资金时间价值是在没有风险和没有通货膨胀条件下的社会平均资金利润率。由于竞争，市场经济中各部门投资的利润率趋于平均化。每个企业在投资某项目时，至少要取得社会的平均利润率，否则不如投资于另外的项目或另外的行业。因此，资金时间价值成为评价投资方案的基本标准。例如，有一个投资项目，投资额为100万元，投资后在五年中能获利50万元，若不考虑资金时间价值，那么投资方案是可行的，但如果考虑资金时间价值，假定投资者期望平均每年的报酬率为12%，则五年中的获利应达到76.2万元，经比较，该投资方案是不可行的。

资金时间价值可以用绝对数表示，也可以用相对数表示，即以利息额或利息率来表示。在实际工作中对这两种表示方法并不作严格的区分，但通常以利息率进行计量。由于资金时间价值与利息相关，因此，在计算资金时间价值时，要广泛使用计算利息的各种方法。

二、资金时间价值的作用

（1）资金时间价值是评价投资方案是否可行的基本依据。因为资金时间价值是扣除风险报酬和通货膨胀等因素后的社会平均资金利润率，所以作为投资方案至少应取得社会平均资金利润率水平，否则该方案是不可行的。因此，以时间价值作为尺度对投资项目的资金利润率进行衡量，就成为评价投资方案的基本依据。如果投资方案的资金利润率低于时间价值，则该方案的经济效益状况不佳；如果投资方案的资金利润率高于时间价值，则该方案的经济效益状况良好，方案可行。

（2）资金时间价值是评价企业收益的尺度。企业作为营利性的组织，其主要财务目标是实现企业价值最大化，不断增加股东财富。因此，企业经营者必须充分调动和利用各种经济资源去实现预期的收益，而评判这些资源是否充分有效使用的一个重要标准，就是看是否达到了预期的收益水平，这个预期的收益水平应以社会平均资金利润率为标准。由此，资金时间价值就成为评价企业收益的基本尺度。

三、资金时间价值的计算方法

（一）单利计算法

单利计算法是指在规定的期限内获得的利息均不计算利息，只就本金计算利息的一种方法。这里所说的“本金”是指贷给别人以收取利息的原本金额，也称为母金。“利息”是指借款人付给贷款人超过本金部分的金额。

单利计算法包括：单利利息的计算、单利终值的计算和单利现值的计算。

（二）复利计算法

复利计算法是指将每一期利息分别滚入下期连同本金一起计算利息的方法，俗称“利滚利”。

复利计算法包括：复利终值的计算和复利现值的计算。

（三）年金计算法

年金是指等额、定期的系列收支。在实际工作中，分期收付款、分期偿还贷款、发放养老金、分期支付工程款等，都属于年金收付形式。按照收付的次数和收付的时间划分，年金有以下几类：普通年金、预付年金、递延年金和永续年金。

（1）普通年金是指在一定时期内每期期末等额收付的系列款项，又称为后付年金。

（2）预付年金是指在每期期初等额支付的年金，又称即付年金或先付年金。

（3）递延年金是指第一次收付款发生时间不在第一期末，而是隔若干期后才开始发生的系列等额收付款项。它是普通年金的特殊形式，凡是不是从第一期开始收付的普通年金都是递延年金。

（4）永续年金是指无限期等额收付的特种年金，可视为普通年金的特殊形式，即期限趋于无穷的普通年金。由于永续年金持续期无限，没有终止的时间，因此没有终值，只有现值。

※ 任务设计及工作过程 ※

（一）

天坛公司销售一批商品取得一张票据，票面额为 50 000 元，票面利率为 6%，出票时间为 2019 年 3 月 1 日，到期时间为 2019 年 8 月 31 日，为期 6 个月，市场利率为 8%。

【任务】请计算：

（1）该票据的利息；

（2）该票据的终值；

（3）该票据的现值；

（4）假定该票据于 6 月 30 日办理贴现，计算其贴现值。

（二）

（1）天坛公司用 10 万元进行投资，每年的投资报酬率为 10%，每年取得的收益用于追加投资，10 年后的本利和将是多少？

（2）天坛公司计划在 10 年后获得本利和共计 100 万元，假设投资报酬率为 10%，该公司现在应投入多少万元？

【任务】请用复利法计算第一笔投资的终值和第二笔投资的现值。

（三）

（1）天坛公司在 5 年中，每年年末向银行借款 100 万元，借款年利率为 8%，5 年后公司应付银行借款的本息总额是多少？

（2）天坛公司在 5 年后有一笔 500 万元的借款需偿还，年利率为 6%，公司每年年末应存入多少准备金才能保证借款一次性偿还？

（3）天坛公司每年年末，需要支付利息 20 万元，年利率为 6%，5 年内应支付的利息总额的现值是多少？

（4）天坛公司有一个投资项目，每年年初投入资金 50 万元，共投资 5 年，假定年利率为 8%，则 5 年后预付年金的终值是多少？

（5）天坛公司分期付款购进一套设备，分 5 年付款，每年年初支付 100 万元，假定年利率为 10%，若该设备购进时采取一次性付款，应付款项为多少？

（6）计算递延年金终值。

（7）计算递延年金现值。

（8）天坛公司准备在某高校设立一项永久性的奖学金，计划每年颁奖 50 万元，若利息率为 10%，公司应投入多少钱作为基金？

【任务】请用年金法计算上述各项业务。

一、用单利法计算资金时间价值

用单利法计算资金时间价值，经常使用以下符号：

P——本金，又称期初金额或现值；

i——利率，通常指每年利息与本金之比；

I——利息；

F——本金与利息之和，又称本利和或终值；

n——计息期数，通常以年为单位。

（一）该票据的利息

单利利息的计算公式为：

$I=P\times i\times n$

$I=50\ 000\times 6\%\times(6\div 12)=1\ 500$（元）

在计算利息时，除非特别指明，给出的利率是指年利率。对于不足一年的利息，以一年12个月或360天来折算。

（二）该票据的终值

单利终值的计算公式为：

$F=P+P\times i\times n$

$F=50\ 000+50\ 000\times 6\%\times(6\div 12)=51\ 500$（元）

（三）该票据的现值

单利现值的计算公式为：

$$P=\frac{F}{1+n\times i}$$

式中，i 为市场利率。

$P=51\ 500\div(1+8\%\times 6\div 12)=49\ 519.23$（元）

【想一想2-1】为什么该票据的现值只有49 519.23元，比票据面额50 000元还少480.77元？

（四）该票据贴现的贴现值

单利贴现值的计算公式为：

$P=F-I$

式中，I 为贴现期内应支付给银行的利息。

$I=F\times i\times n$

$I=51\ 500\times 8\%\times 2\div 12=686.67$（元）

$P=51\ 500-686.67=50\ 813.33$（元）

【想一想2-2】我国银行存款和政府债券利息一般按照单利方式计算，而企业财务决策中的资金一般都采用复利方式计算，请问这是为什么？

二、用复利法计算资金时间价值

（一）复利终值的计算

复利终值是指一定数量的本金在一定的利率下按照复利的方法计算出若干时期以后的本金和利息之和。

复利终值的计算公式为：

$F=P(1+i)^n$

根据任务（二）的条件（1）：

第1年的复利终值为：

$F=P(1+i)=10\times(1+10\%)=11$（万元）

第 2 年的复利终值为：

$$F= P(1+i)^2=10\times(1+10\%)^2=10\times1.21=12.1（万元）$$

同理，第 10 年的复利终值为：

$$F= P(1+i)^{10}=10\times(1+10\%)^{10}=10\times2.593\,7=25.937（万元）$$

$F=P(1+i)^n$ 是计算复利终值的一般公式，其中的 $(1+i)^n$ 被称为复利终值系数或 1 元的复利终值，可用 $(F/P,i,n)$ 表示。例如，$(F/P,10\%,10)$ 表示利率为 10%时第 10 期的复利终值系数。为了便于计算，可编制“复利终值系数表”（见本书附表一）备用。该表的第一行是利率 i，第一列是计息期数 n，相应的 $(1+i)^n$ 值在其纵横相交处。通过该表可查出，$(F/P,10\%,10)=2.593\,7$。这说明在资金时间价值为 10%的情况下，现在的 1 元和 10 年后的 2.593 7 元在经济上是等效的，根据这个系数可以把现值换算成终值。

（二）复利现值的计算

复利现值是复利终值的逆运算，指未来一定时间的资金按复利计算的现在价值，或者说是为将来取得一定的本利和，现在所需要的本金。

复利现值的计算公式为：

$$P=\frac{F}{(1+i)^n}=F(1+i)^{-n}$$

根据任务（二）的条件（2）：

$$P=F(1+i)^{-n}=100\times(1+10\%)^{-10}=100\times(P/F,10\%,10)$$
$$=100\times0.385\,5=38.55（万元）$$

上式中的 $(1+i)^{-n}$ 是把终值折算为现值的系数，称为复利现值系数，或称 1 元的复利现值，可用 $(P/F,i,n)$ 表示。例如，$(P/F,10\%,10)$ 表示利率为 10%时第 10 期的复利现值系数。为了便于计算，可编制“复利现值系数表”（见本书附表二）备用。该表的使用方法与“复利终值系数表”相同。

【想一想 2-3】 复利终值和现值的计算，关键是计息期数和利息率，在企业实际工作中有三种常用的表示方法，请问是哪三种？

三、用年金法计算资金时间价值

（一）普通年金终值的计算

普通年金是指一定时间内每期期末等额收付的系列款项，又称后付年金。普通年金的收付形式可用图 2-1 表示，在图中，$n=3$，$i=10\%$，年金 $A=100$ 元。横线代表时间的延续，用数字标出各期的顺序号；竖线的位置表示支付的时刻，竖线下面的数字表示支付的金额。

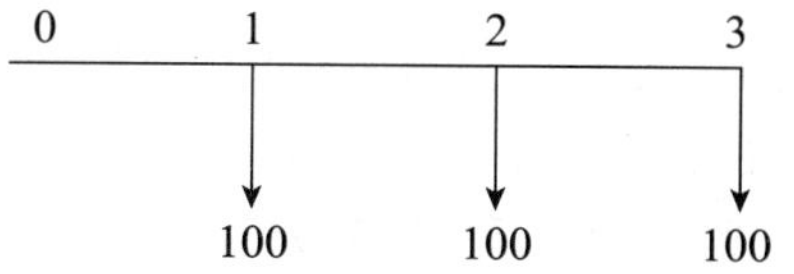

图 2-1　普通年金支付示意图

普通年金终值是指其最后一次支付的本利和，它是每次支付的复利终值之和。例如，根据图2－1的数据，其第三期末的普通年金终值计算可用图2－2表示。

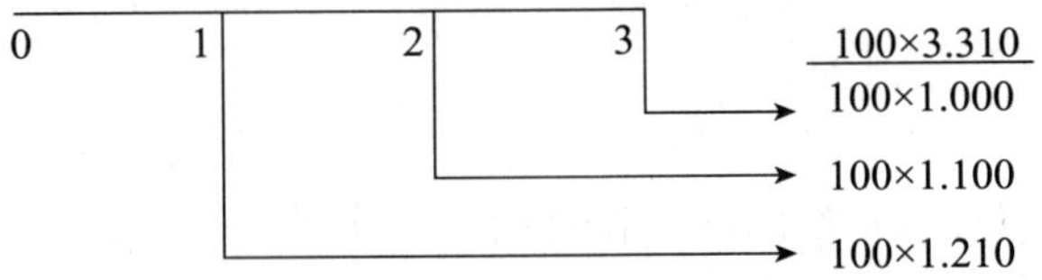

图2－2 普通年金终值计算示意图

从图2－2可以看出，第一期末的100元，应赚得2期的利息，因此，到第三期末其值为121元；第二期末的100元，应赚得1期的利息，因此，到第三期末其值为110元；第三期末的100元，没有计息，其价值是100元。整个年金终值为331元。

如果年金的期数很多，用上述方法计算终值就相当烦琐。由于每年支付额相等，折算终值的系数是有规律的，因此可使用简便的计算方法。

设每年支付的年金为A，利率为i，期数为n，则按复利计算的年金终值F为：

$$F=A+A(1+i)+A(1+i)^2+\cdots+A(1+i)^{n-1}$$

根据等比数列求和公式得：

$$F=A\frac{(1+i)^n-1}{i}$$

式中，$\frac{(1+i)^n-1}{i}$是普通年金为1元、利率为i、经过n期的年金终值，记作$(F/A,i,n)$，叫做普通年金终值系数，可查询“普通年金终值系数表”（见本书附表三）。

根据任务（三）的条件（1），天坛公司5年后应付银行借款的本息总额是：

$$F=100\times(F/A,8\%,5)=100\times5.8666=586.66\text{（万元）}$$

【想一想2－4】 同一个项目等额收付款项，用复利计算该项目的终值或现值和用年金计算该项目的终值或现值，其计算结果相同吗？

（二）偿债基金的计算

偿债基金是指为了在约定的未来某一时点清偿某笔债务或为积聚一定数额的资金而必须分次等额提取的存款准备金。由于每次提取的等额准备金类似年金存款，因而同样可以获得按复利计算的利息，所以，债务实际上等于年金终值，每年提取的偿债基金等于年金A。也就是说，偿债基金的计算实际上是年金终值的逆运算。其计算公式为：

$$A=F\frac{i}{(1+i)^n-1}$$

式中，$\frac{i}{(1+i)^n-1}$是普通年金终值系数的倒数，称为偿债基金系数，记作$(A/F,i,n)$。它可以把普通年金终值折算为每年需要支付的金额。偿债基金系数可以制成表格备查，也可以根据普通年金终值系数求倒数来确定。

根据任务（三）的条件（2），天坛公司每年年末应存入的准备金为：

$$A=F(A/F,i,n)=F[1\div(F/A,i,n)]=500\times[1\div(F/A,6\%,5)]$$
$$=500\times(1\div5.6371)=88.7\text{（万元）}$$

（三）普通年金现值的计算

普通年金现值是指一定时期内每期期末等额收付款项的复利现值之和。假定某公司在3

年内每年年末能取得收入 10 万元，年利率为 10%，那么 3 年的复利现值之和是多少？其计算可用图2－3表示。

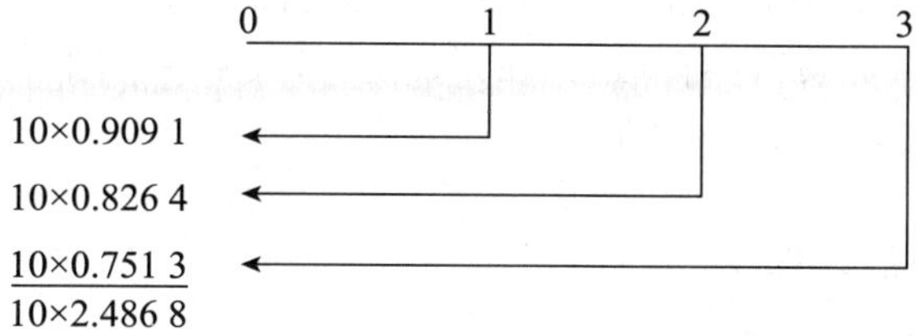

图 2－3　普通年金现值计算示意图

从图 2－3 中可以看出，每年 10 万元的收入，第一年折算现值为 9.091 万元，第 2 年折算现值为 8.264 万元，第 3 年折算现值为 7.513 万元，3 年现值之和为 24.868 万元。由此可以得出普通年金现值计算的一般公式：

$$P=A\ (1+i)^{-1}+A\ (1+i)^{-2}+\cdots+A\ (1+i)^{-n}$$

根据等比数列求和公式得：

$$P=A\frac{1-\ (1+i)^{-n}}{i}$$

式中，$\frac{1-\ (1+i)^{-n}}{i}$是普通年金为 1 元、利率为 i、经过 n 期的年金现值，记作（P/A，i，n），可据此做成“普通年金现值系数表”（见本书附表四），以供查阅。

根据任务（三）的条件（3），天坛公司 5 年内应支付的利息总额的现值是：

$$P=20\times\ (P/A,6\%,5)\ =20\times4.212\ 4=84.248\ (万元)$$

（四）预付年金终值的计算

预付年金是指在每期期初等额支付的年金，又称即付年金或先付年金。预付年金支付形式如图 2－4 所示。

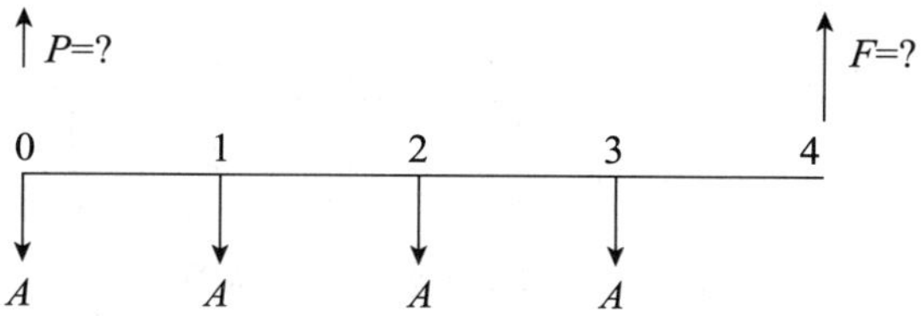

图 2－4　预付年金支付示意图

预付年金终值的计算公式为：

$$F=A\ (1+i)\ +A\ (1+i)^2+\cdots+A\ (1+i)^n$$

根据等比数列的求和公式可知：

$$F=A\ [\frac{(1+i)^{n+1}-1}{i}-1]$$

式中，$[\frac{(1+i)^{n+1}-1}{i}-1]$ 是预付年金终值系数，或称 1 元的预付年金终值。它和普通年金终值系数$\frac{(1+i)^n-1}{i}$相比，期数加 1，而系数减 1，可记作$[\ (F/A,i,n+1)\ -1]$，并可利用

"普通年金终值系数表"查得（$n+1$）期的值，减去1后得出1元预付年金终值。

根据任务（三）的条件（4），天坛公司5年后预付年金的终值是：

$$F=A\left[(F/A,i,n+1)-1\right]=50\times\left[(F/A,8\%,5+1)-1\right]$$

查"普通年金终值系数表"，有（$F/A,8\%,6$）$=7.3359$，则

$$F=50\times(7.3359-1)=316.8\text{（万元）}$$

（五）预付年金现值的计算

预付年金现值的计算公式为：

$$P=A+A(1+i)^{-1}+A(1+i)^{-2}+\cdots+A(1+i)^{-(n-1)}$$

根据等比数列求和公式得出：

$$P=A\left[\frac{1-(1+i)^{-(n-1)}}{i}+1\right]$$

式中，$\left[\frac{1-(1+i)^{-(n-1)}}{i}+1\right]$ 是预付年金现值系数，或称1元的预付年金现值。它和普通年金现值系数$\frac{1-(1+i)^{-n}}{i}$相比，期数要减1，而系数要加1，可记作$[(P/A,i,n-1)+1]$。可利用"普通年金现值系数表"查得（$n-1$）期的值，然后加1，得出1元的预付年金现值。

根据任务（三）的条件（5），天坛公司购进该设备时一次性付款是：

$$P=A\left[(P/A,i,n-1)+1\right]=100\times\left[(P/A,10\%,5-1)+1\right]$$
$$=100\times(3.1699+1)=416.99\text{（万元）}$$

（六）递延年金终值的计算

递延年金是指第一次收付款发生时间不在第一期末，而是隔若干期后才开始发生的系列等额收付款项。它是普通年金的特殊形式，凡不是从第一期开始收付的普通年金都是递延年金。递延年金的支付形式如图2-5所示。

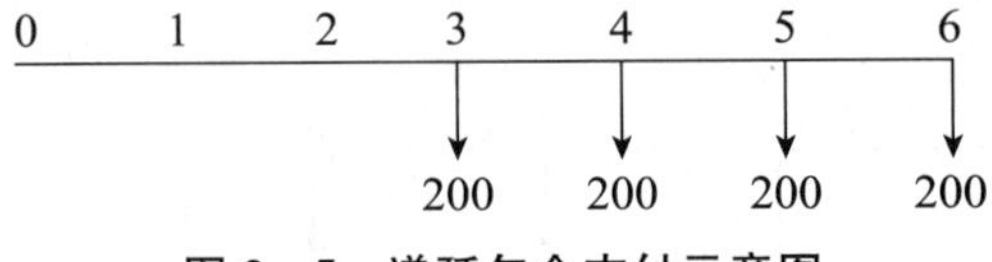

图2-5 递延年金支付示意图

从图2-5中可以看出，前2期没有发生支付。一般用m表示递延期数，本例的$m=2$。第一次支付在第三期末，连续支付4次，即$n=4$。

递延年金的终值大小与递延期无关，故计算方法和普通年金终值相同，如果利率为8%，以图2-5数据计算：

$$F=200\times(F/A,8\%,4)=200\times4.5061=901.22\text{（元）}$$

（七）递延年金现值的计算

递延年金现值的计算有两种方法：

第一种方法：把递延年金视为n期普通年金，求出递延期末的现值，然后将此现值调整到第一期初（如图2-5中0的位置），题设条件同上例，则有：

$P_2=200\times(P/A,8\%,4)=200\times3.3121=662.42$（元）

$P_0=662.42\times(1+8\%)^{-2}=662.42\times0.857=567.69$（元）

第二种方法：假设递延期中也进行支付，先求出（$m+n$）期的年金现值，然后，扣除实际并未支付的递延期（m）的年金现值，即可得出最终结果。

$P_{m+n}=200\times(P/A,8\%,2+4)$

$=200\times4.6229=924.58$（元）

$P_m=200\times(P/A,8\%,2)=200\times1.7833=356.66$（元）

$P_n=P_{m+n}-P_m=924.58-356.66=567.92$（元）

注：尾差是由计算误差造成的。

（八）永续年金现值的计算

由于永续年金持续期无限，没有终止的时间，因此没有终值，只有现值。通过普通年金现值的计算，可推导出永续年金现值的计算公式为：

$P=A/i$

根据任务（三）的条件（8），天坛公司设立一项永久性奖学金，每年颁奖 50 万元，应投入的基金为：

$P=50\div10\%=500$（万元）

上述关于资金时间价值的计算，在财务管理中有广泛的用途，如存货管理、养老金决策、租赁决策、资产和负债估价、长期投资决策等。随着财务问题日益复杂化，资金时间价值观念的应用也将日益增多。

【想一想 2-5】企业对资产管理的最低要求是保值，从永续年金的现值角度分析，如何确保企业资产保值？

小贴士　**“72 法则”**

Bill Veeck 曾用 1 000 万美元购买了一幢别墅，并且在 5 年后将它卖出，得到 2 000 万美元。简而言之，他在 5 年内使他的钱倍增了。那么，Veeck 这项投资的投资报酬率是多少呢？

处理复利问题，包括使自己的财富倍增的问题，一个快捷的方法是利用“72 法则”。“72 法则”是指：用投资年限 72 除以投资年限 n，就得到了近似的利息率 i。该利息率将保证投资在 n 年内增加 1 倍。在 Veeck 的例子中，$72\div5=14.4$，利息率达 14.4%。

如果 Veeck 取消这笔投资而把资金用于储蓄，利率为 6%，那么他必须等上约 12 年才能使他的资金倍增，即 $72\div6=12$ 年。

实际上，“72 法则”给出了使资金倍增所要求的利率或投资期数。但按该法则计算的结果并不总是准确的。例如，在每年复利一次的利率下，要使资金在 5 年内倍增，必须要求利率达到 14.87%，而根据“72 法则”计算的结果是 14.4%。同样，若准确地计算，把资金按 6%的利率存入银行，只要过 11.9 年就能使资金倍增；而按“72 法则”计算得出的结果是 12 年。尽管并不准确，但是在估算资金倍增问题时，“72 法则”仍是相当方便的。

※ 职业能力训练 ※

一、判断题

（1）普通年金是指从第一期起，在一定时期内每期等额发生的系列收付款项。（　　）

（2）递延年金有终值，终值的大小与递延期是有关的，在其他条件相同的情况下，递延期越长，则递延年金的终值越大。（　　）

（3）某人拟进行一项投资，希望进行该项投资后每半年就可以获得 1 000 元的收入，年收益率为 10%，则目前的投资额应是 20 000 元。（　　）

（4）每半年付息一次的债券利息是一种年金的形式。（　　）

（5）已知（F/P,3%,6）=1.194 1，则可以计算出（P/A,3%,6）=3.47。（　　）

二、不定项选择题

（1）下列说法中错误的是（　　）。

A. 资金时间价值相当于没有风险条件下的社会平均资金利润率

B. 利率=时间价值+通货膨胀补偿率+风险收益率

C. 在通货膨胀率很低的情况下，可以用政府债券利率来表示资金时间价值

D. 如果银行存款利率为 10%，则今天存入银行的 1 元钱，一年以后的价值是 1.1 元

（2）某人希望在 5 年期末取得本利和 20 000 元，则在年利率为 2%、单利计息的方式下，此人现在应当存入银行（　　）元。

A. 18 114　　B. 18 181.82　　C. 18 004　　D. 18 000

（3）某公司目前向银行存入 200 万元，银行存款年利率为 3%，在复利计息的方式下，该公司 5 年后可以获得本利和（　　）万元。（注：（F/P,3%,5）=1.159 3）

A. 230　　B. 220.82　　C. 231.86　　D. 1 061.82

（4）某人分期购买一套住房，每年年末支付 40 000 元，分 10 次付清，假设年利率为 2%，则该项分期付款相当于现在一次性支付（　　）元。（注：（P/A,2%,10）=8.982 6）

A. 400 000　　B. 359 304　　C. 43 295　　D. 55 265

（5）下列说法中正确的是（　　）。

A. 普通年金终值系数和偿债基金系数互为倒数

B. 复利终值系数和复利现值系数互为倒数

C. 普通年金终值系数和普通年金现值系数互为倒数

D. 普通年金现值系数和资本回收系数互为倒数

三、操作题

（1）某人决定分别在 2016 年、2017 年、2018 年和 2019 年各年的 12 月 31 日分别存入 5 000元，按 10%的利率，每年复利一次，要求计算 2019 年 12 月 31 日的余额。

（2）某公司准备购买一套设备，有两种付款方案可供选择：

①A 方案，从现在起每年年初付款 200 万元，连续支付 5 年共计 1 000 万元。

②B 方案，从第 6 年起，每年年初付款 300 万元，连续支付 5 年，共计 1 500 万元。

假定利率为 10%，该公司应选择哪种付款方式？

任务二

风险与收益衡量

※ 任务描述 ※

资金时间价值的计算是假定没有风险和通货膨胀，但在财务活动中，经营风险带来的财务风险是客观存在的，而且风险和收益是密切相关的，所以财务管理者必须研究风险和收益。本任务学习目标为：

（1）了解风险的概念、种类和对策。

（2）了解收益的概念和种类。

（3）掌握单项资产与资产组合风险的衡量。

（4）掌握系统风险的度量。

（5）掌握资产必要收益率的确定。

※ 知识准备 ※

一、风险的概念

风险是一个非常重要的财务概念。风险广泛存在于企业的财务活动中，并对企业实现财务管理目标有着重要的影响。因此，有人说："时间价值是理财的第一原则，风险收益是理财的第二原则。"

风险是预期结果的不确定性。从企业财务管理角度说，风险是企业在各项财务活动的过程中，由于各种难以预料或无法控制的因素，企业的实际收益与预期收益发生背离，从而蒙受经济损失的可能性。企业进行财务管理时必须认识和研究风险与收益，以求以最小的风险获得最大的收益。

二、风险的种类

1. 从企业自身的角度，分为经营风险和财务风险

（1）经营风险是指由于生产经营上的原因给企业的利润额或利润率带来的不确定性。经营风险源于两个方面：企业外部条件的变动，如经济形势、市场供求、价格、税收等的变动；企业内部条件的变动，如技术装备、产品结构、设备利用率、工人劳动生产率、原材料

利用率等的变动。

（2）财务风险是指企业由于负债融资导致的净资产收益率或每股收益的不确定性，也指企业到期不能还本付息的可能性。财务风险也称筹资风险。

2. 从个别投资主体的角度，分为市场风险和企业特有风险

（1）市场风险是指对所有企业产生影响的因素引起的风险，又称不可分散风险或系统风险。如战争、经济衰退、通货膨胀、高利率等。

（2）企业特有风险是指发生在个别企业的特有事件，如罢工、新产品开发失败、订单被取消、诉讼失败等，造成投资者发生损失的风险，又称可分散风险或非系统风险。

小贴士 **雷曼兄弟公司破产事件**

雷曼兄弟公司于1850年创办，是一家国际性金融机构及投资银行，全球总部设在纽约，地区总部位于伦敦及东京，在世界各地设有若干办事处。雷曼兄弟公司曾被美国《财富》杂志选为财富500强公司之一，为美国第四大投资银行。2008年，该公司受到次级房贷风暴波及，因在财务方面发生重大亏损而申请破产保护。彼时，该公司负债已高达6 130亿美元。

三、风险控制对策

（一）规避风险

当资产风险所造成的损失不能由该资产可能获得的收益予以抵消时，应当放弃该资产，以规避风险。例如，拒绝与不守信用的厂商有业务往来，放弃可能明显导致亏损的投资项目。

（二）减少风险

减少风险主要有两方面的含义：一是控制风险因素，降低风险发生的可能性；二是控制风险发生的频率和降低风险损害的程度。减少风险的常用方法有：进行准确的预测；对决策进行多方案优选和替代；及时与政府部门沟通获取政策信息；在研发和推出新产品前，充分进行市场调研；采用多领域、多地域、多项目、多品种的经营方式或投资方式。

（三）转移风险

对可能给企业带来灾难性损失的资产，企业应以一定的代价，采取某种方式转移风险。例如：向保险公司投保，采取合资、联营、联合开发等措施实现风险共担，通过技术转让、租赁经营和业务外包等实现风险转移。

（四）接受风险

接受风险包括风险自担和风险自保两种。风险自担，是指风险损失发生时，直接将损失摊入成本或费用，或冲减利润；风险自保，是指企业预留一笔风险金或随着生产经营的进行，有计划地计提资产减值准备等。

四、资产的收益率

与风险密切相关的另一个概念是收益，主要是指资产收益。资产收益是指资产的价值在一定时期内的增值。衡量资产收益的一个主要指标是资产的收益率或报酬率，是资产增值量与期初资产价值（格）的比值。该收益率包括两部分：一是利（股）息的收益率，二是资本利得的收益率。

在实际的财务工作中，由于工作角色和出发点不同，收益率有以下一些类型：

（1）实际收益率。实际收益率表示已经实现的或者确定可以实现的资产收益率，表示为已实现的或确定可以实现的利（股）息率与资本利得收益率之和。

（2）名义收益率。名义收益率仅指在资产合约上标明的收益率。例如借款协议上的借款利率。

（3）预期收益率。预期收益率也称为期望收益率，是指在不确定的条件下，预测某种资产未来可能实现的收益率。

（4）必要收益率。必要收益率也称最低必要报酬率或最低要求收益率，表示投资者对某资产合理要求的最低收益率。必要收益率与认识到的风险有关，人们对资产的安全性有不同的看法。如果某公司陷入财务困难的可能性很大，也就是说投资该公司股票产生损失的可能性很大，那么，投资该公司股票将会要求一个较高的收益率，所以该股票的必要收益率就会较高。相反，如果某项资产的风险较小，那么对这项资产要求的必要收益率也较小。

（5）无风险收益率。无风险收益率也称无风险利率，是指可以确定可知的无风险资产的收益率，它的大小由纯粹利率（资金时间价值）和通货膨胀补贴两部分组成。一般情况下，为了方便起见，通常用短期国库券的利率近似地代替无风险收益率。

（6）风险收益率。风险收益率是指某资产持有者因承担该资产的风险而要求的超过无风险利率的额外收益，它等于必要收益率与无风险收益率之差。风险收益率用来衡量投资者将资金从无风险资产转移到风险资产而要求得到的“额外补偿”，补偿大小取决于两个因素：一是风险的大小，二是投资者对风险的偏好。

小贴士　**风险投资**

美国风险投资协会将风险投资（venture capital）定义为由职业金融家投入新兴的、迅速发展的、有巨大竞争潜力的企业中的一种权益资本，具有“高风险、高收益”的特征。第二次世界大战以后，美国哈佛大学在波士顿创建了名为 ARD（美国研究开发公司）的第一家现代风险投资公司，这是风险投资开始的标志。风险投资中，风险投资人大体可以分为以下三类：

第一类称为风险资本家（adventure capitalists），他们通过投资来获得利润。但风险资本家所投出的资本全部归其自身所有，而不是受托管理的资本。

第二类是风险投资公司（venture capital firm），大部分风险投资公司通过风险投资基金来进行投资，这些基金一般以有限合伙制为组织形式。

第三类是产业附属投资公司。这类投资公司往往是一些非金融性实业公司下属的独立的风险投资机构，它们代表母公司的利益进行投资。

※ 任务设计及工作过程 ※

（一）

东方公司销售本田轿车，全年计划销售500辆，但汽车销售量与市场情况密切相关，据市场调查，有关市场预测与汽车销售量的关系见表2-1。

表2-1 市场预测与汽车销量概率分布

市场情况	年销售量 X_i（辆）	概率 P_i
需求很大	800	0.1
需求较大	600	0.2
需求一般	400	0.4
需求较差	200	0.2
需求很差	50	0.1

【任务】 请分析东方公司本田轿车销售的风险。

（二）

东方公司持有的A种股票的系统风险较高，β系数（系统风险系数）为1.7，为了降低投资风险，现在准备卖出部分A股票，再买入B、C股票，β系数分别为0.5、0.9，选择三只股票进行投资组合。有关的信息见表2-2。

表2-2 股票资产组合的相关信息

股票	β系数	股票的每股市价（人民币元）	股票的数量（股）
A	1.7	4	200
B	0.5	2	100
C	0.9	10	100

【任务】（1）请计算股票资产组合的β系数。

（2）请问：股票组合后系统风险有没有降低？

（三）

东方公司准备投资5 000万元开发一项新能源项目，已知当前购买国债的收益率为6%，投资该项新能源项目的风险价值系数为0.018，标准离差率为1.7。

【任务】 求东方公司投资新能源项目的资产必要收益率。

一、衡量单项资产风险

（一）计算概率分布

概率是指随机事件发生的可能性。经济活动可能产生的种种收益可以看作一个个随机事件，其出现或发生的可能性可以用相应的概率来描述。

概率分布是指一项活动可能出现的所有结果的概率集合。例如投篮球，可能会出现两种结果：投进和未投进。这两种结果的可能性各占50%，这两个各占50%的概率作为一个整体，反映了投篮球这一活动可能出现的结果的概率分布。

假定用 X 表示随机事件，X_i 表示随机事件的第 i 个结果，P_i 为出现该结果的相应概率，n 表示所有可能结果的个数。若 X_i 出现，则 $P_i=1$；若 X_i 不出现，则 $P_i=0$，同时，所有可能结果出现的概率之和必定为1。因此，概率必须符合下列两个要求：

（1）$0\leqslant P_i\leqslant 1$；

（2）$\sum_{i=1}^{n}P_i=1$。

根据东方公司市场调查取得的数据，其丰田轿车销量概率分布为：0.1，0.2，0.4，0.2，0.1。

概率分布图可以用以可能结果为横轴、以概率为纵轴的坐标点划线表示，如图2-6所示。

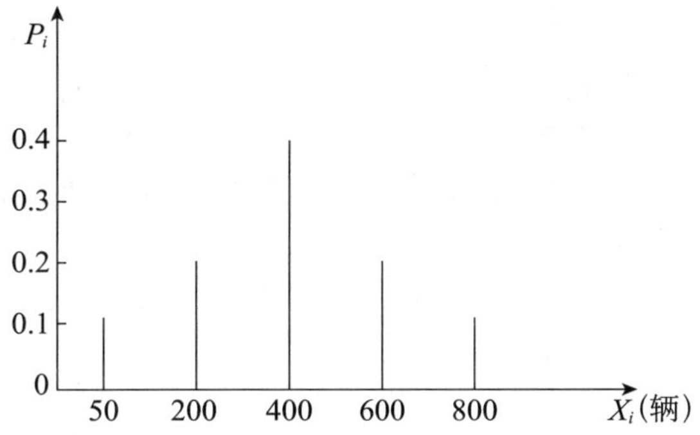

图2-6　市场预测与汽车销量概率分布图

实际上，出现的经济情况远不止5种，有无数可能的情况出现。如果对每种情况都赋予一个概念，并分别测定其报酬率，则可用连续型分布描述，如图2-7所示。

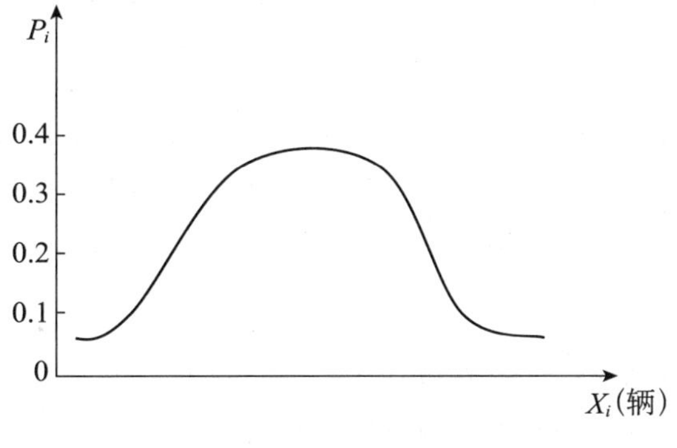

图2-7　连续的概率分布图

（二）计算期望值

期望值是一个概率分布中的所有可能结果，是以各自相应的概率为权数计算的加权平均值，通常用符号 $\overline{E}$ 表示，其计算公式为：

$$\overline{E}=\sum_{i=1}^{n}X_iP_i$$

根据东方公司汽车的销售数据，计算汽车预计年销售量的期望值，则期望销售量为：

$$\begin{aligned}\overline{E}&=800\times0.1+600\times0.2+400\times0.4+200\times0.2+50\times0.1\\&=80+120+160+40+5=405\text{（辆）}\end{aligned}$$

该公司目标年销售量为500辆，但按照市场调查的结果，运用概率期望值公式计算，只能实现年销售量405辆。

期望值体现的是预期收益的平均化，在各种不确定性因素的影响下，代表了投资者的合理预期。

（三）计算标准离差

标准离差是指概率分布中各种可能结果对期望值的偏离程度，是反映离散程度的一个数值，通常以符号σ表示，其计算公式为：

$$\sigma=\sqrt{\sum_{i=1}^{n}(X_i-\overline{E})^2\times P_i}$$

式中，X为随机事件；X_i为随机事件的第i个结果；P_i为出现第i个结果的相应概率；n为所有可能结果的个数；$\overline{E}$为期望值。

标准离差以绝对数衡量决策方案的风险，在期望值相同的情况下，标准离差越大，风险越大；标准离差越小，风险越小。

东方公司的汽车预计年销售量与期望年销售量的标准离差为：

$$\begin{aligned}\sigma&=\sqrt{(800-405)^2\times0.1+(600-405)^2\times0.2+(400-405)^2\times0.4+(200-405)^2\times0.2+(50-405)^2\times0.1}\\&=210.3\text{（辆）}\end{aligned}$$

需要注意的是，由于标准离差是衡量风险的绝对数指标，对于期望值不同的决策方案，该指标数值没有直接可比性，因此，必须进一步借助标准离差率的计算来说明问题。

（四）计算标准离差率

标准离差率是标准离差同期望值之比，通常用符号V表示，其计算公式为：

$$V=\frac{\sigma}{\overline{E}}$$

标准离差率是一个相对数指标，它以相对数反映决策方案的风险程度。在期望值不同的情况下，标准离差率越大，风险越大；标准离差率越小，风险越小。

东方公司的汽车预计年销售量的标准离差率为：

$$V=\frac{210.3}{405}=0.519$$

通过量化决策方案的风险，决策者可作出合理的决策。对于单个方案，决策者可根据其标准离差（率）的大小，将其同设定的可接受的此项指标的最高限值对比，然后作出取舍。

二、衡量资产组合风险

（一）系统风险

系统风险是影响所有资产的、不能通过风险分散而消除的风险。这部分风险是由影响整个市场的风险因素所引起的。这些因素包括战争、国家经济政策的变化、税制改革、企业会计准则改革、世界能源状况等。

尽管绝大部分企业和资产都不可避免地受到系统风险的影响，但并不意味着系统风险对所有资产或所有企业有相同的影响。有些资产受系统风险的影响较大，而有些资产受其影响则较小。单项资产或资产组合受系统风险影响的程度，可以通过系统风险系数（β系数）来衡量。

1. 单项资产的系统风险系数

单项资产的β系数是反映单项资产收益率与市场平均收益率之间变动关系的一个量化指标。一项资产β系数的大小取决于：（1）该资产与整个市场组合的相关性；（2）该资产自身的标准差；（3）整个市场的标准差。在企业实务中，并不需要企业财务人员或投资者自己去计算证券的β系数，一些证券咨询机构会定期公布大量交易过的证券的β系数。

β系数的经济意义在于，表明相对于市场组合而言特定资产的系统风险是多少。例如，市场组合相对于它自己的β系数是1。当某资产的β系数等于1时，说明该资产的收益率与市场平均收益率呈同方向、同比例的变化，即如果市场平均收益率增加（或减少）1%，那么该资产的收益率也相应地增加（或减少）1%，也就是说，该资产的系统风险与市场组合的风险一致。当某资产的β系数小于1时，说明该资产收益率的变动幅度小于市场平均收益率的变动幅度，因此其系统风险小于市场组合的风险。当某资产的β系数大于1时，说明该资产收益率的变动幅度大于市场平均收益率的变动幅度，因此其系统风险大于市场组合的风险。

市场上绝大多数资产的β系数是大于零的（大多数介于0.5和2之间），即收益率的变化方向与市场平均收益率的变化方向是一致的，只是会因变化幅度不同而导致β系数的不同。

2. 资产组合的系统风险系数

对于资产组合来说，其系统风险的大小可以用系数β_p来衡量。资产组合中的β_p系数是所有单项资产β系数的加权平均数，权数为各种资产在资产组合中所占的价值比例。其计算公式为：

$$\beta_p=\sum_{i=1}^{n}W_i\beta_i$$

式中，β_p为资产组合的系统风险系数；W_i为第i项资产在组合中所占的价值比重；β_i为第i项资产的β系数；n为资产组合中单项资产的数量。

如果一个高β值（$\beta>1$）的资产被加入一个平均风险组合中，则组合风险将会提高；如果一个低β值（$\beta<1$）的资产被加入一个平均风险组合中，则组合风险将会降低。因此，通过替换资产组合中的资产或改变不同资产在组合中的价值比例，可以改变资产组合的风险特性。

【想一想2-6】一个国家的消费者价格指数（CPI）是国民普遍关心的问题。请问：CPI上涨是系统风险吗?

（二）资产组合的风险衡量

两个或两个以上资产所构成的集合，称为资产组合。如果资产组合中的资产均为有价证券，则该资产组合也可称为证券组合。

1. 资产组合预期收益率的确定

资产组合的预期收益率就是组成资产组合的各种资产的预期收益率的加权平均数，其权数等于各种资产在组合中所占的价值比例。即：

$$E(R_p)=\sum_{i=1}^{n}W_i\times E(R_i)$$

式中，$E(R_p)$ 为资产组合的预期收益率；$E(R_i)$ 为第 i 项资产的预期收益率；W_i 为第 i 项资产在整个组合中所占的价值比例；n 为资产组合中单项资产的数量。

2. 资产组合风险的度量

资产组合理论认为，若干种资产组成的组合，其收益是这些资产收益的加权平均数，但是其风险并不是这些资产风险的加权平均数，因此资产组合能降低风险。

（1）两项资产组合的风险。两项资产组合的收益率的方差满足以下关系式：

$$\sigma_p^2=w_1^2\sigma_1^2+w_2^2\sigma_2^2+2w_1w_2\rho_{1,2}\sigma_1\sigma_2$$

式中，σ_p 为资产组合的标准差，它衡量的是组合的风险；σ_1 和 σ_2 分别为组合中两项资产的标准差；w_1 和 w_2 分别为组合中两项资产所占的价值比例；$\rho_{1,2}$ 反映两项资产收益率的相关程度，即两项资产收益率之间相对运动的状态，称为相关系数。理论上，相关系数在区间[－1,1]内。

当 $\rho_{1,2}=1$ 时，表明两项资产的收益率具有完全正相关的关系，即它们的收益率变化方向和变化幅度完全相同。这时，两项资产的风险完全不能互相抵消，所以这样的组合不能降低任何风险。

当 $\rho_{1,2}=-1$ 时，表明两项资产的收益率具有完全负相关的关系，即它们的收益率变化方向和变化幅度完全相反。这时，两者之间的风险可以充分地相互抵消，甚至完全消除。因此，由这样的资产组成的组合就可以最大限度地抵消风险。

在实际中，两项资产的收益率具有完全正相关和完全负相关的情况几乎是不可能的。绝大多数资产两两之间都具有不完全的相关关系，即相关系数介于1和－1之间（多数情况下大于0）。因此，资产组合可以分散风险，但不能完全消除风险。

（2）多项资产组合的风险。一般来讲，随着资产组合中资产数目的增加，资产组合的风险会逐渐降低，当资产的数目增加到一定程度时，资产组合的风险程度将趋于平稳，这时组合风险的降低将非常缓慢直到不再降低。

只反映资产本身特性，可通过增加组合中资产的数目而最终消除的风险称为非系统风险。反映资产之间相互关系、共同运动，无法最终消除的风险称为系统风险。

【想一想2-7】规模以上企业，投资、生产和经营一般都有多个领域。请问：这些企业在多领域投资的目的是什么？

根据任务，东方公司投资股票进行股票组合，是否降低了风险呢？

首先，计算A、B、C三只股票所占的价值比例：

A股票比例＝（4×200）÷（4×200＋2×100＋10×100）＝40%

B股票比例＝（2×100）÷（4×200＋2×100＋10×100）＝10%

C股票比例＝（10×100）÷（4×200＋2×100＋10×100）＝50%

其次，计算加权平均 β 系数：

$$\beta_p=40\%\times1.7+10\%\times0.5+50\%\times0.9=1.18$$

最后，得出结论：由于投资组合后的 β 系数由原来的1.7降为1.18，因此组合后的系统风险降低了。

三、确定资产必要收益率

风险越大，要求的收益率越大，这就是风险与收益的基本关系。在自由竞争的市场上，不存在风险最低而收益最高的投资机会，竞争的结果是高收益必然要承担高风险，低风险获取的收益也低。投资者的收益需求，取决于与其投资承担的风险程度相匹配的必要收益率，用公式表示为：

$$R=R_f+R_r$$

式中，R 为必要收益率，又称最低必要报酬率或最低要求的收益率，表示投资者对某资产合理要求的最低收益率；R_f 为无风险收益率，是纯粹利率与通货膨胀补偿率之和，通常用短期国债的收益率来近似地替代；R_r 为风险收益率，是因承担该项资产的风险而要求的额外补偿，其大小则视其所承担风险的大小及投资者对风险的偏好程度而定（见图2－8）。

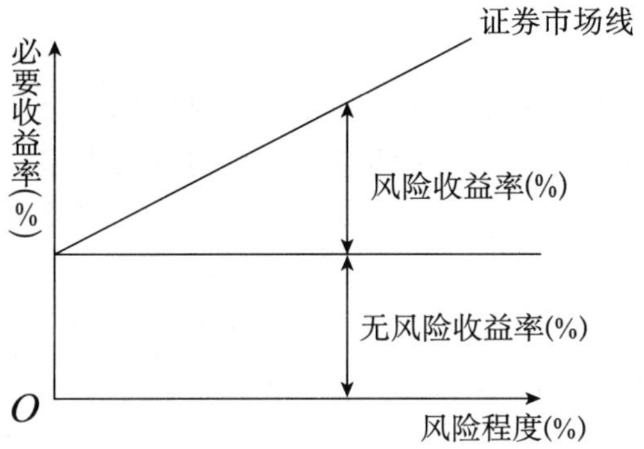

图2－8　风险与收益关系图

风险收益率可以表述为风险价值系数（b）与标准离差率（V）的乘积，即：

$$R_r=b\times V$$

因此，

$$R=R_f+b\times V$$

式中，R_f 为无风险收益率，标准离差率（V）反映了资产全部风险的相对大小，而风险价值系数（b）则取决于投资者对风险的偏好。对风险的态度越是回避，要求的补偿也就越高，那么要求的风险收益率就越高，风险价值系数（b）的值也就越大；对风险的容忍程度越高，则说明风险的承受能力较强，那么要求的风险补偿也就越低，风险价值系数（b）的取值就会越小。

根据任务设计，计算东方公司投资新能源项目的必要收益率，过程如下：

无风险收益率＝6％

风险收益率＝0.018×1.7＝3.06％

必要收益率＝6％＋3.06％＝9.06％

【想一想2－8】虽然说在自由竞争的市场上不存在风险最低而报酬最高的投资机会，但有许多白手起家的成功故事却客观存在，请问这是什么原因？

小贴士　**让我们做笔交易**

假如你参与一个真人秀，主持人说："在第1扇门或第2扇门后面，不论你发现什么，它都将归你所有，其中一扇门后面有1万美元，另一扇门后面有一文不值的旧轮胎。"你选择打开哪扇门？另外，在你作出选择前，主持人说他可以给你一笔钱，结束整个交易。请问：主持人给你多少钱你会放弃去开门呢？

若选择去开门，则有50%的机会得到1万美元，而有50%的机会什么也得不到，所以选择去开门的期望价值是5 000美元。

若选择放弃开门，无任何风险，但接受放弃开门的标准因人而异，有些人要2 000美元，有些人要3 000美元。

※ 职业能力训练 ※

一、判断题

（1）方差和标准离差两个指标适用于任何决策方案的风险程度的比较。（　　）

（2）当$\beta=1$时，说明该资产的收益率与市场平均收益率呈同方向、同比例的变化，即如果市场平均收益率增加（或减少）1%，那么该资产的收益率也相应地增加（或减少）1%，也就是说，该资产所含的风险与市场组合的风险一致。（　　）

（3）一般来讲，随着资产组合中资产个数的增加，资产组合的风险会逐渐降低，当资产的个数增加到一定程度时，资产组合的风险可以降低到零。（　　）

二、不定项选择题

（1）下列各项中，（　　）会引起企业财务风险。

A. 举债经营　B. 生产组织不合理　C. 销售决策失误　D. 新材料出现

（2）某种行为的不确定性称为（　　）。

A. 风险　B. 报酬　C. 概率　D. 期望值

（3）对风险进行衡量时，一般使用的指标有（　　）。

A. 概率分布　B. 期望值　C. 标准离差　D. 标准离差率

E. 无风险报酬率

（4）风险控制对策包括（　　）。

A. 规避风险　B. 减少风险　C. 转移风险　D. 接受风险

（5）下列关于风险衡量的说法中正确的是（　　）。

A. 可以采用资产的预期收益率衡量风险

B. 如果两个方案进行比较，则标准离差大的方案风险一定大

C. 如果两个方案进行比较，则标准离差率大的方案风险一定大

D. 预期收益率不同的方案之间的风险比较只能使用标准离差率指标

三、操作题

某企业有甲、乙两个投资项目，计划投资额均为 1 000 万元，其市场收益概率分布见表 2-3。

表 2-3　　某企业甲、乙项目市场收益概率分布情况

市场状况	概率	甲项目	乙项目
好	0.2	20%	30%
一般	0.6	10%	10%
差	0.2	5%	−10%

要求：

(1) 分别计算甲、乙两个项目收益率的期望值。

(2) 分别计算甲、乙两个项目收益率的标准离差。

(3) 比较甲、乙两个项目风险的大小。

(4) 如果无风险收益率为 5%，甲项目的风险价值系数为 10%，计算甲项目投资的风险收益率。

【项目小结】

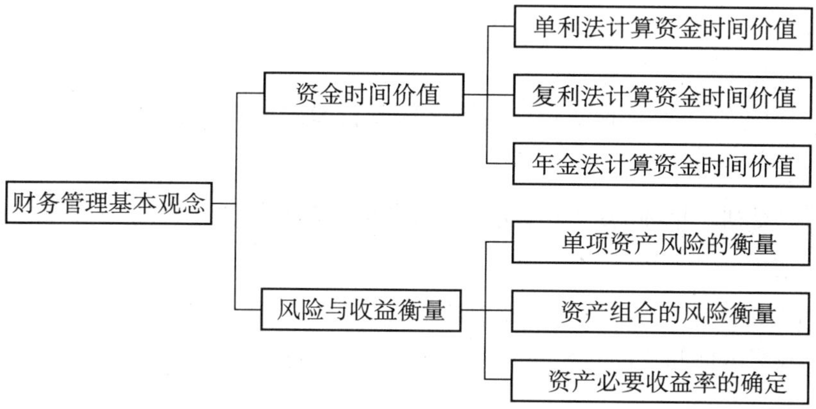

图 2-9　项目二结构图

【术语与公式】

1. 资金时间价值——资金经历一定时间的投资和再投资后所增加的价值，也称为货币时间价值。
2. 年金——等额、定期的系列收支。
3. 普通年金——一定时间内每期期末等额收付的系列款项，又称后付年金。
4. 预付年金——在每期期初等额支付的年金，又称即付年金或先付年金。
5. 递延年金——第一次收付款发生时间不在第一期末，而是隔若干期后才开始发生的系列等额收付款项。

6. 永续年金——无限期等额收付的特种年金，可视为普通年金的特殊形式，即期限趋于无穷的普通年金。
7. 单利利息：$I=P\times i\times n$。
8. 单利终值：$F=P+P\times i\times n$。
9. 单利现值：$P=\frac{F}{1+n\times i}$。
10. 复利终值：$F=P(1+i)^n$。
11. 复利现值：$P=\frac{F}{(1+i)^n}=F(1+i)^{-n}$。
12. 普通年金终值：$F=A\frac{(1+i)^n-1}{i}$。
13. 普通年金现值：$P=A\frac{1-(1+i)^{-n}}{i}$。
14. 风险——预期结果的不确定性。
15. 标准离差：$\sigma=\sqrt{\sum_{i=1}^{n}(X_i-\overline{E})^2\times P_i}$。
16. 标准离差率：$V=\frac{\sigma}{\overline{E}}$。
17. 必要收益率：$R=R_f+R_r$。

【项目实训】

项目实训一　资金时间价值的计算评价

1. 任务目标

运用单利、复利、年金的终值与现值方法进行计算与评价。

2. 任务描述

ABC公司20×8年10月拥有闲置流动资金5 000万元，在三年时间内可灵活运作，现有银行存款、购买国债和商品买卖三种运作方案，请选择最优方案。

3. 操作准备

（1）学生分组。6～8人为一组，选定正、副组长负责组内工作。

（2）熟悉方案。由组长负责，组织小组人员对方案进行研讨，明确任务目标。

（3）制订工作计划书。每个小组制订一份工作计划书，工作计划书根据工作内容，由小组学生讨论制订，经指导老师审阅批准后实施。

4. 操作流程

（1）各小组对资金时间价值的计算评价和任务工单进行全面了解。

（2）各小组讨论制订资金时间价值的计算评价工作计划书。

（3）指导老师审阅各小组资金时间价值的计算评价工作计划书，并签批。

（4）各小组根据任务目标和任务工单进行计算评价。

（5）各小组撰写资金时间价值的计算评价报告。

（6）各小组汇报交流。

5. 实训材料

（1）任务工单。

①20×8 年 10 月金融机构人民币存款基准利率。活期存款：0.35%。整存整取定期存款：三个月，2.60%；半年，2.80%；一年，3.00%；两年，3.75%；三年，4.25%；五年，4.75%。

②20×8 年 10 月国家国债发行公告的主要内容。

一、本期国债计划最大发行总额 200 亿元，其中 3 年期 120 亿元，票面年利率 4.76%；5 年期 80 亿元，票面年利率 5.32%。

二、本期国债发行期为 20×8 年 10 月 10 日至 20×8 年 10 月 19 日。各承销机构在规定的额度内发售本期国债。本期国债从购买之日开始计息，到期一次还本付息，不计复利，逾期兑付不加计利息。

三、本期国债为记名国债，以填制“凭证式国债收款凭证”的方式按面值发行，可以挂失，可以质押贷款，但不能更名，不能流通转让。

四、在购买本期国债后如需变现，投资者可随时到原购买网点提前兑取。提前兑取时，按兑取本金的 1‰收取手续费，并按实际持有时间及相应的分档利率计付利息。

从购买之日起，3 年期和 5 年期本期国债持有时间不满半年不计付利息，满半年不满 1 年按 0.35%计息，满 1 年不满 2 年按 2.70%计息，满 2 年不满 3 年按 3.69%计息；5 年期本期国债持有时间满 3 年不满 4 年按 4.77%计息，满 4 年不满 5 年按 5.13%计息。

③20×8 年 10 月商品买卖市场行情（见表 2-4）。

表 2-4　螺纹钢市场行情

品名	规格	材质	钢厂/产地	现金含税进价（元/吨）	现金含税售价（元/吨）
螺纹钢	Φ12mm	HRB335	宝钢/上海	4 810	5 010
螺纹钢	Φ14mm	HRB335	宝钢/上海	4 810	5 010
螺纹钢	Φ16mm	HRB335	宝钢/上海	4 590	4 790
螺纹钢	Φ18mm	HRB335	宝钢/上海	4 590	4 790

钢材买卖一年周转三次，经营费用为毛利的 40%。

（2）完成任务。

①资金时间价值计算评价工作计划书（见表 2-5）。

表 2-5　资金时间价值计算评价工作计划书

计算评价的主要内容	实施时间	实施形式	主要负责人

其他： 学习小组组长：　　　　　学习小组成员： 年　月　日
指导老师审阅意见： 签名： 年　月　日

②计算评价报告（见表2-6）。

表2-6　资金时间价值计算评价报告

一、银行存款计算 二、购买国债计算 三、商品买卖计算 四、综合评价与结论 学习小组成员签字：

6. 讨论评价

（1）各小组用PPT汇报交流，限时10分钟。

（2）各小组听取汇报交流并打分互评。

（3）指导老师打分并点评。

项目实训二　风险收益的计算评价

1. 任务目标

运用单项资产的风险衡量、风险收益率进行任务的选择与评价。

2. 任务描述

假设你是阿尔法公司的财务经理，准备进行对外投资，现有三家公司可供选择，分别是凯茜公司、大卫公司和爱德华公司。请作出选择。

3. 操作准备

（1）学生分组。6～8人为一组，选定正、副组长负责组内工作。

（2）熟悉方案。由组长负责，组织小组人员对提供的方案进行研讨，明确任务目标。

（3）制订工作计划书。每个小组制订一份工作计划书，工作计划书根据工作内容，由小组学生讨论制订，并经指导老师审阅批准后实施。

4. 操作流程

（1）各小组对风险收益的计算评价和任务工单进行全面了解。

（2）各小组讨论制订风险收益的计算评价工作计划书。

（3）指导老师审阅各小组风险收益的计算评价工作计划书，并签批。

（4）各小组根据任务目标和任务工单进行计算、评价。

（5）各小组撰写风险收益分析评价报告。

（6）各小组汇报、交流。

5. 实训材料

（1）任务工单（见表2-7）。

表2-7　　三家公司的年收益率以及概率资料

市场状况	发生概率	投资收益率（%）		
		凯茜公司	大卫公司	爱德华公司
繁荣	0.3	40	50	60
一般	0.5	20	20	20
衰退	0.2	0	−15	−30

假设凯茜公司的风险收益系数为8%，大卫公司的风险收益系数为9%，爱德华公司的风险收益系数为10%。作为一名稳健的投资者，欲投资于期望收益率较高而风险收益率较低的公司，应如何选择？

（2）完成任务。

①风险收益计算评价工作计划书（见表2-8）。

表2-8　　风险收益计算评价工作计划书

计算评价的主要内容	实施时间	实施形式	主要负责人

其他： 学习小组组长：　　　　　　学习小组成员： 年　月　日
指导老师审阅意见： 签名： 年　月　日

②风险收益计算评价报告（见表2-9）。

表2-9　风险收益计算评价报告

一、计算三家公司的期望收益率 二、计算三家公司期望收益率的标准离差 三、计算三家公司投资收益率的标准离差率 四、引入风险收益系数，计算风险收益率 五、综合分析、决策 学习小组成员签字：

6. 讨论评价

(1) 各小组用PPT汇报、交流，限时10分钟。

(2) 各小组听取汇报交流并打分互评。

(3) 指导老师打分并点评。

【案例分析】

你知道支付宝给人们带来的便利，但你未必知道马云当年所冒的风险

现在大街小巷随处可见支付宝支付的贴纸，几乎每个人的手机中都下载有支付宝。现如今的支付宝不仅仅是一个支付工具，其功能覆盖了衣食住行。支付宝的出现改变了人们的支付方式，更给人们的生活带来了众多便利，这一切，马云功不可没。

别看现在的支付宝无人不知，有口皆碑，但你可知道当年的马云是冒着多大的风险才创办下来的吗？其背后经历了多少辛酸。

2018 年 8 月 8 日，马云出席了在南非举行的“网络企业家：非洲数字雄师的崛起”论坛并发表了演讲，其中就谈到了马云当年决定创办支付宝时所冒着的风险。马云称：“当年决定要做支付宝时，问过政府相关机构，结果得到的回复却是这个不行那个也不行。后来我们就不问了，我们直接开干，如果掌握不好的话，那么就要坐牢，每个月或者三个月要写报告给政府，你做了什么，你想要什么，放在桌面聊，如果有人因此要入狱，那么第一个就是我，要是我入狱了，换个人继续做，这个也入狱，那再换一个继续做。”

决定做支付宝可以说是阿里巴巴历史上最重大的决定，没有支付宝，阿里巴巴就发展不起来。当时的阿里巴巴只是一个很大的信息平台，没有支付体系，马云最早是想跟银行合作，但银行不愿意做，但如果自己做的话，那么就有可能是违法的，这让马云犹豫了很久。直到马云听完达沃斯一个有关领导力的论坛，深受启发，于是马上打电话给团队下命令：“我们做支付宝，现在做，马上做。”

毕竟支付宝是一个金融体系，如果管理不好，那么就会有人利用这个系统来偷钱、洗钱，马云也会因此进监狱。当时有人跟马云说：“做支付宝是你最愚蠢的主意了。”马云却说：“只要有人在用，就不愚蠢。”经过时间证明，马云当初的这个决定是非常正确的，也正是由于支付宝，阿里巴巴才闯出一条与当时的竞争对手 ebay 完全不同的电商模式。

2019 年 5 月 15 日，阿里巴巴集团发布 2019 财年业绩。财报显示，2019 财年，蚂蚁金服支付给阿里巴巴集团的特许服务费和软件技术服务费为 5.17 亿元，支付宝及其合作伙伴服务的全球用户超过 10 亿。

资料来源：笔下有李．你知道支付宝给人们带来的便利，但你未必知道马云当年所冒的风险．(2018-08-09). https://baijiahao.baidu.com/s?id=1608296874436317441&wfr=spider&for=pc.

【问题】

你是如何看待风险的呢？

【阅读推荐】

1. 汪康懋．企业价值：资本市场中的原富．北京：朝华出版社，2006.
2. 贝尼特·W. 戈卢布，利奥·M. 蒂尔曼．固定收益市场的风险管理．周为群，译．北京：中国人民大学出版社，2005.
3. 中国注册会计师协会．公司战略与风险管理．北京：经济科学出版社，2010.

项目三

财务预算管理

【学习目标】

- 懂得财务预算编制的基本方法。
- 会收集、整理编制财务预算所需的各种信息。
- 能组织协调和处理进行财务预算时与各部门的关系。
- 能运用财务预算编制的基本方法编制业务预算和现金预算。
- 会编制预计利润表和预计资产负债表。
- 能撰写简明扼要的财务预算说明书。

【导引案例】

有这样一个民间故事：一次，魏文王问名医扁鹊："你们家兄弟三人，哪一位最善于医术?"扁鹊回答说："大兄最佳，二兄次之，我最差。"魏文王很诧异地问："既然你最差，可是为什么你却最有名气?"扁鹊答道："我的大兄治病，是在病没有发生之前，那时别人还没有觉察到病症，所以他的名气只有我们家里人才知道，没有传出去。我的二兄治病，是在病刚开始的时候，那时一般人都以为是小病，很容易治，所以他的名气也不大。而我治病，往往是病到最严重的时候，别人看到我时而割肉切骨，时而敷药，自然以为我医术精湛。因此，比起我大兄、二兄，我最有名，但实际上我的医术却是三人中最差的。"魏文王恍然大悟。

这个故事对财务管理有什么启示呢?

任务一 确定财务预算方法

※ 任务描述 ※

在编制具体财务预算（业务预算、现金预算、预计利润表和预计资产负债表）前，应懂得财务预算的基本概念、地位、功能和作用，掌握财务预算编制的方法。本任务学习目标为：

（1）明确财务预算编制的程序。
（2）掌握固定预算与弹性预算的编制方法。
（3）掌握增量预算与零基预算的编制方法。
（4）掌握定期预算与滚动预算的编制方法。

※ 知识准备 ※

一、财务预算的概念

财务预算（financial budget）是指一系列专门反映企业未来一定预算期内预计财务状况和经营成果，以及现金收支等价值指标的各种预算的总称。财务预算主要包括现金预算、预计利润表、预计资产负债表等。

二、财务预算的地位

财务预算是企业全面预算的一个重要组成部分。全面预算是指根据企业目标所编制的经营、资本、财务等年度收支总体计划，包括销售预算、资本支出预算与财务预算。其中，财务预算是预算管理体系的核心内容，具有较强的综合性，是企业全面预算体系中的最后环节，各种日常业务预算和特种决策预算最终都可以综合反映在财务预算中。财务预算从价值方面总括地反映了日常业务预算和特种决策预算的结果，是各项经营业务和专门决策的整体计划，故称为总预算，而其他预算相应地称为辅助预算或分预算。因此，财务预算在全面预算体系中占有举足轻重的地位。

三、财务预算的功能

财务预算作为企业全面预算的一个重要组成部分，有其特定的功能，具体表现在以下几个方面：

（1）规划功能。预算是企业财务目标的具体化，它能够使各管理层、各部门更清楚地了解本部门的职责，从而指导和控制日常工作。

（2）沟通和协调功能。预算中纳入了企业内部协作单位的配合关系，使整个企业各方面的工作严密组织，从而实现协调、平衡。

（3）资源分配功能。由于企业资源有限，按照经济原则，通过财务预算可将有限的资源分配给获利能力相对较高的部门、项目或产品，从而实现资源的最有效利用。

（4）营运控制功能。预算也可视为一种控制标准，将实际经营成果与预算相比较，可以让管理者找出差距，分析原因，不断改善企业经营。

（5）绩效评估功能。通过预算建立绩效评估体系，将预算的执行情况与预算相对比，可以帮助各部门管理者进行分析比较，评价业绩，从而做好绩效评估工作。

小贴士　《论语与算盘》

涩泽荣一在其70岁高龄之际，开始撰写著作《论语与算盘》。

涩泽荣一认为孔子不反对经商，反对的只是不仁不义的富贵；如果是仁义的富贵，孔子自己都会去追求。孔子看到富民的重要性，富民就要发展经济。据此，涩泽荣一指出要想民富国强就必须走工商兴邦之路，这就为合理追求财富作出了神圣的解释。

在书中，他还描绘了日本公司经营者的理想境界——“士魂商才”：一个人既要有“士”的操守、道德和理想，又要有“商”的才干与务实精神。

四、财务预算的作用

财务预算在企业经营管理和实现目标利润中发挥着重要作用，概括起来有以下四点：

1. 明确工作目标

财务预算是以各项业务预算和专门决策预算为基础、以价值尺度为指标编制的综合性预算，它规定了企业一定时期内的总目标以及各部门具体的财务目标。各部门根据自身的具体目标安排各自的经济活动，从而明确本部门的职责和努力的方向，了解本部门的经济活动与整个企业经营目标之间的关系。如果各部门都完成了自己的具体目标，企业的总体目标也就自然得以实现。

2. 协调各部门之间的关系

企业内部各部门因其职责不同，对各自经济活动的考虑可能会带有片面性，甚至会出现相互冲突的现象。例如，销售部门根据市场预测提出了一个很可观的销售计划，但是生产部门可能没有那么大的生产能力；生产部门根据自己的条件编制了一个充分发挥生产能力的计划，但是销售部门却可能无法将这些产品推销出去。克服片面、避免冲突的最佳办法是进行经济活动的综合平衡。财务预算具有高度的综合能力，编制财务预算的过程也是企业内部各部门的经济活动密切配合、相互协调、统筹兼顾、全面安排、综合平衡的过程。例如，编制生产预算必须以销售预算为依据，编制材料、人工、费用预算必须与生产预算相衔接，各指标之间应保持必要的平衡，而这一切最终都体现为企业的现金收支，可以通过现金预算来综合平衡。

3. 控制各部门日常活动

财务预算在使企业各部门明确工作目标的同时，也为其日常工作提供了控制依据。预算进入实施阶段以后，各部门管理工作的重心也会转入日常控制，即设法使经济活动按预算进行。这就要求各部门以各项预算为标准，通过计量对比，及时提供偏离预算的实际差异数，并分析原因，以便采取有效措施，挖掘潜力，巩固成绩，弥补不足，保证预算目标的顺利实现。

4. 考核各部门工作业绩

现代企业管理的有效手段就是实行责任制度，而有效的责任制度离不开公开、公平、公正的业绩考核。企业财务预算的编制是企业内部公开、全面的总体目标的规划过程，它不仅明确了各部门的具体工作目标，也明确了各具体目标与总体目标之间的关系，只有各具体目标顺利实现，才能保证总体目标顺利实现。从另一个角度说，各具体部门只有保质保量地完成自己的预算目标，才能真正体现出其对企业整体的贡献。因此，在评定各部门工作业绩时，要根据其预算完成情况，分析偏离预算的程度和原因，划清责任，奖优罚劣，以促使各部门为完成预算规定的目标努力工作。

五、财务预算编制的程序

企业编制财务预算，一般应按照“上下结合、分级编制、逐级汇总”的方式进行。

1. 下达目标

企业董事会或经理办公会根据企业发展战略和对预算期经济形势的初步预测，在决策的基础上，一般于每年 9 月底以前提出下一年度企业财务预算目标，包括销售或营业目标、成本费用目标、利润目标和现金流量目标，并确定财务预算编制的政策，由财务预算委员会下达给各预算执行单位。

2. 编制上报

各预算执行单位按照企业财务预算委员会下达的财务预算目标和政策，结合自身特点以及预测的执行条件，提出本单位财务的详细预算方案，于 10 月底以前上报企业财务管理部门。

3. 审查平衡

企业财务管理部门对各预算执行单位上报的财务预算方案进行审查、汇总，提出综合平衡的建议。在审查、平衡的过程中，财务预算委员会应当进行充分协调，对发现的问题提出初步调整的意见，并反馈给有关预算执行单位予以修正。

4. 审议批准

企业财务管理部门在有关预算执行单位修正调整的基础上，编制出企业财务预算方案，报财务预算委员会讨论。对于不符合企业发展战略或者财务预算目标的事项，企业财务预算委员会应当责成有关预算执行单位进一步修订、调整。在讨论、调整的基础上，企业财务管理部门正式编制企业年度财务预算草案，提交董事会或经理办公会审议批准。

5. 下达执行

企业财务管理部门对董事会或经理办公会审议批准的年度总预算，一般在次年 3 月底以前，分解成一系列的指标体系，由财务预算委员会逐级下达给各预算执行单位执行。

小贴士　斯坦福大学与硅谷

斯坦福大学的腾飞，是 20 世纪 70 年代之后的事。彼时，学校拥有 30 多平方千米土地，学校怎么用也用不完，于是 1959 年，工程学院院长特曼提出了一个构想，这便是斯坦福大学的转折点：将 4 平方千米土地以极低廉的地租，长期租给工商业界或毕业校友设立公司，再由他们与学校合作，提供各种研究项目和学生实习的机会。斯坦福大学成为美国首家在校园内成立工业园区的大学，这是拿土地换来的巨大收获。工业园区内的企业一家接一家地开张，不久就超出了斯坦福大学能够提供的土地范围，新企业向外发展扩张，形成了美国加利福尼亚州科技领先、精英云集的硅谷。

※ 任务设计及工作过程 ※

宁海公司一直采用固定预算法编制制造费用预算，2018年制造费用预算（按固定预算编制）和实际费用见表3－1。

表3－1　　宁海公司制造费用预算与实际分析表　　单位：万元

成本项目	预算费用（100 000直接人工工时）	实际费用（130 000直接人工工时）
辅助工人工资	100	130
物料费	20	23
管理人员工资	80	80
保险费	70	70
折旧费	150	150
合计	420	453

宁海公司2018年实际制造费用与预算相比超支了33万元。从表3－1中可以看出，实际费用超出预算费用的差异既有费用水平变动的差异，也有业务量变动的差异。而业务量不一致所导致的费用成本差异缺乏可比性，在此基础上进行成本费用分析毫无意义。在实际工作中，如果预计业务量与实际业务量相差过大，必然导致有关成本费用及利润的实际水平与财务预算指标因标准不同而失去可比性，不利于财务预算的控制与考核。

【任务】 如果你是宁海公司财务经理，将如何解决这个问题呢?

在编制财务预算的实际工作中，要根据编制预算业务的不同内容，尽量减少预计业务量与实际业务量的偏差，这就需要根据不同的预算内容，选择固定预算、弹性预算、增量预算、零基预算、定期预算和滚动预算等方法，尽可能实现预算和实际执行结果的一致性。

一、固定预算与弹性预算

编制预算的方法按其业务量基础的数量特征不同，可分为固定预算和弹性预算两类。

（一）固定预算

固定预算（fixed budget）又称静态预算，是根据预算期内正常的、可实现的某一业务量水平来编制预算的一种方法。一般适用于固定费用或者数额比较稳定的预算项目。它是把企业预算期的业务量固定在某一预计水平上，并将其作为唯一的基础来编制预算。

【例3－1】 任务设计中宁海公司实际制造费用为453万元，比按固定预算编制的制造费用预算420万元超支了33万元。这主要是由于实际业务量（直接人工工时）比预算增加了30%。

很显然，这是一种以固定不变的业务量水平所编制的预算，当预计业务量与实际业务量相差过大时，必然导致有关成本费用及利润的实际水平与预算水平因基础不同而失去可比性，不便于预算的控制与考核。

（二）弹性预算

弹性预算（flexible budget）又称变动预算，是以成本习性分析为基础，分别按一系列可能达到的预计业务量水平，编制能适应多种情况的预算方法。这种预算方法提供了不同业务量条件下的预算收支，适应面宽，具有弹性，因此称作“弹性预算”。弹性预算一般适用于与预算执行单位业务量有关的成本（费用）、利润等预算项目。

编制弹性预算所依据的业务量可以是产量、销售量、直接人工工时、机器工时、材料消耗量，也可以是直接人工工资等。弹性预算的业务量变动范围的选择应根据企业的具体情况而定，一般来说，可定在正常生产能力的70％～130％。

1. 弹性成本预算的编制

编制弹性成本预算，首先要按成本习性将全部成本最终区分为固定成本和变动成本两大类，并建立成本总额与业务量之间数量关系的习性模型：

成本的弹性预算＝固定成本预算数＋∑（单位变动成本预算数×预计业务量）

固定成本总额在一定时期、一定业务量范围内固定不变，因此按总额控制；变动成本总额在一定时期、一定业务量范围内随业务量的变动而变动，因此按业务量来控制。

在此基础上，按事先选择的业务量计算单位和确定的有效变动范围，根据业务量与有关成本费用项目之间的内在关系即可编制弹性成本预算。

弹性成本预算的具体编制方法有公式法和列表法两种。

（1）公式法。公式法是指运用成本总额与业务量之间数量关系的习性模型来直接推算弹性成本预算的方法。用公式法可推算出业务量在相关范围内任何水平上的预算成本。

（2）列表法。列表法是通过列表的方式，在相关范围内，每隔一定业务量范围计算相关数值预算，来编制弹性成本预算的方法。

【例3－2】表3－2是按列表法编制的2018年宁海公司制造费用弹性预算：

表3－2　　2018年宁海公司制造费用弹性预算　　金额单位：万元

成本项目	分配率	直接人工工时（小时）						
		70 000（70％）	80 000（80％）	90 000（90％）	100 000（100％）	110 000（110％）	120 000（120％）	130 000（130％）
1. 变动成本项目	0.001 2	84	96	108	120	132	144	156
辅助工人工资	0.001	70	80	90	100	110	120	130
物料费	0.000 2	14	16	18	20	22	24	26
2. 固定成本项目		300	300	300	300	300	300	300
管理人员工资		80	80	80	80	80	80	80
保险费		70	70	70	70	70	70	70
折旧费		150	150	150	150	150	150	150
合　计		384	396	408	420	432	444	456

宁海公司2018年实际业务量为130 000直接人工工时，对应的制造费用预算为456万元，实际费用为453万元，则宁海公司2018年实际制造费用不仅没有超支，而且节约了3万元。

列表法可以直接从表中查得各种业务量下的成本预算，便于预算的控制和考核。在实际工作中往往是把公式法和列表法结合起来运用。

2. 弹性利润预算的编制

弹性利润预算是根据成本、业务量和利润之间的依存关系，为适应多种业务量变化而编制的利润预算。弹性利润预算是以弹性成本预算为基础编制的，常用的编制方法有因素法和百分比法两种：

（1）因素法。因素法是根据利润与收入、成本的关系，列表反映这些因素变动时相应的预算利润水平。

【例3-3】 预计宁海公司预算年度A产品的销售量有效变动范围为8 000～12 000件，销售单价为1 000元，单位变动成本为800元，固定成本总额为500 000元。根据以上资料编制宁海公司弹性利润预算表，见表3-3。

表3-3　宁海公司弹性利润预算（因素法）　单位：万元

销售量（件）	8 000	9 000	10 000	11 000	12 000
单价	0.1	0.1	0.1	0.1	0.1
单位变动成本	0.08	0.08	0.08	0.08	0.08
销售收入	800	900	1 000	1 100	1 200
减：变动成本	640	720	800	880	960
边际贡献	160	180	200	220	240
减：固定成本	50	50	50	50	50
营业利润	110	130	150	170	190

该方法适用于单一品种经营或采用分算法处理固定成本的多品种经营的企业。

（2）百分比法。百分比法也称销售收入百分比法，是指按不同项目占销售额的百分比，在销售业务量的有效变动范围内，列表反映不同销售收入百分比相应的预算利润水平的一种方法。

【例3-4】 假设宁海公司预算年度的销售业务量达到100%时的销售收入为1 200万元，变动成本为800万元，固定成本为80万元。根据以上资料，按10%的间隔编制宁海公司弹性利润预算，见表3-4。

表3-4　宁海公司弹性利润预算（百分比法）　单位：万元

销售收入百分比（1）	80%	90%	100%	110%	120%
销售收入（2）=1 200×（1）	960	1 080	1 200	1 320	1 440
变动成本（3）=800×（1）	640	720	800	880	960
边际贡献（4）=（2）－（3）	320	360	400	440	480
固定成本（5）	80	80	80	80	80
利润总额（6）=（4）－（5）	240	280	320	360	400

在产销多种产品的情况下，分别按品种逐一编制弹性利润预算是不现实的，而百分比法解决了这一问题。只要销售收入在相关范围内变动，多品种经营企业可采用百分比法对全部商品或按商品大类编制弹性利润预算。

【想一想3-1】 固定预算与弹性预算的根本区别是业务量基础不同，一般情况下预算随业务量变化而变化，预算编制应采用弹性预算方法。请问固定预算有何意义？

二、增量预算与零基预算

编制成本费用预算的方法按其编制基础的不同，可分为增量预算和零基预算两类。

（一）增量预算

增量预算（incremental budget），是指在基期成本费用水平基础上，结合预算期业务量水平及有关降低成本费用的措施，通过调整原有成本费用项目而编制成本费用预算的一种方法。

增量预算往往不加分析地保留或接受原有成本费用项目，造成成本费用水平逐年不断上升，不利于企业未来的发展。

（二）零基预算

零基预算（zero-based budget），是指在编制预算时，以零为基点，对预算期内各项支出的必要性、合理性或者各项收入的可行性以及预算数额的大小，逐项审议决策予以确定而编制预算的一种方法。零基预算一般适用于不经常发生的或者预算编制基础变化较大的预算项目。

零基预算的编制程序如下：

（1）确定基本预算单位。基本预算单位是指主要的基本建设项目、专项工作任务，或者是主要项目。实践中，通常由高层主管来确定哪一级机构部门或项目为预算单位。

（2）提出相应的费用预算方案。预算单位针对企业预算期的总体目标以及由此确定的各预算单位的具体目标和业务活动水平，提出相应的费用预算方案，并说明每一项费用开支的理由与数额。

（3）进行成本和效益分析。按“成本-效益分析”方法比较每一项费用及相应的效益，评价每项费用开支计划的重要程度，区分可变成本与可延缓成本。

（4）决定预算项目资金分配方案。将预算期可动用资金在预算单位内各项目之间进行分配，对不可避免成本项目优先安排资金，对可延缓成本项目根据可动用资金情况，按轻重缓急、收效大小分配资金。

（5）编制明细费用预算。预算单位经协商后确定有关具体指标，逐项下达费用预算。

【例 3－5】宁海公司采用零基预算编制 2019 年销售及管理费用预算，其编制程序如下：

步骤一，由销售及管理部门的全体职工，根据预算期全公司的总体目标和本部门的具体目标，进行反复讨论，提出预算期可能发生的一些费用项目及金额，见表 3－5。

表 3－5　　2019 年可能发生的销售与管理费用项目及金额　　单位：万元

费用项目	开支金额
1. 广告费	500
2. 差旅费	100
3. 培训费	50
4. 业务招待费	150
5. 保险费	140
6. 办公费	160
合计	1 100

步骤二，经过充分论证，得出以下结论：上述费用项目中除了业务招待费和广告费以外都不能再压缩了，必须得到全额保证。根据历史资料对业务招待费和广告费进行成本-效益分析，得出以下结论：广告费投入成本 1 万元，可获收益 10 万元；业务招待费投入成本 1 万元，可获收益 5 万元。

步骤三，权衡上述各项成本费用开支的轻重缓急，排出层次和顺序：差旅费、保险费、培训费和办公费在预算期必不可少，需要得到全额保证，属于不可避免的约束性固定成本，所以列为第一层次；业务招待费和广告费可根据预算期间企业财力情况酌情增减，所以属于酌量性固定成本，而其中广告费的成本-效益比较大，应列为第二层次，业务招待费的成本-效益比相对较小，应列为第三层次。

假定宁海公司预算年度对上述各项费用可安排的资金只有 1 000 万元，根据以上排序分配资金，最终落实的预算金额如下：

①确定不可避免项目的预算资金。

100＋50＋140＋160＝450（万元）

②确定可分配的资金数额。

1 000－450＝550（万元）

③按成本-效益比将可分配资金数额在广告费和业务招待费之间进行分配。

广告费可分配资金＝550×［10÷（10＋5）］＝366.67（万元）

业务招待费可分配资金＝550×［5÷（10＋5）］＝183.33（万元）

步骤四，编制销售与管理费用零基预算，见表3－6。

表3－6　2019年宁海公司销售与管理费用零基预算　单位：万元

项　目	差旅费	培训费	保险费	办公费	广告费	业务招待费	合计
预算额	100	50	140	160	366.67	183.33	1 000

零基预算一切以零为基础，不受现有费用开支水平限制，不仅能使预算单位负责人重视预算的编制工作，而且能充分发挥预算单位全体职工的工作积极性，挖掘内在潜力；同时，零基预算也有利于有效地分配资源。但是零基预算是以零为起点来确定预算数，工作量大，所需时间和所付代价较高。

【想一想3－2】 对成本和费用类项目的预算方法可采用增量预算和零基预算两种方法，两者相比，零基预算更科学、合理。请问，零基预算在哪项法规制度中有明确规定？

三、定期预算与滚动预算

编制预算的方法按其预算期的时间特征不同，可分为定期预算和滚动预算两类。

（一）定期预算

定期预算（periodic budget），是指在编制预算时以不变的会计期间（如日历年度）作为预算期的一种编制预算的方法。

定期预算能够使预算期与会计年度相配合，便于考核和评价预算的执行结果。但定期预算在时间上人为地将企业连续不断的生产经营活动进行分割，使管理人员的视野局限于预算期间的活动，缺乏长远的打算，不利于企业的长期稳定与有序发展，预算的连续性差。

（二）滚动预算

滚动预算（continuous budget）又称永续预算，是指在编制预算时，将预算期与会计年度脱离，随着预算的执行不断延伸补充预算，逐期向后滚动，使预算期永远保持为一个固定期间的预算编制方法。

滚动预算按滚动的时间单位不同可分为逐月滚动、逐季滚动和混合滚动三种方式。

1. 逐月滚动方式

逐月滚动方式是指在预算编制过程中，以月份为预算的编制和滚动单位，每个月调整一次预算的方法。如在2019年1—12月的预算执行过程中，需要在1月末根据当月预算的执行情况，修订2—12月的预算，同时补充2020年1月的预算；到2月末可根据当月预算执行情况，修订2019年3月至2020年1月的预算，同时补充2020年2月的预算；依次类推。逐月滚动方式编制的预算比较精确，但工作量较大。

2. 逐季滚动方式

逐季滚动方式是指在预算编制过程中，以季度为预算的编制和滚动单位，每个季度调整一次预算的方法。如在 2019 年第一季度至第四季度的预算执行过程中，需要在第一季度末根据当季预算执行情况，修订第二季度至第四季度的预算，同时补充 2020 年第一季度的预算；第二季度末根据当季预算执行情况，修订 2019 年第三季度至 2020 年第一季度的预算，同时补充 2020 年第二季度的预算；依次类推。逐季滚动预算方式如图 3－1 所示：

2019 年度预算			
第一季度	第二季度	第三季度	第四季度

第一次滚动

2019 年度预算			2020 年度预算
第二季度	第三季度	第四季度	第一季度

第二次滚动

2019 年度预算		2020 年度预算	
第三季度	第四季度	第一季度	第二季度

图 3－1　逐季滚动方式示意图

逐季滚动方式编制的预算比逐月滚动方式的工作量小，但预算的精确度差。

3. 混合滚动方式

混合滚动方式是指在预算编制过程中，同时使用月份和季度作为预算的编制和滚动单位的方法。混合滚动方式是滚动预算的一种变通方式。

在实际工作中，企业应采取怎样的预算编制方法，需要结合各自的具体情况而定。

【想一想 3－3】事先预见到的某些活动，在预算执行过程中往往会有所变动，如果原有的预算不及时调整，就会显得不相适应。这时可以考虑采用哪种预算方法呢？

※ 职业能力训练 ※

一、判断题

（1）财务预算是总预算的最后环节。（　　）

（2）定期预算编制方法一般只适用于数额比较稳定的预算项目。（　　）

（3）预算必须与企业的战略目标保持一致。（　　）

（4）财务部门编制出了对自己来说最好的计划，该计划对其他部门来说，肯定也能行得通。（　　）

（5）预算是企业在预测、决策的基础上，以数据的形式反映的企业一定时期内经营、投资、财务等活动的具体计划。（　　）

二、不定项选择题

（1）相对于固定预算而言，弹性预算（　　）。

A. 预算成本低　B. 预算工作量小　C. 预算可比性差　D. 预算范围宽

(2) 根据全面预算体系的分类，下列预算中，属于财务预算的是（　）。

A. 销售预算　B. 现金预算　C. 直接材料预算　D. 直接人工预算

(3) 定期预算编制方法的缺点是（　）。

A. 缺乏长远打算，导致短期行为出现　B. 工作量大

C. 使不必要的开支合理化　D. 可比性差

(4) 在下列各项中，能够同时以实物量指标和价值量指标分别反映企业经营活动的预算是（　）。

A. 现金预算　B. 销售预算　C. 生产预算　D. 产品成本预算

(5) 下列预算中不是在生产预算的基础上编制的是（　）。

A. 材料采购预算　B. 直接人工预算　C. 产品成本预算　D. 管理费用预算

任务二

编制财务预算

※ 任务描述 ※

财务预算主要包括现金预算、预计利润表和预计资产负债表等。财务预算从现金预算开始，其典型的工作任务为编制现金预算。财务预算的业务操作流程为：编制各种业务预算——编制资本支出预算——编制现金预算。

在编制完成现金预算的基础上，结合业务预算和企业确定的目标利润，调整有关预算项目，编制预计利润表和预计资产负债表，其典型的工作任务为编制预计利润表和预计资产负债表。这一阶段的业务操作流程为：编制基期资产负债表——业务预算——现金预算——编制预计利润表——编制预计资产负债表。本任务学习目标为：

(1) 了解财务预算编制流程。

(2) 学会编制各种业务预算。

(3) 掌握现金预算编制的依据和方法。

(4) 掌握预计利润表编制的依据和方法。

(5) 掌握预计资产负债表编制的依据和方法。

※ 知识准备 ※

一、财务预算编制的总体步骤

企业的全面预算应以企业的战略目标为出发点，并把确定下来的目标利润作为编制预算的前提条件。根据已确定的目标利润，进行市场调查，通过销售预测，编制销售预算。在销

售预算的基础上，编制生产、成本费用和现金收支等方面的预算，最后汇总为综合性的现金预算和预计财务报表。业务预算和特种决策预算是财务预算的基础，财务预算依赖于业务预算和特种决策预算的编制，是整个预算体系的主体。财务预算编制的主要步骤如下：

（1）根据销售预测编制销售预算。

（2）根据销售预算确定的预计销售量，结合期初、期末结存量编制生产预算。

（3）根据生产预算确定的预计生产量，先分别编制直接材料预算、直接人工预算和制造费用预算，然后汇总编制产品成本预算。

（4）根据销售预算等编制应交税金及附加预算、销售费用预算、管理费用预算及财务费用预算。

（5）根据销售预算和生产预算估计所需要的固定资产投资，编制特种决策预算。

（6）根据以上各项预算所产生的现金流量，编制现金预算。

（7）综合以上各项预算，进行试算平衡，编制预计财务报表。

财务预算编制步骤示意图如图 3－2 所示：

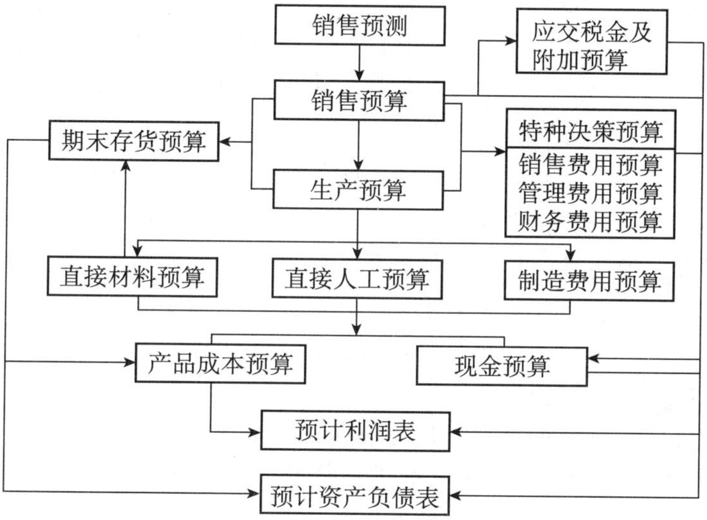

图 3－2　财务预算编制步骤示意图

二、分项预算编制的步骤

1. 销售预算的编制

销售预算（sales budget）是指为规划一定预算期内因组织销售活动而引起的预计销售收入而编制的一种日常业务预算。在市场经济条件下，企业生产经营要以市场为导向，以销定产，合理有效地运用资源。所以，企业的全面预算应以销售预算为基础。销售预算是编制全面预算的关键和起点。

（1）销售预算编制的工作任务和要求：①按季度、按产品品种编制销售预算；②按季度编制经营现金预算。

（2）销售预算编制的依据和资料：①通过市场预测得到的各种产品的销售量和销售单价；②年初应收账款余额；③销售收入首期和二期收现比率；④企业适用的增值税税率。

（3）销售预算编制的具体程序：

步骤一，预计预算期销售收入总额。

销售收入总额＝∑（某种产品预计销售量×该产品预计单价）

步骤二，预计预算期发生的与销售收入有关的增值税销项税额。

某期增值税销项税额＝该期预计销售收入总额×适用的增值税税率

步骤三，预计预算期含税销售收入。

某期含税销售收入＝该期预计销售收入＋该期预计增值税销项税额

步骤四，预计预算期经营现金收入。

经营现金收入＝本期现销含税收入＋本期回收以前各期的应收账款

本期现销含税收入＝本期含税销售收入×本期预计现销率

本期回收以前各期的应收账款＝本期期初应收账款×本期预计应收账款回收率

现销率是指现销含税收入占含税销售收入的百分比，应收账款回收率是指以前各期应收账款在本期回收的现金额占应收账款的百分比。在全面预算中，这两个指标通常为已知的经验数据。

步骤五，计算预算期末的应收账款余额。

预算期末应收账款余额＝预算期初应收账款余额＋本期含税销售收入
－本期经营现金收入

2. 生产预算的编制

生产预算（production budget）是指为规划一定预算期内预计生产量水平而编制的一种日常业务预算。该预算是所有日常业务预算中唯一使用实物量作为计量单位的预算，它虽然不直接涉及现金预算，但与其他预算密切相关，特别是成本和费用预算需要以此为依据。

（1）生产预算编制的工作任务和要求：按产品品种分别编制生产预算。

（2）生产预算编制的依据和资料：①销售预算；②预计期初期末存货量。

（3）生产预算编制的具体程序：

①预计期末存货量。预计期末存货量应根据长期销售趋势来确定，企业中，一般是按事先估计的期末存货量占下期销售量的比例进行估算。编制预算时，必须注意生产量、销售量、存货量之间合理的比例关系，以避免发生储备不足、产销脱节或超储积压的问题。

②预计预算期产品生产量。

某种产品预计生产量＝预计销售量＋预计期末存货量－预计期初存货量

3. 直接材料预算的编制

直接材料预算（direct material budget）是指为规划一定预算期内因组织生产活动和材料采购活动预计发生的直接材料需用量、采购数量和采购成本而编制的一种经营预算。

（1）直接材料预算编制的工作任务和要求：①按季度按材料品种编制直接材料需用量预算；②按季度按材料品种编制直接材料采购预算；③按季度编制直接材料采购现金支出预算。

（2）直接材料预算编制的依据和资料：①生产预算；②材料消耗定额；③预计材料采购单价；④预计期初、期末材料存货水平。

（3）直接材料预算编制的具体程序：

①直接材料需用量预算的编制：

$$\text{预算期某种直接材料需用量} = \sum \left(\begin{matrix}\text{某种产品} \\ \text{预计生产量}\end{matrix} \times \begin{matrix}\text{该种产品耗用} \\ \text{该材料的消耗定额}\end{matrix} \right)$$

②直接材料采购预算的编制：

步骤一，预计各种直接材料的采购量。

某种直接材料的预计采购量＝该种材料的预计需用量＋该种材料的预计期末库存量
－该种材料的预计期初库存量

式中，预计期末库存量通常按下期预计需用量的经验数据确定，在实践中，可按下期的预计需用量的一定比例估算；预计期初库存量等于上期期末库存量。

步骤二，确定预算期直接材料采购总成本。

预算期直接材料采购总成本＝∑（某种材料单价×该种材料预计采购量）

步骤三，计算在预算期发生的与直接材料采购成本相关的增值税进项税额。

某期预计增值税进项税额＝预算期直接材料采购总成本×适用的增值税税率

步骤四，计算预算期预计采购金额。

预算期预计采购金额＝预算期直接材料采购总成本＋该期预计增值税进项税额

步骤五，预计材料采购现金支出。

本期材料采购现金支出＝本期现购材料现金支出＋本期支付期初应付账款

本期现购材料现金支出＝本期预计采购金额×本期预计付现率

本期支付期初应付账款＝本期期初应付账款×本期预计应付账款支付率

步骤六，预计期末应付账款余额。

预计期末应付账款余额＝预算期期初应付账款余额＋本期预计采购金额
－本期材料采购现金支出

4. 应交税金及附加预算的编制

应交税金及附加预算（taxes payable and additional budget）是指为规划一定预算期内预计发生的应交增值税、消费税、资源税、城市维护建设税和教育费附加金额而编制的一种经营预算。本预算不含预交所得税。因为税金需要及时清缴，为简化预算方法，假定预算期发生的各项应交税金及附加均于当期以现金形式支付。

应交税金及附加＝应交增值税＋销售税金及附加

应交增值税＝增值税销项税额－增值税进项税额

或：　应交增值税＝预计销售收入×应交增值税估算税率

销售税金及附加＝应交消费税＋应交资源税＋应交城市维护建设税
＋应交教育费附加

应交城市维护建设税＝（应交消费税＋应交增值税）×适用附加税率

应交教育费附加＝（应交消费税＋应交增值税）×适用附加税率

5. 直接人工预算的编制

直接人工预算（direct labor budget）是指为规划一定预算期内人工工时的消耗水平和人工成本水平而编制的一种经营预算。直接人工预算包括直接工资和按直接工资的一定比例计算的其他直接费用。

（1）直接人工预算编制的工作任务和要求：按季度、按产品品种编制直接人工预算和直接人工现金支出预算。

（2）直接人工预算编制的依据和资料：①生产预算；②标准工资率、标准单位直接人工工时；③其他直接费用计提标准。

（3）直接人工预算编制的具体程序：

步骤一，预计每种产品的直接人工工时总数。

某种产品直接人工工时总数＝单位产品工时定额×预计该产品生产量

步骤二，预计每种产品耗用的直接工资。

某种产品耗用直接工资＝单位工时工资率×该种产品直接人工工时总数

步骤三，预计每种产品计提的其他直接费用。

某种产品计提其他直接费用＝预计某种产品耗用直接工资×其他直接费用计提标准

式中，其他直接费用计提标准，按我国现行制度规定的应付福利费的计提率为14%。

步骤四，计算预算期每种产品的预计直接人工成本。

某种产品直接人工成本＝该产品耗用直接工资＋该产品计提其他直接费用

步骤五，预计预算期直接人工成本合计。

预计企业直接人工成本合计＝∑预计某种产品直接人工成本

步骤六，预计直接人工成本现金支出。各期直接人工成本中的直接工资一般均由现金开支，由其他直接费用形成的应付福利费则不一定在提取的当期用现金开支，应当进行适当的调整，以反映预计的福利费开支情况。

直接人工成本现金支出＝该期直接工资总额＋该期福利费现金支出

式中，福利费现金支出按一定的经验比率来确定。

6. 制造费用预算的编制

制造费用预算（manufacturing expense budget）是指为规划一定预算期内除直接材料和直接人工预算以外预计发生的其他生产费用水平而编制的一种日常业务预算。

日常工作中该预算一般是以变动成本法为基础编制的，编制时首先需要按成本习性把制造费用分为变动性制造费用和固定性制造费用两部分，分别进行编制。

（1）制造费用预算编制的工作任务和要求：①编制制造费用预算；②按季度编制制造费用现金支出预算。

（2）制造费用预算编制的依据和资料：①生产预算、直接人工预算；②变动性制造费用预算分配率；③其他相关资料。

（3）制造费用预算编制的具体程序：

步骤一，预计变动性制造费用。

变动性制造费用＝单位产品变动性制造费用预算分配率×预计的生产量

变动性制造费用预算分配率＝变动性制造费用总额÷分配标准预算总数

其中相关分配标准可以选择预算生产量或预算直接人工工时总数。

步骤二，预计固定性制造费用。

固定性制造费用可在上一年的基础上根据预算期变动情况加以适当修正进行预计，并作为期间成本直接列入利润表作为收入的抵减项目予以扣除。

步骤三，预计制造费用现金支出。

制造费用现金支出＝变动性制造费用现金支出＋固定性制造费用现金支出

$$\text{变动性制造费用现金支出}=\sum\left(\begin{matrix}\text{变动性制造}\\\text{费用预算分配率}\end{matrix}\times\begin{matrix}\text{该季度某种产品}\\\text{预计直接人工工时}\end{matrix}\right)$$

固定性制造费用现金支出＝（该年度预计固定性制造费用－预计年折旧费）÷4

固定资产折旧由于是非付现成本项目，因此计算时应予以剔除。

7. 产品成本预算的编制

产品成本预算（product cost budget）是为规划一定预算期内各种产品的单位产品成本、生产成本、销售成本等内容而编制的一种日常业务预算。

（1）产品成本预算编制的工作任务和要求：按产品品种编制产品成本预算。

（2）产品成本预算编制的依据和资料：①生产预算、直接材料预算、直接人工预算和制造费用预算；②成本计算方法（此处采用变动成本法）；③在产品、产成品期初期末存货余额及存货计价方法（此处采用先进先出法）。

（3）产品成本预算编制的具体程序：

步骤一，预计各种产品的单位生产成本。

$$\text{某种产品单位生产成本}=\frac{\text{单位直接}}{\text{材料成本}}+\frac{\text{单位直接}}{\text{人工成本}}+\frac{\text{单位变动}}{\text{性制造费用}}$$

步骤二，预计各种产品的当期生产成本。

$$\text{某种产品当期发生的生产成本}=\frac{\text{该产品当期}}{\text{直接材料成本}}+\frac{\text{该产品当期}}{\text{直接人工成本}}+\frac{\text{该产品当期}}{\text{变动性制造费用}}$$

步骤三，预计各种产品预算期的预计产品生产成本。

$$\frac{\text{某种产品某期}}{\text{预计产品生产成本}}=\frac{\text{该产品同期预计}}{\text{发生产品生产成本}}+\frac{\text{该产品在产品}}{\text{成本期初余额}}-\frac{\text{该产品在产品}}{\text{成本期末余额}}$$

步骤四，预计各种产品预算期预计的产品销售成本。

$$\frac{\text{本期预计}}{\text{产品销售成本}}=\frac{\text{本期预计}}{\text{产品生产成本}}+\frac{\text{产成品成本}}{\text{期初余额}}-\frac{\text{产成品成本}}{\text{期末余额}}$$

8. 期末存货预算的编制

期末存货预算（final inventory budget）是为规划一定预算期末的在产品、产成品和原材料预计成本水平而编制的一种日常业务预算。该预算与产品成本预算密切相关，所以同样也受到存货计价方法的影响。该预算通常只编制年末预算，不编制分季度预算。编制的依据与上述各种日常业务预算相同。

9. 销售费用预算的编制

销售费用预算（marketing expense budget）是为规划一定预算期内，企业根据销售阶段为组织产品销售而预计发生的各项费用水平而编制的一种日常业务预算。销售费用预算的编制按成本习性，分为变动性销售费用和固定性销售费用两部分。变动性销售费用，反映各个项目的单位产品费用分配额；固定性销售费用，按项目反映出全年预计水平。同时，销售费用预算也要编制相应的现金支出预算。

10. 管理费用预算的编制

管理费用预算（administrative expense budget）是为规划一定预算期内因管理企业预计发生的各项费用水平而编制的一种日常业务预算。该预算编制可采用两种方法。第一种方法是按项目反映全年预计水平。因为管理费用大多是固定费用，所以直接以上年实际水平为基础，考虑预算年度的变化调整计算全年总数，然后计算出各季度数即可。第二种方法类似于制造费用预算或销售费用预算的编制方法，把管理费用按成本习性分成固定性管理费用和变动性管理费用两部分，对变动性管理费用按预算期的分配率和预计的业务量进行测算。为简化预算编制，通常采用第一种方法。另外，管理费用总额预算及其现金支出预算可以合并编制。

11. 财务费用预算的编制

财务费用预算（financial expense budget）是反映预算期内因筹措和使用资金而发生的财务费用水平的一种预算。

12. 特种决策预算的编制

特种决策预算（special decision-making budget），狭义上又称资本支出预算，通常是指与项目投资决策有关的投资决策预算，应当根据企业有关投资决策资料和年度固定资产投资计划编制。由于该类预算经常跨年度，涉及长期建设项目的资金投放与筹措等，因此，除个别项目外一般不纳入日常业务预算，但需要计入与此相关的现金预算与预计资产负债表。

13. 现金预算的编制

现金预算（cash budget）也称作现金收支预算，它是以日常业务预算和特种决策预算为基础所编制的反映预算期现金收支情况的预算。这里的现金是指企业的库存现金和银行存款等货币资金。编制现金预算的目的在于合理地处理现金收支业务，正确地调度货币资金，保证企业的资金正常流转。

（1）现金预算编制的工作任务和要求：①按月份（季度）编制现金收支预算；②通过合理安排，保持期末现金余额在合理的范围内波动，协调资金筹措及运用。

现金收支差额与期末余额均需通过协调资金筹措及运用来调整。企业应当在保证各项支出所需资金供应的前提下，注意保持期末现金余额在合理的上下限度内波动。因为现金属于非营利性资产，储备过多会造成浪费，储备过少又会影响使用，所以现金余额既不是越多越好，也不是越少越好，它有一个合理的量。当现金收支差额为正值（现金结余），在偿还了利息和借款本金之后仍超过现金余额上限时，就应拿出一部分用于有价证券投资；但一旦发现还本付息之后的收支差额低于现金余额下限，就应抛出一部分有价证券来弥补现金短缺；如果现金收支差额为负值（现金短缺），可采取暂缓还本付息、抛售有价证券或向银行借款等措施，弥补现金缺口。

（2）现金预算编制的依据和资料：现金预算需要根据经营现金收入预算表、直接材料采购现金支出预算表、应交税金及附加预算表、直接人工现金支出预算表、制造费用现金支出预算表、销售费用现金支出预算表、管理费用现金支出预算表和资金筹集及运用等相关数据资料来进行编制。

（3）现金预算编制的具体程序：

步骤一，预计各期现金余缺。

某期现金余缺＝该期现金收入－该期现金支出

步骤二，预计现金筹集及运用。

某期现金筹集及运用＝该期借款＋该期发行债券＋该期发行普通股－该期支付借款利息－该期支付债券利息－该期归还借款－该期购买有价证券

步骤三，预计期末现金余额。

期末现金余额＝该期现金余缺－该期现金筹集与运用

14. 预计利润表的编制

预计利润表（forecasted income statement）是以货币形式全面综合地反映企业预算期内

预计经营成果的一种财务预算。它是在上述各项日常经营业务预算的基础上，根据权责发生制原则编制的。该表既可以按季度编制，也可以按年度编制。

（1）预计利润表编制的工作任务和要求：按年度（季度）编制预计利润表。

（2）预计利润表编制的依据和资料：销售预算、应交税金及附加预算、制造费用预算、产品成本预算、销售费用预算、管理费用预算、财务费用预算、所得税税率等。

（3）预计利润表编制的具体程序：

步骤一，预计预算期边际贡献。

预计预算期边际贡献＝预算期销售收入－预算期变动生产成本－预算期变动性销售费用－预算期销售税金及附加

步骤二，预计预算期利润总额。

预计预算期利润总额＝预算期边际贡献－预算期固定性制造费用－预算期固定性销售费用－预算期管理费用－预算期财务费用

步骤三，预计预算期净利润。

预计预算期净利润＝预算期利润总额－预算期所得税

15. 预计资产负债表的编制

预计资产负债表（forecasted balance sheet）是以货币形式总括反映企业预算期末财务状况的一种财务预算。预计资产负债表中除上年期末数已知外，其余项目均需在前述各项日常业务预算和特种决策预算的基础上分析填列。

（1）预计资产负债表编制的工作任务和要求：按年度（季度）编制预计资产负债表。

（2）预计资产负债表编制的依据和资料：①上期资产负债表；②各项日常业务预算、特种决策预算、现金预算、预计利润表；③其他相关资料。

（3）预计资产负债表编制的具体程序：

步骤一，根据上期资产负债表各项目的期末数填列预算期的期初数。

步骤二，根据现金预算计算填列预算期“货币资金”“交易性金融资产”“短期借款”“应付股利”“长期借款”“实收资本”等项目的期末数。

步骤三，根据经营现金收入预算计算填列预算期“应收账款”项目的期末数。

步骤四，根据期末存货预算计算填列预算期“存货”项目的期末数。

步骤五，根据资本支出预算计算填列预算期“固定资产原值”项目的期末数。

步骤六，根据制造费用预算和管理费用预算计算填列预算期“累计折旧”项目的期末数。

步骤七，根据管理费用预算计算填列预算期“无形及其他非流动资产”项目的期末数。

步骤八，根据现金预算和预计利润表计算填列预算期“未交所得税”项目的期末数。

步骤九，根据直接材料采购现金支出预算填列预算期“应付账款”项目的期末数。

步骤十，根据直接人工现金支出预算计算填列预算期“应付职工薪酬”项目的期末数。

步骤十一，根据预计利润表计算填列预算期“未分配利润”项目的期末数。

步骤十二，汇总计算各有关资产、负债及所有者权益项目的合计数，并进行试算平衡。

※ 任务设计及工作过程 ※

青城公司董事会决定，2019 年度财务预算由公司预算委员会及所属各预算小组编制，经预算委员会审核平衡后报公司董事会审定。公司预算委员会接到任务后，立即召集各预算小组研究、预测和编制，各小组完成预算编制后，经预算委员会审核平衡，报公司董事会。

【任务】如果你是青城公司预算委员会负责人，请制订预算编制计划，督促并核查各项预算。

一、编制销售预算

青城公司生产甲、乙两种产品，2019年年初应收账款和各季度预测的销售价格及销售量等资料见表3-7。要求：根据资料编制青城公司2019年度的销售预算和经营现金收入预算。

表3-7　2019年度青城公司预计销售单价、销售量和其他资料

品种		第一季度	第二季度	第三季度	第四季度	年初应收账款（元）	增值税税率	收现率	
								首期	二期
甲产品	单价（元/件）	100	100	110	100	200 000	13%	60%	40%
	销售量（件）	800	900	1 200	1 000				
乙产品	单价（元/件）	120	120	120	110	150 000			
	销售量（件）	600	700	1 000	1 200				

（1）根据资料编制青城公司2019年度的销售预算，见表3-8。

表3-8　2019年度青城公司销售预算

项目		第一季度	第二季度	第三季度	第四季度	全年
销售单价（元/件）	甲产品	100	100	110	100	102.50
	乙产品	120	120	120	110	117.50
预计销售量（件）	甲产品	800	900	1 200	1 000	3 900
	乙产品	600	700	1 000	1 200	3 500
预计销售收入(元)	甲产品	80 000	90 000	132 000	100 000	402 000
	乙产品	72 000	84 000	120 000	132 000	408 000
	合计	152 000	174 000	252 000	232 000	810 000
增值税销项税额（元）		19 760	22 620	32 760	30 160	105 300
含税销售收入（元）		171 760	196 620	284 760	262 160	915 300

（2）根据资料编制2019年度青城公司的经营现金收入预算，见表3-9。

表3-9　2019年度青城公司经营现金收入预算　　单位：元

项目	第一季度	第二季度	第三季度	第四季度	全年	年末应收账款余额
含税销售收入	171 760	196 620	284 760	262 160	915 300	104 864
本期现销含税收入	103 056	117 972	170 856	157 296	549 180	
期初应收账款回收	350 000	68 704	78 648	113 904	611 256	
经营现金收入合计	453 056	186 676	249 504	271 200	1 160 436	

注：表中含税销售收入分两期收到现金，其结果按下列公式计算：

某期经营现金收入＝当期含税销售收入×首期收现率＋前期含税销售收入×二期收现率

【想一想3-4】销售预算是编制全面预算的关键和起点，也是实现目标利润的基础，因此，销售预算不但是第一预算，而且是核心预算。请问编制销售预算的重点是不是：第一确定销售收入，第二确定销售现金收入？

二、编制生产预算

青城公司2019年年初有关资料如下：甲产品年初产成品存货量80件，预计年末产成品存货量110件，年初产成品单位成本93元，预计期末产成品占下期销量的百分比为10%；乙产品年初产成品存货量60件，预计年末产成品存货量130件，年初产成品单位成本105元，预计期末产成品占下期销量的百分比为10%。要求：根据以上资料编制青城公司2019年生产预算，见表3-10。

表3-10 **2019年度青城公司生产预算** 单位：件

品种	项目	第一季度	第二季度	第三季度	第四季度	全年
甲产品	预计销售量	800	900	1 200	1 000	3 900
	加：预计期末存货量	90	120	100	110	110
	减：预计期初存货量	80	90	120	100	80
	预计生产量	810	930	1 180	1 010	3 930
乙产品	预计销售量	600	700	1 000	1 200	3 500
	加：预计期末存货量	70	100	120	130	130
	减：预计期初存货量	60	70	100	120	60
	预计生产量	610	730	1 020	1 210	3 570

【想一想3-5】依据销售预算编制生产预算，生产预算属于过渡性预算，即为其他相关预算提供数据。请问：生产预算为哪些预算提供数据？

三、编制直接材料预算

青城公司甲、乙两种产品2019年度需要的各种材料消耗定额及采购单价资料见表3-11；各种材料年初、年末的存货量，以及有关账户余额等资料见表3-12。要求：根据资料，编制青城公司2019年度直接材料需用量预算、直接材料采购预算、直接材料采购现金支出预算。

表3-11 **2019年度青城公司的材料消耗定额及采购单价资料**

项目	材料名称	第一季度	第二季度	第三季度	第四季度
甲产品材料消耗定额（千克/件）	A材料	5	5	5	5
	B材料	3	3	3	3
乙产品材料消耗定额（千克/件）	A材料	6	6	6	6
	C材料	4	4	4	4
材料采购单价（元）	A材料	10	10	12	12
	B材料	8	8	8	8
	C材料	5	5	5	5

表3-12　　2019年度青城公司材料存货量与其他资料

材料名称	年初存货量（件）	年末存货量（件）	预计期末存货量占下期需用量的百分比	增值税税率	年初余额（元）		付现率	
					应付账款	库存材料	首期	二期
A材料	1 550	2 660	20%	13%	175 000	25 015	60%	40%
B材料	730	990	30%					
C材料	735	1 560	30%					

(1) 根据资料编制青城公司2019年度直接材料需用量预算，见表3-13。

表3-13　　2019年度青城公司直接材料需用量预算

产品品种	项目	材料名称	第一季度	第二季度	第三季度	第四季度	全 年
甲产品	材料单耗（千克/件）	A材料	5	5	5	5	5
		B材料	3	3	3	3	3
	预计生产量（件）		810	930	1 180	1 010	3 930
	预计生产需用量（千克）	A材料	4 050	4 650	5 900	5 050	19 650
		B材料	2 430	2 790	3 540	3 030	11 790
乙产品	材料单耗（千克/件）	A材料	6	6	6	6	6
		C材料	4	4	4	4	4
	预计生产量（件）		610	730	1 020	1 210	3 570
	预计生产需用量（千克）	A材料	3 660	4 380	6 120	7 260	21 420
		C材料	2 440	2 920	4 080	4 840	14 280

(2) 根据资料编制青城公司2019年度直接材料采购预算，见表3-14。

表3-14　　2019年度青城公司直接材料采购预算　　单位：元、件

材料品种	项目	第一季度	第二季度	第三季度	第四季度	全 年
A材料	材料采购单价	10	10	12	12	11
	甲产品需用量	4 050	4 650	5 900	5 050	19 650
	乙产品需用量	3 660	4 380	6 120	7 260	21 420
	材料总需用量	7 710	9 030	12 020	12 310	41 070
	加：期末材料存量	1 806	2 404	2 462	2 660	2 660
	减：期初材料存量	1 550	1 806	2 404	2 462	1 550
	本期采购量	7 966	9 628	12 078	12 508	42 180
	材料采购成本	79 660	96 280	144 936	150 096	470 972
B材料	材料采购单价	8	8	8	8	8
	甲产品需用量	2 430	2 790	3 540	3 030	11 790
	材料总需用量	2 430	2 790	3 540	3 030	11 790
	加：期末材料存量	837	1 062	909	990	990
	减：期初材料存量	730	837	1 062	909	730
	本期采购量	2 537	3 015	3 387	3 111	12 050
	材料采购成本	20 296	24 120	27 096	24 888	96 400

续前表

材料品种	项目	第一季度	第二季度	第三季度	第四季度	全 年
C材料	材料采购单价	5	5	5	5	5
	乙产品需用量	2 440	2 920	4 080	4 840	14 280
	材料总需用量	2 440	2 920	4 080	4 840	14 280
	加：期末材料存量	876	1 224	1 452	1 560	1 560
	减：期初材料存量	735	876	1 224	1 452	735
	本期采购量	2 581	3 268	4 308	4 948	15 105
	材料采购成本	12 905	16 340	21 540	24 740	75 525
预计材料采购成本合计		112 861	136 740	193 572	199 724	642 897
增值税进项税额		14 672	17 776	25 164	25 964	83 576
预计采购金额合计		127 533	154 516	218 736	225 688	726 473

（3）根据资料编制2019年度青城公司直接材料采购现金支出预算，见表3-15。

表3-15　　2019年度青城公司直接材料采购现金支出预算　　单位：元

项目	第一季度	第二季度	第三季度	第四季度	全年	年末应付账款
预计采购金额合计	127 533	154 516	218 736	225 688	726 473	90 275
本期采购现金支出	76 520	92 710	131 242	135 413	435 885	
期初应付账款支出	175 000	51 013	61 806	87 494	375 313	
现金支出合计	251 520	143 723	193 048	222 907	811 198	

【想一想3-6】直接材料预算包括直接材料需用量、直接材料采购数量和直接材料采购成本等，而且需经过比较复杂的预算过程。请问：直接材料预算的最终目的是取得什么数据？

四、编制应交税金及附加预算

青城公司2019年度各季度预计的增值税销项税额和进项税额资料，见表3-8和表3-14；该企业流通环节只缴纳增值税，并于实现销售的当期（每季度）用现金完税；附加税费率为10%。根据资料，编制青城公司2019年度应交税金及附加预算，见表3-16。

表3-16　　2019年度青城公司应交税金及附加预算　　单位：元

项目	第一季度	第二季度	第三季度	第四季度	全 年
增值税销项税额	19 760	22 620	32 760	30 160	105 300
增值税进项税额	14 672	17 776	25 164	25 964	83 576
应交增值税	5 088	4 844	7 596	4 196	21 724
销售税金及附加	508.80	484.40	759.60	419.60	2 172.4
现金支出合计	5 596.80	5 328.40	8 355.60	4 615.60	23 896.40

【想一想3-7】从预算表中可知，应交税金及附加预算一是应交增值税，二是销售税金及附加。请问：应交所得税为什么不纳入该预算之中？

五、编制直接人工预算

青城公司2019年度单位工时工资率和工时定额资料，见表3-17。要求：根据资料表

3－13和表3－17，编制青城公司2019年度的直接人工预算（平均工资率和平均人工成本保留两位小数，其他计算结果保留整数）。

表3－17　　2019年度青城公司的单位工时工资率和工时定额资料

项目		第一季度	第二季度	第三季度	第四季度	其他直接费用计提标准	预计应付福利费支用率
单位工时工资率（元）		3	3	3	4	14%	85%
单位产品工时定额	甲产品	3	3	3	2.6		
	乙产品	4	4	4	3.5		

根据资料编制青城公司的直接人工预算，见表3－18。

表3－18　　2019年度青城公司的直接人工预算

品种	项目	第一季度	第二季度	第三季度	第四季度	全年
	公司单位工时工资率	3	3	3	4	
甲产品	单位产品工时定额（小时）	3	3	3	2.6	2.897 2
	预计生产量（件）	810	930	1 180	1 010	3 930
	直接人工工时总数（小时）	2 430	2 790	3 540	2 626	11 386
	预计直接工资（元）	7 290	8 370	10 620	10 504	36 784
	其他直接费用（元）	1 021	1 172	1 487	1 471	5 151
	直接人工成本合计（元）	8 311	9 542	12 107	11 975	41 935
	单位工时直接人工成本（元）	3.42	3.42	3.42	4.56	3.68
乙产品	单位产品工时定额（小时）	4	4	4	3.5	3.830 5
	预计生产量（件）	610	730	1 020	1 210	3 570
	直接人工工时总数（小时）	2 440	2 920	4 080	4 235	13 675
	预计直接工资（元）	7 320	8 760	12 240	16 940	45 260
	其他直接费用（元）	1 025	1 226	1 714	2 372	6 337
	直接人工成本合计（元）	8 345	9 986	13 954	19 312	51 597
	单位工时直接人工成本（元）	3.42	3.42	3.42	4.56	3.77
合计	直接工资总额（元）	14 610	17 130	22 860	27 444	82 044
	其他直接费用（元）	2 046	2 398	3 201	3 843	11 488
	直接人工成本合计（元）	16 656	19 528	26 061	31 287	93 532
预计福利费现金支出（元）		1 739	2 038	2 721	3 267	9 765
直接人工成本现金支出合计（元）		16 349	19 168	25 581	30 711	91 809

【想一想3－8】 直接人工预算编制准确与否，主要取决于单位工时工资率、单位产品工时定额和预计生产量。请问：这三者主要取决于什么预算？

六、编制制造费用预算

青城公司采用变动成本法编制预算，变动性制造费用按各种产品直接人工工时比例分配，直接人工工时见前例。除折旧外的各项制造费用均以现金支付。要求：根据资料，编制青城公司2019年度的制造费用预算和制造费用现金支出预算。

（1）根据资料编制青城公司2019年度制造费用预算，见表3－19。

表 3－19　　　　**2019 年度青城公司制造费用预算**

变动性制造费用（元）		固定性制造费用（元）	
间接材料	8 000	管理人员工资	7 200
间接人工成本	6 000	折旧费	9 500
维修费	4 000	办公费	4 500
水电费	5 000	保险费	2 500
其 他	3 064	租赁费	3 000
合 计	26 064	其 他	1 000
		合 计	27 700
直接人工工时总数（小时）	25 061	减：折旧费	9 500
预算分配率＝26 064÷25 061＝1.04		现金支出合计	18 200
		各季支出数	4 550

（2）根据资料编制青城公司 2019 年度制造费用现金支出预算，见表 3－20。

表 3－20　　　　**2019 年度青城公司制造费用现金支出预算**

项目		第一季度	第二季度	第三季度	第四季度	全年
变动性制造费用分配率		1.04	1.04	1.04	1.04	1.04
直接人工工时（小时）	甲产品	2 430	2 790	3 540	2 626	11 386
	乙产品	2 440	2 920	4 080	4 235	13 675
	小 计	4 870	5 710	7 620	6 861	25 061
变动性制造费用（元）	甲产品	2 527	2 902	3 682	2 731	11 842
	乙产品	2 538	3 037	4 243	4 404	14 222
	小 计	5 065	5 939	7 925	7 135	26 064
固定性制造费用（元）		4 550	4 550	4 550	4 550	18 200
现金支出合计（元）		9 615	10 489	12 475	11 685	44 264

【想一想 3－9】 制造费用预算是一项重要而又复杂的预算，其准确性非常重要。请问：制造费用预算与现金预算、预计利润表和预计资产负债表的编制有什么联系？

七、编制产品成本预算

青城公司 2019 年度的年初产成品资料、生产预算、直接材料采购预算、直接人工预算和制造费用预算见以前各例。要求：根据资料，编制青城公司 2019 年度产品成本预算。

（1）根据资料编制甲产品成本预算，见表 3－21。

表 3－21　　　　**2019 年度青城公司甲产品成本预算**

（计划产量：3 930 件）　　　　金额单位：元

成本项目	单价	单位用量	单位成本	总成本
直接材料				
A 材料	11.00	5	55.00	216 150
B 材料	8.00	3	24.00	94 320
小　计			79.00	310 470
直接人工	3.68	2.897 2	10.67	41 935

续前表

成本项目	单价	单位用量	单位成本	总成本
变动性制造费用	1.04	2.897 2	3.01	11 842
合　计			92.68	364 247
加：在产品及自制半成品期初余额		0	0	
减：在产品及自制半成品期末余额		0	0	
预计产品生产成本			92.68	364 247
加：产成品期初余额			93.00	7 440
减：产成品期末余额			92.68	10 195
预计产品销售成本			92.69	361 492

（2）根据资料编制乙产品成本预算，见表 3－22。

表 3－22　2019 年度青城公司乙产品成本预算

（计划产量：3 570 件）　　单位：元、千克

成本项目	单价	单位用量	单位成本	总成本
直接材料				
A 材料	11.00	6	66.00	235 620
C 材料	5.00	4	20.00	71 400
小　计			86.00	307 020
直接人工	3.77	3.830 5	14.45	51 597
变动性制造费用	1.04	3.830 5	3.98	14 222
合　计			104.44	372 839
加：在产品及自制半成品期初余额		0	0	
减：在产品及自制半成品期末余额		0	0	
预计产品生产成本			104.44	372 839
加：产成品期初余额			105.00	6 300
减：产成品期末余额			104.44	13 577
预计产品销售成本			104.45	365 562

【想一想 3－10】产品成本预算主要编制预计产品生产成本和预计产品销售成本，该预算与现金预算和预计资产负债表预算无关，与预计利润表有关。请问：此表述是否准确？

八、编制存货预算

青城公司按变动成本法编制 2019 年度年末存货预算，见表 3－23。

表 3－23　2019 年度青城公司期末存货预算　　单位：元、件

产成品存货	年初存货量	年初存货成本	期末存货量	单位成本	期末存货成本
甲产品	80	7 440	110	92.68	10 195
乙产品	60	6 300	130	104.44	13 577
小　计		13 740			23 772
材料存货	年　初 材料成本	本年材料 采购成本	本期耗用材料成本		期末材料 存货成本
			甲产品	乙产品	

A材料	15 500	470 972	216 150	235 620	34 702
B材料	5 840	96 400	94 320	—	7 920
C材料	3 675	75 525	—	71 400	7 800
小 计	25 015	642 897	310 470	307 020	50 422
年初存货合计	38 755		年末存货合计	74 194	

【想一想 3-11】 期末存货预算通常只编制年末预算，而不编制分季度预算。请问：这是不是仅用于预计资产负债表编制的原因？

九、编制销售费用及其现金支出预算

青城公司 2019 年度的销售费用预算见表 3-24，销售费用现金支出预算见表 3-25。

表 3-24　　**2019 年度青城公司销售费用预算**　　单位：元

<table>
<tr><th colspan="3">变动性销售费用</th><th colspan="2">固定性销售费用</th></tr>
<tr><td rowspan="4">项目</td><td colspan="2" rowspan="3">单位产品标准费用额</td><td>项　　目</td><td>全年费用</td></tr>
<tr><td>管理人员工资</td><td>3 000</td></tr>
<tr><td>专设销售机构办公费</td><td>5 000</td></tr>
<tr><td>甲产品</td><td>乙产品</td><td>宣传广告费用</td><td>3 000</td></tr>
<tr><td>销售佣金</td><td>1.5</td><td>2</td><td>保险费用</td><td>1 500</td></tr>
<tr><td>销售运杂费</td><td>1</td><td>1.2</td><td>其他</td><td>1 000</td></tr>
<tr><td>其他</td><td>0.2</td><td>0.4</td><td>合计</td><td>13 500</td></tr>
<tr><td>合计</td><td>2.7</td><td>3.6</td><td colspan="2">各季度平均：13 500÷4=3 375</td></tr>
</table>

表 3-25　　**2019 年度青城公司销售费用现金支出预算**　　金额单位：元

项目		第一季度	第二季度	第三季度	第四季度	全年
单位产品标准费用额	甲产品	2.7	2.7	2.7	2.7	2.7
	乙产品	3.6	3.6	3.6	3.6	3.6
预计销售量（件）	甲产品	800	900	1 200	1 000	3 900
	乙产品	600	700	1 000	1 200	3 500
变动性销售费用	甲产品	2 160	2 430	3 240	2 700	10 530
	乙产品	2 160	2 520	3 600	4 320	12 600
	小计	4 320	4 950	6 840	7 020	23 130
固定性销售费用		3 375	3 375	3 375	3 375	13 500
现金支出合计		7 695	8 325	10 215	10 395	36 630

十、编制管理费用及其现金支出预算

根据有关资料编制青城公司 2019 年度的管理费用及其现金支出预算，见表 3-26。

表 3－26　　2019 年度青城公司管理费用及其现金支出预算　　单位：元

费用项目	金额
公司经费	3 000
工会经费	1 200
办公费	2 000
董事会费	1 000
折旧费	1 500
无形资产摊销	600
职工培训费	800
其　他	1 000
合　计	11 100
减：折旧费	1 500
无形资产摊销	600
现金支出	9 000
平均每季支付额	2 250

【想一想 3－12】管理费用预算编制，第一种方法是按项目反映全年预计水平，第二种方法是把管理费用按成本习性分成固定性管理费用和变动性管理费用两部分，对变动性管理费用按预算期的分配率和预计的业务量进行测算。请问：哪种方法科学、准确？

十一、编制财务费用预算

根据有关资料编制青城公司 2019 年度的财务费用预算，见表 3－27。

表 3－27　　2019 年度青城公司财务费用预算　　单位：元

项目	第一季度	第二季度	第三季度	第四季度	全年	资料来源
应计并支付短期借款利息		150	450	450	1 050	见表 3－29
应计并支付长期借款利息						
应计并支付公司债券利息						
支付利息合计		150	450	450	1 050	
减：资本化利息						
预计财务费用		150	450	450	1 050	

十二、编制资本支出预算

根据有关资料编制 2019 年度青城公司资本支出预算，见表 3－28。

表 3－28　　2019 年度青城公司资本支出预算　　单位：元

项目	第一季度	第二季度	第三季度	第四季度	全 年	资料来源
购置固定资产	20 000	30 000	50 000	10 000	110 000	略
资本性现金支出	20 000	30 000	50 000	10 000	110 000	略

【想一想 3-13】 特种决策预算，除个别项目外一般不纳入日常业务预算，这是因为这些项目投资决策有详细的可行性论证报告可代替预算。请问：这一观点正确吗？

十三、编制现金预算

沿用前面各步骤编制的预算，每季末现金余额的规定范围为 30 000 元～60 000 元。企业本年初现金余额为 30 000 元。要求：根据资料编制青城公司 2019 年度现金预算。

根据资料编制青城公司 2019 年度现金预算，见表 3-29。

表 3-29　　2019 年度青城公司现金预算　　单位：元

项目	第一季度	第二季度	第三季度	第四季度	全年	资料来源
一、期初现金余额	30 000	51 030.20	39 272.80	37 402.20	30 000	
二、现金收入合计	453 056	186 676	249 504	271 200	1 160 436	
经营现金收入	453 056	186 676	249 504	271 200	1 160 436	见表 3-9
三、现金支出合计	322 025.80	228 283.40	310 924.60	301 563.60	1 162 797.40	
1. 经营现金支出	302 025.80	198 283.40	260 924.60	291 563.60	1 052 797.40	
(1) 采购直接材料	251 520	143 723	193 048	222 907	811 198	见表 3-15
(2) 支付直接人工	16 349	19 168	25 581	30 711	91 809	见表 3-18
(3) 支付制造费用	9 615	10 489	12 475	11 685	44 264	见表 3-20
(4) 支付销售费用	7 695	8 325	10 215	10 395	36 630	见表 3-25
(5) 支付管理费用	2 250	2 250	2 250	2 250	9 000	见表 3-26
(6) 支付增值税、销售税金及附加	5 596.80	5 328.40	8 355.60	4 615.60	23 896.40	见表 3-16
(7) 预交所得税	5 000	5 000	5 000	5 000	20 000	估计数
(8) 预分股利	4 000	4 000	4 000	4 000	16 000	估计数
2. 资本性现金支出	20 000	30 000	50 000	10 000	110 000	见表 3-28
四、现金余缺	161 030.20	9 422.80	−22 147.80	7 038.60	27 638.6	
五、资金筹集及运用	−110 000	29 850	59 550	49 550	28 950	
加：短期借款		30 000	60 000		90 000	
发行普通股				50 000	50 000	
减：支付借款利息		150	450	450	1 050	年利率 2%
归还借款	100 000				100 000	3 月末到期
购买有价证券	10 000				10 000	
六、期末现金余额	51 030.2	39 272.8	37 402.20	56 588.60	56 588.60	

十四、编制预计利润表

沿用前面各步骤编制的预算，要求根据有关资料编制青城公司 2019 年度预计利润表。

根据资料，编制青城公司 2019 年度的预计利润表，见表 3-30。

表 3-30　　2019 年度青城公司预计利润表　　单位：元

项 目	金 额	资料来源
一、销售收入	810 000	见表 3-8
减：变动生产成本	727 054	见表 3-21、表 3-22

变动性销售费用	23 130	见表 3-25
销售税金及附加	2 172.40	见表 3-16
二、边际贡献	57 643.60	
减：固定性制造费用	27 700	见表 3-19
固定性销售费用	13 500	见表 3-24
管理费用	11 100	见表 3-26
财务费用	1 050	见表 3-27
三、利润总额	4 293.60	
减：所得税（25%）	1 073.40	
四、净利润	3 220.20	

十五、编制预计资产负债表

沿用前面各步骤编制的预算，要求：根据有关资料编制青城公司 2019 年度预计资产负债表。

根据资料，编制青城公司 2019 年度预计资产负债表，见表 3-31。

表 3-31　　2019 年度青城公司预计资产负债表　　单位：元

资 产	年初数	年末数	资料来源
一、流动资产			
货币资金	30 000	56 588.60	见表 3-29
交易性金融资产	0	10 000	见表 3-29
应收账款	350 000	104 864	见表 3-9
存货	38 755	74 194	见表 3-23
流动资产合计	418 755	245 646.60	
二、固定资产			
固定资产原值	500 000	610 000	见表 3-28
减：累计折旧	22 000	33 000	见表 3-19、表 3-26
固定资产净值	478 000	577 000	
固定资产合计	478 000	577 000	
三、无形资产及其他非流动资产合计	1 600	1 000	见表 3-26
四、长期资产合计	479 600	578 000	
资产总计	898 355	823 646.60	
负债及所有者权益	年初数	年末数	资料来源
一、负债			
流动负债			
短期借款	0	90 000	见表 3-29
未交所得税	0	−18 926.60	见表 3-29、表 3-30
应付账款	175 000	90 275	见表 3-15
应付股利	0	−16 000	见表 3-29
应付职工薪酬	5 000	6 723	见表 3-18
流动负债合计	180 000	152 071.40	
长期负债			
长期借款	100 000	0	见表 3-29

应付债券	0	0	
长期负债合计	100 000	0	
负债合计	280 000	152 071.40	
二、所有者权益			
实收资本	500 000	550 000	见表 3-29
资本公积	10 000	10 000	
盈余公积	20 000	20 000	
未分配利润	88 355	91 575.20	见表 3-30
所有者权益合计	618 355	671 575.20	
负债及所有者权益总计	898 355	823 646.20	

【想一想 3-14】现金预算、预计利润表和预计资产负债表的编制依据就是日常业务预算，因此，日常业务预算编制得准确与否非常关键。同时，现金预算、预计利润表和预计资产负债表这三表之间存在一定的勾稽关系。请问：你阅读了这三张表后发现了什么勾稽关系？

小贴士　美国通用汽车公司的预算

美国通用汽车公司的预算有两种：一种是有关基本政策的，另一种是有关日常管理的。

对于有关基本政策的预算，首先规定一个较长时期的平均投资利润率和平均正常运转率（即“标准量”），然后据以制定产品的标准价格。有了标准量和标准价格之后，就可以根据有关资料对下年度的销售、资金、成本、利润、投资等作出估计，从而构成年度预算。

对于有关日常管理的预算，先根据过去三年的统计资料，并考虑未来年度的经济增长、经济循环变化、季节变化及保持均衡生产的需要、竞争形势等因素，确定“指标产量”（以相当于年度生产能力的一个百分数表示），再据以制定“指标价格”，然后根据各种定额作出下年度的销售、生产、存货、采购、资金、成本、利润等全面预算。

※ 职业能力训练 ※

一、判断题

（1）单位生产成本预算通常反映各产品单位生产成本，有时还要反映年初、年末存货水平。（　　）

（2）在财务预算的编制过程中，编制预计财务报表的正确程序是：先编制预计资产负债表，然后编制预计利润表。（　　）

（3）编制生产预算时，关键是正确地确定预计销售量。（　　）

（4）在编制现金预算时，直接人工产生的现金流出就是发生的直接人工费用数额。（　　）

（5）直接人工预算是指为规划一定预算期内人工工时的消耗水平和人工成本水平而编制的一种经营预算。（　　）

二、不定项选择题

（1）已知A公司在预算期间，销售当季度收回货款60%，下季度收回货款30%，下下季度收回货款10%，预算年度期初应收账款金额为28万元，其中包括上年第三季度销售的应收账款4万元、第四季度销售的应收账款24万元，则下列说法中不正确的是（　　）。

A. 上年第四季度的销售额为60万元

B. 上年第三季度的销售额为40万元

C. 上年第三季度销售的应收账款4万元在预计年度第一季度可以全部收回

D. 第一季度收回的期初应收账款为24万元

（2）下列各项中，没有直接在现金预算中得到反映的是（　　）。

A. 期初期末现金余额　　B. 现金筹措及运用

C. 预算期产量和销量　　D. 预算期现金余缺

（3）下列计算等式中，不正确的是（　　）。

A. 某种材料采购量＝某种材料耗用量＋该种材料期末结存量－该种材料期初结存量

B. 预计生产量＝预计销售量＋预计期末结存量－预计期初结存量

C. 本期销售商品所收到的现金＝本期的销售收入＋期末应收账款－期初应收账款

D. 本期购货付现＝本期购货付现部分＋以前期赊购本期付现的部分

（4）下列关于财务预算的说法中，错误的是（　　）。

A. 财务预算是财务预测的依据

B. 财务预算能使决策目标具体化、系统化、定量化

C. 财务预算可以从价值方面总括反映经营决策预算和业务预算的结果

D. 财务预算是企业全面预算体系中的最后环节，也称总预算

（5）既是编制全面预算的起点，又是编制其他业务预算的基础的是（　　）。

A. 生产预算　　B. 销售预算　　C. 材料采购预算　　D. 现金预算

（6）现金预算中，计算“现金余缺”时，现金支出包括（　　）。

A. 经营性现金支出　　B. 直接材料采购　　C. 支付利息　　D. 支付流转税

三、操作题

（1）某企业生产和销售A产品，计划期2019年四个季度预计销售数量分别为1 000件、1 500件、2 000件和1 800件；A产品预计单位售价为100元。假设每季度销售收入中，本季度收到现金60%，另外40%要到下季度才能收回，上年末应收账款余额为62 000元。要求：①编制2019年销售预算。②确定2019年年末应收账款余额。

（2）某公司2018年12月销售额和2019年1月和2月的预计销售额分别为150万元、100万元、200万元。其他有关资料如下：①当月销售收入中当月收现60%，其余部分下月收回。②材料采购成本为下月销售额的80%。当月采购金额中当月付现70%，下月支付其余的30%。③假设每月末现金余额越低越好，但不得低于3万元，现金余缺通过银行借款来调整。④借款年利率为12%，借款或还款的本金必须是5 000元的整倍数，利随本

清，借款在期初，还款在期末。要求：①计算确定 2019 年 1 月销售现金流入量和购买材料的现金流出量。②计算确定 2019 年 1 月 31 日资产负债表中“应收账款”和“应付账款”项目金额。③假设 2019 年 1 月预计的现金收支差额为－12.32 万元，计算确定 1 月末的现金余额。④假设 2019 年 2 月预计的现金收支差额为 7.598 万元，计算确定 2 月末的现金余额。

【项目小结】

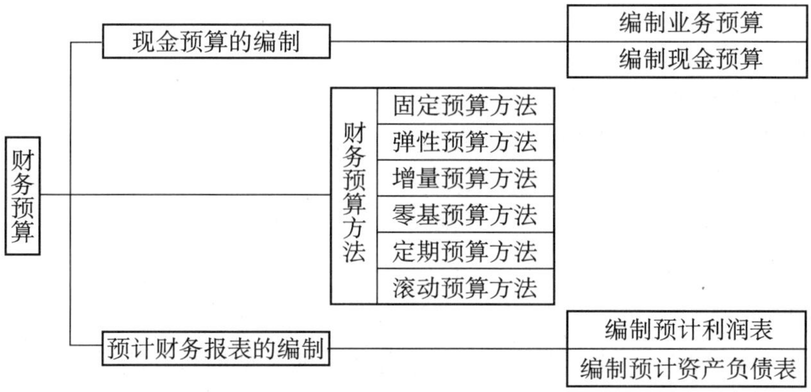

图 3－3　项目三结构图

【术语与公式】

1. 财务预算——一系列专门反映企业未来一定预算期内预计财务状况和经营成果，以及现金收支等价值指标的各种预算的总称。
2. 固定预算——又称静态预算，是根据预算期内正常的、可实现的某一业务量水平来编制预算的一种方法。
3. 弹性预算——又称变动预算，是以成本习性分析为基础，分别按一系列可能达到的预计业务量水平，编制能适应多种情况的预算方法。
4. 增量预算——在基期成本费用水平基础上，结合预算期业务量水平及有关降低成本费用的措施，通过调整原有成本费用项目而编制成本费用预算的一种方法。
5. 零基预算——在编制预算时，以零为基点，对预算期内各项支出的必要性、合理性或者各项收入的可行性以及预算数额的大小，逐项审议决策予以确定而编制预算的一种方法。
6. 定期预算——在编制预算时以不变的会计期间（如日历年度）作为预算期的一种编制预算的方法。
7. 滚动预算——又称永续预算，是指在编制预算时，将预算期与会计年度脱离，随着预算的执行不断延伸补充预算，逐期向后滚动，使预算期永远保持为一个固定期间的预算编制方法。

【项目实训】

编制财务预算

1. 任务目标

（1）编制销售预算。

（2）编制生产预算。

（3）编制直接材料预算。

（4）编制直接人工预算。

（5）编制制造费用预算。

（6）编制生产成本预算。

（7）编制销售与管理费用预算。

（8）编制现金预算。

（9）编制预计利润表。

（10）编制预计资产负债表。

2. 任务描述

华升公司董事会决定，2019 年度财务预算由公司预算委员会及所属各预算小组编制，经预算委员会审核平衡后报公司董事会审定。公司预算委员会接到任务后，立即召集各预算小组研究、预测和编制，各小组完成预算编制后，经预算委员会审核平衡，报公司董事会。

3. 操作准备

（1）学生分组。6～8 人为一组，选定预算委员会正、副主任。

（2）学生分工。预算委员会正、副主任将组内学生按预算项目和要求合理分工。

（3）制订工作计划书。每个小组制订一份工作计划书，工作计划书根据工作内容，由小组学生讨论制订，并经指导老师审阅批准后实施。

4. 操作流程

（1）各小组描述学习任务目标和任务，研究任务工单和应完成的任务。

（2）各小组讨论制订华升公司预算委员会工作计划书。

（3）指导老师审阅各小组制订的华升公司预算委员会工作计划书，并签批。

（4）各小组编制、审核和平衡华升公司的财务预算。

（5）各小组撰写华升公司的财务预算报告，报公司董事会。

5. 实训材料

（1）华升公司 2019 年度预算编制的基本数据。华升公司主要产品的单位售价为 6 800 元/吨，预计全年产销量为 20 000 吨，根据市场情况和公司生产经营实际，预计各季度的产销量分别为 4 000 吨、5 000 吨、5 000 吨和 6 000 吨，产品和用料比为 1∶1.6，每吨材料单价为 1 500 元，单位产品工时定额为 150 小时，工资率标准为 10 元/工时，变动制造费用分配率为 3 元，单位销售及管理费用为 60 元，计划全年固定制造费用总额为 200 万元，其中固定资产折旧为 100 万元，全年固定销售及管理费用预计为 100 万元。

另外：①2019 年年初华升公司应收账款为 1 250 万元，2019 年各季度的销售款当季收回

60%，下季收回 40%。②预计华升公司每季季末保留下季销售量 10%的存货，年初存货为 400 吨，预计年末存货为 500 吨。③华升公司每季季末材料库存按下季生产用料的 20%计算，2019 年年初材料库存为 600 吨，预计年末库存为 500 吨。④2019 年年初华升公司应付账款余额为 500 万元，材料采购款当季度支付 50%，下季度支付 50%。⑤华升公司最低要求的现金余额为 100 万元，年初的现金余额为 125 万元，每季预交所得税 150 万元，预计在第二季度购置价值为 900 万元的设备 1 台，第四季度支付股利 2 000 万元。公司现金不足时向银行申请短期借款，多余时偿还银行本息，银行短期借款利率为 5%。⑥为简化起见，假设华升公司免征各项流转税。

（2）华升公司 2018 年资产负债表（见表 3-32）。

表 3-32　　华升公司 2018 年资产负债表简表　　单位：万元

资　产	金　额	负债及所有者权益	金　额
货币资金	125	应付账款	500
交易性金融资产	0	短期借款	2 000
应收账款	1 250	负债小计	2 500
原材料	90	普通股股本	18 000
产成品	174	留存收益	6 139
流动资产小计	1 639	所有者权益小计	24 139
固定资产	32 500		
减：累计折旧	7 500		
固定资产净值	25 000		
资产合计	26 639	负债及所有者权益合计	26 639

6. 完成任务

（1）财务预算编制工作计划书（见表 3-33）。

表 3-33　　华升公司预算委员会预算编制工作计划书

主要内容	实施时间	实施形式	主要负责人
研究预算编制的内容、要求与分工			
编制销售预算			
编制生产预算			
编制直接材料预算			
编制直接人工预算			
编制制造费用预算			
编制生产成本预算			
编制销售与管理费用预算			
编制现金预算			
编制预计利润表			
编制预计资产负债表			
撰写华升公司的财务预算报告报公司董事会			

其他： 学习小组组长：　　　　　　学习小组成员： 年　月　日
指导老师审阅意见： 签名： 年　月　日

（2）编制销售预算（见表 3－34）。

表 3－34　　2019 年华升公司销售预算

项　目		第一季度	第二季度	第三季度	第四季度	全年合计
预计销售量（吨）						
销售单价（元）						
预计销售收入（元）						
预计现金收入	年初应收账款（元）					
	第一季度经营现金收入（元）					
	第二季度经营现金收入（元）					
	第三季度经营现金收入（元）					
	第四季度经营现金收入（元）					
	现金收入合计（元）					

学习小组成员签字：________________

（3）编制生产预算（见表 3－35）。

表 3－35　　2019 年华升公司生产预算　　单位：吨

项　目	第一季度	第二季度	第三季度	第四季度	全年合计
预计销售量					
加：预计期末存货量					
减：期初存货量					
预计生产量					

学习小组成员签字：________________

（4）编制直接材料预算（见表 3－36）。

表 3－36　　2019 年华升公司直接材料预算

项　目	第一季度	第二季度	第三季度	第四季度	全年合计
预计生产量（吨）					
单位产品材料用量（吨）					
生产需要用总量（吨）					
加：预计期末存货（吨）					

减：预计期初存货（吨）						
预计采购量（吨）						
材料单价（元）						
预计采购额（元）						
预计现金支出（元）	年初应付账款（元）					
	第一季度采购现金支出（元）					
	第二季度采购现金支出（元）					
	第三季度采购现金支出（元）					
	第四季度采购现金支出（元）					
	现金支出合计（元）					

学习小组成员签字：＿＿＿＿＿＿＿＿＿＿

（5）编制直接人工预算（见表3-37）。

表3-37　　2019年华升公司直接人工预算

项　目	第一季度	第二季度	第三季度	第四季度	全年合计
预计生产量（吨）					
单位产品工时定额（小时）					
直接人工总工时（小时）					
单位工时工资率（元/工时）					
预计的直接人工成本（元）					

学习小组成员签字：＿＿＿＿＿＿＿＿＿＿

（6）编制制造费用预算（见表3-38）。

表3-38　　2019年华升公司制造费用预算

项　目	第一季度	第二季度	第三季度	第四季度	全年合计
预计生产量（吨）					
单位产品工时定额（小时）					
预计生产量工时总额（小时）					
变动制造费用分配率					
变动制造费用（万元）					
固定制造费用（万元）					
其中：折旧（万元）					
需付现的制造费用（万元）					

学习小组成员签字：＿＿＿＿＿＿＿＿＿＿

（7）编制生产成本预算（见表3-39）。

表3-39　　2019年华升公司产品成本及期末存货预算

项　目	单位成本			生产成本（吨）	期末存货成本（吨）
	标准分配率	标准耗用量	成本（元）		
直接材料					
直接人工					
变动制造费用					
固定制造费用					
合计					

学习小组成员签字：＿＿＿＿＿＿＿＿＿＿

（8）编制销售与管理费用预算（见表3-40）。

表3-40　　2019年华升公司销售与管理费用预算

项　目	第一季度	第二季度	第三季度	第四季度	全年合计
预计销售量（吨）					
单位变动销售与管理费用（万元）					
变动销售与管理费用小计（万元）					
固定销售与管理费用（万元）					
合计（万元）					

学习小组成员签字：________________

（9）编制现金预算（见表3-41）。

表3-41　　2019年华升公司现金预算　　单位：万元

项　目	第一季度	第二季度	第三季度	第四季度	全年合计
期初现金余额					
销售现金收入					
可供使用的现金					
直接材料采购支出					
直接工资支出					
制造费用支出					
销售与管理费用					
应交所得税					
购置固定资产					
支付股利					
支出合计					
现金多余或不足					
向银行贷款					
归还银行贷款					
支付贷款利息					
期末现金余额					

学习小组成员签字：________________

（10）编制预计利润表（见表3-42）。

表3-42　　2019年华升公司预计利润表　　单位：万元

项　目	金　额	数据来源
销售收入		
减：销售成本		
销售毛利		
减：销售与管理费用		
利息		
利润总额		
减：所得税		
净利润		

学习小组成员签字：________________

（11）编制预计资产负债表（见表 3－43）。

表 3－43　　2019 年华升公司预计资产负债表　　单位：万元

资　产	期初数	期末数	负债及所有者权益	期初数	期末数
货币资金			应付账款		
交易性金融资产			短期借款		
应收账款			应交所得税		
原材料			负债小计		
产成品			普通股股本		
流动资产小计			留存收益		
固定资产			所有者权益小计		
减：累计折旧					
固定资产净值					
资产合计			负债及所有者权益合计		

（12）编制预算报告（见表 3－44）。

表 3－44　　华升公司 2019 年预算报告

一、2019 年预计生产经营概况   二、2019 年预计利润和资产情况   三、2019 年预计现金情况   四、2019 年预算的建议   学习小组成员签字：

7. 讨论评价

（1）各小组用 PPT 汇报交流，限时 10 分钟。

（2）各小组听取汇报交流并打分互评。

（3）指导老师打分并点评。

【案例分析】

大亚湾核电站的零基预算管理

大亚湾核电站推行预算管理，在电站的管理工作中取得了巨大的经济效益。据统计，从 1997 年至 2002 年，年平均节省资金 9 232 万元人民币。

针对核电站运行管理的特点，大亚湾核电站采用了“零基预算”的管理方法。这样做的优点是成本中心每年在预算申报时都需对以往的工作进行进一步的检查、讨论，同时亦可有效消除、减少“上一年度存在或开支的费用支出在下一年度就一定存在”的成本费用开支习惯性心理，所有项目均需重新审视其开支的合理性。

采用零基预算管理方法的难点是所有项目均需重新审视，工作量极大，而且效率低，时效性差，投入成本巨大。为了避免上述问题，充分发挥公司预算计划的作用，该公司在设计公司预算运作模式的时候，采取“折中”模式，即对新的项目、重要的项目（5 万美元以上）全部采用零基预算管理，对其他项目采用滚动预算管理，同时采取年度预算编制、年中预算调整、预算变更等具体的工作方式来使预算与实际工作相匹配，真正达到通过工作计划来编制预算，又通过预算来衡量指导工作计划的目的。

大亚湾核电站的预算管理功能，通过设立各级成本中心组织来实现。

成本中心责任管理体系是按照统一领导、分级管理的原则，并根据技术上的特点和管理上的要求而设置的。目前，在公司机构划分为决策、管理和执行三个层次的基础上，又将执行层划分为三级成本中心，即部级成本中心、处级成本中心和科级成本中心。各级成本中心负责人分别是部长、处长和科长，对各自成本中心的预算、成本及其他资源，进行规划、申报、执行、控制和考核。

成本中心基本单位一般以处为单位划分，但业务较多的处以科为单位设置；临时性的较大项目或跨处的工程项目，设置单独的、临时的成本中心，项目经理为该成本中心的负责人。每个成本中心指定一个专人为兼职预算员，协助成本中心负责人的日常预算管理或其他经济管理工作。

预算管理的决策层是董事会、执委会，管理层是总经理部，执行层是各级职能部门。总经理部委托财务部实施公司预算归口管理。

核电站的预算管理遵循“工作计划—预算编制—立项—承诺—支付—反馈”的管理循环。

（1）工作计划。这是一切预算形成的基础，离开工作计划编制出来的预算不是真正的预算，是无法执行的预算。

（2）预算编制。每年 8 月，财务部向公司各级成本中心负责人下达下年度《预算编制计划大纲》并开展相关的在岗业务培训，各级成本中心负责人及预算协调员在接受在岗业务培训和阅读理解该大纲的基础上，开展年度预算的编制与申报工作。

整个公司年度预算的编制工作是以各级预算成本中心为单位开展的，科级成本中心负责向处级成本中心申报，处级成本中心负责向部级成本中心或预算归口管理部门申报。各部级成本中心负责对所属下级成本中心所报预算进行综合审议后正式报送财务部。

凡有归口管理部门的项目，应首先报送归口管理部门所在的科或处级预算成本中心，然后由归口管理部门所在的部级预算成本中心统一向财务部申报。预算编制过程中，财务部成本处及各部预算归口单位预算人员将按预算大纲中的协调计划进行预算编制协调工作，而各级成本中心在预算编制过程中也可与财务部成本处随时进行联络与沟通，以便财务部成本处能够掌握充足的信息，随时进行必要的协助。

（3）立项。所有项目实施前均应按《合同采购手册》等公司章程中的规定进行立项申请。在这一过程中各级成本中心的工作内容是：各级成本中心在填制立项申请单前首先应经过本成本中心预算协调员运用财务系统中的预算管理系统对其预算与立项情况进行检查，在保证确有预算后，对立项单进行编码并签字认可，然后送有关授权成本中心负责人批准。有归口管理的项目还需经归口管理部门审批，对于无归口管理成本中心的批准任何部门不得动用属于归口管理资源的预算。对于无预算的项目，各级成本中心预算协调员应先进行预算变更申请单的填制报批工作。各级成本中心预算协调员应对有关立项予以记录，并定期与预算管理计算机系统数据或与财务部成本处核对分析。

(4) 承诺。在立项申请获得批准之后，公司商务部门将组织对外询价、签订合同的活动。商务部门申请的合同推荐除按程序逐步审批外，还须经过原申请立项的各部预算归口管理单位在签订合同/订单推荐书的预算控制栏签字认可。各部预算归口管理单位应对有关合同推荐予以记录并定期与预算管理计算机系统数据或与财务部成本处核对分析。

(5) 支付。商务部门申请的合同支付除按程序逐步审批外，还须经过原申请立项的各部预算归口管理单位在“支付申请单”的预算控制栏签字认可。各部预算归口管理单位应对有关合同支付资料予以记录并定期与预算管理计算机系统数据或与财务部成本处核对分析。

(6) 反馈。预算反馈包括对预算执行情况实行定期分析、报告与考核。财务部成本处每月汇总编制《预算执行情况及成本分析月报》，分析预算及成本的执行情况，揭示发展趋势及重大异常现象，汇总公司生产经营、财务状况的重要信息及各成本中心的运作状况，报财务部经理、总经理部审核批示。每年年终财务部成本处根据预算年度成本执行状况编制年度预算执行情况分析表和预算年度成本与往年同期成本费用对比分析表，对年度内预算管理工作进行考核，揭示成本控制工作的成绩与不足，并编制《年度预算控制回顾报告》，报财务部经理、总经理部审核批示。财务部成本处每月向各成本中心提供预算监控报告，以便各级成本中心掌握预算开支情况，了解各申请项目的具体执行情况，促使各项目按原计划日期及时完成并办理支付。

公司制度规定，公司采购执行“没有预算不能立项，没有立项不能承诺，没有承诺不能支付”这一不可逆过程，同时通过预算系统的在线监控，保证公司业务按计划开展，促进公司目标的顺利实现。

按照预算管理的要求，公司制定了各种程序、制度，从各方面对预算管理作出了明确规定。按照经济业务的不同，分别制定了《生产预算编制与执行程序》《资本性预算编制与执行程序》《材料采购预算编制与执行程序》等专门规定来执行具体的预算管理，同时还颁布了《成本中心运作管理规定》来规范成本中心的职责、权力。

资料来源：大亚湾核电站预算管理案例分析．(2018－05－18). http://news.bjx.com.cn/html/20180518/898691.shtml.

【问题】

1. 大亚湾核电站的预算管理功能是通过公司各级成本中心组织机构实现的，请绘制出其预算管理的组织机构图，并说明从哪些地方体现出其预算的编制遵循“上下结合、分级编制、逐级汇总”的基本程序。

2. 大亚湾核电站如何发挥财务预算的事中、事后控制作用？对没有纳入预算的事项，该电站如何实施管理？

3. 你认为大亚湾核电站的《材料采购预算编制与执行程序》中应包括哪些数据资料？

【阅读推荐】

1.《中华人民共和国预算法》

2.《关于企业实行财务预算管理的指导意见》

项目四

资金筹集管理

【学习目标】

- 会运用销售百分比法、回归分析法等专门方法预测筹资规模。
- 能利用各种筹资决策方面的信息进行筹资方式的比较。
- 会计算各种资本成本，并能进行筹资结构决策分析。
- 能运用杠杆原理进行财务风险分析。
- 能比较敏锐地判断经济环境、金融环境、法律环境对筹资活动产生的影响。
- 会通过现代媒体等手段收集企业筹资决策所需资料。
- 会与企业内外相关部门沟通筹资决策方面的信息。
- 能撰写筹资决策分析报告。

【导引案例】

20 世纪 80 年代，苏志刚还是一个卖猪肉的个体户，经过多年的飞跃发展，到 2018 年身家已达 55 亿元。

1988 年，苏志刚向当地农村信用社贷款 5 万元，开了一家大排档式的“香江酒家”，生意出奇红火。

1990 年，他又向农信社贷款 30 万元，把“香江酒家”办成高档次的酒楼，以特色形成品牌，获利丰厚，并因此获得了原始的资本积累。

1997 年，苏志刚向农村信用社和银行贷款数千万元，用于筹建番禺香江野生动物园，吸引了众多的游客。这时苏志刚的财富迅速膨胀。

2000 年，苏志刚再次向农村信用社和银行贷款上亿元，用于扩大野生动物园的规模，并建立了我国唯一、世界最大的夜间动物园——长隆夜间动物园。

2001 年，苏志刚按照国际五星级酒店标准定位，筹资数亿元，在长隆夜间动物园内建造了一座独特的主题式酒店。

2015 年，清远长隆国际森林度假区项目正式动工。

苏志刚的每一次飞跃发展，都离不开一次次成功的融资活动，其创业史是融资魔力推动企业超常规发展的一个经典案例。

任务一

预测资金需要量

※ 任务描述 ※

企业在筹资之前，应当采用一定的方法预测资金需要量，只有这样，才能使筹集的资金既满足生产经营的需要，又不会有太多的闲置。本任务学习目标为：

（1）熟悉资金筹集的含义。

（2）理解资金筹集管理的原则。

（3）会运用销售百分比法预测企业资金需要量。

（4）会运用线性回归分析法预测企业资金需要量。

※ 知识准备 ※

一、资金筹集的概念

资金筹集是指企业根据其生产经营、对外投资及调整资本结构等活动对资金的需要，向企业外部有关单位或个人以及企业内部，通过一定的渠道，采取适当的方式，获取所需资金的一种行为。资金筹集管理是企业财务管理的一项重要内容。

二、资金筹集管理的原则

企业筹资是一项重要而复杂的工作，为了有效地筹集企业所需资金，必须遵循以下几个原则。

1. 合法筹措

企业无论选择何种方式筹资，都应遵守国家的相关法律法规，依照法律法规和投资合同约定的责任，合法合规筹资，依法披露信息，维护各方的合法权益。

2. 规模适当

不同时期企业的资金需要量并不是一个常数，企业财务人员要认真分析生产、经营状况，采用一定的方法，预测资金的需要数量，合理确定筹资规模，使筹资规模与资金需求量一致。这样，既能避免因资金筹集不足，影响生产经营的正常进行，又可防止资金筹集过多，造成资金闲置。

3. 筹措及时

企业在筹集资金时要按照资金投放使用的时间来合理安排，使筹资与用资在时间上相衔接，既要避免资金滞后而贻误投资的有利时机，也要防止取得资金过早而造成投放前的闲置。

4. 方式经济

企业筹资可以采用的渠道和方式有多种多样，不同渠道和方式的筹资难易程度、资本成本和财务风险各不一样。因此，需要对各种筹资方式进行分析、对比，选择经济可靠的筹资方式。

5. 结构合理

企业的资本结构一般是由权益资金和债务资金构成的。企业负债所占比重要与权益资金多少和偿债能力高低相适应。要合理安排资本结构，既要防止负债过多，导致财务风险过高，偿债能力不足，又要有效地利用负债经营，提高权益资金的盈利水平。

三、资金筹集规模的预测方法

企业在筹资之前，应当采用一定的方法预测资金需要量，这是确保企业合理筹集资金的一个必要的基础性环节。资金需要量的预测方法有定性预测法和定量预测法两种。企业在进行资金需要量预测时，可将定性预测法与定量预测法相结合，进行科学合理的预测。

（一）定性预测法

定性预测法主要是利用直观的材料，依靠个人的经验判断和分析，对未来的资金状况和需要数量作出预测。这种方法一般是在企业缺乏完备、准确的历史资料的情况下采用的。其预测过程是：首先由熟悉财务情况和生产经营情况的专家，根据过去所积累的经验，进行分析判断，提出预测的初步意见，然后通过召开座谈会或进行问卷调查等形式，对上述预测的初步意见进行修正补充。这样经过一次或数次循环后，得出预测的最终结果。常用的定性预测法主要有专家会议法和德尔菲法。

（1）专家会议法，是由企业组织各方面的专家，组成预测小组，通过召开各种形式座谈会的方式，共同讨论、研究、分析有关资料，运用集体智慧作出分析判断，最后预测结果。该方法具有集体讨论、结果更全面、可靠的特点，但由于可能会受到权威专家的影响，其客观性与德尔菲法相比较差。

（2）德尔菲法，是指主要通过信函方式向有关专家发出预测问题调查表，收集和征求意见，并经过多次反复，综合、整理、归纳各个专家的意见之后，作出预测判断。其主要特点是保密性强、多次反馈，预测结果具有一定的客观性。

（二）定量预测法

定量预测法是根据变量之间存在的数量关系（如时间关系、因果关系）建立数学模型，来进行预测的方法。筹资规模预测的定量预测法常用的有销售百分比法和线性回归分析法（后文将详细介绍）。

小贴士　财务人员应主动向老板请示参加公司的营销会议

目前，很多企业财务人员不懂业务，业务人员不懂财务。公司有些重要会议上财务人员经常不在场，导致公司领导在决策时以为公司有资金，以为项目没问题，但实际经过计算却是亏本买卖。如何解决这个问题，请财务人员参加公司的营销会议及一些重大会议就是一个很好的解决之道。

财会人员只有参加了营销会议，才知道资金用在哪里，才知道公司的发展目标是什么，才知道公司未来两三年要做什么事情，才知道未来缺不缺钱，才知道现在要不要给银行调头寸，才知道公司如何进行多元化发展，才知道如何更好地树立大财务的观念，而不是整天待在财务室里重复同样的工作。

※ 任务设计及工作过程 ※

宁海公司近三年的财务状况见表4-1。

表 4-1　　宁海公司 2016—2018 年财务报表主要数据　　单位：万元

项　目	2016 年	2017 年	2018 年
销售额	4 000	4 800	6 000
净利润	120	150	200
资产：			
货币资金	400	570	600
应收账款	300	320	480
存货	100	110	120
固定资产	1 200	1 400	1 600
资产合计	2 000	2 400	2 800
负债及所有者权益：			
短期借款	160	160	160
应付票据	22	22	22
应付账款	318	418	518
应付费用	700	800	900
应付债券	200	200	200
负债合计	1 400	1 600	1 800
实收资本	400	400	400
资本公积	100	100	100
留存收益	100	300	500
所有者权益合计	600	800	1000
负债及所有者权益合计	2 000	2 400	2 800

【任务】试用销售百分比法，预测该公司 2019 年对外融资需求量。

一、销售百分比法

（一）基本原理

销售百分比法是假设收入、费用、资产、负债与销售收入存在稳定的百分比关系，根据预计销售额和相应的百分比，预计资产、负债和所有者权益，然后利用会计等式确定融资需求。

（二）基本步骤

1. 方法一

第一步，确定敏感项目。通常情况下，随销售额变动而相应变动的项目被称为敏感项目，不随销售额变动而变动的项目被称为非敏感项目。不同企业销售额变动引起资产、负债变化的项目及比率是不同的，需要根据历史数据研究确定敏感项目与非敏感项目。敏感资产项目一般包括现金、应收账款、存货等，敏感负债项目一般包括应付账款、应付费用等。

第二步，计算相关项目与销售额的百分比。确定敏感项目后，计算出相关项目与销售额的百分比，确定相关资产、负债与销售额的稳定比例关系。

第三步，运用一定的方法预测销售额。企业可采用趋势分析法、因素分析法、销售增长率法等科学的预测分析方法，预测企业未来一定时期的销售额。

第四步，利用确定的稳定比例关系和预测的销售额，估算预测期资产和负债。

预计资产（负债）＝∑（预计销售额×各项目销售百分比）

第五步，预计预测期留存收益增加额，并计算预测期所有者权益。

预计留存收益增加额＝预计销售额×计划销售净利率×留存收益率

第六步，确定需要增加的融资需求量。

预计外部融资需求＝预计资产－预计负债－预计所有者权益

2. 方法二

根据销售的增加额预计资产、负债和所有者权益的增加额，然后确定融资需求，其计算公式为：

预计外部融资需求＝新增销售额×（敏感性资产占销售额的百分比－敏感性负债占销售额的百分比）－预计销售额×销售净利率×留存收益率

【想一想4－1】销售百分比法预测资金需要量主要依据资产负债表中的敏感项目，请问资产负债表中哪些项目属于敏感项目？

续前任务设计，宁海公司预计2019年外部融资需求计算步骤如下：

第一步，确定随销售额变动而变动的资产和负债项目。

宁海公司2018年实现的销售额为6 000万元，年生产能力目前已经达到饱和，2019年若扩大销售规模则需追加固定资产投资。根据宁海公司近三年的财务报表数据及有关资料分析判断：该公司货币资金、固定资产、应付账款、应付费用等随销售额变动而变动，属于敏感项目，并假设成正比例关系；而短期借款、应付票据、实收资本等不随销售额变动而变动，属于非敏感项目。

第二步，计算确定资产负债表相关项目与销售额的百分比。

非敏感项目用N表示，其余项目计算出与销售额的百分比，见表4－2。资产、负债项目占销售额的百分比，也可以根据以前年度的平均数确定，选用2018年的数据主要是因为其与预测期更接近。

表4－2　　宁海公司2018年资产负债表简表　　单位：万元

资产	金额	敏感项目占销售额百分比	负债及所有者权益	金额	敏感项目占销售额百分比
货币资金	600	10%	短期借款	160	N
应收账款	480	8%	应付票据	22	N
存货	120	2%	应付账款	518	8.63%
固定资产	1 600	26.67%	应付费用	900	15%
			应付债券	200	N
			实收资本	400	N
			资金公积	100	N
			留存收益	500	N
总计	2 800	46.67%	总计	2 800	23.63%

第三步，预测销售额。

宁海公司采用了销售百分比法来预测2019年的销售额。通过分析论证，预计2019年的销售额将在2018年的基础上增长20%。则：

2019 年的预计销售额＝6 000×（1＋20%）＝7 200（万元）

第四步，利用确定的稳定比例关系和预测的销售额，估算预测期资产和负债。

估算资产：

预计货币资金＝7 200×10%＝720（万元）

预计应收账款＝7 200×8%＝576（万元）

预计存货＝7 200×2%＝144（万元）

预计固定资产＝7 200×26.67%＝1 920.24（万元）

预计总资产＝720＋576＋144＋1 920.24＝3 360.24（万元）

估算负债：

预计应付账款＝7 200×8.63%＝621.36（万元）

预计应付费用＝7 200×15%＝1 080（万元）

其他负债项目按 2018 年数据。

预计总负债＝160＋22＋621.36＋1 080＋200＝2 083.36（万元）

第五步，预计留存收益增加额，计算预计所有者权益总额。

宁海公司 2019 年的销售净利率保持 2018 年的水平不变，假设留存收益率为 60%。则：

预计净利润＝7 200×3.33%＝239.76（万元）

预计留存收益增加额＝239.76×60%＝143.856（万元）

预计留存收益＝500＋143.856＝643.856（万元）

预计所有者权益＝400＋100＋643.856＝1 143.856（万元）

第六步，估算外部融资需求。

预计外部融资需求＝3 360.24－2 083.36－1 143.856＝133.024（万元）

根据以上计算结果，编制宁海公司 2019 年预计资产负债表，见表 4－3。

表 4－3　宁海公司 2019 年预计资产负债表简表　单位：万元

资 产	2018 年实际	2019 年预计	负债及所有者权益	2018 年实际	2019 年预计
货币资金	600	720	短期借款	160	160
应收账款	480	576	应付票据	22	22
存货	120	144	应付账款	518	621.36
固定资产	1 600	1 920.24	应付费用	900	1 080
			应付债券	200	200
			负债合计	1 800	2 083.36
			实收资本	400	400
			资本公积	100	100
			留存收益	500	643.856
			所有者权益合计	1 000	1 143.856
			外部融资需求		133.024
资产总计	2 800	3 360.24	负债及所有者权益总计	2 800	3 360.24

从表 4－3 可以看出，宁海公司 2019 年为完成 7 200 万元的销售额，并保持现金收支平衡，需要增加资金 560.24（＝3 660.24－2 800）万元，负债的自然增长提供 283.36（＝621.36＋1 080－518－900）万元，留存收益提供 143.856 万元，另外需要外部筹集资金 133.024 万元。

运用计算公式预测外部融资需求如下：

外部筹资额＝（7 200－6 000）×（46.67%－23.63%）－7 200×3.33%×60%

≈133（万元）

二、线性回归分析法

1. 资金习性分析

资金习性是指资金的变动与产销量变动之间的依存关系。按照资金同产销量的依存关系可将资金区分为不变资金、变动资金和半变动资金。

不变资金是指在一定的产销量范围内，不随业务量增减的资金，主要包括：为维持营业而需要的最低数额的现金和原材料的保险储备、必要的成品或商品储备，以及固定资产占用的资金。

变动资金是指随业务量的变动以相同比例变动的那部分资金。如直接构成产品实体的原材料、外购件等占用的资金。

半变动资金是指虽然受业务量变化影响，但不与业务量同比例变动的资金。企业可采用一定的方法，将半变动资金分解为不变资金和变动资金两部分。

2. 基本原理

线性回归分析法是利用一系列的历史资料求得各资产负债表项目和销售额的函数关系，据此预测计划销售额与资产、负债数量，然后预测融资需求的一种方法。

3. 基本步骤

第一步，建立数学模型。

其预测的数学模型为：

$$y = a + bx$$

式中，y 为资金需要量；a 为不变资金总额；b 为单位业务量所需要的变动资金；x 为业务量。

建立方程组，代入数据计算 a、b 值。

回归直线方程组为：

$$\begin{cases}\sum y = na + b\sum x \\ \sum xy = a\sum x + b\sum x^2\end{cases}$$

也可以采用高低点法确定 a、b 值。

$$b = \frac{\text{最高销售额期资金占用额}-\text{最低销售额期资金占用额}}{\text{最高销售额}-\text{最低销售额}}$$

$$a = \text{最高销售额期资金占用额} - b \times \text{最高销售额}$$

或：　$$= \text{最低销售额期资金占用额} - b \times \text{最低销售额}$$

第二步，预测资金需求。

根据企业历史资料，在确定 a、b 值的基础上，即可预测一定业务量 x 所需的资金量 y。

【想一想 4-2】 运用线性回归分析法预测资金需要量，应注意哪些问题？

沿用宁海公司的资料，宁海公司 2016 年至 2018 年销售额和资金需要量数据见表 4-4。2019 年的预计销售额为 7 200 万元，试预测完成 2019 年预计销售额所需要的资金量。

表 4-4 宁海公司销售额与资金需要量表 单位：万元

年度	销售额（x）	资金需要量（y）
2016	4 000	2 000
2017	4 800	2 400
2018	6 000	2 800

线性回归分析法预测过程为：

第一步，建立数学模型。

根据有关资料计算的直线方程数据，见表 4-5。

表 4-5 回归直线方程数据计算表 单位：万元

年度	销售额（x）	资金需要量（y）	xy	x^2
2016	4 000	2 000	8 000 000	16 000 000
2017	4 800	2 400	11 520 000	23 040 000
2018	6 000	2 800	16 800 000	36 000 000
$n=3$	$\sum x=14\ 800$	$\sum y=7\ 200$	$\sum xy=36\ 320\ 000$	$\sum x^2=75\ 040\ 000$

建立方程组，代入数据计算 a、b 值。

回归直线方程组为：

$$\begin{cases}\sum y=na+b\sum x\\ \sum xy=a\sum x+b\sum x^2\end{cases}$$

代入数据得：

$$\begin{cases}7\ 200=3a+14\ 800b\\ 36\ 320\ 000=14\ 800a+75\ 040\ 000b\end{cases}$$

求得 a、b 值为：

$$\begin{cases}a=476\\ b=0.39\end{cases}$$

代入 a、b 值，建立直线方程式为：

$$y=476+0.39x$$

第二步，根据 2018 年预测的销售额，计算 2019 年预计资金需要量。

$$\begin{aligned}y&=476+0.39\times 7\ 200\\ &=3\ 284(万元)\end{aligned}$$

宁海公司 2018 年年末已有资金为 2 800 万元，因此，2019 年该公司需增加资金 484（=3 284－2 800）万元。

※ 职业能力训练 ※

一、判断题

（1）财务预测销售百分比法的前提是企业的财务比率不发生变化。（ ）

（2）资产周转率和股利支付率共同决定保留盈余所能提供的资金数额。（ ）

（3）财务预测销售百分比法，假设收入、费用、资产、负债与销售收入存在稳定的百分

比关系。（ ）

（4）在财务预测销售百分比法下，不同企业销售额变动引起资产、负债变化的项目及比率是相同的。（ ）

（5）销售百分比法使用的前提是假设销售增长与融资需求成正比例，两者之间有稳定的百分比关系。（ ）

二、不定项选择题

（1）下列不属于敏感项目的是（ ）。

A. 现金　B. 存货　C. 应付税费　D. 固定资产

（2）某企业2018年年末敏感资产总额为4 000万元，敏感负债总额为2 000万元。该企业2019年度的销售额比2018年度增加10%（即增加100万元），预计2019年度留存收益的增加额为60万元，则该企业2019年度应追加资金量为（ ）万元。

A. 0　B. 200　C. 140　D. 150

（3）某企业运用销售百分比法预测2019年度的留存收益，假设该企业2018年度实现销售收入1 000万元，销售净利率为10%，预计2019年度销售收入比2018年度增长12%，保持净利润与销售收入的比例，设定的各年股利支付率为40%。据此，预计该企业2019年度的留存收益为（ ）万元。

A. 46　B. 63　C. 66　D. 67.2

（4）关于线性回归分析法，下列说法中不正确的是（ ）。

A. 线性回归分析法是预测资金需要量的方法之一

B. 线性回归分析法的前提是假定资金需要量与销售额之间存在线性关系

C. 回归直线方程的参数是通过最小二乘法来确定的

D. 线性回归分析法的预测模型为：$y=a-bx$

（5）下列属于资金需要量预测步骤的有（ ）。

A. 销售预测　B. 估计需要的资产

C. 估计收入、费用和留存收益　D. 确定外部融资额

E. 产量预测

（6）资金需要量预测的主要方法不包括（ ）。

A. 编制现金预算法　B. 预计现金流量表法

C. 边际贡献法　D. 销售百分比法

E. 线性回归分析法

（7）下列项目中，影响利润预测值的有（ ）。

A. 销售收入预测值　B. 变动成本率

C. 盈亏临界点销售收入　D. 边际贡献率

E. 基期的利润

（8）关于销售百分比法，下列说法中正确的有（ ）。

A. 利用销售百分比法进行财务预测的假设条件是收入、费用、资产、负债与销售收入之间存在固定的比例关系

B. 在实际运用销售百分比法时，一般是借助于预计利润表和预计资产负债表来进行的
C. 预计利润表是运用销售百分比法的原理预测利润和留存收益的一种预测方法
D. 预计资产负债表是运用销售百分比法的原理预测利润和留存收益的一种预测方法
E. 预计资产负债表的内容和格式与实际的资产负债表不同

三、操作题

某企业基期资产负债表见表4-6，基期销售收入为600万元，销售净利率为8%，股利分配率为80%。计划期预计销售收入将增长10%，基期固定资产仍可以满足销售增长的需要，即销售增长无须追加固定资产投资，流动资产、应付账款、应付费用随销售增长而增长，其他负债和所有者权益保持不变。假设计划期销售净利率和股利分配率仍保持基期水平，试用销售百分比法预测计划期企业外部融资需求。

表4-6　　某企业资产负债表简表　　单位：万元

资　产	金　额	负债和所有者权益	金　额
现金	90	短期借款	66
应收账款	90	应付账款	66
存货	120	应付费用	84
固定资产	210	长期借款	144
无形资产	90	所有者权益	240
合　计	600	合　计	600

任务二

权益资金筹集

※ 任务描述 ※

权益资金是指企业依法筹集的、长期拥有并自主支配的资金。这类资金通常没有规定偿还本金的时间，也没有偿付利息的约束。本任务学习目标为：

（1）熟悉发行股票的流程。

（2）能分析评价权益资金筹集方式及其优缺点。

※ 知识准备 ※

一、筹资渠道

企业生产经营必然会对资金产生一定的需求，筹资渠道是指客观存在的筹措资金的来源

方向与通道。目前我国企业筹资渠道主要有：国家财政资金、银行信贷资金、非银行金融机构资金、其他企业资金、民间资本、企业自留资金和外商资金。

二、筹资方式

筹资方式是指企业筹措资金采取的具体方法和手段。企业采用的筹资方式主要有：吸收直接投资、发行普通股、发行优先股、利用留存收益、向银行借款、利用商业信用、发行公司债券、融资租赁、发行可转换债券、发行认股权证等。前四种为权益资金筹集方式，中间四种为债务资金筹集方式，后两种为混合资金筹集方式。

※ 任务设计及工作过程 ※

宁海公司在确定了2019年的融资需求后，接下来准备确定合适的筹资方式，财务总监了解了目前各种筹资方式，并对每种筹资方式的优缺点进行了比较，以选择最适合本企业实际情况的筹资方式。

【任务】如果你是宁海公司财务总监，请为公司选择筹资方式。

一、吸收直接投资

直接投资是指企业按照“共同投资、共同经营、共担风险、共享收益”的原则，直接吸收国家、法人、社会公众投入资金的一种筹资方式。

（一）吸收直接投资的出资方式

（1）以现金出资。以现金出资是吸收直接投资中一种最主要的出资方式。我国《公司法》规定，公司全体股东或者发起人的货币出资金额由全体股东或发起人认缴并按照约定期限缴纳出资。

（2）以实物出资。以实物出资是指投资者以厂房、建筑物、设备等固定资产和原材料、商品等流动资产所进行的投资。企业吸收的实物投资应符合如下条件：确为企业科研、生产、经营所需，技术性能比较好，作价公平合理。实物出资所涉及的实物作价方法应按国家的有关规定执行。

（3）以工业产权出资。以工业产权出资是指投资者以专有技术、商标权、专利权等无形资产所进行的投资。

（4）以土地使用权出资。土地使用权是指按有关法规和合同的规定使用土地的权利，投资者也可以用土地使用权来进行投资。企业吸收土地使用权投资应符合以下条件：适合企业科研、生产、经营、研发活动的需要，交通、地理条件比较适宜，作价公平合理。

（二）吸收直接投资的程序

（1）确定筹资数量。根据新建或扩建项目的资金需求及企业生产经营规模等，来核定企业资金需求，确保筹资数量与资金需要相匹配。

（2）寻找投资单位。企业既要广泛地了解投资者的资信、财力和投资意向，又要通过信息交流和宣传，使投资者了解企业的经营能力、财务状况以及未来预期，以便从中寻找最合适的合作伙伴。

（3）协商和签订投资协议。与合作伙伴进行具体协商确定出资数额、出资方式和出资时间等事宜，必须签订投资协议或合同，以明确双方的权利和义务。

（4）取得筹集的资金。签订投资协议后，企业按协议规定有计划地取得资金。如果为实物资产、工业产权、非技术专利、土地使用权投资，企业则必须核实有关资产。企业在必要时可聘请专业资产评估机构来评定，然后办理产权转移手续。

（三）吸收直接投资的优缺点

1. 优点

（1）吸收直接投资形成自有资金有利于增强企业信誉。与债务融资方式相比，吸收直接投资能够提高企业的资信程度和借款能力，有利于扩大企业经营规模，壮大企业实力。

（2）吸收的非货币资金有利于尽快形成生产能力。吸收直接投资不仅可以取得一部分货币资金，而且通常能够直接获得企业所需要的先进设备和技术，有利于尽快形成生产能力。

（3）吸收直接投资形成的自有资金可供企业永久使用，财务风险较低。相对于债务融资方式而言，吸收直接投资没有固定的还本付息压力，可视企业经营状况向投资者支付报酬：企业经营状况好，可向投资者多支付一些报酬；企业经营状况不好，可不向投资者支付报酬或少支付报酬，财务风险较小。

2. 缺点

（1）资本成本较高。吸收直接投资方式融资所需负担的资本成本较高，原因之一是该方式下向投资者支付的报酬需从税后净利润中直接支付，资本成本相对于债务资金利息而言较高；原因之二是企业向投资者支付报酬的数额很大程度上取决于企业的经营状况，当经营状况较好和盈利能力较强时，需支付较高的报酬，此时负担较重。

（2）容易分散企业的控制权。采用吸收直接投资方式融资，投资者作为企业所有者一般都要求获得与投资份额相当的经营管理权。如果吸收直接投资较多，则会稀释原有股东对企业的控制权。

【想一想 4-3】企业筹集权益资金主要依靠吸收直接投资，只有少数符合条件的企业才能发行股票。请问：企业如何吸引投资者直接投资？

二、发行普通股

股票是股份公司为筹集权益资金依法发行的具有平等权利和义务的有价证券，它代表了股东对企业的所有权。股票作为一种所有权凭证，体现着股东对发行公司净资产的所有权，具有永久性、流通性、风险性、参与性等特点。

（一）股票的种类

（1）按股东的权利和义务不同，分为普通股和优先股。普通股是指股份公司发行的代表股东享有平等的权利和义务、不加特别限制、股利不固定的股票。普通股具备股票的一般特征，是股份公司股权资金的最基本部分。优先股是股份公司发行的、在分配股利和剩余财产时比普通股具有优先权的股票。从法律上讲，企业对优先股不承担法定的还本义务，优先股是企业自有资金的一部分。

（2）按股票是否记入股东名册，分为记名股票和无记名股票。记名股票是指在股票票面上记载股东的姓名或者名称，并将股东的姓名或名称记入公司股东名册的股票。无记名股票是指在股票票面上不记载股东的姓名或者名称，股东的姓名或名称也不记入公司股东名册的股票，公司只记载股票的数量、编号和发行日期。

我国《公司法》规定，股份公司向发起人、国家授权投资的机构和法人发行的股票，应当为记名股票；对社会公众发行的股票，可以为记名股票，也可以为无记名股票。

（3）按发行对象和发行地点，分为A股、B股、H股、N股、S股等。A股即人民币普通股票，由我国境内公司发行，在境内上市交易，以人民币标明面值，以人民币认购和交易。B股即人民币特种股票，由我国境内公司发行，在境内上市交易，以人民币标明面值，以外币认购和交易。H股是在香港上市的股票，N股是在纽约上市的股票，S股是在新加坡上市的股票。

小贴士　英国《1862年公司法》

英国《1862年公司法》是世界上最早的公司法之一。从某种意义上讲，它可以被看作现代公司的出生证。在此之前的几个世纪里，公司一直是执行国家政策的工具，成立公司是少数人才拥有的特权。《1862年公司法》则宣告：公司仅仅是以营利为目的的市场组织，成立公司是每个公民都享有的权利。这部法律将现代公司背后的三大观念结合在一起：它可以是“法人”，跟真人一样有能力做生意；它可以对任何投资人发行可交易的股票；投资人的责任有限，因此他们的损失只限于投资于该公司的钱。

（二）普通股股东的权利

（1）公司管理权。普通股股东的管理权主要体现为在董事会选举中有选举权和被选举权。通过选出的董事会代表所有股东对企业进行控制和管理。具体来说，普通股股东的管理权主要包括投票权、查账权和阻止越权的权利。

（2）分享盈余权。分享盈余权是指普通股股东经董事会决议、股东大会批准后，从税后利润中分得股息和红利的权利。

（3）出让股份权。出让股份权是指普通股股东有权出售或转让所持有的普通股票。股东与管理方意见不一致，或认为现有股票的报酬低于期望报酬等，都可能导致股东转让其股票。

（4）优先认股权。优先认股权是指普通股股东拥有优先于其他投资者购买公司增发新股的权利。

（5）剩余财产要求权。剩余财产要求权是指当公司解散、清算时，普通股股东对剩余财产有要求权。但是，公司破产清算时，财产的变价收入支付清算费用后，首先要用来清偿债务，然后支付优先股股利，最后才能分配给普通股股东。

（三）普通股发行

1. 普通股发行的条件

我国股份公司发行股票必须符合《公司法》《证券法》和《上市公司证券发行管理办法》规定的发行条件，以及经国务院批准的国务院证券管理机构规定的其他条件。

2. 普通股发行方式与销售方式

股票发行方式有公开间接发行和不公开直接发行两种。公开间接发行是指通过中介机构，公开向社会公众发行股票的方式。其优点是：发行范围广、发行对象多，易于足额筹集资本；股票变现性强，流通性好，有助于提高公司的知名度。其不足之处主要表现为手续繁杂，发行成本高。不公开直接发行是指不需经中介机构承销，只向少数特定的对象直接发行股票的方式。其优点是弹性较大，发行成本低；不足之处主要是发行范围小，股票变现性差。

股票销售方式有自销和承销两种。自销方式是指发行公司自己直接将股票销售给认购者。承销方式是指发行公司将股票销售业务委托给证券经营机构代理。股票承销又分为包销和代销。

3. 发行普通股的一般程序

发行普通股的一般程序为：发起人认足股份，缴付股资；提出公开募集股份的申请；公告招股说明书，签订承销协议；招认股份，缴纳股款；召开创立大会，选举董事会、监事会；办理公司设立登记，交割股份。

【想一想 4－4】企业发行股票在我国有严格而明确的规定，请问：企业发行股票的规定在什么法律中有明确表述？

小贴士　**八佰伴集团的国际融资战略**

八佰伴集团是一家由日本企业发展起来的大型跨国集团，相继在美国、新加坡、中国香港做海外拓展。它是最先与我国零售业合资经营的日资企业。以地区来划分八佰伴事业，大致可以分为日本本土集团，中国内地和香港，美国、新加坡等其他海外国家。身为整个集团母体的日本八佰伴，从 1982 年以来，就利用股票市场灵活地筹集资金，三次公开募集资金，共筹集了 870 亿日元 。这些募集来的资金有许多都投进国际事业的扩张发展中，日本八佰伴成为八佰伴集团的资金中枢。1994 年 2 月，八佰伴集团又发行了 6 000 万新加坡币的优先股。利用上市股票取得的资金，可以降低企业的财务风险，缓解集团总部的资金压力，还可以改善企业体制。

（四）股票上市

股票上市是指股份有限公司公开发行的股票经批准在证券交易所挂牌交易。我国《证券法》规定，股份有限公司申请股票上市，应当符合以下条件：股票经国务院证券监督管理机构核准已公开发行；公司股本总额不少于人民币3 000万元；公开发行的股份达到公司股份总数的25%以上；公司股本总额超过人民币4亿元，公开发行股份的比例为10%以上；公司最近三年无重大违法行为，财务会计报告无虚假记载。当上市公司出现经营情况恶化，存在重大违法违规行为或其他原因导致不符合上市条件时，就可能停止或终止上市。

（1）股票上市的有利影响。股票上市后资本大众化，有利于分散风险，有利于提高公司知名度，有利于利用股票市场客观评价企业，有利于用股票激励员工，有利于利用股票收购其他公司。

（2）股票上市的不利影响。公开上市不仅需要很高的费用，而且使公司失去隐私权，也限制了经营人员操作的自由度。

【想一想4-5】股票上市是发行股票企业追求的目标，请问这是为什么？

（五）发行普通股融资的优缺点

1. 优点

（1）没有固定的到期日，无须偿还本金。这对于保证公司对资金的最低需求，促进公司长期、持续、稳定经营具有重要意义。

（2）没有固定的股利负担。股利的支付与否和支付多少，视公司盈利和经营情况而定。这样就可以使公司的现金收支有很大的灵活性，不会因为还本付息的原因而影响公司的正常生产、销售活动，因而筹资风险较小。

（3）能提高公司信誉，增强举债能力。发行普通股筹集的资金是公司权益资金的来源，权益资金的多少，反映了公司的实力，较多的权益资金为债权人提供了坚实的信用基础和保障，可以增强公司的举债能力。

2. 缺点

（1）资本成本高。由于普通股股利要从税后净利润中支付，因此股利不能像债券利息那样具有抵税作用；而且相对于债务资金，普通股的投资风险高，投资者要求的报酬率相应较高。

（2）容易分散公司的控制权。利用普通股筹资会增加新股东，从而稀释原有股东对公司的控制权，导致股权分散。

三、利用留存收益

留存收益是企业税后利润形成的，来源渠道包括盈余公积和未分配利润。利用留存收益筹资的优缺点如下。

1. 优点

（1）资本成本较普通股低。利用留存收益筹资不发生任何筹资费用，与普通股相比，成本较低。

（2）不会分散公司控制权。留存收益属于普通股股东所有，用这种方式筹资，不会增加新的股东，不会改变原有股权结构，不会稀释原有股东的控股权。

（3）增强企业信誉。留存收益筹资能够使企业保持较大的可支配现金流，既可解决企业经营发展的资金需要，又能提高企业的举债能力。

2. 缺点

（1）筹资数额有限。留存收益来自企业当期净利润和年初未分配利润，所以其最大数额不会突破这两项之和。

（2）资金使用受制约。留存收益中某些项目的使用，如法定盈余公积等，要受国家有关规定的制约。

【想一想 4－6】用留存收益增加权益资金有许多优点，请问：企业如何合法地增加权益资金?

※ 职业能力训练 ※

一、判断题

（1）企业向社会公众发行的股票必须为无记名股票。（　　）

（2）股票的发行方式有公募发行和私募发行，私募发行有自销方式和承销方式，承销方式具体分为包销和代销。（　　）

（3）普通股筹资的风险较大。（　　）

（4）企业利用留存收益获得的资金，其使用不会受到制约。（　　）

二、不定项选择题

（1）企业可以获得负债性筹资的方式包括（　　）。

A. 发行股票　B. 吸收直接投资　C. 发行债券　D. 内部留存

（2）企业进行筹资决策时需要考虑的首要问题是（　　）。

A. 限制条件　B. 财务风险　C. 资本成本　D. 资金期限

（3）普通股股东的权利不包括（　　）。

A. 优先分配剩余资产权　B. 查账权

C. 分享盈余权　D. 投票权

（4）普通股筹资的缺点包括（　　）。

A. 增强公司的信誉　B. 容易分散控制权

C. 没有固定到期日，不用偿还　D. 使公司失去隐私权

（5）企业筹资可以满足（　　）。

A. 生产经营的需要　B. 对外投资的需要

C. 调整资本结构的需要　D. 偿还债务的需要

（6）企业自留资金包括（　　）。

A. 法定公积金　B. 任意公积金　C. 资本公积金　D. 未分配利润

（7）企业通过（　　），可以获得其他企业资金。

A. 发行股票　B. 发行债券　C. 利用商业信用　D. 利用留存收益

（8）吸收直接投资的优点包括（　　）。

A. 有利于增强企业信誉　B. 资本成本较低

C. 有利于降低财务风险　D. 不容易分散企业控制权

任务三

债务资金筹集

※ 任务描述 ※

债务资金筹集是指企业按约定代价和用途取得且需要按期还本付息的一种筹资方式。就其性质而言，债务资金筹集是不发生所有权变化的单方面资本使用权的临时让渡。本任务学习目标为：

（1）熟悉发行债券流程。

（2）熟悉银行借款流程。

（3）熟悉融资租赁流程。

（4）能分析评价债务资金筹集方式及其优缺点。

（5）能结合企业实际选择恰当的筹资方式。

※ 知识准备 ※

一、债务筹资的含义

债务筹资是指企业以负债方式借入并到期偿还资金的筹资方式，包括向银行借款、利用商业信用、发行公司债券、融资租赁等。

二、债务筹资的优缺点

（一）债务筹资的优点

1. 筹资速度快

与股权筹资相比，债务筹资，如银行借款、融资租赁等，不需要经过复杂的审批手续和证券发行程序，可以迅速地获得资金。

2. 筹资弹性大

发行股票等股权筹资，一方面需要经过严格的政府审批；另一方面从企业的角度出发，由于股权不能退还，股权资本在未来永久性地给企业带来了资本成本的负担。利用债务筹资，可以根据企业的经营情况和财务状况，灵活商定债务条件，控制筹资数量，安排取得资金的时间。

3. 资本成本负担较轻

一般来说，债务筹资的资本成本要低于股权筹资。主要原因有三点：一是取得资金的手续费用等筹资费用较低，二是利息、租金等用资费用比股权资本要低，三是利息等资本成本可以在税前支付。

4. 可以利用财务杠杆

债务筹资不改变公司的控制权，因而股东不会出于控制权稀释原因反对负债。债权人从企业那里只能获得固定的利息或租金，不能参加公司剩余收益的分配。当企业的资本报酬率高于债务利率时，会增加普通股股东的每股收益，提高净资产报酬率，提升企业价值。

5. 稳定公司的控制权

债权人无权参加企业的经营管理，利用债务筹资不会改变和分散股东对公司的控制权。

（二）债务筹资的缺点

1. 不能形成企业稳定的资本基础

债务资本有固定的到期日，到期需要偿还，只能作为企业的补充性资本来源。由于债务往往需要进行信用评级，因此没有信用基础的企业和新创企业，往往难以取得足够的债务资本。现有的债务资本在企业的资本结构中达到一定比例后，往往由于财务风险升高而不容易再取得新的债务资本。

2. 财务风险较大

债务资本有固定的到期日，有固定的利息负担，抵押、质押等担保方式取得的债务，资本使用上可能会有特别的限制。这些都对企业的财务状况提出更高的要求，要求企业有一定的偿债能力，保持资产流动性及其资产报酬水平，以作为债务清偿的保障，否则会给企业带来财务危机，甚至导致企业破产。

3. 筹资数额有限

债务筹资的数额往往受到贷款机构资本实力的制约，不可能像发行债券股票那样一次筹集到大笔资本，无法满足公司大规模筹资的需要。

※ 任务设计及工作过程 ※

宁海公司财务总监在对权益资金筹集的各种筹资方式的优缺点进行比较后，又对债务资金筹集的各种筹资方式的优缺点进行了比较分析，以选择最适合本企业实际情况的筹资方式。

【任务】假如你是宁海公司财务总监，请选择筹资方式。

一、向银行借款

银行借款是指企业向银行或其他非金融机构借入的、需要还本付息的款项。包括偿还期限超过 1 年的长期借款和不足 1 年的短期借款，主要用于企业构建固定资产和满足流动资金周转的需要。

（一）银行借款的程序

1. 向银行提出借款申请

企业根据筹资需求向银行提出书面申请，按银行要求的条件和内容填写借款申请书。

2. 银行审批

银行按照有关政策和贷款条件，对借款企业进行信用审查，依据审批权限，核准公司申请的贷款金额和用款计划。银行审查的主要内容是：公司的财务状况、信用情况、盈利的稳定性、发展前景、借款投资项目的可行性、抵押品和担保情况等。

3. 签订合同

借款申请获批后，银行与企业进一步协商贷款的具体条件，签订正式的借款合同，规定贷款的数额、利率、期限和一些约束性条款。

4. 取得借款

借款合同签订后，企业在核定的贷款指标范围内，根据用款计划和实际需要，一次或分次将贷款转入公司的存款结算账户，以便使用。

（二）银行借款的条款

由于银行等金融机构提供的长期贷款金额高、期限长、风险大，因此，除借款合同的基本条款外，债权人还在借款合同中附加各种保护性条款以确保企业按要求使用借款和按时足额偿还借款。

1. 基本条款

基本条款主要包括：借款种类、借款用途、借款金额、借款利率、借款期限、还款资金来源及还款方式、保证条款、违约责任等。

2. 一般性限制条款

一般性限制条款主要包括：对企业流动资金保持量的规定，其目的在于保持借款企业资金的流动性和偿债能力；对企业支付现金股利的限制，其目的在于限制现金外流；对企业资本性支出规模的限制，其目的在于降低企业日后不得不变卖固定资产以偿还贷款的可能性；对企业借入其他长期债务的限制，其目的在于防止其他贷款人取得对企业资产的优先求偿权。

3. 例行性限制条款

例行性限制条款主要包括：企业定期向银行及其他贷款机构报送财务报表；企业不准在正常情况下出售大量资产；企业要及时清偿到期债务，如期缴纳税款；企业不准以任何资产作为其他承诺的担保或抵押；企业不准贴现应收票据或出售应收账款等。

4. 特殊性保护条款

特殊性保护条款主要包括：贷款专款专用；企业不准投资于短期内不能收回资金的项目；企业主要领导人要在合同有效期间担任领导职务；企业主要领导人要购买人身保险等。

小贴士 **维持成长率**

维持成长率指的是在公司维持固定的资产负债率的前提下，不对外发行新股融资时其成长率的最高值。进一步而言，维持成长率是在限制新股发行数量的条件下，求算销售额成长的极限值。这意味着每一个设定的股东权益值都会对应一个维持成长率。例如，假设A公司目前设定的理想资产负债率是60%，若目前的总股东权益有400万元，总负债有500万元，则维持成长率在控制总股东权益不变的情况下，增加总负债到600万元（使资产负债率维持在60%）时可使公司享有最大成长率；同样，若目前总股东权益为600万元，则维持成长率在相同限制下，增加负债到900万元时，可使公司享有最大成长率。

（三）银行借款的信用条件

1. 信贷额度

信贷额度是指借款人与银行在协议中规定的允许借款人从银行取得的最高贷款数额。

2. 周转信贷协定

周转信贷协定是指银行与企业签订的最高贷款额度的协定。在协定的有效期内，只要企业借款总额未超过最高限额，银行必须满足企业任何时候提出的借款要求。而企业通常要对贷款限额的未使用部分向银行支付承诺费。

【例4-1】 A公司与银行在贷款协议中规定的周转信贷额度为3 000万元，承诺费率为0.4%，该公司年度内累计借用了2 000万元，则该借款公司应向银行支付承诺费的金额为：

$$承诺费=(3\,000-2\,000)\times 0.4\%=4\ (万元)$$

3. 补偿性余额

补偿性余额是指银行为了降低贷款风险，要求借款企业在银行中保留按贷款限额或实际借款额的一定百分比（通常为10%～20%）计算的最低存款余额。补偿性余额使企业实际得到的借款额减少，但利息并未因此而少付，所以补偿性余额在降低银行贷款风险的同时，提高了借款企业的实际利率，加重了企业的实际负担。实际利率计算公式为：

$$实际利率=\frac{名义利率}{1-补偿性余额比例}\times 100\%$$

【例4-2】 A公司向银行借款500万元，年利率为7%，银行要求A公司保留20%的补偿性余额，则该项借款的实际利率为：

$$实际利率=\frac{7\%}{1-20\%}\times 100\%=8.75\%$$

4. 借款抵押

银行向信誉不好、财务风险较大的企业发放贷款时，为了降低贷款风险，通常要求企业有抵押品作担保。借款的抵押品通常是借款企业的房地产、机器设备、股票、债券等。

5. 偿还条件

无论何种借款，银行都会规定还款期限。根据我国金融制度的规定，贷款到期后仍无能力偿还的，视为逾期贷款，银行要照章加收逾期罚息。

6. 以实际交易为贷款条件

以实际交易为贷款条件是指当企业发生临时资金需求，向银行申请借款时，银行以企业将要进行的实际交易为贷款基础，单独立项，单独审批，最后作出决定并确定贷款的相应条件和信用保证。

（四）银行借款筹资的优缺点

1. 优点

（1）筹资速度快。银行对企业进行全面调查分析后，将企业的银行借款报贷审部门审议，通过后立即可以办理贷款手续，获取借款。

（2）筹资弹性大。与其他筹资方式相比，企业在需要资金时可与银行商定借入的时间、数量和条件等，在资金充裕时提前还本付息，变更偿还时间，灵活性较强。

（3）借款成本低。就目前我国的情况来看，利用银行借款所支付的利息比发行债券所支付的利息低。另外，也无须支付大量的发行费用。

（4）可以发挥财务杠杆作用。借款筹集的资金属于债务资金，具有财务杠杆作用。在企业经营状况较好时，债务资金可以为企业带来利润率超过利息率的差额收益，从而提高自有资金收益水平，增加股东财富。

2. 缺点

（1）筹资风险大。借款需要还本付息，在筹资数额较大的情况下，企业资金调度不周，就有可能无力按期偿付本金和利息，甚至导致破产。

（2）限制条款较多。企业与银行签订的借款合同中，一般都会有一些限制性条款，这些条款可能会限制企业的经营活动。

（3）筹资数量有限。银行一般不愿借出巨额长期借款，在企业需要大量资金时，采用这种方法可能达不到筹资目的。

【想一想4-7】企业筹集债务资金最有效和最便捷的途径是银行贷款，请问：银行对企业贷款时应遵循什么法律和规定？

> **小贴士**　**利用浮账量**
>
> 企业账簿上的现金数字很少能代表企业在银行中的可用现金。实际上，企业在银行里的可用资金，通常要大于企业账簿上的现金余额。公司的银行存款余额同它的账面现金余额之差，称为净浮账量（net float)。净浮账量产生于从支票开出，到它最终被银行结算之间的时滞。由于公司开出的支票可能仍处于传送处理过程中，因此很可能出现当公司账簿现金余额为负数时，银行中的存款余额仍为正的情况。如果净浮账量能被准确地估计，银行存款余额就可以减少并利用这笔资金投资，获取一个正的收益。这种方式通常被财务总监称为“利用浮账量”。

二、利用商业信用

商业信用是指商品交易中以延期付款或延期交货所形成的借贷关系，是企业之间的直接信用行为，属于自然性融资。

（一）商业信用的形式

1. 预收账款

预收账款是指企业在销售商品时，已知买方信用欠佳，或所销售的产品生产周期长、售价高，因此要求买方在卖方发出货物之前支付部分或全部货款的一种信用条件。在这种信用条件下，销货单位可以得到暂时的资金来源，购货单位则要预先垫支一笔资金。

2. 延期付款，但不提供现金折扣

这种信用条件是指企业购买商品时，销售方允许购货方在交易发生后一定时期内按发票金额支付货款的情形，如“n/30”或“net30”，就是指要求付款方在 30 天内按发票金额付款。这种条件下信用期间一般为 30～60 天，但有些季节性的生产企业可能为其顾客提供更长的信用期间。在这种情况下，买卖双方存在商业信用，买方可通过延期付款而筹集部分资金。

3. 延期付款，但早付款可享受现金折扣

在这种信用条件下，买方若在折扣期内付款，则可获得短期的资金来源，并能得到现金折扣，现金折扣一般为发票金额的 1%～5%；若放弃现金折扣，则可在稍长时间内占用卖方的资金，但必须全额付款。如“2/10，n/30”，该信用条件的经济含义是：买方如果在购货后 10 天内付款，则可以享受 2%的现金折扣；如果在 10 天至 30 天付款，则不会享受现金折扣，必须支付 100%的货款。该信用条件中，10 天被称为折扣期限，是指享受现金折扣的最后期限；30 天被称为信用期限，是买方付款的最后期限；2 即 2%，称为现金折扣。

（二）放弃现金折扣成本的计算

在采用商业信用形式销售产品时，为鼓励购买单位尽早付款，销货单位往往都规定一些信用条件，主要包括现金折扣和信用期限两部分内容。如果销货单位提供了现金折扣，购买单位应尽量争取获得此项折扣，因为放弃现金折扣的机会成本很高。放弃现金折扣成本的计算公式如下：

$$\text{放弃现金折扣成本}=\frac{\text{现金折扣率}}{1-\text{现金折扣率}}\times\frac{360}{\text{付款期限}-\text{折扣期限}}$$

【例 4-3】A 公司购进价款总额为 500 万元的材料一批，信用条件为“2/10，n/30”。如果该企业选择在第 30 天付款，则企业放弃现金折扣成本为：

$$\text{放弃现金折扣成本}=\frac{2\%}{1-2\%}\times\frac{360}{30-10}=36.73\%$$

企业是否选择享受现金折扣，取决于放弃现金折扣成本与企业为享受现金折扣早日付款所筹资金的代价。一般情况下，当所筹资金代价大于放弃现金折扣成本时，应选择放弃现金折扣，反之则选择享受。例 4-3 中，如果企业筹资成本不高于该企业放弃现金折扣成本 36.73%，就应当选择在 10 天内付款。

（三）商业信用筹资的优缺点

1. 优点

（1）限制条件少。商业信用融资相对于其他筹资方式而言，各种限制条件是最少的。

（2）融资便利。商业信用融资与商品买卖同步进行，是一种自然性融资，不必作正规而周密的安排，融资非常便捷。

（3）筹资成本低。只要买方不放弃现金折扣或卖方未提供现金折扣，商业信用筹资就没有实际成本。

2. 缺点

(1) 融资期限较短，若享受现金折扣则期限更短。

(2) 放弃现金折扣的资本成本很高。

【想一想 4-8】 商业信用是企业之间的直接信用行为，属于自然性融资，优点明显，许多企业利用此种方式融资。请问：企业是如何利用商业信用的？

小贴士　　谁承担成本

我们知道，通过商业信用在一段时间内使用资金是有成本的，而不是免费的。这一成本可能由供应商承担，也可能由购货方承担，或由双方共同承担。购货方应当明确是谁在承担商业信用的成本。

供应商通过提高商品价格，可将这一成本转移给购货方。但如果在供大于求或供求平衡的情况下，供应商将所销售商品的价格提高，承担成本的购货方就可能多走访几家供应商，以寻求更有利的交易，针对该供应商的需求就会下降，该供应商就无法实现收益。因此，供应商可能最终就不得不承担商业信用的绝大部分成本。当然，在供不应求的情况下，供应商会通过提高价格的方法，将商业信用成本转嫁给购货方。

购货方也应当认识到，商业信用的成本会随市场环境的变化而变化。在利率上升和通货紧缩时期，供应商考虑到持有应收账款的成本上升，可能会提高产品的价格。这种提价，不应同因产品市场供需发生变化而导致的提价相混淆。

三、发行公司债券

债券是经济主体为筹集资金而发行的，用以记载和反映债权债务关系的有价证券。由企业发行的债券称为企业债券或公司债券。这里所说的债券，指的是期限超过 1 年的公司债券，其发行目的通常是为建设大型项目而筹集大笔长期资金。

（一）公司债券及其种类

公司债券是指公司依照法定程序发行、约定在一定期限内还本付息的有价证券。

(1) 按债券是否记名，可将债券分为记名债券和无记名债券。发行记名债券的，应当在券面上注明债权人姓名或名称；发行无记名债券的，债券票面不注明债权人姓名或名称。

(2) 按债券能否转换为公司股票，可将债券分为可转换债券和不可转换债券。可转换债券是指一定时期内，可以按规定的价格或一定比例，由持有人自由地选择转换为普通股的债券。不可转换债券是指不可以转换为普通股的债券。

(3) 按有无特定的财产担保，可将债券分为信用债券和抵押债券。信用债券是指仅凭债券发行者的信用发行的、没有抵押品作抵押或担保人作担保的债券，又称无担保债券。抵押债券是指以一定抵押品作抵押而发行的债券，又称有担保债券。抵押债券按抵押物的不同，又可分为不动产抵押债券、设备抵押债券和证券信托债券。

（二）公司债券发行条件

（1）我国发行公司债券，必须符合《公司法》《证券法》等有关法律、法规规定的条件。公开发行公司债券，应当符合下列条件：

①股份有限公司的净资产额不低于人民币 3 000 万元，有限责任公司的净资产额不低于人民币 6 000 万元；

②累计债券余额不超过公司净资产的 40%；

③最近三年平均可分配利润足以支付公司债券一年的利息；

④筹集资金的投向符合国家产业政策；

⑤债券的利率不超过国务院限定的利率水平；

⑥国务院规定的其他条件。

（2）发行公司凡有下列情形之一的，不得再次发行公司债券：

①前一次发行的公司债券尚未募足；

②对已公开发行的公司债券或者其债务有违约或延迟支付本息的事实，且仍处于持续状态；

③违反规定，改变公开发行公司债券所募资金的用途。

（三）公司债券发行程序

（1）作出发行债券的决议。由发行公司作出发行债券的决议。

（2）发行债券的申请与批准。发行公司向经国务院证券监督管理机构或者国务院授权的部门提出发行债券申请，经核准后方可发行。未经依法核准，任何单位和个人不得公开发行债券。

（3）制定募集办法并予以公告。发行公司债券的申请被批准后，应由发行公司制定公司债券募集办法。公司债券募集办法中应当载明下列主要事项：公司名称，债券募集资金的用途，债券总额和债券的票面金额，债券利率的确定方式，还本付息的期限和方式，债券担保情况，债券的发行价格、发行的起止日期，公司净资产额，已发行的尚未到期的公司债券总额，公司债券的承销机构。

（4）募集借款。公司发出债券募集公告后，开始在公告所定的期限内募集借款。公司债券的发行方式一般有公司直接向社会发行（私募发行）和由证券经营机构承销发行（公募发行）两种。在我国，根据有关法规，公司发行债券须与证券经营机构签订承销合同，由其承销。

（四）债券发行价格

债券发行价格通常有三种：平价、溢价和折价。平价是指以债券的票面金额为发行价格，溢价是指以高出债券票面金额的价格为发行价格，折价是指以低于债券票面金额的价格为发行价格。债券发行价格的形成受诸多因素影响，其中主要是票面利率与市场利率的一致程度。债券的票面金额、票面利率在债券发行前即已参照市场利率和发行公司的具体情况确定下来，并载明于债券之上。但在发行债券时已确定的票面利率不一定与当时的市场利率一致。为了协调债券购销双方在债券利息上的利益，就要调整发行价格，即：当票面利率高于市场利率时，以溢价发行债券；当票面利率低于市场利率时，以折价发行债券；当票面利率与市场利率一致时，以平价发行债券。

债券发行价格的计算公式为：

$$P=\sum_{t=1}^{n}\frac{M\times r}{(1+i)^{t}}+\frac{M}{(1+i)^{n}}$$

式中，P 为债券发行价格；M 为票面金额；r 为票面利率；i 为债券发行时的市场利率；n 为债券期限；t 为付息期数。

【例4-4】 A公司发行面额1 000元、票面利率6%、每年年末付息1次、到期按面值还本、期限5年的债券，当市场利率分别为4%、6%、8%时，分别计算不同市场利率下的债券发行价格。

当市场利率为4%时，票面利率高于市场利率，债券会溢价发行，其发行价格计算为：

$$\begin{aligned}P&=1\,000\times6\%\times(P/A,4\%,5)+1\,000\times(1+4\%)^{-5}\\&=60\times4.451\,8+1\,000\times0.821\,9\\&=1\,089.01\text{（元）}\end{aligned}$$

当市场利率为6%时，票面利率等于市场利率，债券会平价发行，其发行价格计算为：

$$\begin{aligned}P&=1\,000\times6\%\times(P/A,6\%,5)+1\,000\times(1+6\%)^{-5}\\&=60\times4.212\,4+1\,000\times0.747\,3\\&=1\,000.04\text{（元）}\end{aligned}$$

当市场利率为8%时，票面利率低于市场利率，债券会折价发行，其发行价格计算为：

$$\begin{aligned}P&=1\,000\times6\%\times(P/A,8\%,5)+1\,000\times(1+8\%)^{-5}\\&=60\times3.992\,7+1\,000\times0.680\,6\\&=920.16\text{（元）}\end{aligned}$$

（五）债券筹资的优缺点

1. 优点

（1）资本成本较低。因为债券的发行费用较低，债券利率一般要低于股票股利率，加之债券的利息在税前支付，具有抵税作用，所以利用债券筹资的成本要比股票筹资的成本低。

（2）保证股东对公司的控制权。由于债券仅代表一种债权债务关系，债券持有者只享有到期收回本金和利息的权利，没有参与企业决策和经营管理权，因此公司通过发行债券的方式筹集资金时，不会改变原有的股权结构，更不会分散原有股东的控制权。

（3）可以产生财务杠杆作用。由于债券利息固定，因此在企业投资效益良好的情况下，可以给股东带来更多的收益，增加其财富。

2. 缺点

（1）筹资风险高。发行债券方式所筹资金属于企业的债务资金，对于债务资金，企业承担着还本付息的法定义务。在企业经营不景气时，向债券持有人还本、付息，会给企业带来更大的困难，甚至导致破产。

（2）限制条件多。债券的契约中往往有一些限制性条款，这种限制可能会影响企业的正常发展和以后的筹资能力。

（3）筹资额有限。利用债券筹资有一定的限度，当公司负债比率超过了一定程度后，债券筹资的成本会迅速上升，有时甚至会发行不出去。

【想一想 4-9】企业发行债券一方面应符合发行条件并经批准，另一方面投资者愿意购买。请问：投资者购买公司债券会关注哪些内容？

四、融资租赁

融资租赁是由租赁公司按照承租单位的要求融资购买设备，并在契约或合同规定的较长期限内提供给承租企业使用的融资信用业务。

（一）融资租赁的形式

（1）直接租赁。直接租赁是指承租人向出租人租入所需要的资产，并支付租金。直接租赁是融资租赁的典型形式，通常所说的融资租赁是指直接租赁。

（2）售后租回。售后租回是指制造企业按照协议先将其资产卖给租赁公司，再作为承租企业将所售资产租回使用，并按期向租赁公司支付租金。采用这种方式，承租企业会因出售资产而获得一笔现金，同时因将其租回而保留了资产的使用权。

（3）杠杆租赁。杠杆租赁一般涉及承租人、出租人和贷款人三方当事人。在杠杆租赁方式下，出租人只支付所购买资产的部分资金，其余部分以该资产为担保向贷款人借资支付，租赁公司既是出租人又是借款人，因此既要收取租金又要偿还债务。但是对承租人来讲，杠杆租赁与其他融资租赁形式并没有区别。这种融资租赁形式，由于租赁收益一般大于借款成本支出，出租人借款购买资产出租可获得财务杠杆利益，故被称为杠杆租赁。

（二）融资租赁的程序

（1）选择租赁公司。企业决定采用租赁方式取得某项设备时，首先需了解各家租赁公司的经营范围、业务能力、资信情况，以及与其他金融机构如银行的关系，取得租赁公司的融资条件和租赁费率等资料，加以分析比较，从中择优选择。

（2）办理租赁委托。企业选定租赁公司后，便可向其提出申请，办理委托。这时，承租企业需填写租赁申请书，说明所需设备的具体要求，同时还要向租赁公司提供财务状况文件，包括资产负债表、利润表和现金流量表等资料。

（3）签订购货协议。由承租企业与租赁公司的一方或双方合作组织选定设备供应厂商，并与其进行技术和商务谈判，在此基础上签订购货协议。

（4）签订租赁合同。租赁合同由承租企业与租赁公司签订。它是租赁业务的重要文件，具有法律效力。融资租赁合同的内容可分为一般条款和特殊条款两部分。

（5）办理验货、付款与保险。承租企业按购货协议收到租赁设备时，要进行验收，验收合格后签发交货及验收证书，并提交给租赁公司，租赁公司据以向供应厂商支付设备价款。同时，承租企业向保险公司办理投保事宜。

（6）支付租金。承租企业在租期内按合同规定的租金数额、支付方式等，向租赁公司支付租金。

（7）合同期满处理设备。融资租赁合同期满时，承租企业根据合同约定，对设备退租、续租或留购。

（三）融资租赁的特点

（1）一般由承租企业向租赁公司提出正式申请，由租赁公司融资购进设备，出租给承租企业使用。

（2）租赁期限较长，大多为租赁资产寿命的一半以上。

（3）租赁合同比较稳定，在规定的租期内非经双方同意，任何一方不得中途解约，这有利于维护双方的权益。

（4）由承租企业负责设备的维修保养和保险，但无权自行拆卸改装。

（5）租赁期满时，按事先约定的办法处置设备，一般有退租、续租、留购三种选择，通常由承租企业留购。

（四）融资租赁租金的计算

（1）租金的构成。融资租赁的租金包括设备价款和租息两部分，租息又可分为租赁公司的融资成本、租赁手续费等。

（2）租金的支付方式。按支付间隔期长短，分为年付、半年付、季付和月付等方式；按支付时期先后，分为先付租金和后付租金；按每期支付金额，分为等额支付和不等额支付。

（3）租金的计算方法。我国融资租赁实务中，租金的计算大多采用等额年金法。等额年金法下，通常要根据利率和租赁手续费确定一个租赁费率，作为折现率。

后付租金即于每年年末支付等额租金，计算公式为：

$$A = P \div (P/A,i,n)$$

先付租金即于每年年初支付等额租金，计算公式为：

$$A = P \div [(P/A,i,n-1)+1]$$

式中，A 为每年应等额支付的租金；P 为租赁资产当前的价款；i 为折现率；n 为租期。

【例4-5】 A企业于2013年1月1日从租赁公司租入价值为100万元的设备一台，租期为5年，租赁期满无残值。假设双方商定以10%作为折现率，租金每年年末支付一次，则：

$$每年租金 = 100 \div (P/A,10\%,5) = 100 \div 3.790\,8 = 26.38(万元)$$

（五）融资租赁筹资的优缺点

1. 优点

（1）迅速获得所需资产。融资租赁集“融资”与“融物”于一身，比起先筹措资金再购置设备节省了时间，可尽快形成生产能力。

（2）筹资限制较少。企业运用股票、债券、长期借款等筹资方式，都受到相当多的资格条件等限制，而融资租赁筹资的限制条件很少。

（3）免遭设备陈旧过时的风险。随着科学技术的不断进步，设备陈旧过时的风险很高，融资租赁方式下，当租赁期满后，如果承租方选择退租，则可免遭这种风险。

（4）财务风险较小。全部租金通常在整个租期内分期支付，不用到期归还大量本金，可适当降低不能偿付到期债务的风险。

（5）具有财务杠杆作用。租金费用可在所得税前扣除，承租企业能享受税收方面的利益，从而提高每股收益。

2. 缺点

（1）筹资成本较高。一般来说，融资租赁租金要比举借银行借款或发行债券所负担的利息高得多。

（2）承租企业若处于财务困难时期，则支付固定的租金也将构成一项沉重的负担。

【想一想 4－10】融资租赁成本很高，企业利用此项业务融资并不普遍，但客观存在。请问：这些企业为什么乐意使用融资租赁方式？

※ 职业能力训练 ※

一、判断题

（1）周转信贷协定是银行从法律上承诺向企业提供某一贷款额的贷款协定。（　）

（2）抵押借款由于有抵押品担保，因此其资本成本往往较非抵押借款低。（　）

（3）如果企业的财务管理人员认为目前的利率较低，未来有可能上升，便会大量发行短期债券。（　）

（4）尽管融资租赁比借款购置设备更迅速、更灵活，但租金也比借款利息高得多。（　）

（5）相对于发行债券筹资而言，银行借款筹资具有资本成本低、筹资风险小、能够产生财务杠杆效应等优点。（　）

（6）一般而言，拥有较多流动资产的企业，更多地依赖流动负债来筹集资金。（　）

（7）我国《公司法》规定，累计债券余额不能超过公司净资产的 40%。（　）

二、不定项选择题

（1）某企业与银行商定的周转信贷额为 1 000 万元，年利率为 1%，承诺费率为 0.5%，年度内企业使用了 600 万元，平均使用 8 个月，则企业本年度应向银行支付的承诺费为（　）万元。

A. 2　B. 10　C. 3　D. 1

（2）某企业向银行借款 100 万元，企业要求按照借款总额的 10%保留补偿性余额，并要求按照贴现法支付利息，借款的利率为 6%，则借款实际利率为（　）。

A. 7.14%　B. 6.67%　C. 6.38%　D. 7.28%

（3）债券按照有无抵押担保分类分为（　）。

A. 记名债券和无记名债券　B. 可转换债券和不可转换债券

C. 信用债券和抵押债券　D. 不动产抵押债券和证券抵押债券

（4）与其他负债资金筹集方式相比，下列各项属于融资租赁缺点的是（　）。

A. 资本成本较高　B. 财务风险大　C. 税收负担重　D. 筹资速度慢

(5) 商业信用条件的主要形式不包括(　　)。

A. 延期付款，不涉及现金折扣　　B. 延期付款，早付款可以享受现金折扣

C. 预收货款　　D. 预付账款

(6) 按照(　　)，可将长期借款分为政策性银行贷款、商业银行贷款和其他金融机构贷款。

A. 借款的用途　　B. 提供贷款的机构

C. 有无担保　　D. 借款的期限

(7) 下列各因素中与放弃现金折扣成本同向变动的是(　　)。

A. 折扣期　　B. 现金折扣百分比　　C. 信用期　　D. 信用期与折扣期之差

任务四

资本成本比较

※ 任务描述 ※

资本成本是企业筹集使用资金而付出的代价。企业在筹资过程中，必须对多种筹资方式进行比较，以降低筹资成本，规避筹资风险，优化资本结构，达到企业财务管理目标，实现企业价值最大化。本任务学习目标为：

(1) 熟悉资本成本的含义。

(2) 熟悉资本成本的作用。

(3) 会计算个别资本成本。

(4) 会计算加权平均资本成本。

(5) 会计算经营杠杆、财务杠杆和复合杠杆。

(6) 熟悉不同杠杆原理与相关风险的关系。

※ 知识准备 ※

一、资本成本的概念

资本成本是指企业筹集和使用资金而付出的代价，通常包括筹资费用和占用费用。

1. 筹资费用

筹资费用是指企业在筹集资金过程中为取得资金而发生的各项费用，如银行借款手续费，发行股票、债券等有价证券而支付的印刷费、评估费、公证费、宣传费及承销费等。筹资费用在企业筹集资金时一次性发生，在资金使用过程中不再发生，因此，可作为筹资额的一项扣除。

2. 占用费用

占用费用是指在使用所筹资金的过程中向出资者支付的报酬，如银行借款和债券的利息、股票的股利等。占用费用在企业使用资金过程中经常发生，其数额会因使用资金数量和时间长短而不同，它是资本成本的主要内容。

广义的资本成本既包括短期资本成本又包括长期资本成本，狭义的资本成本仅指长期资本成本。由于短期资本规模较小、时间较短、游离程度较高，其成本的高低对企业财务决策影响不大，因此，通常意义上的资本成本主要指狭义资本成本，即长期资本成本。

二、资本成本的作用

资本成本的概念广泛运用于企业财务管理的诸多方面。对于企业筹资来讲，资本成本是选择资金来源、确定筹资方案的重要依据，企业力求选择资本成本最低的筹资方式。对于企业投资来讲，资本成本是评价投资项目、决定投资取舍的重要标准。资本成本还可以用作衡量企业经营成果的尺度，即经营利润率应高于资本成本，否则表明业绩欠佳。

三、资本成本计算的基本模式

1. 一般模式

资本成本可用资本成本额和资本成本率两种形式表达。资本成本额是绝对数，但当筹资额不同时，可比性较差；资本成本率是指资本成本与筹资额的比率，是相对数，当筹资额不同时，具有较强的可比性。因而，为了便于分析比较，资本成本通常用相对数即资本成本率表达。资本成本有多种计量形式。在比较各种筹资方式中，使用个别资本成本，包括普通股成本、留存收益成本、长期借款成本、债券成本；在进行资本结构决策时，使用加权平均资本成本；在进行追加筹资决策时，则使用边际资本成本。个别资本成本率的计算公式为：

$$\text{资本成本率}=\frac{\text{年资金占用费}}{\text{筹资总额}-\text{筹资费用}}\times 100\%$$

$$=\frac{\text{年资金占用费}}{\text{筹资总额}\times(1-\text{筹资费率})}\times 100\%$$

式中：$\text{筹资费率}=\frac{\text{筹资费用}}{\text{筹资总额}}\times 100\%$

2. 折现模式

对于筹资额大、时间超过一年的长期资金，更准确一些的资本成本计算方式是折现模式，即将债务未来还本付息或股权未来现金流量（股利分红和未来出售价款）的折现值与目前筹资净额相等时的折现率作为资本成本率。

由：

目前筹资净额＝未来资金清偿额现金流量现值

得：

资本成本率＝所采用的折现率

小贴士 **关于资本逐利的名言**

"资本害怕没有利润或利润太少，就像自然界害怕真空一样。一旦有适当的利润，资本就大胆起来。如果有百分之十的利润，它就保证到处被使用；有百分之二十的利润，它就活跃起来；有百分之五十的利润，它就铤而走险；为了百分之一百的利润，它就敢践踏一切人间法律；有百分之三百的利润，它就敢犯任何罪行，甚至冒着被绞死的危险。"

——邓宁格：《工会与罢工》。

※ 任务设计及工作过程 ※

宁海公司厂房扩建项目需要资金1 000万元，公司确定了两种筹资方案。

方案一：向银行借款100万元，期限为3年，借款年利率为6%，借款费用率为0.5%；按溢价发行公司债券200万元，债券面值为198万元，期限为5年，票面利率为10%，每年付息一次，到期一次还本，发行费率为2%；融资租赁设备价值100万元，租赁期为5年，租赁期满预计残值为5万元，归租赁公司，每年租金为24.873 5万元；发行普通股500万元，每股价格为10元，筹资费率为2%，第一年预计发放现金股利每股为0.5元，预计股利年增长率为5%，该公司普通股β系数为1.2，此时一年期国债利率为3%，市场平均报酬率为9%；利用留存收益100万元。

方案二：在其他条件不变的情况下，调整筹资结构，向银行借款300万元，发行公司债券200万元，融资租赁设备价值100万元，发行普通股300万元，利用留存收益100万元。

【任务】该公司适用的所得税税率为25%。请为宁海公司作出筹资方案的选择。

一、计算长期借款资本成本率

$$长期借款资本成本率=\frac{长期借款本金\times年利率\times(1-所得税税率)}{长期借款本金\times(1-筹资费率)}\times100\%$$

如果长期借款的筹资费用率很低，甚至可以忽略不计，上式可简化为：

长期借款资本成本率＝年利率×（1－所得税税率）

$$宁海公司银行借款资本成本率=\frac{100\times6\%\times(1-25\%)}{100\times(1-0.5\%)}\times100\%=4.52\%$$

对于长期借款，考虑资金时间价值时，采用折现模式计算资本成本。

$$M(1-f)=\sum_{t=1}^{n}\frac{I_t(1-T)}{(1+K_b)^t}+\frac{M}{(1+K_b)^n}$$

式中，M为债务面值或债务本金；K_b为债务资本成本率；I_t为银行借款年利息额；f为筹资费用率；t为期限；T为所得税税率。

宁海公司考虑资金时间价值的长期借款资本成本计算如下：

$$100\times(1-0.5\%)=100\times6\%\times(1-25\%)\times(P/A,K_b,3)+100\times(P/F,K_b,3)$$

用插值法计算，得：$K_b=4.69\%$。

【想一想4-11】在计算资本成本时，银行借款筹资费用率最低，甚至可以忽略不计。请问：银行向企业收取的中间业务费属于筹资费用吗？

二、计算债券资本成本率

$$债券资本成本率=\frac{债券面值\times 票面利率\times(1-所得税税率)}{债券发行价格\times(1-筹资费率)}\times 100\%$$

$$宁海公司债券资本成本率=\frac{198\times 10\%\times(1-25\%)}{200\times(1-2\%)}\times 100\%=7.58\%$$

宁海公司考虑资金时间价值的债券资本成本率计算如下：

$$200\times(1-2\%)=198\times 10\%\times(1-25\%)\times(P/A,K_b,3)+198\times(P/F,K_b,3)$$

用插值法计算，得：$K_b=7.89\%$。

三、计算融资租赁资本成本率

融资租赁各期的租金中，包含有本金的各期偿还和各期手续费用。其资本成本率按折现模式计算。

宁海公司融资租赁资本成本率计算如下：

$$100-5\times(P/F,K_b,5)=24.8735\times(P/A,K_b,5)$$

得：$K_b=9\%$。

四、计算普通股资本成本率

发行普通股融资的成本包括每年支付的股利和发生的融资费用。由于企业的发展前景存在不确定性，因此，股东对普通股股票的风险报酬的要求也难以准确测定。普通股资本成本率的计算存在多种不同的方法，主要有：

1. 股利折现模型

股利折现模型的基本公式为：

$$P=\sum_{t=1}^{n}\frac{D_t}{(1+K)^t}$$

式中，P 为普通股筹资净额，即发行价格扣除发行费用；D 为普通股第 t 年的股利；K 为折现率，即普通股资本成本率。

在普通股发行价格已知的条件下，如果能确定普通股每年股利，就可以反求出普通股成本，而普通股年股利数额会因公司具体股利政策而有所不同。

（1）如果公司采用固定股利政策，即每年分派现金股利相等，则普通股资本成本率的计算公式为：

$$普通股资本成本率=\frac{每年固定股利}{普通股发行价格\times(1-筹资费率)}\times 100\%$$

（2）如果公司采用固定股利增长率政策，即每年现金股利都会逐年成同比例递增，则普通股资本成本率的计算公式为：

$$普通股资本成本率=\frac{第一年预期股利}{普通股发行价格\times(1-筹资费率)}\times 100\%+股利固定增长率$$

$$宁海公司普通股资本成本率=\frac{0.5}{10\times(1-2\%)}\times100\%+5\%=10.1\%$$

2. 资本资产定价模型

根据风险与收益的一般关系，普通股投资的必要报酬率等于无风险报酬率加上风险报酬率，其中风险报酬率又取决于股票的系统性风险程度与市场风险溢酬的乘积。投资者要求的报酬率相对于筹资者而言就是其付出的资本成本，因而普通股资本成本率可用资本资产定价模型确定。其计算公式为：

$$R_s=R_f+\beta(R_m-R_f)$$

式中，R_s为普通股资本成本率；R_f为无风险报酬率，可用国库券利率表示；β为某股票的系统性风险程度；R_m为市场组合收益率；（R_m-R_f）为市场风险溢酬。

用资本资产定价模型计算宁海公司普通股资本成本率：

宁海公司普通股资本成本率＝3%＋1.2×（9%－3%）＝10.2%

【想一想4-12】 资本资产定价模型中指出无风险报酬率可用国库券利率表示。请问：无风险报酬率都可以用国库券利率表示吗？为什么？

五、计算留存收益资本成本率

留存收益是企业缴纳所得税后形成的，其所有权属于普通股股东。企业采用留存收益筹资，等同于股东对企业的追加投资，股东对这部分投资与以前交给企业的股本一样，会同样要求获得报酬。因此，企业留存收益资本成本率体现为股东追加投资要求的报酬率，其计算方法、程序等与普通股资本成本率相同，只是留存收益资本成本率不需考虑筹资费用。

宁海公司留存收益资本成本率＝0.5÷10＋5%＝10%

企业筹资方式是多元化的，在衡量和评价单一融资方案时，需计算个别资本成本，在不考虑风险等其他因素影响的情况下，个别资本成本越低，其方案越优。不同方式筹集资金给企业带来的成本也不尽相同，一般来说，债务资本成本较低，权益资本成本较高。企业通过计算个别资本成本可以对各种筹资方式进行比较，在权衡风险的同时，作出最佳选择。

六、计算加权平均资本成本

加权平均资本成本，又称平均资本成本率或综合资本成本率，它是以各项个别资本在企业全部资本中所占比重为权数，对个别资本成本率进行加权平均而得到的总资本成本率。它反映企业资本成本整体水平的高低，在衡量和评价企业筹资总体的经济性时，需要计算企业的平均资本成本，以便确立企业理想的资本结构。其计算公式为：

$$K_w=\sum_{j=1}^{n}K_jW_j$$

式中，K_w为加权平均资本成本；K_j为第j种个别资本成本率；W_j为第j种个别资本在全部资本中的比重。

加权平均资本成本的计算，存在权数价值的选择问题，即个别资本成本按什么权数来确定资本比重。通常，可供选择的价值形式有账面价值、市场价值、目标价值等。

账面价值权数容易取得，但计算结果与现实资本市场实际筹资成本有较大差距；市场价值权数能够反映现时的资本成本，有利于进行资本结构决策，但证券市场价格的频繁波动，给计算带来很大的不便，不适用于未来的筹资决策；目标价值权数比较适合用于未来的筹资决策，但企业很难客观、合理地确定证券的目标价值，因此这种计算方法不易推广。

假如宁海公司银行借款、发行债券的资本成本按一般模型计算，融资租赁资本成本考虑资金时间价值，普通股实行固定股利增长率政策，普通股成本按固定股利增长模型计算。宁海公司两个筹资方案的加权平均资本成本计算见表 4－7。

表 4－7　宁海公司筹资方案加权平均资本成本计算表

资金种类	方案一			方案二		
	资本结构	个别资本成本率	加权平均资本成本	资本结构	个别资本成本率	加权平均资本成本
银行借款	10%	4.52%	0.452%	30%	4.52%	1.356%
发行债券	20%	7.58%	1.516%	20%	7.58%	1.516%
融资租赁	10%	9%	0.9%	10%	9%	0.9%
发行普通股	50%	10.10%	5.05%	30%	10.10%	3.03%
利用留存收益	10%	10%	1%	10%	10%	1%
合　计	100%	—	8.918%	100%	—	7.802%

进行筹资决策时，在不考虑其他影响因素的情况下，加权平均资本成本越低，筹资方案越优。因此如不考虑其他因素，则方案二较优。

七、杠杆效应与风险

（一）杠杆效应

自然界中的杠杆效应，是指在合适的支点上，通过使用杠杆，可以用很小的力量移动较重物体的现象。财务管理中也存在类似的杠杆效应，表现为：由于特定固定费用（固定成本和利息）的存在，导致当某一财务变量以较小幅度变动时，另一相关变量会以较大幅度变动。财务管理中的杠杆效应，包括经营杠杆、财务杠杆和总杠杆三种形式。企业在取得杠杆利益的同时，也加大了收益波动的风险性，因此，在资本结构决策中，企业必须权衡杠杆利益及其相关的风险，进行合理规划与决策。

1. 成本习性及分类

成本习性是指成本总额与业务量之间在数量上存在的依存关系。成本按习性可划分为固定成本、变动成本和混合成本三类。

（1）固定成本。固定成本是指其总额在一定时期和一定业务量范围内，不直接受业务量变动的影响，保持不变的成本。如固定资产按直线法计提的折旧费、管理人员的工资、财产保险费、广告费、办公费等，均属于固定成本。其基本特征是：成本总额不随业务量的变动而变动，单位固定成本与业务量的增减呈反方向变动。

固定成本还可分为约束性固定成本和酌量性固定成本两类。约束性固定成本是指管理部门的决策行动不能改变其具体数额的固定成本。如固定资产折旧费、财产保险费、管理人员工资、长期租赁费等。这些固定资金是企业的生产能力一经形成就要发生的最低支出，在短期内很难有重大改变。要降低约束性固定成本，应合理利用现有生产经营能力，提高生产效率。酌量性固定成本是指管理部门的决策行动能改变其数额的固定成本。如广告费、职工培训费、新产品研究开发费等。要想降低酌量性固定成本，只有厉行节约，精打细算，通过编制预算进行严格控制，防止浪费。

【想一想4-13】商品生产企业和商品流通企业这两类企业的固定成本项目是否相同？

（2）变动成本。变动成本是指在一定时期，一定的业务量范围内，其总额随业务量的变动而成正比例变动的成本。如直接材料、直接人工、按销售量支付的推销员佣金、包装费等。其基本特征是：成本总额随业务量的变动而成正比例变动，单位变动成本不变。

变动成本还可分为技术性变动成本和酌量性变动成本两类。技术性变动成本是指与产量有明确的技术或实物关系的变动成本，如生产单位产品需配备的零部件。酌量性变动成本是指通过管理部门的决策行动可以改变的变动成本，如按销售收入支付的一定比例的销售佣金。

（3）混合成本。混合成本是指兼有固定成本与变动成本两种性质的成本。其基本特征是：有一个初始量保持固定不变，在初始量的基础上，随业务量的变动而变动。混合成本按其与业务量的关系可分为半变动成本和半固定成本两种，如图4-1、图4-2所示：

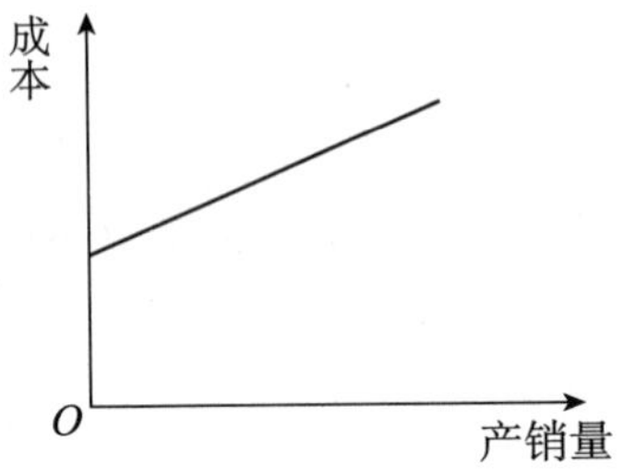

图4-1 半变动成本图

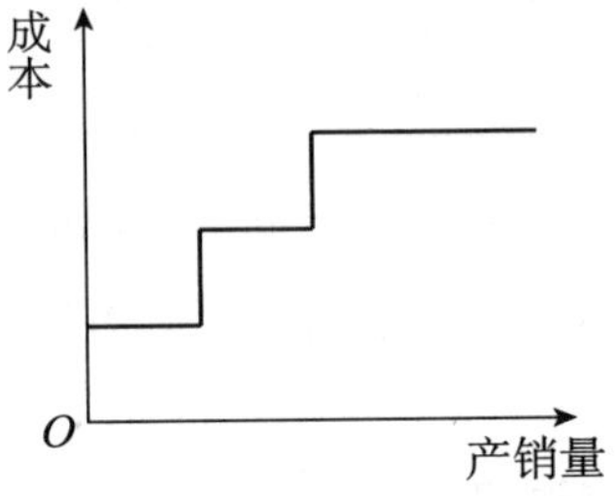

图4-2 半固定成本图

半变动成本通常有一个初始量，类似于固定成本，在这个初始量的基础上随业务量的增长而增长，又类似于变动成本，如企业的电话费、水电费、煤气费等。半固定成本是成本随业务量的变化呈阶梯形增长，产量在一定限度内，这种成本不变，当产量增长到一定限度后，这种成本就跳跃到一个新的水平，如企业质检员、化验员的工资等。

在实际经济业务中，企业大量的费用项目属于混合成本，由于经营管理的需要，必须通过一定的方法将混合成本分解为固定成本和变动成本两部分。这也是计算边际贡献、分析杠杆效应的基本前提。

2. 边际贡献

边际贡献是指销售收入与变动成本的差额。其计算公式为：

边际贡献总额＝销售收入－变动成本

＝（销售单价－单位变动成本）×产销量

＝单位边际贡献×产销量

或：$TCM = px - bx = (p - b)x = mx$

式中，TCM为边际贡献总额；p为销售单价；b为单位变动成本；x为产销量；m为单位边际贡献。

3. 息税前利润

息税前利润是指企业支付利息和缴纳所得税之前的利润。其计算公式为：

息税前利润＝销售收入－变动成本－固定成本

$$=（销售单价-单位变动成本）\times 产销量-固定成本$$
$$=边际贡献总额-固定成本$$

或：$$EBIT = px - bx - a = (p-b)x - a = TCM - a$$

式中，$EBIT$ 为息税前利润。

【例 4-6】 B公司2019年实现销售额8 000万元，变动成本总额为6 000万元，固定成本总额为500万元。则：

$$TCM = 8\,000 - 6\,000 = 2\,000（万元）$$
$$EBIT = 2\,000 - 500 = 1\,500（万元）$$

（二）经营杠杆

1. 经营杠杆的含义

经营杠杆是指由于固定性经营成本的存在，而使得企业的息税前利润变动率大于产销量变动率的现象。经营杠杆反映了资产报酬的波动性，可以用来评价企业的经营风险。在一定的经营规模条件下，当其他条件不变时，固定成本总额是一个固定不变的数值，当产销量增加时，单位产品分摊的固定成本会随之下降；当产销量下降时，单位产品分摊的固定成本会随之上升。这一切都会导致息税前利润以更大幅度随业务量的变动而变动，这就是经营杠杆效应。但是，当不存在固定性经营成本时，息税前利润变动率与产销量变动率一致。所以，只要企业存在固定成本，就存在经营杠杆效应。

【想一想 4-14】 只要企业存在固定成本，就存在经营杠杆效应。请问：企业有可能不存在固定成本吗？

2. 经营杠杆系数的计算

经营杠杆系数是测算经营杠杆效应程度常用的指标，它等于息税前利润变动率与产销量变动率的比。其计算公式为：

$$经营杠杆系数=\frac{息税前利润变动率}{产销量变动率}$$

或：$$DOL = \frac{\Delta EBIT \div EBIT}{\Delta x \div x}$$

式中，DOL 为经营杠杆系数；$\Delta EBIT$ 为息税前利润变动额；Δx 为产销量变动额。

上式经整理，经营杠杆系数也可用简化式计算：

$$经营杠杆系数=\frac{基期边际贡献}{基期边际贡献-基期固定成本}$$

或：$$DOL = \frac{TCM}{TCM - a} = \frac{EBIT + a}{EBIT}$$

式中，a 为基期固定成本。

【例 4-7】 长江公司产销儿童玩具，固定成本为600万元，变动成本率为60%。年产销额为4 000万元时，变动成本为2 400万元，固定成本为600万元，息税前利润为1 000万元；年产销额为6 000万元时，变动成本为3 600万元，固定成本仍为600万元，息税前利润为1 800万元。计算长江公司的经营杠杆系数。

$$DOL = \frac{\Delta EBIT \div EBIT}{\Delta x \div x} = \frac{800 \div 1\,000}{2\,000 \div 4\,000} = 1.6$$

或：$$DOL=\frac{TCM}{TCM-a}=\frac{1\ 600}{1\ 600-600}=1.6$$

可以看出，该公司产销量增长了50%，息税前利润增长了80%，产生了1.6倍的经营杠杆效应。

3. 经营杠杆与经营风险

经营风险是指企业由于生产经营上的原因而导致资产报酬波动的风险。产品的市场需求、价格、成本等因素的不确定性是影响资产报酬波动的主要原因，经营杠杆本身并不是资产报酬不稳定的根源，只是资产报酬波动的表现。但是，经营杠杆放大了市场和生产等因素变化对利润波动的影响。经营杠杆系数越高，表明利润波动程度越大，经营风险也就越大。根据经营杠杆系数的计算公式，有：

$$经营杠杆系数=\frac{(基期单价-基期单位变动成本)\times 基期产销量}{(基期单价-基期单位变动成本)\times 基期产销量-基期固定成本}$$

或：$$DOL=\frac{EBIT+a}{EBIT}=1+\frac{a}{EBIT}$$

上式表明，影响经营杠杆的因素包括企业销售量、销售价格、成本水平等，企业成本越高，销售量和销售价格水平越低，经营杠杆系数越大，反之亦然。此外，在企业不发生经营性亏损、息税前利润为正的前提下，经营杠杆系数最低为1，只要有固定性经营成本存在，经营杠杆系数总是大于1，固定成本比例越高，经营杠杆系数越大。

（三）财务杠杆

1. 财务杠杆的含义

财务杠杆是指由于固定性资本成本的存在，而使得企业的普通股收益（或每股收益）变动率大于息税前利润变动率的现象。财务杠杆反映了股权资金报酬的波动性，用以评价企业的财务风险。普通股权益资金报酬用普通股收益或每股收益表示。

在其他条件不变时，企业支付的债务利息、优先股股利等资本成本是相对固定的，因而当息税前利润增长时，每一元息税前利润所负担的固定性资本成本就会相应减少，当息税前利润减少时，每一元息税前利润所负担的固定性资本成本就会相应增加，这一切都会导致普通股每股收益更大幅度的变动，这就是财务杠杆效应。当不存在固定利息、股息等固定性资本成本时，息税前利润就是利润总额，此时利润总额变动率与息税前利润变动率完全一致。如果前后两期所得税税率和普通股股数保持不变，则每股收益的变动率与利润总额变动率也完全一致，进而与息税前利润变动率一致。所以，只要企业融资方式中存在固定性资本成本，就存在财务杠杆效应。

【想一想4-15】只要企业融资方式中存在固定性资本成本，就存在财务杠杆效应。请问：什么是固定性资本成本？

2. 财务杠杆系数的计算

财务杠杆系数是测算财务杠杆效应常用的指标，它等于每股收益变动率与息税前利润变动率的比。其计算公式为：

$$财务杠杆系数=\frac{每股收益变动率}{息税前利润变动率}$$

或：$$DFL=\frac{\Delta EPS\div EPS}{\Delta EBIT\div EBIT}$$

式中，DFL 为财务杠杆系数；EPS 为每股收益；ΔEPS 为每股收益变动额。

上式经整理，财务杠杆系数也可用简化式计算：

$$财务杠杆系数=\frac{基期息税前利润}{基期息税前利润-基期利息}$$

或：$$DFL=\frac{EBIT}{EBIT-I}$$

式中，I 为债务年利息额。

【例 4－8】 承前例，长江公司 2019 年实现的息税前利润为 1 600 万元，发生利息费用 800 万元，其财务杠杆系数为：

$$DFL=\frac{1\ 600}{1\ 600-800}=2$$

计算结果说明产生了 2 倍的财务杠杆效应。

3. 财务杠杆与财务风险

财务风险是指企业由于筹资原因产生的固定性资本成本负担而导致的普通股收益波动的风险。引起企业财务风险的主要原因是息税前利润的不利变化和固定性资本成本的负担。由于财务杠杆的作用，当企业的息税前利润下降时，企业仍然需要支付固定性资本成本，从而导致普通股收益以更快的速度下降。财务杠杆放大了息税前利润变化对普通股收益的影响，财务杠杆系数越高，表明普通股收益的波动程度越大，财务风险也就越大。

（四）总杠杆

1. 总杠杆的含义

总杠杆是指由于固定性经营成本和固定性资本成本的存在，导致普通股每股收益变动率大于产销量变动率的现象。总杠杆反映经营杠杆和财务杠杆共同作用的结果，可用以评价企业的整体风险水平。

由于固定性经营成本的存在，产生经营杠杆效应，导致息税前利润的变动幅度大于产销量的变动幅度；由于固定性资本成本的存在，产生财务杠杆效应，导致每股收益的变动幅度大于息税前利润的变动幅度。两种杠杆共同作用，将导致产销量的变动引起普通股每股收益更大的变动，即为总杠杆效应。

2. 总杠杆系数的计算

总杠杆系数是测算经营杠杆和财务杠杆综合程度常用的指标，它等于经营杠杆系数与财务杠杆系数的乘积，是普通股每股收益变动率相对于产销量变动率的倍数。其计算公式为：

$$总杠杆系数=经营杠杆系数\times 财务杠杆系数=\frac{普通股每股收益变动率}{产销量变动率}$$

或：$$DCL=DOL\times DFL=\frac{\Delta EPS\div EPS}{\Delta x\div x}$$

上式经整理，总杠杆系数也可用简化式计算：

$$总杠杆系数=\frac{基期边际贡献}{基期息税前利润总额}$$

或：$DCL=\frac{TCM}{TCM-a-I}=\frac{TCM}{EBIT-I}$

【例4-9】 承前例，长江公司总杠杆系数为：

$DCL=1.6\times2=3.2$

说明经营杠杆与财务杠杆共同作用，产生了3.2倍的总杠杆效应。

3. 总杠杆与公司风险

公司风险包括企业的经营风险和财务风险。总杠杆系数反映了经营杠杆和财务杠杆之间的关系，可用于评价企业的整体风险水平。总杠杆系数一定的情况下，经营杠杆系数与财务杠杆系数此消彼长。

总杠杆效应的意义在于：第一，能够说明产销量变动对普通股收益的影响，据此预测未来每股的收益水平；第二，揭示了财务管理的风险管理策略，即保持一定的风险状况水平，则需维持一定的总杠杆系数，因此经营杠杆和财务杠杆可以有不同的组合。

一般来说，资金密集型企业固定资产比重较大，经营杠杆系数高，经营风险大，企业筹资主要依靠权益资金，以保持较小的财务杠杆系数和财务风险；劳动密集型企业变动成本比重较大，经营杠杆系数低，经营风险小，企业筹资主要依靠债务资金，以保持较大的财务杠杆系数和财务风险。

小贴士　杠杆理论

杠杆效应——为增加获利能力而对固定成本的使用。

经营杠杆——企业对固定性经营成本的使用。

经营杠杆系数——产出（或销售）变动1%所导致的营业利润变动的百分比。

经营风险——企业的有形经营的内在不确定性。它的影响表现在企业的营业利润的可变性上。

财务杠杆——企业对固定性资本成本的使用。

财务杠杆系数——营业利润变动1%所引起的企业每股收益变动百分比。

财务风险——由于使用财务杠杆导致的每股收益变动性的增加，以及可能丧失偿债能力的风险。

总杠杆——企业同时使用固定性经营成本和固定性资本成本。

总杠杆系数——产出（或销售）变动1%所导致的企业每股收益变动百分比。这也等于在某个特定产出（或销售）水平上，企业的经营杠杆系数（*DOL*）乘以财务杠杆系数（*DFL*）。

※ 职业能力训练 ※

一、判断题

（1）如果企业无固定财务费用，则财务杠杆系数为1。　（　　）

（2）资本成本是企业为筹集资本而付出的全部代价。　（　　）

(3) 一般来说，财务杠杆系数越大，则财务风险也就越大。 ( )

(4) 在一定的固定成本总额范围内，销售额越多，经营杠杆系数越小。 ( )

(5) 约束性固定成本是企业维持一定的业务量所必须负担的最低成本，要想降低约束性固定成本，只能从合理利用生产经营能力入手。 ( )

(6) 财务杠杆系数为 2 的意义是，当息税前利润增长 1 倍时，普通股每股收益将增长 2 倍。 ( )

(7) 个别资本成本一定的情况下，综合资本成本取决于资本总额。 ( )

二、不定项选择题

(1) 在个别资本成本的计算中，不必考虑筹资费用影响因素的是( )。

A. 长期借款成本 B. 债券成本 C. 留存收益成本 D. 普通股成本

(2) 在企业经营中，由于 ( ) 的存在而具有财务杠杆作用。

A. 固定财务费用 B. 固定经营成本 C. 变动成本 D. 所有者权益

(3) 在其他条件不变的情况下，借入资金的比例越大，企业所冒的财务风险( )。

A. 越大 B. 不变 C. 越小 D. 逐年下降

(4) 某公司经营杠杆系数为 2，财务杠杆系数为 1.2，则该公司的销售额每增加 1 倍，就会引起每股收益增长( )倍。

A. 0.8 B. 1.2 C. 2 D. 2.4

(5) 某企业本期财务杠杆系数为 2，本期息税前利润为 1 000 万元，则本期实际利息费用为( )万元。

A. 500 B. 1 000 C. 1 500 D. 2 000

(6) 按照成本习性可将成本划分为( )。

A. 直接成本和间接成本 B. 变动成本和固定成本

C. 制造成本和非制造成本 D. 产品成本和期间成本

(7) 下列表达式中，( )是错误的。

A. $EBIT$ =边际贡献－固定成本 B. $EBIT$ =销售量×单位边际贡献－固定成本

C. $EBIT$ =边际贡献＋固定成本 D. $EBIT$ =销售收入－变动成本－固定成本

(8) 下列属于变动成本的是( )。

A. 保险费 B. 办公费 C. 管理人员工资 D. 直接人工

(9) 下列各项中不影响经营杠杆系数的是( )。

A. 产品销售价格 B. 利息费用 C. 固定成本总额 D. 单位变动成本

(10) 影响经营杠杆系数的因素有( )。

A. 产品销售数量 B. 产品销售价格 C. 单位变动成本 D. 固定成本总额

三、操作题

(1) 某企业拟筹资 200 万元，其中，向银行借款 50 万元，年利率 5%；溢价发行公司债券 50 万元，债券面值 40 万元，年利率 6%，发行费用为发行总额的 0.2%；发行普通股 25

万股，每股面值 1 元，每股发行价格 4 元，预计下一年股利为每股 0.5 元，今后将每年固定增长 5%，发行费为筹资总额的 2%。该企业所得税税率为 25%。要求：①计算每种筹资方式的资本成本。②计算加权平均资本成本。

（2）某公司生产系列羊毛衫，平均每件价格为 100 元，单位变动成本为 60 元/件，固定成本为 60 万元。要求：①计算当销售量为 2 万件、3 万件和 4 万件时，公司的息税前利润为多少？②计算上述三种情况下的经营杠杆系数。③分析当销售量增加时，经营杠杆系数的变化及企业的经营风险。

（3）某公司 2019 年销售产品 10 万件，单价为 60 元，单位变动成本为 30 元，固定成本总额为 200 万元。公司负债为 60 万元，年利息率为 12%，每年需支付优先股股利为 10 万元，所得税税率为 25%。要求：①计算 2019 年边际贡献。②计算 2019 年息税前利润总额。③计算经营杠杆系数。④计算财务杠杆系数。⑤计算总杠杆系数。

任务五

确定合理资本结构

※ 任务描述 ※

企业的稳定发展需要平衡，筹资管理是平衡的艺术，企业需要在资本成本和财务风险之间寻求最佳平衡点。本任务学习目标为：

（1）懂得资本结构的含义。

（2）能运用资本结构决策方法，判别企业资本结构的优劣。

※ 知识准备 ※

资本结构及其管理是企业筹资管理的核心问题。企业应综合考虑有关影响因素，运用适当的方法确定最优资本结构。如果企业资本结构不合理，应通过一定的方法优化调整资本结构，使其趋于合理。

一、资本结构的含义

资本结构是指企业各种来源资本的构成和比例关系。资本结构有广义和狭义之分。广义的资本结构是指企业全部资本的构成与比例，即企业全部债权资本与股权资本之间的构成及比例关系；狭义的资本结构是指长期负债与股东权益资本构成比例。狭义的资本结构下，短期债务作为营运资金来进行管理。本书所指的资本结构仅指狭义的资本结构。

不同的资本结构会给企业带来不同的结果。企业利用债务资本进行举债经营具有双重作用，既可以发挥财务杠杆效应，也可能带来财务风险。因此，企业必须权衡财务风险和资本成本的关系，确定最优资本结构。

从理论上讲，最优资本结构是存在的。但由于企业内部条件及外部环境的经常性变化，动态地保持最优资本结构非常困难，因此在实践中，最优资本结构通常是企业结合自身实际进行适度负债经营所确定的资本结构。

二、影响资本结构的因素

1. 税收政策和货币政策

因为利息费用可以在应税所得额中合法抵扣，即举债可以获得减税利益，所以所得税税率越高，负债的好处越多，筹资方式的选择倾向于负债筹资；反之，如果税率很低，则采用举债方式的减税利益就不十分明显，筹资方式选择倾向于股权筹资。货币政策影响资本供给，从而影响利率水平的变动，也会影响企业的资本结构，当国家执行紧缩的货币政策时，市场利率较高，企业债务资本成本增大。如果公司财务管理人员认为利息率暂时较低，但不久的将来有可能上升的话，可以大量举借长期债务，从而在若干年内把利率固定在较低水平上。

2. 行业因素与企业规模

对于不同行业，资本结构有很大差别。财务经理必须考虑本企业所处的行业，以便选择最优资本结构。一般而言，企业规模越大，筹资的方式就越多，筹资能力较强，负债比重一般较低。而一些中小型企业筹资方式比较单一，主要依靠向银行借款来解决自身的资本需求，因而这些企业的负债率一般较高，筹资能力较弱。

3. 企业经营状况的稳定性和成长性

销售是否稳定对资本结构有着重要影响。如果企业的销售比较稳定，则有能力负担较多的财务费用，此时可以选择债务比例较高的资本结构；企业初创阶段，经营风险高，在资本结构安排上应控制负债比重；企业成熟阶段，产销量业务持续稳定增长，经营风险低，可适度增加债务资本比重，发挥财务杠杆效应；企业收缩阶段，产品市场占有率下降，经营风险逐步加大，应逐步降低债务资本比重，保证经营现金流量能够偿付到期债务，确保企业持续经营能力，降低财务风险。

4. 企业财务状况和信用等级

企业财务状况越好，信用等级越高，筹资能力越强，则债权人越愿意向企业提供信用，企业越容易获得债务资本；相反，如果企业财务状况欠佳，信用等级不高，债权人投资风险大，则会降低企业获得信用的能力，加大债务资本筹资的资本成本。

5. 资产结构

资产结构以多种方式影响企业的资本结构：拥有大量固定资产的企业主要通过长期负债和发行股票筹集资本；拥有较多流动资产的企业，更多地依赖流动负债来筹集资本；资产适用于抵押贷款的公司举债额较多，如房地产公司的抵押贷款就相当多；以技术研究开发为主的公司则负债很少。

6. 企业决策者的态度

资本结构决策最终由企业所有者和管理人员作出，他们的态度对资本结构会产生重要影响。喜好冒险的决策者，可能会安排较高的负债比例；反之，稳健型决策者则会安排较低的负债比例。

三、最优资本结构

所谓最优资本结构，是指在一定条件下使企业平均资本成本最低、公司价值最大的资本结构。毫无疑问，最优资本结构是企业追求的目标，企业应通过降低平均资本成本或提高普通股每股收益实现资本结构优化。

※ 任务设计及工作过程 ※

宁海公司财务人员想使自己企业的资本结构趋于最优。

【任务】 如何采用一定的方法实现这一目标？

毫无疑问，最优资本结构是任何一个理性理财者所追求的目标，因此又称为目标资本结构。企业应综合考虑有关影响因素，运用适当的方法确定最优资本结构，并在以后追加筹资时继续保持。确定最优资本结构的方法通常有比较资本成本法、每股收益无差别点分析法和企业价值分析法。

一、比较资本成本法

比较资本成本法是指通过比较加权平均资本成本的高低来确定资本结构的方法。其决策步骤如下：

第一步，计算各备选方案的个别资本成本比重和加权平均资本成本；

第二步，比较各备选方案的加权平均资本成本，选择最优资本结构。

若不考虑其他因素，仅以加权平均资本成本进行筹资方案选择，加权平均资本成本越低，方案越优。根据表4-7的计算结果，对于宁海公司厂房扩建项目1 000万元的筹资，由于方案二的加权平均资本成本7.802%低于方案一的8.918%，因此应选择方案二。

比较资本成本法的优点是计算简便，通俗易懂，缺点是仅限于几种备选方案的比较，可能遗漏最优方案。

二、每股收益无差别点分析法

负债的偿还能力是建立在未来盈余能力之上的。研究资本结构不能脱离企业的盈利能力。企业的盈利能力一般用息税前利润（$EBIT$）表示，负债筹资通过它的杠杆作用来增加股东财富，确定资本结构必须考虑它对股东财富的影响。股东财富用每股收益（EPS）来表示。每股收益无差别点是指两种或两种以上筹资方式下普通股每股收益相等时的息税前利润点或销售收入点。每股收益无差别点分析法是通过每股收益无差别点来进行资本结构决策的方法，也称为EBIT-EPS分析法。每股收益无差别点的计算步骤如下：

第一步，列出不同筹资方式下每股收益计算式。

$$EPS=\frac{(EBIT-I)\times(1-T)}{N}$$

式中，N 为普通股股数；其他字母含义同前。

第二步，令两种筹资方式的每股收益相等，式中息税前利润设为未知数。

$$\frac{(\overline{EBIT}-I_1)\times(1-T)}{N_1}=\frac{(\overline{EBIT}-I_2)\times(1-T)}{N_2}$$

式中，$\overline{EBIT}$ 为每股收益无差别点息税前利润。

第三步，解出上式中的息税前利润平衡点，即每股收益无差别点。

$$\overline{EBIT}=\frac{I_1\times N_2-I_2\times N_1}{N_2-N_1}$$

第四步，作出筹资方案的选择。决策的基本原理是：

(1) 当实际或预计息税前利润大于每股收益无差别点息税前利润时，运用债务资本筹资方式可获得较高的每股收益。

(2) 当实际或预计息税前利润小于每股收益无差别点息税前利润时，运用权益资本筹资方式可获得较高的每股收益。

(3) 当实际或预计息税前利润等于每股收益无差别点息税前利润时，运用债务资本或权益资本筹资方式获得的每股收益一致，此时选择两种方式均可。

假设宁海公司原有资产总额为 2 000 万元，负债比率为 40%，年利率为 8%，有普通股 100 万股，现有一投资项目需筹资 400 万元，方案有二：一是发行普通股 40 万股；二是发行债券，年利率为 10%。假定增资后预计息税前利润为 500 万元，所得税税率为 25%，请择优。

$$\frac{(\overline{EBIT}-2\,000\times40\%\times8\%)\times(1-25\%)}{100+40}$$
$$=\frac{(\overline{EBIT}-2\,000\times40\%\times8\%-400\times10\%)\times(1-25\%)}{100}$$

解得 $\overline{EBIT}$ =204 万元。这就是说，当息税前利润大于 204 万元时，发行公司债券即利用负债筹资较为有利；当息税前利润小于 204 万元时，发行普通股较为有利；当息税前利润恰好等于 204 万元时，采用两种筹资方式没有差别。该公司预计息税前利润为 500 万元，故采用发行公司债券方式较为有利。本题还可绘制 EBIT - EPS 分析图，如图 4 - 3 所示。

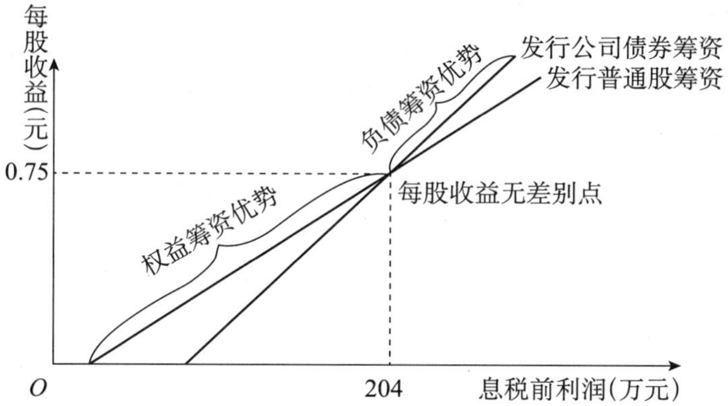

图 4 - 3　EBIT - EPS 分析图

需要说明的是，每股收益无差别点分析法的原理虽然较易理解，但这种方法是建立在每股收益最大、股票价格最高的假设之上的，然而只有在风险不变的情况下，每股收益的增长才会直接导致股价的上升。该方法没有考虑资本结构对风险的影响，是不全面的。理论上，最优资本结构应当是可使公司总价值最高，而不一定是使每股收益最大的资本结构。同时，有关实证研究也表明，在公司总价值最大的资本结构下，公司的加权平均资本成本也是最低的。

三、企业价值分析法

比较资本成本法和每股收益无差别点分析法都是从账面价值的角度进行资本结构优化分析的，没有考虑市场反应，也没有考虑风险因素。企业价值分析法，是在考虑市场风险的基础上，以企业市场价值为标准，进行资本结构优化，即能够提升企业价值的资本结构，就是合理的资本结构。这种方法主要适用于资本规模较大的上市公司。

设：V 表示公司价值，S 表示权益资本价值，B 表示债券资本价值。公司价值应该等于资本的市场价值。即：

$$V=S+B$$

为简化分析，假设公司各期的息税前利润（$EBIT$）保持不变，债务资本的市场价值等于其面值，同时假设股票的股利支付率为100%，股利零增长，则权益资本的市场价值可通过下式计算：

$$S=\frac{(EBIT-I)\times(1-T)}{K_s}$$

采用资本资产定价模型计算：

$$K_s=R_s=R_f+\beta(R_m-R_f)$$

不同资本结构下的加权平均资本成本可通过下式计算：

$$K_w=K_b(\frac{B}{V})(1-T)+K_s(\frac{S}{V})$$

式中，K_w 为加权平均资本成本；K_b 为公司长期债务税前资本成本率；K_s 为公司普通股资本成本率；R_f 为无风险报酬率；R_m 为所有股票的市场报酬率；β 为公司股票的贝塔系数；其他字母含义同前。

假设宁海公司息税前利润为400万元，资金全部由普通股组成，股票账面价值为1 200万元，无风险报酬率为6%，证券市场平均报酬率为10%，所得税税率为25%。公司认为目前的资本结构不够合理，准备用发行债券购回部分股票的办法予以调整。经咨询调查，目前的税前债务利息和权益资本成本见表4-8。

表4-8　　不同债务水平下的税前债务利息和权益资本成本率

债券市场价值（B）	税前债务利息（K_b）	股票 β 系数	权益资本成本率（K_s）
0	0	1.5	12.0
200	6.4%	1.55	12.2
400	6.8%	1.65	12.6
600	7.2%	1.8	13.2
800	8.0%	2.0	14.0
1 000	9.6%	2.3	15.2
1 200	12.0%	2.7	16.8

根据表 4－8 的资料，运用公式即可计算出筹借不同的债务时公司的价值和加权平均资本成本，见表 4－9：

表 4－9　　宁海公司价值和加权平均资本成本

债券市场价值（B）	股票市场价值（S）	公司总价值（V）	债务税后资本成本率 $K_b(1-T)$	普通股资本成本率（K_s）	加权平均资本成本（K_w）
0	2 500	2 500	—	12.0%	12.0%
200	2 380	2 589	4.8%	12.2%	11.6%
400	2 219	2 619	5.1%	12.6%	11.5%
600	2 027	2 627	5.4%	13.2%	11.4%
800	1 800	2 600	6.0%	14.0%	11.5%
1 000	1 500	2 500	7.2%	15.2%	12.0%
1 200	1 143	2 343	9.0%	16.8%	12.8%

从表 4－9 可以看出，在没有债务资本的情况下，公司总价值等于股票的市场价值。当公司用债务资本部分地替换权益资本时，财务杠杆开始发挥作用。一开始，公司的总价值上升，加权平均资本成本下降。在债务达到 600 万元时，公司总价值最高，加权平均资本成本最低。但是，当债务资本超过 600 万元时，随着利息费用的不断提高，财务杠杆作用逐步减弱甚至出现负作用，公司总价值开始下降，加权平均资本成本不断上升。因此，债务资本为 600 万元时的资本结构是该公司的最优资本结构。

小贴士　　优序融资理论

（1）不同资金来源的资本成本率的高低各不相同且不固定，但总体上看存在这样一种基本规律，即：普通股成本最高，优先股成本次之，长期负债的成本相对较低。在资本市场充分发达的情况下，不同类别资本的成本又呈现出一种相对稳定的状态。

（2）债务融资具有抵税利益。只有当债务融资超过特定临界点时，增加的破产成本和代理成本才会抵消企业节税利益，因此，企业保持合理的债务比例有助于提升企业价值。

（3）债务融资对管理者具有激励作用，可在一定程度上降低由于所有权和控制权分离而产生的代理成本。

（4）通常而言，债务融资向市场传递的是积极信号，有助于提高企业的市场价值。

总之，在各类资本成本既定的前提下，优化融资结构将有助于企业总资本成本水平的降低。在西方企业实践过程中，大部分企业在融资时首选内部融资，若需外部融资，则首选发行债券，然后才发行股票，这就是现代资本结构理论中的“优序融资理论”。

※ 职业能力训练 ※

一、判断题

（1）从成熟的证券市场来看，企业的筹资优序模式首先是内部筹资，其次是借款、发行

债券、可转换债券筹资，最后是发行新股筹资。（ ）

（2）最优资本结构应当是可使企业的总价值最高且每股收益最大的资本结构。（ ）

（3）在使用价值分析法确定的最优资本结构下，企业的价值最高且每股收益最大。（ ）

（4）综合资本成本就是指已筹资金的加权平均资本成本。（ ）

二、不定项选择题

（1）对于负债和普通股筹资方式来说，（ ）。

A. 当预计 *EBIT* 大于每股收益无差别点的 *EBIT* 时，应选择负债筹资

B. 当预计 *EBIT* 小于每股收益无差别点的 *EBIT* 时，应选择普通股筹资

C. 当预计 *EBIT* 等于每股收益无差别点的 *EBIT* 时，两种筹资均可

D. 当预计新增的 *EBIT* 小于每股收益无差别点的 *EBIT* 时，应选择普通股筹资

（2）影响资本结构的因素包括（ ）。

A. 企业财务状况

B. 利率水平的变动趋势

C. 投资者和管理人员的态度

D. 贷款人和信用评级机构的影响

（3）下列关于资本结构的影响因素说法中正确的是（ ）。

A. 资产适用于抵押贷款的公司举债较多

B. 以技术研究开发为主的公司负债往往很少

C. 所得税税率越高，负债的好处越多

D. 利率水平的变动趋势不会对企业的资本结构产生影响

（4）确定企业最优资本结构的方法包括（ ）。

A. 每股收益无差别点分析法　　B. 因素分析法

C. 比较资本成本法　　D. 公司价值分析法

（5）最优资本结构是指在一定条件下（ ）的资本结构。

A. 企业价值最大　　B. 净资产值最大

C. 每股收益最大　　D. 加权平均资本成本最低

三、操作题

某公司现有普通股 100 万股，股本总额 1 000 万元，公司债券 600 万元，年利率为 10%。公司拟扩大筹资规模，再追加筹资 750 万元，现有两个备选方案可供选择：一是增发普通股 50 万股，每股价格为 15 元；二是平价发行公司债券 750 万元，债券年利率为 12%，企业所得税税率为 25%。要求：(1) 计算两种筹资方案的每股收益无差别点、息税前利润。(2) 如果该公司预计息税前利润为 300 万元，对这两个筹资方案作出择优决策。

【项目小结】

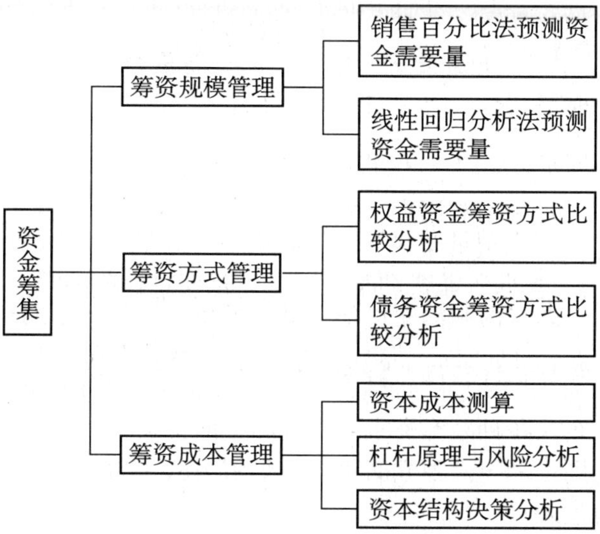

图 4-4 项目四结构图

【术语与公式】

1. 预计外部融资需求＝预计资产－预计负债－预计所有者权益

或：

预计外部融资需求＝新增销售额×（敏感性资产占销售额的百分比－敏感性负债占销售额的百分比）－预计销售额×销售净利率×留存收益率。

2. 普通股——股份公司发行的代表股东享有平等的权利和义务、不加特别限制、股利不固定的股票。

3. 实际利率$=\frac{\text{名义利率}}{1-\text{补偿性余额比例}}\times 100\%$。

4. 放弃现金折扣成本$=\frac{\text{现金折扣率}}{1-\text{现金折扣率}}\times\frac{360}{\text{付款期限}-\text{折扣期限}}$。

5. 债券——经济主体为筹集资金而发行的，用以记载和反映债权债务关系的有价证券。

6. 债券发行价格：$P=\sum_{t=1}^{n}\frac{M\times r}{(1+i)^t}+\frac{M}{(1+i)^n}$。

7. 资本成本——企业筹集和使用资金而付出的代价，通常包括筹资费用和占用费用。

8. 资本成本率$=\frac{\text{年资金占用费}}{\text{筹资总额}-\text{筹资费用}}\times 100\%$。

9. 长期借款资本成本率$=\frac{\text{长期借款本金}\times\text{年利率}\times(1-\text{所得税税率})}{\text{长期借款本金}\times(1-\text{筹资费率})}\times 100\%$。

10. 债券资本成本率$=\frac{\text{债券面值}\times\text{票面利率}\times(1-\text{所得税税率})}{\text{债券发行价格}\times(1-\text{筹资费率})}\times 100\%$。

11. 固定股利政策下股利折现模型：

$$普通股资本成本率=\frac{每年固定股利}{普通股发行价格\times(1-筹资费率)}\times100\%。$$

12. 固定股利增长率政策下股利折现模型：

$$普通股资本成本率=\frac{第一年预期股利}{普通股发行价格\times(1-筹资费率)}\times100\%+股利固定增长率。$$

13. 资本资产定价模型：$R_s=R_f+\beta(R_m-R_f)$。

14. 加权平均资本成本：$K_w=\sum_{j=1}^{n}K_jW_j$。

15. 经营杠杆系数$=\frac{息税前利润变动率}{产销量变动率}=\frac{基期边际贡献}{基期边际贡献-基期固定成本}$。

16. 财务杠杆系数$=\frac{每股收益变动率}{息税前利润变动率}=\frac{基期息税前利润}{基期息税前利润-基期利息}$。

17. 总杠杆系数=经营杠杆系数×财务杠杆系数$=\frac{普通股每股收益变动率}{产销量变动率}$。

18. 资本结构——企业各种来源资本的构成和比例关系。

19. 每股收益无差别点——两种或两种以上筹资方式下普通股每股收益相等时的息税前利润点或销售收入点。

【项目实训】

项目实训一　资金筹集方案设计

1. 任务目标

（1）运用销售百分比法预测资金需要量。

（2）运用线性回归分析法预测资金需要量。

（3）确定权益资金与债务资金筹资额度。

（4）提出权益资金筹集的建议方案。

（5）提出债务资金筹集的建议方案。

2. 任务描述

白云公司董事会根据市场信息和公司能力，研究确定2019年销售收入实现70 000万元，销售净利润率和股利支付率与上年相同，要求公司财务部保证资金供应，作出筹资方案，报公司董事会批准后实施。

3. 操作准备

（1）学生分组。6～8人为一组，选定正、副组长负责组内工作。

（2）研究任务。各组学生对任务目标、任务描述进行详细的研究。

（3）制订工作计划书。每个小组制订一份工作计划书，工作计划书根据工作内容，由小组学生讨论制订，并经指导老师审阅批准后实施。

4. 操作流程

（1）各小组通过书本和网络对资金需要量预测和筹集进行全面了解。

（2）各小组讨论制订白云公司资金筹集方案设计工作计划书。

(3) 指导老师审阅各小组的资金筹集方案设计工作计划书，并签批。
(4) 运用销售百分比法预测资金需要量。
(5) 运用线性回归分析法预测资金需要量。
(6) 综合分析确定需要筹集的资金需要量。
(7) 确定权益资金与债务资金筹资额度。
(8) 提出权益资金筹集和债务资金筹集的建议方案。
(9) 各小组制作 PPT 汇报交流材料。

5. 实训材料

(1) 白云公司 2018 年的基本情况。2018 年白云公司实现销售收入 60 000 万元，销售净利润率为 8%，股利支付率为净利润的 40%，留存收益抵充筹资额，权益资金与债务资金的比例为 7∶3。

(2) 白云公司 2018 年资产负债表（见表 4-10）。

表 4-10　　白云公司 2018 年资产负债表简表　　单位：万元

资产	金额	负债及股东权益	金额
货币资金	1 200	应付票据	3 000
应收账款（净额）	9 000	应付账款	6 000
存货	10 200	长期负债	5 000
固定资产（净额）	13 800	股本	30 000
长期投资	6 000	留存收益	1 200
无形资产	5 000		
资产合计	45 200	负债及股东权益合计	45 200

(3) 白云公司历年销售收入与资金需要量数据（见表 4-11）。

表 4-11　　2015—2018 年白云公司销售收入与资金需要量表　　单位：万元

年度	销售收入	资金需要量
2015	48 000	17 000
2016	50 000	18 000
2017	55 000	19 000
2018	60 000	20 400

(4) 白云公司筹集权益资金的主要渠道为留存收益和增发股票，筹集债务资金的主要渠道为商业信用和短期借款。

6. 完成任务

(1) 资金筹集方案设计工作计划书（见表 4-12）。

表 4-12　　白云公司 2019 年资金筹集方案设计工作计划书

主要工作内容	实施时间	实施形式	主要负责人
了解资金需要量预测和筹集情况			
运用销售百分比法预测资金需要量			
运用线性回归分析法预测资金需要量			

<table>
<tr><td>综合分析确定需要筹集的资金需要量</td><td></td><td></td><td></td></tr>
<tr><td>确定权益资金与债务资金筹资额度</td><td></td><td></td><td></td></tr>
<tr><td>提出权益资金筹集和债务资金筹集的建议方案</td><td></td><td></td><td></td></tr>
<tr><td>制作 PPT 汇报交流材料</td><td></td><td></td><td></td></tr>
<tr><td colspan="4">其他：

学习小组组长：　　　　学习小组成员：
年　月　日</td></tr>
<tr><td colspan="4">指导老师审阅意见：

签名：
年　月　日</td></tr>
</table>

（2）销售百分比法资金需要量报告（见表 4－13）。

表 4－13　　白云公司 2019 年销售百分比法资金需要量报告

（计算过程与结果） 学习小组成员签字：

（3）线性回归分析法资金需要量报告（见表 4－14）。

表 4－14　　白云公司 2019 年线性回归分析法资金需要量报告

（计算过程与结果） 学习小组成员签字：

（4）综合分析资金需要量报告（见表 4－15）。

表 4－15　　白云公司 2019 年综合分析资金需要量报告

一、销售百分比法资金需要量
二、线性回归分析法资金需要量
三、综合分析资金需要量意见
学习小组成员签字：

（5）资金筹集报告（见表 4－16）。

表 4－16　　白云公司 2019 年资金筹集报告

一、2019 年销售目标
二、2019 年需要筹集的资金量
三、2019 年需要筹集的权益资金和债务资金量
四、权益资金筹集的建议方案
五、债务资金筹集的建议方案
学习小组成员签字：

7. 讨论评价

（1）各小组用 PPT 汇报交流，限时 10 分钟。

（2）各小组听取汇报交流并打分互评。

（3）指导老师打分并点评。

项目实训二　综合资本成本分析

1. 任务目标

（1）会计算个别资本成本率和综合资本成本率。

（2）能分析比较投资收益率与资本成本率。

（3）会撰写综合资本成本效益分析报告。

2. 任务描述

日全百货股份有限公司2019年欲拓展法国化妆品销售业务，销售部门已制定销售可行性分析报告给公司董事会，并提出需要增加1 000万元投资。公司董事会要求财务部门制订1 000万元资金筹集计划，计算综合资本成本率，撰写资本成本效益分析报告提交公司董事会决策。

3. 操作准备

（1）学生分组。6～8人为一组，选定正、副组长负责组内工作。

（2）制订工作计划书。每个小组制订一份工作计划书，工作计划书根据工作内容，由小组学生讨论制订，并经指导老师审阅批准后实施。

4. 操作流程

（1）各小组熟知个别资本成本计算方法和综合资本成本计算方法。

（2）各小组学习实训材料内容和应完成的任务。

（3）各小组讨论制订日全百货股份有限公司综合资本成本分析工作计划书。

（4）指导老师审阅各小组制订的综合资本成本分析工作计划书，并签批。

（5）各小组计算日全百货股份有限公司筹集的个别资本成本和综合资本成本。

（6）各小组撰写日全百货股份有限公司综合资本成本效益分析报告。

5. 实训材料

（1）法国化妆品销售可行性分析报告摘要（见表4-17）。

表4-17　日全百货股份有限公司法国化妆品销售可行性分析报告（摘要）

市场分析	本市为中等城市，没有法国化妆品的专卖商店。本市白领女性150万人，其中：人均年收入50万元以上的占10%，对法国化妆品的喜爱度达100%；年收入40万～50万元的占10%，对法国化妆品的喜爱度达90%；年收入30万～40万元的占20%，对法国化妆品的喜爱度达80%；年收入20万～30万元的占30%，对法国化妆品的喜爱度达70%；年收入在10万～20万元的占30%，对法国化妆品的喜爱度达60%。年增长率均为10%。
销售预测	白领女性高档化妆品支出占收入的比重： 年收入50万元以上的占30%； 年收入40万～50万元的占25%； 年收入30万～40万元的占20%； 年收入20万～30万元的占15%； 年收入10万～20万元的占10%。 预计当年的销售收入为700万元，以后每年增长10%。
投资收益	总投资需要资金1 000万元，经营期5年。其中：500万元属于可收回的流动资金投资，500万元为不可收回的固定与无形资产投资。 占用场地100平方米，每年缴纳场地费20万元。 除场地占用费和财务费用之外的经营管理费用率为20%。 销售毛利率为40%。

（2）日全百货股份有限公司财务部门制定的资金筹集计划表（见表 4－18）。

表 4－18　　日全百货股份有限公司资金筹集计划表

银行借款 200 万元	可通过银行取得一年期借款 200 万元，年利率为 6%，所得税税率为 25%，筹资费用率为 1%，每年还本付息一次，可续借 5 年。
发行债券 300 万元	可发行 5 年期债券，面值为 300 万元，票面年利率为 8%，每年付息一次，到期还本，发行价为 300 万元，发行费用率为 5%，所得税税率为 25%。
发行普通股 400 万元	可发行普通股 40 万股，每股 10 元，筹资费用率为 5%，第一年年末每股发放股利 2 元，预计未来股利每年增长 5%。
留存收益 100 万元	可动用留存收益 100 万元，用于投资经营化妆品。
合计	1 000 万元

6. 完成任务

（1）综合资本成本分析工作计划书（见表 4－19）。

表 4－19　　日全百货股份有限公司综合资本成本分析工作计划书

主要内容	实施时间	实施形式	主要负责人
综合资本成本分析工作分工			
复习个别资本和综合资本成本计算方法			
学习讨论综合资本成本分析工单			
计算个别资本和综合资本成本率			
撰写综合资本成本效益分析报告			
其他： 学习小组组长：　　　学习小组成员： 年　月　日			
指导老师审阅意见： 签名： 年　月　日			

（2）筹集资本成本计算报告（见表 4－20）。

表 4－20　　日全百货股份有限公司筹集资本成本计算报告

银行借款资本成本	
发行债券资本成本	
发行股票资本成本	
留存收益资本成本	
综合资本成本率	

学习小组成员签字：＿＿＿＿＿＿＿＿＿＿＿＿

（3）筹集资本成本收益分析报告（见表4-21）。

表4-21　　日全百货股份有限公司法国化妆品销售筹集资本成本收益分析报告

一、筹集1 000万元资本成本
二、经营五年资本成本支出
三、法国化妆品经营五年的净收益
四、对投资经营法国化妆品的建议
学习小组成员签字：

7. 讨论评价

（1）各小组汇报交流资本成本收益分析报告，限时5分钟。

（2）各小组听取汇报交流并打分互评。

（3）指导老师打分并点评。

【案例分析】

田大妈借钱难

位于成都市近郊新津县，拥有2亿多元资产，占有全国泡菜市场60%份额的新蓉新公司，近年来却被流动资金的“失血”折磨得困苦不堪。企业创始人、总经理田玉文（人称“田大妈”），目前在由成都市委宣传部、统战部和市工商联联合召开的一次座谈会上大倒苦水。这位宣称“除了‘田玉文’认不了多少字”的企业家当场发问：“我始终弄不懂：像我们这样的企业，一年上税三四百万，解决了附近十几个县的蔬菜出路，安排了六七千农民就业，从来没有烂账，为啥就贷不到款?!”

新蓉新公司最近的流动资金状况的确很成问题。四五月份正是蔬菜收购和泡菜出厂的旺季，公司这段时间每天从农民手中购进价值70余万元的大蒜、萝卜等蔬菜，但田大妈坦言，她已经向农民打了400多万元的“白条”。

这种状况让田大妈非常苦恼。据她自己说，她能有今天，全靠一诺千金。在她看来，“白条”所带来的信誉损失是难以接受的。新蓉新公司从零开始做到如今的2亿多元，至今只拿到了中国工商银行的少量贷款，大部分资金是向朋友借的。也正是为了维护这种民间信用关系，田大妈近日一口气偿还了朋友的借款共2 000多万元。据说，现在新蓉新公司的民间借款几乎已经偿清。这也正是新蓉新公司目前面临流动资金困境的主要原因之一。此外，为了引进设备，建一个无菌车间，田大妈新近花了100多万元，购进土地110亩。近日，田大妈同她的长子、新蓉新公司董事长陈卫东为此发愁：如果弄不到 800 万元贷款，下一步收购四季豆就没办法了。

田大妈说，一周前，公司已向中国工商银行提出了 800 万元贷款申请，但目前还没有动静。

据田大妈说，新蓉新公司现有资产 2.63 亿元，资产负债率为 10%左右。另据新津县委办公室负责人介绍，该公司目前已签 3 亿多元的供货合同，在国内增加了几百个网点，预计年内市场份额能达到 80%。像这样的企业，银行为何惜贷呢？

资料来源：http://www.docin.com/p-21045533.html.

【问题】融资对企业来说意义重大，但民营小企业融资却往往非常困难，那么小企业应如何改进，才能筹集到更多的资金，促进自身发展呢？

【阅读推荐】

1.《中华人民共和国公司法》
2.《中华人民共和国证券法》

项目五

项目投资管理

【学习目标】

- 会计算项目投资评价的贴现指标与非贴现指标。
- 能对固定资产新建项目进行决策分析。
- 能对固定资产更新改造项目进行决策分析。
- 会与企业内外相关部门沟通投资决算信息。
- 会撰写投资决策分析报告。

【导引案例】

温州有家民营企业的小老板，看到别人因生产某种塑料产品赚得盆满钵溢，不由地也心急火燎起来，赶紧筹集了资金，决定尽快投资上马这一项目。就在这时，他手下的一名技术员建议说："老板，你只要将开工时间推迟4个月，我们就能安装调试好一种目前最先进的设备来生产这种产品，产品比现有设备生产的产品要好得多，相信也会畅销得多。"不料，这位老板听了却很不高兴地说："推迟开工4个月？你知道推迟开工4个月意味着什么吗？那意味着我们将白白丢掉上百万元的利润。"老板命令马上开工。但不出那位技术员所料，工厂开工没几个月，就因为配套技术陈旧、产品科技含量太低而使产品陷入滞销。这位老板不得不重新投入巨资对开工没多久的工厂进行技术改造。

很多企业在投资时，易受眼前利益驱动，采取急功近利的短期行为，而忽视长远利益，这样做虽然能够使企业一时获利，却丧失了长远发展的后劲。投资是一项系统工程，创业者要克服急功近利的思想，更不可杀鸡取卵、涸泽而渔。

任务一

新建项目投资

※ 任务描述 ※

新建项目投资通常是为了开发新产品或扩张现有产品的规模而进行的一种投资，这种投资通常需要添置新的固定资产，并增加企业的营业现金流入。其典型工作任务是对各种投资方案进行现金流量估算、投资方案的财务可行性评价。其业务流程为：提出投资领域和投资对象→评价投资方案的财务可行性→比较与选择投资方案。本任务学习目标为：

（1）了解项目投资的计算期和项目投资决策的程序。

（2）熟悉项目投资现金流量的构成和计算。

（3）会计算静态指标和动态指标。

（4）能运用静态指标和动态指标进行项目投资决策。

※ 知识准备 ※

一、项目投资的概念

项目投资也称长期投资，是一种以特定项目为对象，直接与新建项目或更新改造项目有关的长期投资行为。

二、项目投资的特点

（1）投资数额大。项目投资一般都需要投入较多的资金，对企业的现金流量和财务状况有很大的影响。

（2）投资风险高。项目投资时间比较长，需要几年、十几年甚至几十年才能收回投资，而企业未来的经济效益难以确定，因此投资风险较高。

（3）变现能力差。长期投资项目实施后，要想改变就要付出代价，因为厂房和机器设备等固定资产以及其他资产的变现能力较差，用途也不易改变。

（4）发生频率低。对于企业来说，与短期投资相比，项目投资发生的次数少，特别是规模大的投资。

三、项目投资的分类

项目投资主要分为以新增生产能力为目的的新建项目投资和以恢复或改善生产能力为目的的更新改造项目投资两大类。

1. 新建项目投资

新建项目投资属于外延式扩大再生产的类型，按涉及内容还可进一步细分为单纯固定资产投资和完整工业投资。单纯固定资产投资简称固定资产投资，是指在投资中只包括为取得固定资产而发生的垫支资本投入而不涉及周转资本的投入；完整工业投资则不仅包括固定资产投资，而且涉及流动资产投资、无形资产投资。

2. 更新改造项目投资

更新改造项目投资属于内涵式扩大再生产的类型，它与单纯固定资产投资相同，在建设起点除了发生新设备的投资外，还涉及旧设备的回收等问题。

四、项目投资程序

企业项目投资的程序主要包括以下几个步骤：

1. 提出项目投资的领域和对象

这是项目投资程序的起点，以企业的长远发展战略、中长期投资计划和投资环境的变化为基础，在把握良好投资机会的前提下，由企业管理当局或企业高层管理人员提出，或者由企业的各级管理部门和相关部门领导提出。

2. 评价投资方案的可行性

在评价投资项目的环境、市场、技术和生产可行性的基础上，通过计算项目的有关现金流量指标以及项目的有关评估指标（如净现值、内含报酬率等），对项目投资的财务可行性作出总体评价。

3. 投资方案的比较与选择

在财务可行性评价的基础上，对可供选择的多个投资方案进行比较与选择。

4. 投资方案的执行

具体实施投资行为。

5. 投资方案再评价

在投资项目的执行过程中，应注意评价原来作出的投资决策是否合理，是否正确。一旦出现新的情况，就要随时根据变化的情况作出新的评价。如果情况发生重大变化，原来的投资决策变得不合理，那么就要进行是否终止投资或怎样终止投资的决策，以避免更大的损失。

五、项目计算期的构成与资本投入方式

项目计算期是指投资项目从投资建设开始到最终清理结束整个过程的全部时间，即该项目的有效持续期间。完整的项目计算期包括建设期和生产经营期。其中，建设期（记作 s，$s\geqslant0$）的第一年年初（记作0年）称为建设起点，建设期的最后一年年末（记作 n 年）称为投产日，从投产日到终结点之间的时间间隔称为生产经营期（记作 p），生产经营期包括试产期和达产期（完全达到设计生产能力）。用公式表示为：

项目计算期（n）＝建设期（s）＋生产经营期（p）

项目计算期、建设期和生产经营期三者之间的关系可用图5-1表示：

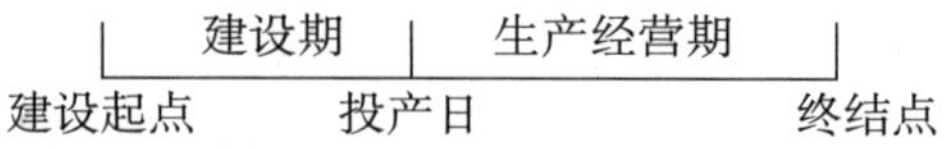

图5-1 项目计算期构成

反映项目投资金额的指标主要有原始投资和项目投资总额。原始投资（又称初始投资）等于企业为使该项目完全达到设计生产能力、开展正常经营而投入的全部现实资金，包括建设投资和流动资金投资两项内容。建设投资是在建设期内按一定生产经营规模和建设内容进行的投资。流动资金投资是指项目投产前后分次或一次投放于营运资金项目的投资增加额，

又称垫支流动资金或营运资金投资。在财务可行性评价中，原始投资与建设期资本化利息之和为项目投资总额，它是反映项目投资总体规模的指标。

从时间特征上看，投资主体将资金投入具体投资项目的方式有一次投入和分次投入两种。一次投入方式是指投资行为集中一次发生在项目计算期的第一个年度的某一时间点；如果投资行为涉及两个或两个以上年度，或者虽只涉及一个年度，但同时在该年的不同时点发生，则属于分次投入方式。

※任务设计及工作过程※

宁海公司准备购入一项设备以扩充公司的生产能力。现有甲、乙两个方案可供选择。甲方案需投资50 000元，使用寿命为5年，采用直线法计提折旧，5年后设备无残值。5年中每年销售收入为20 000元，每年的付现成本为4 000元。乙方案需投资52 000元，采用直线法计提折旧，使用寿命也为5年，5年后有残值收入2 000元。5年中每年的销售收入为25 000元，付现成本第一年为5 000元，以后随着设备陈旧，将逐年增加修理费2 000元，另需垫支营运资金5 000元。该公司所得税税率为25%，资本成本率为10%。

【任务】如果你是财务经理，请判断：以上两个投资方案是否可行？应选择哪个方案投资？

一、计算各方案的年折旧额

甲方案年折旧额＝50 000÷5＝10 000（元）

乙方案年折旧额＝（52 000－2 000）÷5＝10 000（元）

二、计算各方案的营业现金流量

（一）现金流量的概念

项目投资决策的主要依据是项目的现金流量。现金流量是指一个项目投资引起的企业现金支出和现金收入增加的数量，实际上是在项目计算期内投资该项目与不投资该项目时企业的现金流量差。因此，投资项目的现金流量是增量现金流量。这里的“现金”是广义的现金，不仅包括各种货币资金，而且包括项目投资所需要投入的企业现有的非货币资源的变现价值。

现金流量按现金流动方向分为：

（1）现金流出量。项目投资的现金流出量是指该项目投资引起企业的现金支出的增加量，主要包括固定资产投资、无形资产投资、长期待摊费用支出和流动资产投资四个部分。

（2）现金流入量。项目投资的现金流入量是指该项目投资引起企业的现金收入的增加量，主要包括营业现金流入、回收固定资产残值和回收流动资金。

（3）现金净流量。项目投资的现金净流量是指在项目计算期内每年现金流入量与每年现金流出量之间的差额。计算公式为：

某年现金净流量＝该年现金流入量－该年现金流出量

现金净流量具有以下两个特征：第一，无论是在生产经营期内还是在建设期内都存在现金净流量的范畴；第二，由于项目计算期不同阶段的现金流入量和现金流出量发生的可能性不同，因此各个阶段的现金净流量在数值上表现出不同的特点，如建设期内的现金净流量一般小于或等于零，生产经营期内的现金净流量则多为正值。

【想一想5-1】在计算现金流量时，无形资产摊销的处理是否与固定资产的折旧相同？

（二）现金流量预测

投资项目的现金流量预测，可以按时间从以下三个方面进行：

1. 初始现金流量

初始现金流量是指开始投资时发生的现金流量。主要包括：

（1）固定资产投资。房屋和建筑物、机器设备等的购入或建造、运输、安装成本等。

（2）无形资产投资。企业用于购买专利使用权、商标使用权、专有技术、土地使用权等的支出。

（3）其他投资费用。与项目投资有关的筹建费用、咨询费、培训费等。

（4）流动资产投资。投入的现金、材料等。

（5）原有固定资产的变价收入。在更新改造项目投资中原有固定资产的变卖所取得的现金收入。

初始现金流量除原有固定资产的变价收入为现金流入量外，其他均为现金流出量。

2. 营业现金流量

营业现金流量是指投资项目投入使用后，在其寿命期内由于生产经营所带来的现金流入和流出的数量。

营业现金流入量主要是指因项目投资使企业增加的营业收入。营业现金流出量主要包括因项目投资使企业增加的付现成本和所得税。付现成本是指每年需要支付现金的成本。成本中不需要每年支付现金的部分称为非付现成本，其中主要是折旧。付现成本可以用成本减折旧来估计。营业现金净流量可用下列公式计算：

营业现金净流量＝营业收入－付现成本－所得税

付现成本＝营业成本－非付现成本

＝营业成本－折旧

营业现金净流量＝营业收入－（营业成本－折旧）－所得税

＝净利润＋折旧

＝（营业收入－营业成本）×（1－所得税税率）＋折旧

【想一想5-2】在长期投资决策中，一般来说，开办费属于经营期现金流量吗？

3. 终结现金流量

终结现金流量是指项目经济寿命完结时发生的现金流量。主要包括：

（1）回收固定资产的残值收入。项目终结时清理固定资产的变价收入扣除清理费用后的净额，应当作为项目投资的一项现金流入。

（2）回收垫支的流动资金。项目终结后，原投入周转的流动资金可以转化为现金，应作为该项目的现金流入。

（3）停止使用土地的变价收入。

营业现金流量计算可采用列表方式，本任务设计中甲、乙两个方案的营业现金流量见表5－1。

表5－1　　宁海公司营业现金流量计算表　　单位：元

方案	项目	第1年	第2年	第3年	第4年	第5年
甲方案	销售收入	20 000	20 000	20 000	20 000	20 000
	付现成本	4 000	4 000	4 000	4 000	4 000
	折旧	10 000	10 000	10 000	10 000	10 000
	税前利润	6 000	6 000	6 000	6 000	6 000
	所得税	1 500	1 500	1 500	1 500	1 500
	税后净利	4 500	4 500	4 500	4 500	4 500
	营业现金流量	14 500	14 500	14 500	14 500	14 500
乙方案	销售收入	25 000	25 000	25 000	25 000	25 000
	付现成本	5 000	7 000	9 000	11 000	13 000
	折旧	10 000	10 000	10 000	10 000	10 000
	税前利润	10 000	8 000	6 000	4 000	2 000
	所得税	2 500	2 000	1 500	1 000	500
	税后净利	7 500	6 000	4 500	3 000	1 500
	营业现金流量	17 500	16 000	14 500	13 000	11 500

三、结合初始现金流量和终结现金流量确定各备选方案的全部现金流量

甲、乙两个方案的全部现金流量见表5－2。

表5－2　　宁海公司全部现金流量计算表　　单位：元

方案	项目	第0年	第1年	第2年	第3年	第4年	第5年
甲方案	固定资产投资	－50 000					
	营业现金流量		14 500	14 500	14 500	14 500	14 500
	现金流量合计	－50 000	14 500	14 500	14 500	14 500	14 500
乙方案	固定资产投资	－52 000					
	营运资金垫资	－5 000					
	营业现金流量		17 500	16 000	14 500	13 000	11 500
	固定资产残值						2 000
	营运资金回收						5 000
	现金流量合计	－57 000	17 500	16 000	14 500	13 000	18 500

四、计算相关的财务指标来评价投资项目的财务可行性

按照是否考虑资金时间价值，评价投资项目财务可行性的指标可分为静态评价指标和动态评价指标。静态评价指标在计算时不需要考虑资金时间价值，主要包括静态投资回收期和会计收益率。动态评价指标在计算过程中充分考虑和利用资金时间价值，主要包括净现值、净现值率、现值指数和内含报酬率。

（一）运用静态评价指标进行项目投资决策

1. 投资回收期

投资回收期是指在不考虑资金时间价值的情况下，以投资项目经营净现金流量抵偿原始总投资所需要的全部时间。它代表收回初始投资所需要的年限，回收年限越短，项目越有利。它有“包括建设期的投资回收期”（记作 PP）和“不包括建设期的投资回收期”（记作 PP'）两种形式。

（1）计算方法。根据投资回收期的定义，投资回收期 T 满足以下关系：

$$\sum_{t=0}^{T} NCF_t = 0$$

具体计算应视实际情况而定。

如果某一项目运营期内前若干年每年的营业净现金流量（NCF）相等，且其合计大于或等于建设期发生的原始投资合计，则投资回收期可按下列公式计算：

$$\text{不包括建设期的投资回收期}（PP'）=\frac{\text{建设期发生的原始投资合计}}{\text{运营期内前若干年每年相等的营业净现金流量}}$$

$$\text{包括建设期的投资回收期}（PP）=\text{不包括建设期的投资回收期}+\text{建设期}$$

【例 5-1】 宁海公司甲方案的投资回收期可计算如下：

$$\text{投资回收期}=\frac{50\ 000}{14\ 500}=3.45\text{（年）}$$

【例 5-2】 假设宁海公司某投资项目的营业净现金流量如下：NCF_0 为 $-2\ 000$ 万元，NCF_1 为 0 万元，$NCF_{2\sim10}$ 为 400 万元，NCF_{11} 为 600 万元。

根据以上资料，计算静态投资回收期如下：

建设期为 1 年，投产后 2～10 年营业净现金流量相等，即运营期前 9 年营业净现金流量均为 400 万元。

$$\text{不包括建设期的投资回收期}（PP'）=\frac{2\ 000}{400}=5\text{（年）}$$

$$\text{包括建设期的投资回收期}（PP）=5+1=6\text{（年）}$$

如果每年的营业净现金流量（NCF）不相等，计算投资回收期要逐年计算累计现金净流量和各年尚未回收的投资额，来确定包括建设期的投资回收期，再推算出不包括建设期的投资回收期。

$$\text{包括建设期的投资回收期}（PP）=\begin{matrix}\text{累计现金净流量最后}\\\text{一次出现负值的年数}\end{matrix}+\frac{\text{当年累计现金净流量绝对值}}{\text{下年现金净流量}}$$

$$\text{不包括建设期的投资回收期}（PP'）=\text{包括建设期的投资回收期}-\text{建设期}$$

【例 5-3】 宁海公司乙方案的累计现金净流量的计算见表 5-3。

表 5-3　宁海公司乙方案累计现金净流量计算表　　单位：元

年度	0	1	2	3	4	5
现金净流量	−57 000	17 500	16 000	14 500	13 000	18 500
累计现金净流量	−57 000	−39 500	−23 500	−9 000	40 000	58 500

宁海公司乙方案的投资回收期为：

$$\text{投资回收期}=3+\frac{|-9\ 000|}{13\ 000}=3.69\text{（年）}$$

【例 5－4】假设宁海公司某投资项目的累计现金净流量见表 5－4。

表 5－4　　宁海公司某投资项目累计现金净流量表　　单位：元

年度	0	1	2	3	4	5	6
现金净流量	－300	－200	100	150	180	200	200
累计现金净流量	－300	－500	－400	－250	－70	130	330

宁海公司该投资项目的投资回收期如下：

$$包括建设期的投资回收期=4+\frac{|-70|}{200}=4.35（年）$$

$$不包括建设期的投资回收期=4.35-1=3.35（年）$$

（2）决策原则。在以投资回收期进行投资决策时，决策者通常会设定一个标准投资回收期。对于单项方案决策，如果该项目的投资回收期短于标准回收期，此方案可行，否则方案不可行。多个备选方案的互斥决策中，投资回收期短于标准回收期且最短的方案为优。宁海公司甲方案的投资回收期为 3.45 年，乙方案的投资回收期为 3.69 年，甲方案的投资回收期短于乙方案，因此甲方案较优。

（3）指标评价。静态投资回收期指标的优点：计算简便，容易被决策人理解。静态投资回收期指标的缺点：没有考虑资金时间价值，没有考虑回收期满后的现金流量状况。通常情况下，有战略意义的投资，早期收益较低而中后期收益较高，运用投资回收期进行决策可能导致决策者优先考虑急功近利的项目，因此，一般仅将这一指标作为投资项目财务可行性分析的次要指标。

【例 5－5】假设宁海公司有 A、B 两个投资方案，预计现金流量见表 5－5。

表 5－5　　宁海公司预计现金流量表　　单位：元

项目	年度					
	0	1	2	3	4	5
A 方案现金流量	－20 000	8 000	12 000	8 000	8 000	8 000
B 方案现金流量	－20 000	8 000	12 000	12 000	12 000	12 000

两个方案的回收期相同，都是 2 年，如果用回收期进行评价，似乎两者不相上下，但实际上 B 方案明显优于 A 方案。

【想一想 5－3】投资回收期法是一种比较直观的决策方法，但可能导致决策者优先考虑急功近利的项目。请问：这是为什么？

2. 会计收益率

（1）计算方法。会计收益率是投资项目年平均净利润占原始投资额的比率。其计算公式为：

$$会计收益率=\frac{年平均净利润}{原始投资额}\times 100\%$$

【例 5－6】宁海公司甲、乙两个投资方案的会计收益率分别为：

$$甲方案会计收益率=\frac{4\ 500}{50\ 000}\times 100\%=9\%$$

$$乙方案会计收益率=\frac{(7\ 500+6\ 000+4\ 500+3\ 000+1\ 500)\div 5}{57\ 000}\times 100\%=7.89\%$$

（2）决策原则。在以会计收益率进行投资决策时，决策者通常会设定一个必要投资收益率。对于单项方案决策，如果该项目的会计收益率高于必要投资收益率，此方案可行，否则此方案不可行。多个备选方案的互斥决策中，选用会计收益率高于必要投资收益率且最高的方案。宁海公司甲方案的会计收益率为9%，乙方案的会计收益率为7.89%，甲方案的会计收益率高于乙方案，因此甲方案较优。

（3）指标评价。会计收益率指标的优点：计算简便，易于理解；使用财务报告的数据，容易取得；考虑了整个项目寿命期的全部利润。会计收益率指标的缺点：没有考虑资金时间价值，没有利用现金流量信息。因此，这一指标只能作为投资项目财务可行性分析的辅助指标。

【想一想5-4】 投资回收期法与会计收益率法共同的缺点是什么？

（二）运用动态评价指标进行项目投资决策

1. 净现值

净现值（NPV）是指在项目计算期内，按照预定的折现率计算的所有现金净流量的现值之和。实际上，净现值就是投资方案未来现金流入量现值与现金流出量现值之间的差额。如果净现值大于零，说明方案的投资收益率大于预定的折现率；如果净现值等于零，说明方案的投资收益率等于预定的折现率；如果净现值小于零，说明方案的投资收益率小于预定的折现率。

（1）计算方法。净现值的计算公式为：

$$净现值（NPV）=\sum_{t=0}^{n}（第\ t\ 年的现金净流量\times 第\ t\ 年的复利现值系数）$$

或：

$$净现值（NPV）=现金流入量现值-现金流出量现值$$

净现值的计算一般按以下步骤进行：

第一步：计算出各期的现金净流量。

第二步：按行业基准收益率或企业设定的折现率，将投资项目各期所对应的复利现值系数通过查表确定下来。

第三步：将各期现金净流量与其对应的复利现值系数相乘计算出现值。

第四步：加总各期现金净流量的现值，即得到该投资项目的净现值。

【例5-7】 宁海公司甲、乙两个投资方案的净现值分别为：

$$\begin{aligned}甲方案\ NPV &= -50\ 000+14\ 500\times(P/A,10\%,5)\\ &= -50\ 000+14\ 500\times 3.790\ 8\\ &= 4\ 966.6(元)\end{aligned}$$

$$\begin{aligned}乙方案\ NPV &= -57\ 000+17\ 500\times(P/F,10\%,1)+16\ 000\times(P/F,10\%,2)+14\ 500\\ &\quad \times(P/F,10\%,3)+13\ 000\times(P/F,10\%,4)+18\ 500\times(P/F,10\%,5)\\ &= -57\ 000+17\ 500\times 0.909\ 1+16\ 000\times 0.826\ 4+14\ 500\times 0.751\ 3\\ &\quad +13\ 000\times 0.683+18\ 500\times 0.620\ 9\\ &= 3\ 391.15(元)\end{aligned}$$

（2）决策原则。净现值是一个金额的绝对值，在单项方案决策中，如果该方案的净现值大于或等于零，此方案可行，否则方案不可行；在多个备选方案的互斥决策中（假定备选方案原始投资相同且项目计算期相等），在净现值大于零的投资项目中，选择净现值较大的投资项目。宁海公司甲方案的净现值为4 966.6元，乙方案的净现值为3 391.15元，两个方案的净现值均大于零，甲方案的净现值大于乙方案，故甲方案较优。

（3）指标评价。净现值指标的优点：考虑了资金时间价值；利用了项目计算期内的全部现金流量信息，是投资项目财务可行性分析的主要指标。净现值指标的缺点：净现值是一个绝对数指标，不能反映投资项目本身所能达到的收益率；当项目投资额不等时，仅用净现值无法确定投资项目的优劣；净现值的计算比较复杂；现金流量的预测和折现率的选择比较困难。

2. 净现值率

净现值率（NPVR），是指投资项目的净现值占原始投资额现值合计的比率。可以理解为单位原始投资的现值所创造的净现值。

（1）计算方法。净现值率的计算公式为：

$$\text{净现值率}(NPVR)=\frac{\text{投资项目的净现值}}{\text{原始投资额现值合计}}$$

【例5-8】宁海公司甲、乙两个投资方案的净现值率分别为：

$$\text{甲方案 } NPVR=\frac{4\ 966.60}{50\ 000}\times 100\%=9.93\%$$

$$\text{乙方案 } NPVR=\frac{3\ 391.15}{57\ 000}\times 100\%=5.95\%$$

（2）决策原则。净现值率是一个相对数指标，只有该指标大于或等于零的投资项目才具有财务可行性。甲方案的净现值率9.93%大于乙方案的净现值率5.95%，所以甲方案较优。

（3）指标评价。净现值率指标的优点：可以从动态的角度反映投资项目的资金投入与净产出之间的关系，计算过程比较简单。净现值率指标的缺点：无法直接反映投资项目的实际收益率。

【想一想5-5】净现值和净现值率一个是绝对数，一个是相对数，都是项目投资评判的重要方法。请问：净现值和净现值率哪个更优？

3. 现值指数

现值指数（PI）又称为获利指数，是指投资方案未来现金流入量现值与初始投资额现值的比率。现值指数能够反映每一元投资给企业增加的收益。

（1）计算方法。现值指数的计算公式为：

$$\text{现值指数}(PI)=\frac{\text{现金流入量现值}}{\text{初始投资额现值}}$$

或：

$$\text{现值指数}(PI)=\frac{\text{投产后各年 } NCF \text{ 的现值合计}}{\text{原始投资额现值合计}}=1+\text{净现值率}$$

【例5-9】宁海公司甲、乙两个投资方案的现值指数分别为：

$$\text{甲方案 } PI=\frac{14\ 500\times(P/A,10\%,5)}{50\ 000}=1.10$$

$$\text{乙方案 } PI=\frac{\begin{array}{c}17\ 500\times(P/F,10\%,1)+16\ 000\times(P/F,10\%,2)+14\ 500\times\\(P/F,10\%,3)+13\ 000\times(P/F,10\%,4)+18\ 500\times(P/F,10\%,5)\end{array}}{57\ 000}=1.06$$

（2）决策原则。现值指数是一个相对数指标。在单项方案决策中，如果该方案的现值指数大于或等于1，此方案可行，否则方案不可行。多个备选方案的互斥决策中，采用现值指数超过1最多的投资项目。宁海公司两个备选方案的现值指数均大于1，甲方案的现值指数1.10大于乙方案的现值指数1.06，所以甲方案优于乙方案。

（3）指标评价。现值指数指标的优点：考虑了资金时间价值；现值指数由于是相对数指标，能够反映项目的投资效率，因此有利于在初始投资额不同的投资方案之间进行对比。现值指数指标的缺点：无法直接反映投资项目的实际收益率。

【想一想5-6】 一个投资项目的净现值如果大于零，那么现值指数是否一定大于1?

4. 内含报酬率

内含报酬率（IRR）又称为内部收益率，是指使得投资方案净现值等于零的折现率。内含报酬率反映了投资项目本身可达到的收益率。

（1）计算方法。令 $NPV=\sum_{t=0}^{n}\frac{NCF_t}{(1+i)^t}-NCF_0=0$，得出的 i 即为内含报酬率。式中，NPV 为净现值；NCF_0 为初始投资额。

内含报酬率的计算可以分为两种情况：

情况一：如果建设期为零，全部投资于建设起点一次性投入，每年的 NCF 相等，可采用年金计算方法。由内含报酬率的定义可知：

$$NCF\times(P/A,IRR,n)-NCF_0=0$$

因此：

$$(P/A,IRR,n)=\frac{NCF_0}{NCF}$$

然后查“普通年金现值系数表”，求出内含报酬率。具体计算过程如下：

第一步，计算年金现值系数。

$$(P/A,IRR,n)=\frac{NCF_0}{NCF}$$

第二步，查“普通年金现值系数表”。若恰好在“普通年金现值系数表”中找到对应的期数和系数，则该折现率为内含报酬率。通常会在相同的期数内，找到与计算的年金现值系数相邻近的较大和较小的两个系数及对应的折现率。

第三步，根据上述两个邻近的折现率和已求得的“普通年金现值系数”，采用插值法计算出该投资方案的内含报酬率。

【例5-10】 宁海公司甲方案的内含报酬率计算如下：

计算年金现值系数：

$$(P/A,IRR,5)=\frac{50\ 000}{14\ 500}=3.448\ 3$$

查“普通年金现值系数表”：

$$(P/A,12\%,5)=3.604\ 8;\ (P/A,14\%,5)=3.433\ 1$$

用插值法计算内含报酬率：

$$\frac{12\%-IRR}{12\%-14\%}=\frac{3.604\ 8-3.448\ 3}{3.604\ 8-3.433\ 1}$$

得出甲方案的内含报酬率：

$$IRR=13.82\%$$

情况二：如果每年 NCF 不相等，采用试误法逐次测试。步骤如下：

第一步，先预估一个折现率，并按此折现率计算净现值。如果计算出的净现值为正数，则表明内含报酬率大于预估的折现率，应提高折现率再次测算；如果计算出的净现值为负数，则表明内含报酬率小于预估的折现率，应降低折现率再次测算。经过如此反复的测算，找出使净现值由正到负且比较接近于 0 的两个折现率。

【想一想 5－7】内含报酬率是最好的项目投资评价方法，如果每年 NCF 不相等，需要采用试误法逐次测试。请问测试区间一般多少为宜？

第二步，根据上述两个邻近的折现率，再用插值法计算出方案的实际内含报酬率。

【例 5－11】宁海公司乙方案的内含报酬率计算见表 5－6。

表 5－6　宁海公司乙方案内含报酬率计算表　单位：元

年度	每年 NCF	测试 10%		测试 12%	
		复利现值系数	现值	复利现值系数	现值
0	−57 000	1.000	−57 000	1.000	−57 000
1	17 500	0.909 1	15 909.25	0.822 9	14 400.75
2	16 000	0.826 4	13 222.4	0.792 2	12 675.2
3	14 500	0.751 3	10 893.85	0.711 8	10 321.10
4	13 000	0.683 0	8 879.00	0.635 5	8 261.50
5	18 500	0.620 9	11 486.65	0.567 4	10 496.90
NPV	—	—	3 391.15	—	−844.55

用插值法计算内含报酬率：

$$\frac{12\%-IRR}{12\%-10\%}=\frac{-844.55-0}{-844.55-3\ 391.15}$$

得出乙方案的内含报酬率：

$$IRR=11.6\%$$

（2）决策原则。单项方案决策中，如果计算出的内含报酬率大于或等于企业的资本成本或必要报酬率，就采纳；反之，则拒绝。多个备选方案的互斥决策中，应选用内含报酬率超过资本成本或必要报酬率最多的投资项目。宁海公司甲、乙两个方案的内含报酬率皆大于资本成本 10%，但甲方案的内含报酬率更高，故甲方案更优。

（3）指标评价。内含报酬率指标的优点：考虑了资金时间价值；可以反映出投资项目的真实报酬率，且不受行业基准收益率的影响，有利于对投资额不同的项目进行决策。内含报酬率指标的缺点：计算过程比较复杂，尤其是每年 NCF 不等的投资项目，一般要经过多次测试才能算出；当经营期大量追加投资时，有可能导致多个内含报酬率出现，或偏高或偏低，缺乏实际意义。

5. 动态评价指标之间的关系

NPV、$NPVR$、PI、IRR 指标之间存在以下数量关系：

当 $NPV>0$ 时，$NPVR>0$，$PI>1$，$IRR>i$（i 为投资项目的行业基准收益率，下同）；

当 $NPV=0$ 时，$NPVR=0$，$PI=1$，$IRR=i$；

当 $NPV<0$ 时，$NPVR<0$，$PI<1$，$IRR<i$。

进行项目投资决策时，净现值、净现值率、现值指数、内含报酬率是主要评价指标，静态投资回收期是次要评价指标，会计收益率是辅助评价指标。在进行单项方案决策时，使用动态评价指标得出的结论基本是一致的，但是在进行多个备选方案的互斥决策时，它们得出的结论却可能不一致。故应充分考虑项目的投资额、项目计算期等因素，选择适当的评价指标，采用正确的方法进行决策。一般情况下，净现值法是一种可取的方法。通过调查，大多数公司将净现值和内含报酬率作为首选指标，将静态投资回收期作为次选指标。

※ 职业能力训练 ※

一、判断题

（1）现金净流量是指一定期间内现金流入量和现金流出量的差额。（　　）

（2）会计收益率和投资回收期这两个静态指标，其优点是计算简单，容易掌握，且均考虑了现金流量。（　　）

（3）某一投资方案按10%的贴现率计算的净现值大于0，那么，该方案的内含报酬率大于10%。（　　）

（4）多个互斥方案比较，应选择净现值大的方案。（　　）

（5）不论在什么情况下，都可以通过逐次测试的方法计算内含报酬率。（　　）

（6）某贴现率可以使某投资方案的净现值等于0，则该贴现率可以成为该方案的内含报酬率。（　　）

（7）净现值大于0，则现值指数大于1。（　　）

（8）净现值以绝对数表示，不利于在不同投资规模的方案之间进行对比。（　　）

二、不定项选择题

（1）项目投资方案可行的必要条件是（　　）。

A. 净现值大于或等于0　　B. 净现值大于0

C. 净现值小于0　　D. 净现值等于0

（2）某投资方案贴现率为16%时，净现值为6.12，贴现率为18%时，净现值为－3.17，则该方案的内含报酬率为（　　）。

A. 14.68%　　B. 17.32%　　C. 18.32%　　D. 16.68%

（3）用内含报酬率评价项目可行性的必要条件是（　　）。

A. 内含报酬率大于贴现率　　B. 内含报酬率小于贴现率

C. 内含报酬率大于或等于贴现率　　D. 内含报酬率等于贴现率

（4）在评价单一方案的财务可行性时，如果不同评价指标之间的评价结论发生了矛盾，就应当以主要评价指标的结论为准，如下列项目中的（　　）。

A. 净现值　　B. 投资回收期　　C. 现金流量　　D. 会计收益率

（5）下列表述中不正确的是（　　）。

A. 净现值大于0时，说明该投资方案可行

B. 净现值为0时的贴现率即为内含报酬率

C. 净现值是特定方案未来现金流入现值与未来现金流出现值之间的差额

D. 净现值大于0时，现值指数小于1

（6）如果某一投资方案的净现值为正数，则必然存在的结论是（　　）。

A. 投资回收期在一年以内　　B. 现值指数大于1

C. 投资报酬率高于100%　　D. 年均现金净流量大于原始投资额

（7）备选方案项目计算期不等时，通过比较所有投资方案的年均净现值指标的大小来选

择最优方案。在此决策方法下，年均净现值（　　）的方案为优。

A. 最小　　B. 最大　　C. 大于0　　D. 等于0

(8) 若建设期不为零，则建设期内各年的净现金流量可能会（　　）。

A. 等于1　　B. 大于1　　C. 小于0　　D. 等于0

(9) 下列指标中，考虑了资金时间价值的是（　　）。

A. 净现值　　B. 现值指数　　C. 内含报酬率　　D. 投资回收期

(10) 若 $NPV<0$，则下列关系式中正确的有（　　）。

A. $NPVR>0$　　B. $NPVR<0$　　C. $PI<1$　　D. $IRR<i$

三、操作题

(1) 某企业购买机器设备价款40万元，可为企业每年增加净利4万元，该设备可使用5年，无残值，采用直线法计提折旧，该企业的贴现率为10%。要求：计算该投资方案的会计收益率、投资回收期，并对此投资方案作出评价。

(2) 某企业拟建造一项生产设备。预计建设期为1年，所需原始投资200万元于建设起点一次投入。该设备预计使用寿命为5年，使用期满报废清理时无残值。该设备折旧方法采用直线法。该设备投产后每年增加净利润60万元。假定适用的行业基准折现率为10%。要求：①计算该项目计算期内各年现金净流量；②计算该项目净现值；③计算该项目的现值指数；④计算该项目的内含报酬率；⑤评价该项目的财务可行性。

(3) 某企业拟建造一项生产设备，预计建设期为1年，所需原始投资200万元于建设起点一次投入。该设备预计使用寿命为5年，试用期满报废清理时无残值。该设备折旧方法使用直线法。该设备投产后每年增加息税前利润100万元，所得税税率为25%，项目的基准收益率为20%。要求：①计算项目计算期内各年现金净流量；②计算该设备的静态投资回收期；③计算该投资项目的会计收益率；④假定适用的行业基准折现率为10%，计算项目净现值；⑤计算项目净现值率；⑥评价其财务可行性。

任务二

更新改造项目投资

※ 任务描述 ※

固定资产更新是对技术上或经济上不宜继续使用的旧资产，用新的资产更换，或者用先进的技术对原有设备进行局部改造。一般来说，旧设备可以通过修理继续使用，所以更新决策是继续使用旧设备与更换新设备的选择。本任务学习目标为：

(1) 会对更新决策产生的现金流量进行分析。

（2）掌握固定资产的平均年成本的计算方法。

（3）会利用计算出的固定资产平均年成本进行更新改造项目决策。

※ 知识准备 ※

如果设备更换并不改变企业的生产能力，不增加企业的现金流入，那么更新决策的现金流量主要就是现金流出。如果有少量的残值变价收入，可以将其看成是支出抵减，而非实质上的流入增加。由于只有现金流出，而没有现金流入，因此不能计算其净现值和内含报酬率。通常，在收入相同时，成本较低的方案是好方案。但是新旧设备的使用年限往往不相同，所以直接比较成本总额也不恰当。因此较好的分析方法是比较继续使用和更新的年成本，以较低者作为好方案。

固定资产的平均年成本，是指该资产引起的现金流出的年平均值。如果不考虑资金时间价值，它是未来使用年限内的现金流出总额与使用年限的比值。如果考虑资金时间价值，它是未来使用年限内现金流出总现值与年金现值系数的比值，即平均每年的现金流出。

※ 任务设计及工作过程 ※

宁海公司有一台旧设备，工程技术人员提出更新要求，新旧设备有关数据见表5-7。

表5-7　宁海公司新、旧设备相关数据

项目	旧设备	新设备
原值（元）	5 200	5 400
预计使用年限（年）	10	10
已经使用年限（年）	4	0
最终残值（元）	200	500
变现价值（元）	2 000	5 400
年运行成本（元）	1 000	800

假设该企业要求的最低报酬率为10%，继续使用旧设备与更换新设备的现金流量如图5-2所示。

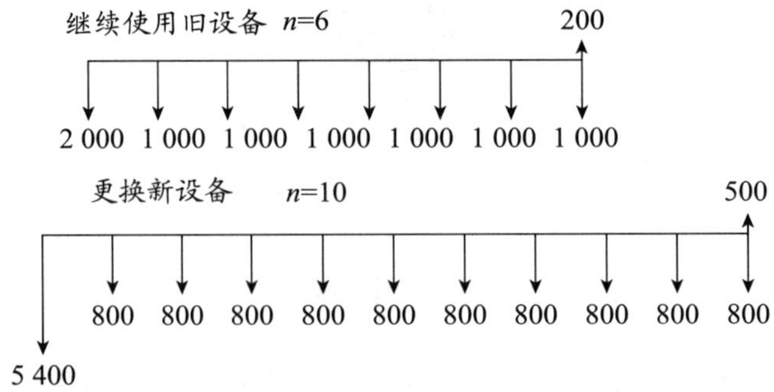

图5-2　宁海公司继续使用旧设备与更换新设备的现金流量

【任务】 请为宁海公司计算新旧设备使用成本，并比较后作出决策。

一、不考虑资金时间价值

根据任务设计资料，不考虑资金时间价值时：

$$旧设备平均年成本=\frac{2\ 000+1\ 000\times 6-200}{6}=\frac{7\ 800}{6}=1\ 300（元）$$

$$新设备平均年成本=\frac{5\ 400+800\times 10-500}{10}=\frac{12\ 900}{10}=1\ 290（元）$$

如果不考虑资金时间价值，新设备的平均年成本低，宜进行更新。

二、考虑资金时间价值

如果考虑资金时间价值，可以计算现金流出的总现值，然后分摊给每一年。

$$旧设备平均年成本=\frac{2\ 000+1\ 000\times(P/A,10\%,6)-200\times(P/F,10\%,6)}{(P/A,10\%,6)}$$

$$=\frac{2\ 000+1\ 000\times 4.355\ 3-200\times 0.564\ 5}{4.355\ 3}=1\ 433.29（元）$$

$$新设备平均年成本=\frac{5\ 400+800\times(P/A,10\%,10)-500\times(P/F,10\%,10)}{(P/A,10\%,10)}$$

$$=\frac{5\ 400+800\times 6.144\ 6-500\times 0.385\ 5}{6.144\ 6}=1\ 647.45（元）$$

通过上述计算可知，如果考虑资金时间价值，使用旧设备的平均年成本较低，不宜进行设备更新。

三、使用平均年成本法时要注意的问题

（1）平均年成本法是把继续使用旧设备和更换新设备看成是两个互斥的方案，而不是一个更换设备的特定方案。也就是说，要有正确的“局外观”，即从局外人角度来考察：一个方案是用 2 000 元购置旧设备，可使用 6 年；另一个方案是用 5 400 元购置新设备，可使用 10 年。在此基础上比较各自的平均年成本孰高孰低，并作出选择。由于两者的使用年限不同，前一个方案只有 6 年的现金流动数据，后一个方案持续 10 年，缺少后 4 年的差额现金流量数据，因此不能根据各年现金流量的差额计算净现值和内含报酬率。对于更新决策来说，除非未来使用年限相同，否则，不能根据实际现金流动分析的净现值法或内含报酬率法解决问题。

（2）平均年成本法的假设前提是将来设备再更换时，可以按原来的平均年成本找到可代替的设备。例如，旧设备 6 年后报废时，仍可找到平均年成本为 1 433.29 元的可代替设备。如果有明显证据表明，6 年后可替换设备平均年成本会高于当前更新设备的平均年成本（1 647.45 元），则需要把 6 年后更新设备的成本纳入分析范围，合并计算当前使用旧设备及 6 年后更新设备的综合平均年成本，然后与当前更新设备的平均年成本进行比较。这就会成为多阶段决策问题。由于未来数据的估计有很大主观性，时间越长越靠不住，因此平均年成本法通常以旧设备尚可使用年限（6 年）为比较期，一般情况下不会有太大误差。如果以新设备可用年限（10 年）为比较期，则要有旧设备报废时再购置新设备的可靠成本资料。另一种替代方法是预计当

前拟更换新设备6年后的变现价值，计算其6年的平均年成本，与旧设备的平均年成本进行比较。不过，预计6年后尚可使用设备的变现价值也是很困难的，其实际意义并不大。

※ 职业能力训练 ※

操作题

林强公司考虑用一台新的、效率更高的设备来代替旧设备，以减少成本、增加收益。旧设备原购置成本为40 000元，已使用5年，估计还可以使用5年，已提折旧20 000元，假定使用期满后无残值，如果现在销售可得价款20 000元，使用该设备每年可获收入50 000元，每年付现成本为30 000元。该公司现准备用一台新设备来代替旧设备，新设备的购置成本为60 000元，估计可使用5年，期满有残值10 000元，使用新设备后，每年收入可达80 000元，每年付现成本为40 000元。该公司的资本成本为10%，所得税税率为25%，新、旧设备均采用直线法计提折旧。请作出该公司是继续使用旧设备还是对其进行更新的决策。

【项目小结】

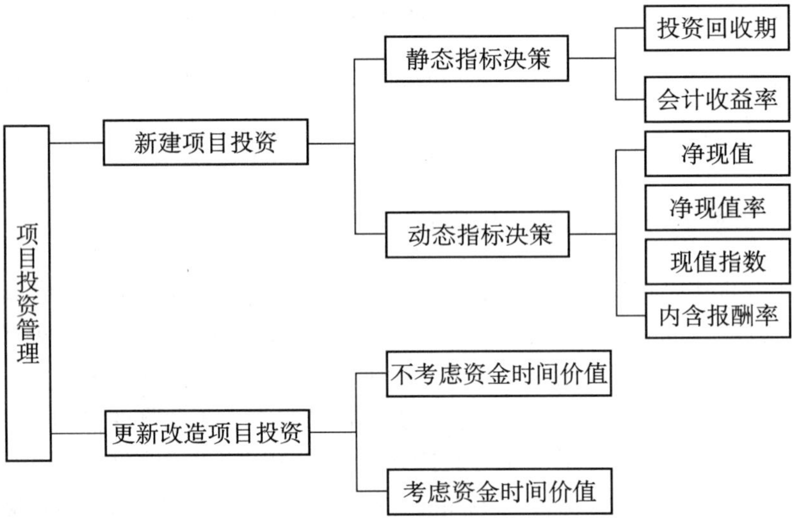

图5-3 项目五结构图

【术语与公式】

1. 项目投资——也称长期投资，是一种以特定项目为对象，直接与新建项目或更新改造项目有关的长期投资行为。
2. 现金流出量——一个项目投资的现金流出量是指该项目投资引起企业的现金支出的增加量，主要包括固定资产投资、无形资产投资、长期待摊费用支出和流动资产投资四个部分。

3. 现金流入量——一个项目投资的现金流入量是指该项目投资引起企业的现金收入的增加量，主要包括营业现金流入、回收固定资产残值和回收流动资金。
4. 现金净流量——在项目计算期内每年现金流入量与每年现金流出量之间的差额。
5. 营业现金净流量＝（营业收入－营业成本）×（1－所得税税率）＋折旧。
6. 投资回收期——在不考虑资金时间价值的情况下，以投资项目经营净现金流量抵偿原始总投资所需要的全部时间。
7. 会计收益率——投资项目年平均净利润占原始投资额的比率。
8. 净现值——在项目计算期内，按照预定的折现率计算的所有现金净流量的现值之和。
9. 净现值率——投资项目的净现值占原始投资额现值总和的比率。
10. 现值指数——又称为获利指数，是指投资方案未来现金流入量现值与初始投资额现值的比率。
11. 内含报酬率——又称为内部收益率，是指使得投资方案净现值等于零的折现率。

【项目实训】

新建项目投资决策分析

1. 任务目标

（1）计算编制新建项目投资的营业现金流量表。

（2）计算编制新建项目投资的现金流量。

（3）撰写新建项目投资财务评价报告。

2. 任务描述

信达公司董事会根据市场对该公司生产的程控电话的需求，准备新建一条生产线以增加生产能力。公司董事会要求财务部收集资料，写出投资项目的财务评价报告，供公司董事会决策参考。

3. 操作准备

（1）学生分组。6～8 人为一组，选定正、副组长为公司财务部正、副部长。

（2）学生分工。财务部正、副部长将组内学生按项目投资决策分析要求合理分工。

（3）制订工作计划书。每个小组制订一份工作计划书，工作计划书根据工作内容，由小组学生讨论制订，并经指导老师审阅批准后实施。

4. 操作流程

（1）各小组学习任务目标和任务描述，研究任务工单和应完成的任务。

（2）复习现金流量计算和项目投资贴现评价的方法。

（3）收集当前市场居民消费价格指数（CPI）和生产价格指数（PPI）变动数据。

（4）各小组讨论制订信达公司新建项目投资财务评价工作计划书。

（5）指导老师审阅各小组制订的信达公司新建项目投资财务评价工作计划书，并签批。

（6）各小组计算编制新建项目投资的营业现金流量表。

（7）各小组计算编制新建项目投资的现金流量表。

（8）各小组计算编制新建项目投资的净现值表。

（9）各小组撰写新建项目投资财务评价报告。

5. 实训材料

（1）新建程控电话生产线投资生产销售情况。该生产线的初始投资额是125万元，分2年投入。第1年初投入100万元，第2年初投入25万元。第2年可完成建设并正式生产。投产后每年可生产程控电话机10 000部，每部销售价格300元，每年销售收入300万元。投资项目使用5年，5年后残值25万元。在投资项目生产经营期期初需垫支流动资金25万元，项目结束后可收回。

（2）程控电话产品年总成本的构成情况（见表5-8）。

表5-8　程控电话产品年总成本　单位：万元

项　目	金额
原材料费用	200
工资费用	30
管理费用（不含折旧）	20
折旧费	20

（3）资本成本情况。对各种资金来源进行综合计算，平均资本成本为10%。

6. 完成任务

（1）新建项目投资财务评价报告计划书（见表5-9）。

表5-9　新建项目投资财务评价报告计划书

主要内容	实施时间	实施形式	主要负责人
研究项目投资分析的任务、要求与分工			
复习现金流量计算和项目投资贴现评价的方法			
收集当前市场CPI和PPI变动数据			
计算编制新建项目投资的营业现金流量表			
计算编制新建项目投资的现金流量表			
计算编制新建项目投资的净现值表			
撰写新建项目投资可行性分析报告			
其他： 学习小组组长：　　　学习小组成员： 年　月　日			
指导老师审阅意见： 签名：　　年　月　日			

（2）计算编制新建项目投资的营业现金流量表（见表5-10）。

表 5－10　　新建项目投资的营业现金流量计算表　　单位：万元

项　目	第 1 年	第 2 年	第 3 年	第 4 年	第 5 年
销售收入					
付现成本					
其中：原材料					
工资					
管理费					
折旧费					
税前利润					
所得税（税率为 25%）					
税后利润					
现金流量					

学习小组成员签字：________________

（3）计算编制新建项目投资的现金流量表（见表 5－11）。

表 5－11　　新建项目投资的现金流量计算表　　单位：万元

项　目	第 0 年	第 1 年	第 2 年	第 3 年	第 4 年	第 5 年
初始投资						
流动资金垫支						
营业现金流量						
设备残值						
流动资金收回						
现金流量合计						

学习小组成员签字：________________

（4）计算编制新建项目投资的净现值表（见表 5－12）。

表 5－12　　新建项目投资的净现值计算表　　单位：万元

时间	现金流量	10%的贴现系数	现值
0			
1			
2			
3			
4			
5			
6			
净现值			

（5）撰写新建项目投资财务评价报告（见表 5－13）。

表 5－13　　新建项目投资财务评价报告

一、投资项目概况
二、投资项目的现金流量

三、投资项目的现金净流量与财务评价   四、CPI和PPI未来变动   五、考虑物价变动后对投资项目的财务评价   学习小组成员签字：

7. 讨论评价

（1）各小组用PPT汇报交流，限时10分钟。

（2）各小组听取汇报交流并打分互评。

（3）指导老师打分并点评。

【案例分析】

最佳项目　最佳时机

——梅雁公司的投资选择

广东梅雁公司在企业发展中科学合理地使用资金，进行最佳投资选择，使企业经营业绩稳定持续增长。公司在进行决策时，以利润为中心，同时考虑眼前利益与长远利益相结合，从而确定公司的投资方向。投资已成为公司追求经济利益的经营行为，也正是一次次最佳的投资选择带来了公司的成功。其投资选择具有以下特点：

一、选准项目

对拟投资的项目，公司的经营机构本着有利于公司产业结构的调整、着重于高新技术发展的原则，进行严谨、科学的可行性论证，然后交董事会决策。梅雁公司于1992年改制为股份有限公司，募集了5 000多万元资金，怎样使其尽快发挥出较大的效益，给股东以较高的回报率，是公司决策者面临的问题。经过科学分析和慎重考虑，董事会决定，坚持按公司招股说明书的规定，把资金投到早已瞄准的高科技产业上。在充分的可行性论证基础上，梅雁公司成立了南华汽车配件有限公司，引进国内外先进设备，生产汽车液压顶杆、免维修蓄电池等高质量的出口汽车配件；同时还走出家门向外拓展，先后到珠海特区等地办实业。公司紧扣决策和经营管理各个环节，努力使这些科技含量高、前景广阔、效益好的项目陆续上马。通过这样的投资选择，梅雁公司成功地避免了因投资房地产而积滞资金的局面，确保了新项目有足够的资金按期完成投资，建成投产，发挥效益。

二、巧用资金

在把握好资金投向后，公司决策者精打细算，努力做到资金活用，进而获取最大的经济效益。梅雁公司在同外商合作兴办南华汽车配件有限公司和珠海力佳液压件有限公司时，抓住外汇市场开放前夕的有利时机，用募集的股金调集一笔外资，用于两家公司的投资，巧妙地运用了资金。

梅雁公司在珠海西兴建客都宾馆，按计划需投资 5 000 万元，但公司没有按常规去投资建设，而是在短期内集中了 3 000 多万元，在完成土建工程以后，先完善第一层 6 600 多平方米的客房、餐厅和营业门市装修，然后将第一层的门市租赁出去，把回收的资金再用来装修其他部分。做到边基建，边装修，边回收资金，使宾馆建得快，收效快，少占用 1 000 多万元的投资资金。由于梅雁公司的精打细算，原需 1 亿多元投资的南华汽车配件有限公司、珠海客都宾馆、珠海力佳液压件有限公司等主要项目，只用了约 5 000 万元。

三、把握时机

翻开梅雁公司 10 多年的发展历史可以看到这样的现象，即公司在经济发展过程中，每一次向新台阶跳跃都发生在全国经济发展的降温时期，人们把它称为“梅雁现象”。解释这种“梅雁现象”，可以概括为：善察经济风云，敢于逆流搏击，选准最佳投资时机。这已成为梅雁公司领导班子把握经济发展时机的“温度计”。

梅雁公司认识到，国家实行经济宏观控制是根据国情而定，梅雁公司不能随大流束缚自己发展的步伐，应加速发展自己，做到“冷时不冷，热时不热”。据此，梅雁公司十分注重观察国内外经济风云的变化，抓住各次经济潮落时机，避实就虚，逆风搏击前进，创造了投入越快越好的小气候和经济跳跃发展的机会。在 1989 年和 1990 年治理整顿期间，梅雁公司组建起企业集团公司，统一调配使用集团公司内部资金，通过向社会发行公司债券和向银行租赁等方式，多方筹集资金，趁建材价格下降之机，兴建起 2 万多平方米的宾馆、厂房、办公楼和住宅楼宇；同时，新办起灰砂砖厂、大型现代化养殖场、客都商场等企业，增购顺风客运公司的车辆，扩展了营业线路，为集团公司在全国经济发展时期的发展，打下了坚实的基础，积聚了强大的后劲。1991 年梅雁企业集团公司又趁人们的发展注意力集中在深圳的股市和地产之机，在珠海西区以较低价格，购买了 1 万平方米的土地使用权。根据县会计师事务所投资评估，梅雁公司在 3 年经济治理整顿时期所兴建的房屋和所购置的土地使用权，价值总额达 2 900 多万元。所有这些成功的投资决策，都是梅雁公司善于把握良好时机的硕果。

资料来源：中国企业国际化管理课题组．企业财务国际化管理案例．北京：中国财政经济出版社，2002.

【问题】试运用所学的项目投资管理理论对梅雁公司的一系列投资行为进行分析和评价。

【阅读推荐】

《企业财务通则》

项目六

证券投资管理

【学习目标】

- 能够认识证券投资的风险。
- 熟悉证券投资的基本程序。
- 会进行股票估价和股票投资决策分析。
- 会计算股票投资收益率。
- 会进行债券估价和债券投资决策分析。
- 会计算债券投资收益率。
- 会计算基金资产净值。
- 会计算基金投资收益率。

【导引案例】

有一种理论说“不要将所有鸡蛋放到一个篮子里”，这样说有分散风险的意思，这本来没有错，可是许多散户没有正确地理解这个意思。有一个散户股民，资金不过五六万元，但手头的股票却有十四五只，这样做有很大的弊病：(1) 手续费是个问题，这么多股票，其持仓成本必然不低；(2) 不可能有精力对这么多的股票进行跟踪；(3) 最糟糕的是这样买股票，就算是买到了“黑马”也很可能赚不到钱，说不定还要赔，因为一匹“黑马”有再大的力气也拉不动装着10头瘸驴的车。而且，这十四五只股票居然都是同一属性的，要么都是大盘股，要么都属于同一板块。可以看出，这个股民的持股结构是扁平的而不是立体的，他不懂持仓要讲究立体性、投资和投机结合、短线和中长线结合等，这和“把所有鸡蛋放进同一个篮子”并无区别。

任务一

股票投资

※ 任务描述 ※

股票投资是企业购买其他股份公司发行的股票以获取盈利或控制权的行为，它是证券投资的重要类型。在进行股票投资决策分析时，应全面了解证券投资基础知识和我国关于股票发行及投资方面的有关规定，在正确进行股票估价的前提下，通过股票价值与市场价格的比较，作出合理的投资决策。本任务学习目标为：

（1）了解证券投资的基础知识。

（2）掌握股票估价的基本原理。

（3）会利用各种模型进行股票估价。

（4）会计算衡量股票投资收益。

（5）能进行股票投资决策分析。

※ 知识准备 ※

一、证券投资基础知识

（一）企业进行证券投资的目的

（1）利用闲置资金，作为现金储备。由于经营收支的不平衡性或大规模筹资，有时企业会有大量的现金闲置。通过投资于流动性强、收益稳定的证券，一方面可以利用闲置资金，增加投资收益，另一方面可以作为现金的储备，当企业急需现金时，可以通过出售证券及时补充。

（2）满足偿还长期债务的需要。如果企业在未来有一笔债务需要偿还，可以投资收益稳定的债券，于债务到期时，用债券投资的本息一并归还债务。

（3）多元化经营，降低企业风险。企业如果经营领域单一，可能会承担较大的经营风险，一旦市场发生变化，会给企业造成重大的经济损失。在这种情况下，企业可以考虑将部分资产投放于企业外部，投资于证券，以优化投资组合，降低投资风险。

（4）获得对相关企业的控制权。由于战略发展的要求，企业往往需要控制它的上游企业、下游企业或其他企业，以便获取稳定的材料供应，保证稳定的销售渠道或增强自身的实力。这种目的可以通过股票投资实现，即购买目标企业的有控制权的或有重大影响的股份，通过行使股东的权利来实现。

（二）证券投资的种类及程序

由于金融证券多种多样，企业证券投资也多种多样，常见的一般有股票投资、债券投资、基金投资和组合投资。组合投资是指投资者通过购买股票、债券、基金等多种证券以获取收益的投资行为。组合投资具有分散风险、稳定收益的特点。通过证券组合投资，可以有效地降低证券的非系统性风险，从而达到稳定收益的目的。

证券投资的一般程序如下：

（1）选择投资对象。证券投资者在进行证券投资时，应认真分析投资对象的收益水平和风险程度，合理选择投资机会和投资对象，这是证券投资能否达到预期目的的关键。

（2）开户、委托买卖。证券投资者首先要到证券公司开立账户，然后选择合理的券商委托代理买卖证券业务。投资者可通过电话委托、计算机终端委托、递单委托等方式委托券商代为买卖有价证券。

（3）清算与交割。投资者委托券商成功买入各种证券后，即应解交款项，收取证券。清算即证券买卖双方结清价款的过程。

（4）办理证券过户。投资者从证券市场购买证券后，应到证券发行公司办理证券持有人姓名的变更，证券过户只限于记名证券。

（三）证券投资风险

证券投资者所承担的风险按其是否可以分散，分为两种：一种是系统性风险，另一种是非系统性风险。

1. 系统性风险

系统性风险是指由那些影响所有公司的因素引起的风险，如经济衰退、通货膨胀、利率变动、税收政策变化、世界能源危机、战争、自然灾害等。系统性风险由于是影响整个资本市场的风险，任何投资组合都无法分散这种风险，因此也称为市场风险或不可分散风险。

系统性风险的程度，通常用β系数来计量。整个证券市场的β系数为1。如果某种股票的风险情况与整个证券市场的风险情况一致，则这种股票的β系数等于1；如果某种股票的β系数大于1，说明其风险大于整个市场风险；如果某种股票的β系数小于1，说明其风险小于整个市场风险。系统性风险一般包括利率风险、通货膨胀风险、再投资风险等。

（1）利率风险。由利率变动引起的证券价格的波动、投资者收益的不确定性，称为利率风险。证券的价格随利率的波动而变化，通常情况下，利率上涨，有价证券的价格将下跌；利率下降，有价证券的价格将上涨。尤其是固定利率的有价证券，如债券，受利率的影响更大。

（2）通货膨胀风险。通货膨胀风险也称购买力风险，是指持续的物价上涨所带来的证券价格的波动和投资者购买力下降的损失。在温和的通货膨胀情况下，经济处于良性发展状态，证券的收益率和证券价格往往都会有所提高；而在恶性通货膨胀情况下，利率往往也随之上升，不断攀升的利率使有价证券价格下跌，投资者遭受损失；即使证券价格没有下跌，投资回收和投资收益所得资金的购买能力下降也会使投资者蒙受损失，尤其是固定收益证券。因此，在通货膨胀情况下，普通股票等变动收益证券比公司债券等固定收益证券通常能更好地避免购买力风险。

（3）再投资风险。再投资风险是指和投资期限有关的风险。证券投资期越长，未来的不确定因素越多，投资者所放弃的可供选择的投资机会就越多；证券投资期越短，未来的不确定因素相对较少，投资者将会有更多的投资机会可以选择。因此，期限越长的证券，再投资风险越大，相应地，投资者要求的报酬也越高；反之则相反。

2. 非系统性风险

非系统性风险是指来源于特定的证券发行主体，由其各自的经营风险和财务风险所引起的，投资者可以规避或通过证券组合予以抵消的风险，所以也称为可分散风险。非系统性风险一般包括违约风险、流动性风险、破产风险等。

（1）违约风险。违约风险是指证券发行者无法按期支付利息或偿还本金而使投资者遭受损失的风险。违约风险的大小与证券发行者的经营环境、经营能力、理财能力、管理水平和道德水准有着密切的关系，不同发行主体的证券其违约风险不同。一般而言，政府证券的违约风险最小，金融证券次之，公司证券的违约风险最大。

（2）流动性风险。流动性风险是指证券能否顺利地按合理的市场价格出售的风险。流动性风险的大小和发行者的实力、信誉及经营状况密切相关。一般而言，政府证券的流动性风险最小，金融证券次之，公司证券的流动性风险取决于公司的经营状况、经营环境和未来的发展变化趋势。规模大、实力雄厚、信誉卓越的公司，其证券的流动性风险较小；而规模小、实力薄弱、信誉差的公司，其证券的流动性风险较大。

（3）破产风险。破产风险是指在证券发行者破产清算时，投资者无法收回应得权益的风险。当证券发行者由于经营不善而持续亏损、资不抵债、无力清偿到期债务或其他原因导致难以持续经营时，可能会申请破产保护。破产保护会导致债务清偿的豁免，使得投资者无法取得应得的投资收益，甚至无法收回投资的本金。

（四）证券投资收益

证券投资收益一般来源于两个方面，一方面是证券发行公司支付的利息或分配的股利，另一方面是投资者买卖证券的价差，即资本利得。证券投资收益有绝对表示形式和相对表示形式两种。利息、股利和利润为绝对表示形式，而投资收益率为相对表示形式。

二、股票投资的目的及特点

股票投资是指通过购买其他股份公司发行的股票以获取盈利或控制权的行为。股票投资具有高风险、高回报的特点。所谓高风险是指股票投资的收益具有很大的不确定性。股票投资收益由股利收益和资本利得收益构成，其中，股利收益的高低取决于发行公司的收益水平和股利政策，而买卖股票获取的资本利得收益受多种因素的影响。股票投资者由于承担了较大的投资风险，因此理应得到较高的投资回报。从世界各国投资收益的长期趋势看，股票的投资收益明显高于债券的投资收益。

1. 股票投资的目的

股票投资是证券投资的重要类型，企业进行股票投资的根本目的是获取盈利，提高企业价值，降低企业风险。具体分析，股票投资的目的可分为两种情况：一是获取股票股利和买卖价差，即选择有较高股利回报的股票进行投资或选择股票价格有较大获利空间的股票进行操作；二是通过购买股票达到控制或影响被投资企业的目的，通过控制或影响这些被投资企业，可以扩大企业经营范围，降低企业经营风险，或使被投资企业成为企业价值链的有效组成部分。股票投资目前的盈利水平往往不是被考虑的重点，从长远发展的角度对企业有利才是决策的根本。

2. 股票投资的特点

与其他证券投资相比，股票投资具有高风险、高收益、易变现的特点。相对于债券投资而言又具有以下特点：

（1）权利与义务方面。股票投资是权益性投资，股票是代表所有权的凭证，持有人作为发行公司的股东，有权参与公司的经营决策。

（2）收益与风险方面。股票的股利通常具有不固定性，并且股票价格既受发行公司经营状况影响，又受股市投资等多种因素的影响，波动性较大，因此，股票投资收益率较高但一般不固定，投资的风险较大。

3. 股票投资决策

股票投资决策的关键是投资者能否对股票正确估价，并通过股票价值与市场价格的比较作出合理选择。股票价值是指股票投资未来带来的现金流入量的现值。当股票价值大于其市场价格时，可以投资；相反，不可以投资。

4. 股票投资收益

股票投资收益主要包括两方面的内容：一是股票股息和红利；二是资本利得，即股票买入价与卖出价之间的差额。股票投资收益通常用相对数投资收益率表示。

小贴士　**新中国第一只上市的股票**

1984年11月18日，上海第一家经中国人民银行上海市分行批准，向社会公开发行股票的股份制企业——上海飞乐音响股份有限公司，向社会发行每股面值50元的股票1万股。这是我国自改革开放以来发行的第一只上市股票，也是中华人民共和国成立以来第一次公开向社会发行的股票。

※任务设计及工作过程※

宁海公司为了获取盈利，提高企业价值，拟进行股票投资。

【任务】请帮助宁海公司对投资股票进行估价，计算其投资收益。

进行股票投资首先要对拟投资的股票进行估价，然后将股票价值与当时该股票的市场价格比较，当股票价值大于或等于其市场价格时才可以投资。因为只有这时，进行股票投资才可以获得大于或等于市场利率或投资者要求的必要投资收益率；否则，不可投资。因此，宁海公司进行股票投资的主要任务是对拟投资股票进行正确估价，并通过比较股票价值与市场价格作出投资决策，最后计算衡量其投资收益。

一、股票估价

股票估价是指对股票内在价值进行评估。股票内在价值即股票价值，是指股票投资为投资者带来的未来现金流入量的现值。股票给投资者带来的现金流入量主要包括两部分：股利收入和未来出售时的售价。下面介绍几种常见的股票估价模型。

1. 短期持有、未来准备出售股票的估价模型

短期持有、未来准备出售的股票，在整个投资期内的现金流入量包括两部分：一是投资期内分得的现金股利，二是未来出售获取的现金。以市场利率或投资人要求的必要报酬率对该股票投资未来现金流入量折现的总价值即为股票价值。其估价模型为：

$$V=\sum_{t=1}^{n}\frac{D_t}{(1+K)^t}+\frac{F}{(1+K)^n}$$

式中，V 为股票价值；D_t 为第 t 期的预期股利；K 为市场利率或投资者要求的必要报酬率；

F 为预计股票未来出售时的价格；n 为预计持有股票的期数。

【想一想 6-1】 对股票进行估价是股票投资决策的关键，请问：投资者能否正确进行股票估价主要取决于哪些因素？

【例 6-1】 宁海公司拟投资甲公司股票，甲公司预计今后 3 年的每股股利分别为每股 0.40 元、0.45 元、0.65 元，预计 3 年后股票出售的价格可达每股 8 元，目前甲公司股票的市场价格为 7.8 元，股票市场平均收益率为 8%。请对甲公司股票进行估价，并判断是否可以投资甲公司股票。

甲公司股票的内在价值为：

$$V = 0.40\times(P/F,8\%,1)+0.45\times(P/F,8\%,2)+8.65\times(P/F,8\%,3)$$
$$= 0.40\times0.9259+0.45\times0.8573+8.65\times0.7938$$
$$= 7.62\text{（元）}$$

由于甲公司股票的内在价值（7.62 元）小于其目前市场价格（7.8 元），因此，不建议宁海公司投资甲公司股票。如果宁海公司投资甲公司股票，则投资收益率低于市场平均收益率（8%）。

2. 长期持有、股利零增长股票的估价模型

如果股票的年股利固定不变，即预期股利增长为零，并且投资者打算长期持有该种股票，则投资者所获取的股利收入为永久年金。其估价模型为：

$$V = \frac{D}{K}$$

式中，V 为股票价值；D 为每年固定的股利；K 为市场利率或投资者要求的必要报酬率。

【例 6-2】 宁海公司拟投资乙公司股票，该股票每年分配股利为 2 元/股，投资者要求的必要报酬率为 9%，该股票目前市价为 20 元。请问：宁海公司是否可以投资乙公司股票？

乙公司股票的内在价值为：

$$V = \frac{2}{9\%} = 22.22\text{（元）}$$

由于乙公司股票的内在价值（22.22 元）高于其目前市价（20 元），因此宁海公司可以投资乙公司股票。如果宁海公司投资乙公司股票，则投资报酬率高于投资者要求的必要报酬率（9%）。

3. 长期持有、股利固定增长股票的估价模型

如果股份公司每年向股东支付的股利稳定增长，并且投资者打算长期持有该种股票，则这种股票即为固定成长股票。

假设股份公司今年的股利为 D_0，预期未来股利增长率为 g，投资者要求的必要报酬率为 K，则投资者所获取的股利收入为：

$$D_t = D_0\times(1+g)^t$$

根据股票估价的基本模型，长期持有、股利固定增长股票的价值为：

$$V = \sum_{t=1}^{\infty}\frac{D_0\times(1+g)^t}{(1+K)^t}$$

当 $k>g$ 时，上式可简化为：

$$V = \frac{D_0(1+g)}{K-g} = \frac{D_1}{K-g}$$

式中，D_1 为预计第一年股利。

【例 6-3】 宁海公司拟购买丙公司股票，丙公司长期采取固定增长股利政策，增长率为6%。上一年的股利为每股0.5元，该公司通过对证券市场收益水平进行分析，确认的必要报酬率为10%。若丙公司股票的目前市场价格为13.5元，宁海公司是否可以购买丙公司的股票？

丙公司股票的内在价值为：

$$V=\frac{0.5\times(1+6\%)}{10\%-6\%}=13.25（元）$$

由于丙公司股票的内在价值（13.25元）小于其目前市场价格（13.5元），因此宁海公司不可以投资丙公司股票。如果宁海公司投资丙公司股票，则投资报酬率低于必要报酬率(10%)。

4. 非固定增长股票的估价模型

在实际中，并非所有公司股票均为固定增长型股票，有些公司股利不固定，在一段时期内高速增长，在另一段时期内正常增长或固定不变。在这种情况下，股票估价应分段进行。

【例 6-4】 宁海公司准备购买丁公司股票，预计丁公司未来3年高速增长，年增长率为15%，第4年及以后转为正常增长，年增长率为6%，最近已经以每股2元支付过股利。若宁海公司期望的必要报酬率为12%，并打算长期持有该股票，目前丁公司股票的市场价格为45元，那么宁海公司是否可以投资丁公司股票？

首先，计算非正常增长期的股利现值，见表6-1。

表 6-1　　丁公司非正常增长期股利现值

年　次	股利（D_t）	复利现值系数（12%）	现值（元）
1	2×（1+15%）=2.30	0.892 9	2.05
2	2.3×（1+15%）=2.65	0.797 2	2.11
3	2.65×（1+15%）=3.05	0.711 8	2.17
3年股利的现值合计			6.33

其次，计算第3年年末的普通股内在价值：

$$V_3=\frac{D_3\times(1+g)}{K-g}=\frac{D_4}{K-g}=\frac{3.05\times1.06}{0.12-0.06}=53.88（元）$$

最后，计算股票价值：

$$V=6.33+53.88\times(P/F,12\%,3)=44.68(元)$$

由以上计算可知：由于丁公司股票价值（44.68元）低于其市场价格（45元），因此宁海公司不宜投资该股票。如果宁海公司投资丁公司股票，则投资报酬率低于必要报酬率(12%)。

二、股票投资收益的衡量

股票收益率是衡量股票投资收益水平的尺度，通常股票收益率为股利收益率与资本利得收益率之和。若以股票投资收益率为折现率，则能使股票未来带来的现金流入的现值等于其购买价格，即净现值为零。其计算公式为：

$$P=\sum_{t=1}^{n}\frac{D_t}{(1+K)^t}+\frac{F}{(1+K)^n}$$

式中，P 为股票购买价格；F 为股票未来卖出价格；K 为股票投资收益率；其他字母含义同上。

【例 6-5】 承例 6-1，如果宁海公司投资甲公司股票，其投资收益率可计算如下：

用逐次测试法进行测试：

当利率为 6%时，该股票净现值为：

$$NPV=0.4\times0.9434+0.45\times0.89+8.65\times0.8396-7.8=0.24\text{（元）}$$

当折现率为 8%时，该股票净现值为：

$$NPV=0.4\times0.9259+0.45\times0.8573+8.65\times0.7938-7.8=-0.18\text{（元）}$$

用插值法，该投资收益率为：

$$K=6\%+\frac{0.24}{0.18+0.24}\times(8\%-6\%)=7.14\%$$

由以上计算可知：投资收益率 7.14%小于市场平均收益率 8%，故宁海公司不宜投资甲公司股票。

※ 职业能力训练 ※

一、判断题

（1）证券投资与实物资产投资比较，具有可分割性、流动性和相容性等特点。（　　）

（2）一般来说，企业进行股票投资的风险要小于债券投资的风险。（　　）

（3）股票投资的收益主要包括股票股息和红利、股票卖出价收入。（　　）

（4）一般情况下，股票市场价格会随着市场利率的上升而下降，随着市场利率的下降而上升。（　　）

（5）在证券投资中，能够更好地避免购买风险的是国库券。（　　）

（6）流动性风险是指证券能否顺利地按合理的市场价格出售的风险。（　　）

二、不定项选择题

（1）股票投资的缺点有（　　）。

A. 投资风险大　B. 求偿权居后　C. 价格不稳定　D. 收入稳定性强

（2）下列项目中属于股票收益影响因素的有（　　）。

A. 股份公司经营业绩　B. 股票市场价格变化

C. 公司的股利政策　D. 投资者的经验与技巧

（3）证券投资的收益不包括（　　）。

A. 证券购买价格　B. 债券利息　C. 股票股利　D. 现价与原价的价差

（4）股份公司依法发行的具有一定优先权的股票是（　　）。

A. 普通股　B. 优先股　C. 面值股　D. 无面值股

（5）下列因素中，影响股票内在价值的有（　　）。

A. 普通股股利　B. 股票卖价　C. 股票买价　D. 市场利率

（6）系统性风险一般包括（　　）。

A. 通货膨胀风险　B. 利率风险　C. 流动性风险　D. 破产风险

三、操作题

（1）某股票为固定增长型股票，第一年预计以每股2元发放现金股利，预计股利增长率为3%，投资者要求的必要报酬率为10%，并打算长期持有该股票。该股票目前市价为28元。要求：估算该股票价值，并作出投资决策。

（2）某公司预期前3年每年以20%的增长率高速发展，3年后转为正常增长，年增长率为4%。公司最近支付的股利为每股1.5元，投资者要求的必要报酬率为12%，并打算长期持有该股票。要求：估算该股票价值。

任务二

债券投资

※ 任务描述 ※

债券投资是通过购买债券获取投资收益的行为。在进行债券投资时，应全面了解证券投资基础知识和我国债券发行及投资方面的有关规定，在正确进行债券估价的前提下，通过债券价值与市场价格的比较，作出合理的投资决策。本任务学习目标为：

(1) 掌握债券投资的基础知识。

(2) 掌握债券估价的基本原理。

(3) 会进行各类债券估价。

(4) 能进行债券投资决策分析。

(5) 会进行债券收益率的测算。

※ 知识准备 ※

债券投资是公司通过购买政府、金融机构或公司发行的债券以获取收益的行为。与股票投资相比，债券投资具有收益稳定、风险小的特点。所谓收益稳定，是指债券一般有固定的利息率和付息日，投资者可在规定的时间收到固定的利息；风险小是因为债券有固定的到期日，债券价格的波动通常小于股票，债券的求偿权又在股票之前。

一、债券投资的目的

1. 短期债券投资的目的

一是为了利用闲置资金，提高资金获利水平；二是作为现金需求的必要储备，调节现金余额，降低短期财务风险。当企业现金多余时，往往购买债券，减少现金持有量，降低机会成本；而当现金不足时，则出售债券，以补充现金的不足。

2. 长期债券投资的目的

长期债券投资的目的，主要是获取稳定的投资收益。

二、债券投资的特点

1. 投资期限方面

不论长期债券投资，还是短期债券投资，都有到期日，债券到期应当收回本金，投资应考虑期限的影响。

2. 权利与义务方面

从投资权利来讲，在各种投资方式中，债券投资者的权利最小，无权参与被投资企业的经营管理，只有按约定取得利息、到期收回本金的权利。

3. 收益与风险方面

债券投资收益通常是事前预定的，收益率通常不及股票高，但具有较强的稳定性，投资风险较小。

三、债券投资决策

债券投资决策的关键是投资者能够对债券正确估价，并通过债券价值与债券市场价格的比较作出合理决策。债券价值是指债券投资在未来带来的现金流入量的现值。决策的基本原理是：当债券价值大于其价格时，可以投资；当债券价值小于其价格时，不可以投资。

四、债券投资收益

债券投资收益包括两个方面：一是债券的利息收入；二是资本损益，即债券买入价与卖出价（在持有至到期的情况下为到期偿还额）之间的差额，当卖出价高于买入价时为资本收益，反之为资本损失。此外，有的债券还可能因参与公司盈余分配，或者拥有转股权而获得其他收益。债券投资收益通常用相对数投资收益率表示。

※任务设计及工作过程※

宁海公司为充分利用闲置资金，提高资金获利水平，准备投资公司债券。

【任务】请根据本任务的详细资料，帮助宁海公司比较两种债券投资的收益，作出投资决策。

公司债券有多种，按付息方式不同具体有：一次还本分期付息的债券、到期一次还本付息的债券及贴息债券等。与股票投资一样，不论投资于哪一种债券，都要首先对拟投资的债券进行估价，然后将债券价值与当时债券的市场价格比较，当债券价值大于或等于其市场价格时才可以投资，否则不可投资。因为只有这时，进行债券投资才可以获得大于或等于市场利率的投资收益率。所以，进行债券投资的主要任务是对拟投资的债券进行正确估价，并通过比较债券价值与市场价格作出投资决策，最后计算衡量其投资收益。

一、债券估价

1. 一次还本分期付息债券的估价模型

一次还本分期付息的债券，对投资人来说其未来现金流入量包括两部分：一部分是每期相等的利息收入，一部分是到期被偿还的本金或未到期出售收回的投资。其估价模型为：

$$V=\sum_{t=1}^{n}\frac{I_t}{(1+K)^t}+\frac{M}{(1+K)^n}=I\times(P/A,i,n)+M\times(P/F,i,n)$$

式中，V 为债券价值；I 为债券每期的票面利息；M 为债券面值或未到期出售收回的现金；K 为市场利率或投资者要求的必要报酬率；t 为债券付息期数。

【例 6-6】 宁海公司欲购入A公司发行的面值为1 000元、票面利率为6%、期限为5年、利息每年计算并支付一次、到期归还本金的债券。购入该债券时的市场利率为8%，债券市场价格为925元。请问：宁海公司是否可以购买该债券？

A公司债券价值为：

$$\begin{aligned}V&=1\,000\times6\%\times(P/A,8\%,5)+1\,000\times(P/F,8\%,5)\\&=60\times3.992\,7+1\,000\times0.680\,6\\&=920.16\text{（元）}\end{aligned}$$

由以上计算可知：由于该债券价值（920.16元）小于债券市场价格（925元），因此不建议投资该债券。如果投资该债券，则其投资收益率低于市场利率（8%）。

2. 到期一次还本付息债券的估价模型

有些公司发行的债券是一次还本付息的形式，利息一般按单利计算，其债券价值就是未来收回本息的现值。其估价模型为：

$$V=\frac{M\times i\times n+M}{(1+K)^n}=(M\times i\times n+M)\times(P/F,K,n)$$

【例 6-7】 宁海公司欲投资B公司发行的利随本清的债券。该债券面值为1 000元，票面利率为6%，不计复利，期限为5年，当前市场利率为7%，该债券市场价格为920元。请问：宁海公司是否可以购买该债券？

B公司债券价值为：

$$\begin{aligned}V&=(1\,000\times6\%\times5+1\,000)\times(P/F,7\%,5)\\&=1\,300\times0.713\\&=926.9\text{（元）}\end{aligned}$$

由以上计算可知：因为该债券价值为926.9元，高于其市场价格920元，所以可以进行投资。如果投资该债券，则其投资收益率高于市场利率（7%）。

3. 贴息债券的估价模型

贴息债券也称为零票面利率债券，其估价模型为：

$$V = \frac{M}{(1+K)^n} = M \times (P/F, K, n)$$

【例 6-8】 某债券面值为 1 000 元，期限为 5 年，期内不计利息，到期按面值偿还。目前市场利率为 6%，请问价格为多少时才能购买该债券？

$$\begin{aligned} V &= 1\,000 \times (P/F, 6\%, 5) \\ &= 1\,000 \times 0.747\,3 \\ &= 747.3 \text{（元）} \end{aligned}$$

该债券价格低于 747.3 元时，才能购买该债券。

二、债券收益的衡量

债券收益率是衡量债券收益水平的尺度，当持有时间较短（不超过一年）时，一般以债券在特定期间带来的收益额与买入价（或本金）的比率表示。当持有时间较长（超过一年）时，要考虑资金时间价值按复利计算债券收益率。债券收益率是指债券未来带来的现金流入量的现值等于其价格，即净现值为零时的折现率。其计算公式为：

$$P = \sum_{t=1}^{n} \frac{I_t}{(1+K)^t} + \frac{M}{(1+K)^n}$$

【例 6-9】 承例 6-6，计算 A 公司债券收益率。

用逐次测试法进行测试：

当折现率为 6%时，该债券净现值为：

$$NPV = 1\,000 \times 6\% \times (P/A, 6\%, 5) + 1\,000 \times (P/F, 6\%, 5) - 925 = 75 \text{（元）}$$

当折现率为 8%时，该债券净现值为：

$$NPV = 1\,000 \times 6\% \times (P/A, 8\%, 5) + 1\,000 \times (P/F, 8\%, 5) - 925 = -4.84 \text{（元）}$$

采用插值法，计算该债券收益率为：

$$K = 6\% + \frac{75}{75 + 4.84} \times (8\% - 6\%) = 7.88\%$$

由以上计算可知：该债券收益率小于市场利率 8%，故不能进行投资。

【想一想 6-2】 债券收益率是衡量债券收益水平的尺度，决定债券收益率的主要因素有哪些？

※ 职业能力训练 ※

一、判断题

（1）证券投资是指买卖公司证券的投资。（　　）

（2）与股票投资相比，债券投资风险小，收益高且稳定。（　　）

（3）企业进行长期债券投资的主要目的是控制被投资企业。（　　）

（4）每年末付息、到期按面值归还本金的债券，当其票面利率大于市场利率时，应折价发行。（　　）

（5）债券期限越长，利率风险越大，期限性风险也越大。（　　）

（6）国库券由于没有违约风险和利率风险，因此投资收益较低。（　　）

二、不定项选择题

（1）与股票投资相比，债券投资的优点有（　　）。

A. 本金安全性好　　B. 投资风险小，收益高

C. 购买力风险低　　D. 收入稳定性强

（2）下列因素中，能够影响债券内在价值的有（　　）。

A. 债券的价格　　B. 债券的计息方式

C. 当前的市场利率　　D. 债券的票面价值

（3）企业对外进行债券投资，从其产权关系来看属于（　　）。

A. 债权投资　　B. 股权投资　　C. 证券投资　　D. 实物投资

（4）企业进行短期债券投资的主要目的是（　　）。

A. 获得对投资企业的控制权　　B. 调节现金余缺，获取适当收益

C. 增加资产流动性　　D. 获得稳定收益

（5）债券投资者购买债券时，可以接受的最高价格是（　　）。

A. 卖出的市价　　B. 债券的到期价值

C. 债券的内在价值　　D. 债券的票面价值

（6）利率与证券投资的关系，以下叙述中正确的是（　　）。

A. 利率上升，则证券价格上升　　B. 利率上升，则企业股票价格上涨

C. 利率上升，则证券价格下降　　D. 利率上升，则证券价格不变

三、操作题

（1）王某购买了一张面值为 1 000 元、票面利率为 10%、期限为 5 年的债券。该债券每年年末支付利息，到期按面值归还本金。要求：①如果该债券当时按 1 050 元溢价购入，计算该债券投资收益率；②如果投资者要求 8%的收益率，则该债券的价格最高不能超过多少？

（2）甲公司发行的债券为贴息债券，其面值为 1 000 元，期限为 3 年，当前的市场利率为 8%，问该债券的发行价格不高于多少时，投资者才可以购买？

任务三

基金投资

※ 任务描述 ※

基金投资是一种利益共享、风险共担的集合投资方式，即通过发行基金单位，集中投资者的资金，由基金托管人托管，由基金管理人管理运营资金，从事股票、债券等金融工具投资，

并将投资收益按基金投资者的投资比例进行分配的一种间接投资方式。本任务学习目标为：

（1）了解投资基金的基础知识。

（2）掌握基金资产估值的基本原理。

（3）会计算基金单位资产净值。

（4）会计算基金投资收益。

※ 知识准备 ※

证券投资基金（简称基金），是一种利益共享、风险共担的集合投资方式，即专业投资机构通过发行基金股份或收益凭证等有价证券，吸收众多投资者出资进行运作，以规避投资风险并谋取投资收益的证券投资工具。基金投资由于具有资金的规模优势和专家理财优势，能进行充分的投资组合，因此能降低风险，提高收益水平。

一、基金的种类

1. 根据组织形式的不同，基金可分为契约型基金和公司型基金

（1）契约型基金又称为单位信托基金，是指把投资者、管理人、托管人三者作为基金的当事人，由管理人与托管人通过签订基金契约的形式发行受益凭证而设立的一种基金。

（2）公司型基金是按照公司法以公司形态组成的，以发行股份的方式募集资金，一般投资者购买该公司的股份即为认购基金，也就成为该公司的股东，凭其持有的基金份额依法享有投资收益。

2. 根据变现方式的不同，基金可分为封闭型基金和开放型基金

（1）封闭型基金是指基金的发起人在设立基金时，限定了基金单位的发行总额，筹集到这个总额后，基金即宣告成立，并进行封闭，在一定时期内不再接受新的投资。基金单位的流通采取在交易所上市的办法，通过二级市场进行竞价交易。

（2）开放型基金是指基金发起人在设立基金时，基金单位的总数是不固定的，可视经营策略和发展需要追加发行。投资者也可根据市场状况和各自的投资决策，或者要求发行机构按现期净资产值扣除手续费赎回股份或受益凭证，或者再买入股份或受益凭证，增加基金单位份额的持有比例。

3. 根据投资标的的不同，基金可分为股票基金、债券基金、混合基金和其他投资基金

（1）股票基金是指以股票为主要投资对象的投资基金。

（2）债券基金是指以债券为主要投资对象的投资基金。

（3）混合基金是指以股票和债券为投资对象，二者的投资比例可以灵活调控的投资基金。

（4）其他投资基金是指以除股票和债券以外的其他金融工具为投资对象的投资基金。

4. 根据投资目的的不同，基金可分为成长型基金、收入型基金、平衡型基金

（1）成长型基金是指把追求资本的长期成长作为其投资目的的投资基金。

（2）收入型基金是指以能为投资者带来高水平的当期收入为目的的投资基金。

（3）平衡型基金是指既要获得当期收入，又要追求资本长期增长的投资基金，通常是把

资金分散投资于股票和债券，以保证资金的安全性和盈利性。

二、基金的特点

1. 集合投资

基金的特点是将零散的资金汇集起来，交给专业机构投资于各种金融工具，以谋取资产的增值。基金对投资的最低限额要求不同，投资者可根据自己的经济能力决定购买数量，有些基金甚至不限制投资额，这样可以最广泛地吸纳社会闲散资金，汇集成规模巨大的投资资金，体现出资本实力雄厚的优势。

2. 分散风险

以科学的投资组合降低风险，提高收益，是基金的另一大特点。在投资活动中，风险和收益总是并存的，多元化投资具有降低风险的功效，但要实现投资资产的多元化，需要一定的资金实力。基金通过聚集社会零散资金，壮大资金规模，进行科学的多元化投资组合，可以达到分散投资风险的目的。

3. 专业理财

基金实行专家管理制度，基金管理公司配备了大量的投资专家，他们不仅掌握了广博的投资分析和投资组合理论知识，而且具有丰富的证券投资和其他项目投资经验，具有一定的预测分析能力，能最大限度地帮助中小投资者避免投资决策失误，提高投资成功率。

三、基金与股票、债券的区别

1. 反映的经济关系不同

股票反映的是所有权关系，债券反映的是债券债务关系，而基金反映的则是基金投资者和基金管理人之间的一种委托代理关系。

2. 所筹资金的投向不同

股票和债券是金融工具，筹集的资金主要是投向实业，而基金主要是投向其他有价证券等金融工具。

3. 风险水平不同

股票的直接收益取决于发行公司的经营效益，不确定性强，投资于股票有较大的风险性。债券的直接收益取决于债券利率，而债券利率一般是事先确定的，投资风险较小。基金主要投资于有价证券，投资选择灵活多样，故其收益有可能高于债券，投资风险有可能低于股票。

【想一想 6-3】 比较股票投资、债券投资、基金投资的风险，一般会得出怎样的结论？

※任务设计及工作过程※

宁海公司目前拥有一笔数额不大的闲置资金，有以下几种投资方式可供选择：投资股票，一方面资金规模较小，另一方面投资风险较大，公司难以承受；投资公司债券，期限较长，流动性较低，不能满足公司短期内资金需求；经公司有关部门研究讨论，打算将这笔闲置资金投资于证券投资基金。

【任务】请根据本任务中的详细资料，为宁海公司作出正确的基金投资决策。

在进行投资时，其主要任务是了解基金资本的投向，关注基金资产估值、基金单位资产净值的变化及投资收益的情况，以便作出正确的投资决策。

一、基金资产的估值

基金资产的估值就是按照公允价值计算基金资产的过程。在基金的运作过程中，基金单位价格会随着基金资产值和收益值的变化而变化。为了比较准确地对基金进行计价和报价，使基金价格能较准确地反映基金的真实价值，就必须对某个时点上每份基金单位实际代表的价值进行估算，并将估值结果以资产净值公布。至于估值日的规定，各国不尽相同，不过，通常都规定，基金管理人必须在每一个营业日或每周一次或至少每月一次计算并公布基金的资产净值，但有下列情形之一时，基金管理人有权暂停估值：基金投资所涉及的证券交易所遇法定节假日或因故暂停营业；出现巨额赎回的情形、出现其他无法抗拒的原因致使管理人员无法准确评估基金的资产净值。

二、基金资产净值的计算

基金资产净值是指在某一基金估值时点上，按照公允价格计算的基金资产的总市值扣除负债后的余额，该余额是基金单位持有人的权益。基金资产净值是衡量一个基金经营好坏的主要指标，也是基金单位交易价格的计算依据。一般情况下，基金单位价格与资产净值趋于一致，即资产净值增长，基金价格也随之提高。尤其是开放型基金，其基金单位的申购或赎回价格都是直接按资产净值来计算的。但是，封闭型基金在证券交易所上市，其价格除取决于资产净值外，还受到市场供求状况、经济形势、政治环境等多种因素的影响，所以其价格常与资产净值发生偏离。

基金资产净值的计算包括基金资产净值的计算和基金单位资产净值的计算。

1. 基金资产净值的计算

$$基金资产净值=基金资产总额-基金负债总额$$

式中，基金资产总额是指基金拥有的所有资产（包括股票、债券、银行存款和其他有价证券等）按照公允价格计算的资产总额。基金负债总额是指基金运作及融资时所形成的负债，包括应付给他人的各项费用、应付资金利息等。

2. 基金单位资产净值的计算

基金单位资产净值计算的基本原理如下：

$$基金单位资产净值=\frac{基金资产净值}{基金单位总数}$$

式中，基金单位总数是指当时发行在外的基金单位的总量。

基金单位资产净值的具体计算方法有两种，即已知价计算法和未知价计算法。

（1）已知价计算法。已知价又叫历史价，是指上一个交易日的收盘价。已知价计算法就是基金管理人根据上一个交易日的收盘价来计算基金所拥有的金融资产，包括股票、债券、期货合约、认股权证等的总值，加上现金资产，然后除以已售出的基金单位总数，得出每个基金单位资产净值。采用已知价计算法时，投资者当天就可以知道单位基金的买卖价格，可以及时办理交割手续。

（2）未知价计算法。未知价又称期货价，是指当日证券市场上各种金融资产的收盘价，基金管理人根据当日收盘价来计算基金单位资产净值。采用未知价计算法时，投资者当天并不知道其买卖的基金价格是多少，要在第二天才知道单位基金的买卖价格。

【想一想6-4】基金单位资产净值计算有哪两种方法？二者有何区别？

【例6-10】假设某基金持有的某三种股票的数量分别是10万股、20万股和100万股，每股的市价分别为20元、15元和10元，银行存款为1 500万元，该基金负债有两项——对托管人或管理人应付未付的报酬300万元、应付税金500万元，已售出的基金单位为2 000万份。计算其基金单位资产净值。

基金单位资产净值＝（基金资产总额－基金负债总额）÷基金单位总数
＝（10×20＋20×15＋100×10＋1 500－300－500）÷2 000
＝1.1（元）

三、基金收益率的计算

基金收益率是反映基金增值情况的指标，它通过基金净资产的价值来衡量。基金净资产的价值是以市价计量的，基金资产的市场价值增加，意味着基金的投资收益增加，基金投资者的权益也随之增加。基金收益率的计算公式为：

基金收益率＝(年末基金单位的持有份数×基金单位资产净值年末数
－年初基金单位的持有份数×基金单位资产净值年初数)
÷（年初基金单位的持有份数×基金单位资产净值年初数）

基金单位资产净值年初数相当于购买基金的本金投资，基金收益率相当于投资报酬率。

【例6-11】某基金公司2019年的有关资料见表6-2。

表6-2 某基金公司2019年的有关资料

项目	年初	年末
基金账面净值（万元）	3 000	3 500
负债账面价值（万元）	300	400
基金单位市场价值（万元）	3 200	4 300
基金单位（万份）	1 000	1 300

根据上表资料计算2019年投资人的基金收益率。

2019年基金单位资产净值年初数＝（3 200－300）÷1 000＝2.9（元）

2019年基金单位资产净值年末数＝（4 300－400）÷1 300＝3（元）

$$基金收益率=\frac{1\ 300\times3-1\ 000\times2.9}{1\ 000\times2.9}\times100\%=34.5\%$$

【想一想6-5】相对于其他证券投资而言，基金投资的优缺点有哪些？

※ 职业能力训练 ※

一、判断题

（1）成长型投资基金是把为投资者带来高水平的当期收入作为投资目的的基金。（　　）
（2）投资基金的风险与收益均小于股票投资，大于债券投资。（　　）
（3）开放型基金买卖价格取决于市场供求关系。（　　）
（4）封闭型基金单位的总数是不固定的。（　　）
（5）基金资产的估值就是按照公允价值计算基金资产的过程。（　　）
（6）采用未知价计算基金单位资产净值是根据当日收盘价来计算的。（　　）

二、不定项选择题

（1）投资基金的特点是（　　）。
A. 具有专家理财的优势　　B. 能获得高投资收益
C. 资金规模大　　D. 分散风险
（2）以下属于封闭型基金与开放型基金区别的是（　　）。
A. 封闭型基金有固定的封闭期，开放型基金没有封闭期
B. 封闭型基金规模封闭，开放型基金规模不封闭
C. 封闭型基金必须上市交易，开放型基金不能上市交易
D. 封闭型基金的交易价格受市场供求关系的影响，并不必然反映公司的净资产；开放型基金的交易价格主要受公司净资产的影响，基本不受市场供求关系的影响
（3）基金的价值取决于（　　）。
A. 基金净资产账面价值
B. 基金净资产现在价值
C. 基金资产未来能给投资者带来的现金流量
D. 基金资产未来能给投资者带来的现金流量的现值
（4）契约型基金相对于公司型基金的特点是（　　）。
A. 契约型基金的资金是信托资产
B. 契约型基金的投资人是受益人
C. 契约型基金的投资人享有管理基金公司的权力
D. 基金运营依据是基金公司章程
（5）下列属于开放型基金特点的是（　　）。
A. 在招股说明书中要列明其基金规模
B. 没有固定期限，投资人可随时向基金管理人赎回
C. 基金资产不必保持流动，可全部进行长期投资
D. 交易价格基本不受市场供求关系的影响

（6）影响基金单位资产净值的因素有（　　）。

A. 基金资产总额　　B. 基金负债总额

C. 基金单位数量　　D. 基金资产账面价值

三、操作题

（1）假设某基金持有的某三种股票的数量分别是 10 万股、20 万股和 50 万股，每股市价分别为 15 元、12 元和 10 元，银行存款为 2 500 万元，该基金负债有两项——对托管人或管理人应付未付的报酬 300 万元、应付税金 400 万元，已售出的基金单位为 2 000 万份。要求：计算其基金单位资产净值。

（2）某基金公司 2019 年的有关资料见表 6－3。

表 6－3　　某基金公司 2019 年的有关资料

项　目	年　初	年　末
基金账面净值（万元）	5 000	6 000
负债账面价值（万元）	300	400
基金单位市场价值（万元）	5 600	6 200
基金单位（万份）	1 000	1 500

要求：根据上表资料计算该基金公司 2019 年投资基金的收益率。

【项目小结】

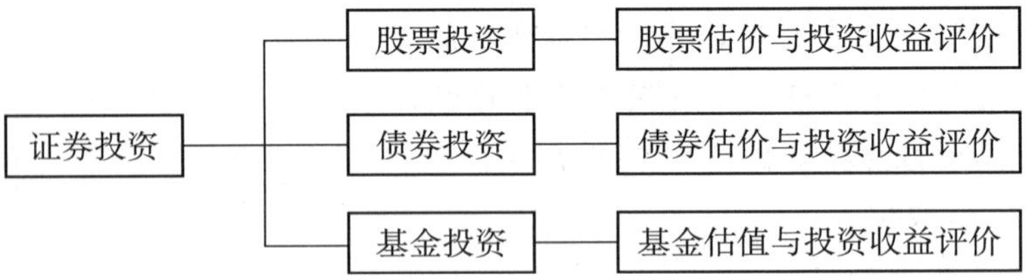

图 6－1　项目六结构图

【术语与公式】

1. 系统性风险——由那些影响所有公司的因素引起的风险。
2. 非系统性风险——也称为可分散风险，是指来源于特定的证券发行主体，由其各自的经营风险和财务风险所引起的，投资者可以规避或通过证券组合予以抵消的风险。
3. 股票价值：$V=\sum_{t=1}^{n}\frac{D_t}{(1+K)^t}+\frac{F}{(1+K)^n}$。
4. 债券价值：$V=\sum_{t=1}^{n}\frac{I_t}{(1+K)^t}+\frac{M}{(1+K)^n}$。
5. 证券投资基金——简称基金，是一种利益共享、风险共担的集合投资方式，即专业投资机构通过发行基金股份或收益凭证等有价证券，吸收众多投资者出资进行运作，以规避投资风险并谋取投资收益的证券投资工具。
6. 基金收益率＝（年末基金单位的持有份数×基金单位资产净值年末数－年初基金单位

的持有份数×基金单位资产净值年初数）÷（年初基金单位的持有份数×基金单位资产净值年初数）。

【项目实训】

证券组合投资决策分析

1. 任务目标

（1）分析政府债券收益和风险特点。

（2）分析公司债券收益和风险特点。

（3）分析股票收益和风险特点。

（4）为获得投资收益，且分散投资风险，应如何设计投资组合方案。

2. 任务描述

南方电器是一家家电连锁经营企业，2019 年年初公司领导召开会议，决定将公司多余的资金 2 000 万元用于对外投资，以获取投资收益。在会上，公司领导拟订了可供选择的五个投资对象：国家发行的五年期国债、汽车集团发行的企业债券、春兰股份、格力电器和华工科技。要求公司财务部提交既能获得投资收益，又能分散投资风险的证券组合投资分析报告，供公司领导机构研究决策。

3. 操作准备

（1）学生分组。6～8 人为一组，选定正、副组长为公司财务部正、副部长。

（2）学生分工。财务部正、副部长将组内学生按证券组合投资决策分析要求合理分工。

（3）制订工作计划书。每个小组制订一份工作计划书，工作计划书根据工作内容，由小组学生讨论制订，并经指导老师审阅批准后实施。

4. 操作流程

（1）各小组学习任务目标和任务描述，研究任务工单和应完成的任务。

（2）复习证券组合投资收益和风险的计算及评价的方法。

（3）各小组讨论制订南方电器公司证券组合投资决策工作计划书。

（4）指导老师审阅各小组制订的南方电器公司证券组合投资决策工作计划书，并签批。

（5）各小组通过网络收集 2019 年五年期国债发行公告。

（6）各小组通过网络收集 2018 年春兰股份、格力电器和华工科技年度报告。

（7）各小组组合计算分析五个投资对象的收益和风险特点。

（8）各小组撰写证券投资组合决策分析报告。

5. 实训材料

（1）任务工单。

①国家发行的五年期国债。通过网络查找 2019 年财政部五年期国债发行公告。

②甲汽车集团发行的五年期国债。甲汽车集团为国家重点企业，2019 年经财政部批准发行五年期重点企业债券 5 亿元，票面利率为 6%，每半年付息一次。

③春兰股份（600854）。通过网络查找 2018 年度报告等有关信息。

④格力电器（000651）。通过网络查找 2018 年度报告等有关信息。

⑤华工科技（000988）。通过网络查找 2018 年度报告等有关信息。

（2）完成任务。

①证券组合投资决策分析计划书（见表6-4）。

表6-4　　南方电器证券组合投资决策分析计划书

主要内容	实施时间	实施形式	主要负责人
研究证券组合投资决策分析的任务、要求与分工			
复习证券组合投资收益和风险的计算及评价的方法			
查找2019年财政部五年期国债发行公告的有关信息			
查找2018年春兰股份年报等有关信息			
查找2018年格力电器年报等有关信息			
查找2018年华工科技年报等有关信息			
计算分析五个投资对象的收益和风险特点			
提出并撰写证券组合投资决策分析报告			
其他： 学习小组组长：　　学习小组成员： 年　月　日			
指导老师审阅意见： 签名： 年　月　日			

②2019年五年期国债信息（见表6-5）。

表6-5　　2019年五年期国债发行信息摘录

学习小组成员签字：

③2018年春兰股份年报等有关信息（见表6-6）。

表6-6　　春兰股份2016—2018年主要财务数据

财务指标	2018年	2017年	2016年
主营收入（万元）			
净利润（万元）			
扣除后净利润（万元）			
总资产（万元）			
股东权益（万元）			
每股收益（元）			
每股净资产（元）			
每股现金流量（元）			
净资产收益率（%）			

学习小组成员签字：________________

④2018 年格力电器年报等有关信息（见表 6 - 7）。

表 6 - 7　　格力电器 2016—2018 年主要财务数据

财务指标	2018 年	2017 年	2016 年
主营收入（万元）			
净利润（万元）			
扣除后净利润（万元）			
总资产（万元）			
股东权益（万元）			
每股收益（元）			
每股净资产（元）			
每股现金流量（元）			
净资产收益率（%）			

学习小组成员签字：＿＿＿＿＿＿＿＿

⑤2018 年华工科技年报等有关信息（见表 6 - 8）。

表 6 - 8　　华工科技 2016—2018 年主要财务数据

财务指标	2018 年	2017 年	2016 年
主营收入（万元）			
净利润（万元）			
扣除后净利润（万元）			
总资产（万元）			
股东权益（万元）			
每股收益（元）			
每股净资产（元）			
每股现金流量（元）			
净资产收益率（%）			

学习小组成员签字：＿＿＿＿＿＿＿＿

⑥收益风险分析报告（见表 6 - 9）。

表 6 - 9　　南方电器收益风险分析报告

政府债券	
企业债券	
春兰股份	
格力电器	
华工科技	

学习小组成员签字：＿＿＿＿＿＿＿＿

⑦证券组合投资决策分析报告（见表 6 - 10）。

表 6 - 10　　南方电器证券组合投资决策分析报告

一、证券组合投资对象概况 二、投资对象收益和风险分析

三、证券组合投资的方案 四、证券组合投资方案说明   学习小组成员签字：

6. 讨论评价

（1）各小组用PPT汇报交流，限时10分钟。

（2）各小组听取汇报交流并打分互评。

（3）指导老师打分并点评。

【案例分析】

巴菲特的投资要诀

提起巴菲特，无人不知他是一代股神。巴菲特被美国人称为“除了父亲之外最值得尊敬的男人”。1930年出生的他，虽然已经是90岁高龄的老人了，却一直活跃在最年轻也最具活力与激情的行业——金融。

沃伦·巴菲特出生于美国内布拉斯加州的奥马哈市，他从小就极具投资意识，钟情于股票和数字的程度远远超过了家族中的任何人。有人说他“满肚子都是挣钱的道儿”。5岁时巴菲特就在家门口摆地摊兜售口香糖；稍大后他带领小伙伴到球场捡大款用过的高尔夫球，然后转手倒卖，生意颇为红火。上中学时，除利用课余时间做报童外，他还与伙伴合伙将弹子球游戏机出租给理发店老板，挣取外快。

1950年，被哈佛大学拒之门外的巴菲特考入了哥伦比亚大学商学院，投在著名投资学理论学家本杰明·格雷厄姆门下。格雷厄姆反对投机，主张通过分析企业的盈利情况、资产情况及未来前景等因素来评价股票。他传授给巴菲特丰富的知识和诀窍。富有天赋的巴菲特很快成了格雷厄姆的得意门生。

出师后的巴菲特果然展现了他天才般积累财富的能力。他赚钱的速度和数量令人憧憬，有人甚至说：“谁若选择了巴菲特，谁就坐上了发财的火箭。”

1957年年初，他掌管的资金达到30万美元，但仅至年末就已升至50万美元；1962年，巴菲特合伙人公司的资本达到了720万美元，其中有100万美元是属于巴菲特个人的；1964年，巴菲特的个人财富达到400万美元，而此时他掌管的资金已高达2 200万美元；1967年10月，巴菲特掌管的资金达到6 500万美元。

1968年5月，当股市一路凯歌的时候，巴菲特却隐退了。次年，一场股灾果然来袭。到了1970年5月，每种股票都要比上年年初下降了50%，甚至更多。当别人垂头丧气之时，巴菲特却暗自欢喜，他财源滚滚的时候到了，因为他发现了太多的便宜股票。1972年，巴菲特盯上了报刊业，10年之后，他投入的1 000万美元升值为2亿美元；1980年，他用1.2亿美元，以每股10.96美元的单价，买进可口可乐7%的股份。到1985年，其股票单价已长至51.5美元，翻了近5倍。巴菲特赚钱的能力令全世界的投资家咋舌。

对于巴菲特来说，“三要三不要”是他投资的重要理念。

资料来源：巴菲特的三要三不要．(2018-09-03). http://www.sohu.com/a/251703689_140482.

【问题】通过网络查询并分析巴菲特的“三要三不要”投资理念。

【阅读推荐】

1. 《中华人民共和国证券法》
2. 《中华人民共和国证券投资基金法》

项目七

营运资金管理

【学习目标】

- 认识营运资金管理的重要性。
- 能够明确现金管理的目的。
- 能运用各种模型确定最佳现金持有量。
- 会收集、整理相关信息并对客户进行资信程度评估。
- 能运用应收账款管理的基本方法进行信用政策的决策分析。
- 会运用账龄分析法对应收账款进行日常管理。
- 会运用存货管理的各种模型确定存货经济订购批量。
- 会应用 ABC 分类控制法对存货进行日常管理。

【导引案例】

自 1996 年至 2005 年，四川长虹的应收账款迅速增加，从 1995 年的 1 900 万元增长到 2003 年的近 50 亿元，应收账款占资产总额的比重从 1995 年的 0.3%上升到 2003 年的 23.3%。2004 年，四川长虹计提坏账准备 3.1 亿美元，截至 2005 年第一季度末，四川长虹的应收账款为 27.75 亿元，占资产总额的 18.6%。

四川长虹不仅应收账款大幅度增加，而且应收账款周转率逐年下降，从 1999 年的 4.67%下降到 2005 年第一季度的 1.09%，明显低于其他三家彩电业上市公司的同期应收账款周转率。

巨额应收账款大幅度减少了四川长虹经营活动产生的现金流量净额，从 1999 年的 30 亿元急剧下降到 2002 年的—30 亿元。截至 2004 年年底，其经营活动产生的现金流量净额仅为 7.6 亿元。

任务一 最佳现金持有量的确定

※ 任务描述 ※

在确定最佳现金持有量之前，应掌握现金的含义、持有现金的动机、持有现金的成本、现金管理的目标等基础知识。本任务学习目标为：

(1) 明确现金的持有动机。

（2）能分析持有现金的成本。
（3）明确现金管理的目标。
（4）会计算最佳现金持有量。

※ 知识准备 ※

现金是流动性最强的一种货币性资产，是可以立即投入流通的交换媒介。现金有广义和狭义之分：广义的现金是指占用在各种货币形态上的资产，包括库存现金、银行存款及其他货币资金；狭义的现金是指企业的库存现金。这里讲的现金是指广义的现金。

一、持有现金的动机

持有现金一般有三个动机：交易性动机、预防性动机和投机性动机。

1. 交易性动机

交易性动机是指用来满足日常业务的现金支出需要。企业经常得到收入，也经常发生支出，两者不可能同步同量。企业为了组织日常生产经营活动，必须保持一定数额的现金，用于购买原材料、支付工资、缴纳税款、偿付到期债务、派发现金股利等。因此，企业置存一定数量的现金余额是正常业务活动能够连续进行的基本保障。一般来说，为满足交易性动机所持有的现金余额主要取决于企业销售规模。企业销售规模扩大，销售额增加，所需要的现金余额也随之增加。

2. 预防性动机

预防性动机是指用来应付突发事件对现金支出的需要。企业有时会出现意想不到的突发事件，如政治环境的变化、客户可能的违约、生产事故、坏账损失、自然灾害等，这些事件一旦发生，企业就可能产生现金需求。因此，企业在正常业务活动现金需要量的基础上，为了应付突发事件，有必要追加一定数量的现金。一般来说，预防性现金数额的多少，主要取决于企业对未来现金流量预测的可靠程度。企业对未来现金流量的预测越准确，需要的预防性现金数额就越少；反之，则越多。此外，预防性现金数额的多少还与企业愿意冒缺少现金风险的程度及临时性融资的能力有关。希望尽可能减少风险的企业倾向于保留大量的现金余额，以应付预防性现金需求。但是，企业如果能够与银行维持良好关系，很容易随时借到短期资金，也可以减少预防性现金数额。

3. 投机性动机

投机性动机是指用于从事投机活动并从中获利的现金需要。比如，当企业遇到廉价原材料或其他资产供应的机会时，便可用手头现金大量购入；在适当时机购入价格有利的股票和其他有价证券等。投机性动机一般只是企业确定现金余额所需考虑的次要因素之一，其持有量的大小往往与企业在金融市场的投资机会及企业对待风险的态度有关。

以上三个动机中，交易性动机和预防性动机是企业确定现金持有量应考虑的主要因素，投机性动机是次要因素。

二、持有现金的成本

1. 管理成本

现金的管理成本是指企业因持有一定数量的现金而发生的管理费用。如企业要建立完整的现金管理内部控制制度，制定各种现金收支规章制度和现金预算执行的具体办法，以及支付给现金管理人员的工资和安全措施费用等。管理成本在一定时期一定现金持有量范围之内通常保持不变，具有固定成本性质。

2. 机会成本

现金的机会成本是指企业因持有一定现金余额而丧失的再投资收益。现金资产的非盈利性特征决定了持有现金是不会获取收益的，银行存款即便有利息收入，也是非常低的，只能看作其一种保值作用。如果企业将这部分现金资产进行投资，有可能获取一定的投资收益。因此，将因持有现金而丧失的再投资收益叫做机会成本。它通常以有价证券、投资报酬率为基础计算确定，即它是企业不能同时用该现金进行有价证券投资所产生的机会成本，这种成本在数额上等同于资本成本。机会成本与现金持有量成正比例变动，属于变动成本，两者之间的关系用公式表示为：机会成本＝现金持有量×有价证券投资报酬率（有价证券利率）。例如，某企业的资本成本为6%，若企业年均持有现金100万元，则每年的现金机会成本为6（＝100×6%）万元。

3. 转换成本

转换成本是指企业现金与有价证券转换过程中所发生的成本。如委托买卖佣金、委托手续费、债券过户费、实物交割手续费等。严格地讲，转换成本并不都是固定费用，有的具有变动成本性质。在有价证券总额既定的条件下，按成交金额计算的费用，无论转换次数多少，所支付的费用总额是相等的，即它们与转换次数关系不大，具有固定成本性质，如委托买卖佣金或手续费；与证券转换次数密切相关的转换成本具有变动成本性质，如固定性交易费用，这部分转换成本与证券变现次数构成线性关系，即转换成本＝证券变现次数×每次的转换成本。在现金需要总量确定的前提下，每次转换的现金越少，现金持有量就越少，则需要转换的次数就越多，相应的转换成本就越大；相反，转换成本就越少。

4. 短缺成本

短缺成本是指现金持有量不足而又无法及时通过有价证券变现加以补充而给企业造成的损失，包括直接损失和间接损失。如由于现金不足不能及时购买原材料而使生产中断造成的停工损失，不积极供货而违约造成的信用损失等。现金短缺成本与现金持有量成负相关关系，即现金短缺成本随现金持有量的增加而减少，随现金持有量的减少而增加。

三、现金管理的目标

现金作为企业资产中流动性量强的部分，是满足企业正常生产经营支出、清偿债务、履行纳税义务的重要保证。因此，企业保持足够的现金余额，对于增加企业资产的流动性、降低或避免经营风险和财务风险都具有十分重要的意义。但是，现金又是一种非盈利性资产，持有量过多，会给企业造成较大的机会成本，降低企业整体资产的获利能力。因此，现金管理的目标，就是在现金的流动性与收益性之间作出合理的选择，力求做到既能保证企业正常生产经营活动的需要，又不使企业现金多余闲置，以获取最大的长期利润。

※ 任务设计及工作过程 ※

近日，宁海公司多次召开财务会议讨论现金管理事宜，目前主要讨论的是现金的持有量问题。公司若保持较高的现金持有量，有可能会因丧失再投资收益而产生机会成本；若降低现金持有量，当不能满足正常生产经营活动的需要时，会因不能及时供应原材料等生产资料而造成停工待料的损失。因此，公司目前要解决的关键问题，一方面是科学合理地确定最佳现金持有量，另一方面是加强现金的日常管理。

【任务】请根据本任务中的资料，为宁海公司确定现金持有量，并提出现金管理建议。

确定最佳现金持有量的方法有成本分析模型、存货模型和随机模型等，公司应根据实际需要选择合适的方法，以便作出最佳现金持有量决策。现金的日常管理主要包括现金回收管理和现金支出管理。

一、确定最佳现金持有量

1. 成本分析模型

成本分析模型是通过分析持有现金的成本，寻找持有现金总成本最低的现金持有量。持有现金总成本的计算公式为：

持有现金总成本＝管理成本＋机会成本＋短缺成本

管理成本、机会成本和短缺成本与现金持有量之间的关系如图 7－1 所示。成本分析模型就是要找出管理成本、机会成本和短缺成本所组成的总成本曲线中最低点对应的现金持有量，即最佳现金持有量。

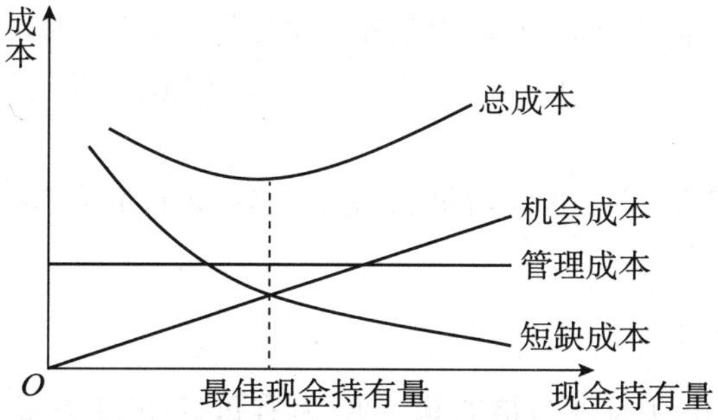

图 7－1　成本分析模型

成本分析模型的优点是适用范围广，尤其适用于现金收支波动较大的企业；缺点是企业持有现金的短缺成本较难预测。

【例7-1】 宁海公司现有甲、乙、丙、丁四种现金持有量方案，有关成本资料见表7-1。

表7-1　　宁海公司现金持有量方案　　金额单位：元

项　目	甲	乙	丙	丁
现金持有量	40 000	50 000	70 000	90 000
管理成本	10 000	10 000	10 000	10 000
机会成本率	10%	10%	10%	10%
短缺成本	4 500	3 200	1 000	0

假如你是宁海公司的财务经理，请利用成本分析模型为该公司作出最佳现金持有量的决策。

根据表7-1资料，计算甲、乙、丙、丁四种现金持有量方案的总成本，见表7-2。

表7-2　　宁海公司持有现金的总成本　　单位：元

项　目	甲	乙	丙	丁
现金持有量	40 000	50 000	70 000	90 000
管理成本	10 000	10 000	10 000	10 000
机会成本	4 000	5 000	7 000	9 000
短缺成本	4 500	3 200	1 000	0
总成本	18 500	18 200	18 000	19 000

由以上计算可知，丙方案的总成本最低。因此，宁海公司最佳现金持有量应选择为70 000元。

2. 存货模型

存货模型是将现金看作企业的一种特殊存货，按照存货管理中经济批量法的原理确定企业最佳现金持有量的方法。运用此模型确定最佳现金持有量的基本假设条件如下：

（1）企业预算期（计划期）内现金需要总量可以预测。

（2）企业所需用的现金均可通过证券变现取得，并且证券变现的不确定性很小。

（3）现金的支出过程比较稳定，并且每当现金余额降至零时，均可通过部分证券变现得以补足，没有短缺成本。

（4）证券投资报酬率或利率以及每次的固定性交易费用可以获悉。

如果以上假设条件基本得到满足，则企业便可以运用存货模型来确定最佳现金持有量。

存货模型下的最佳现金持有量是指机会成本与转换成本之和为最小时相应的现金持有量。其总成本的计算公式为：

$$TC=K\times\frac{Q}{2}+F\times\frac{T}{Q}$$

式中，TC 为现金总成本；Q 为现金持有量；K 为有价证券投资报酬率或利率；T 为一定时期的现金需要量；F 为每次转换有价证券的固定成本。

每次转换现金后现金持有量达到最高，下次转换前现金用完，现金余额为零，故现金平均余额为$\frac{Q}{2}$。现金在一定时期内的变化情况如图7-2所示。

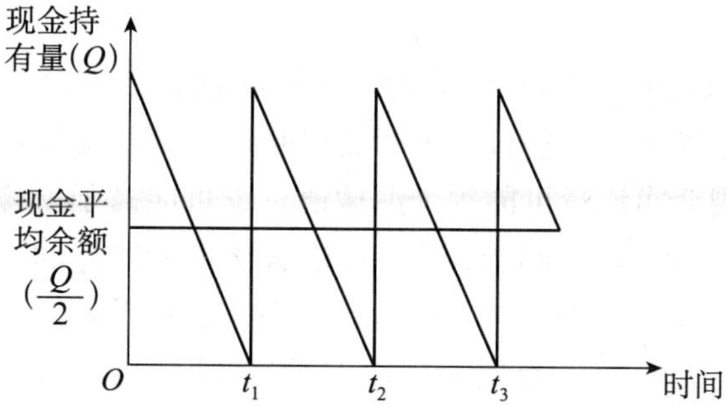

图 7－2　现金周期性变化

成本与现金持有量的变化关系如图 7－3 所示。

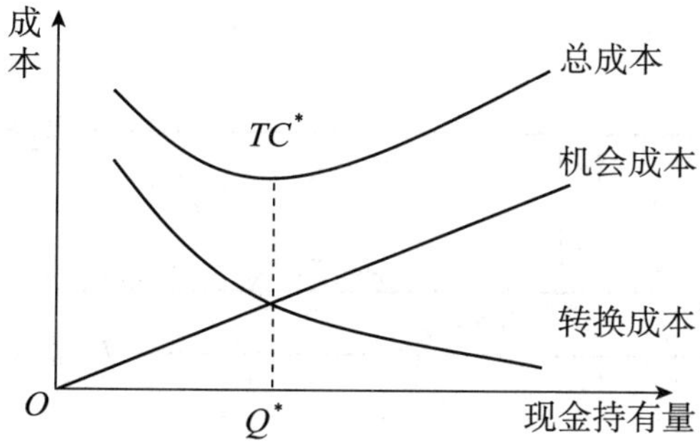

图 7－3　存货模型的现金成本

通过对公式 $TC=K\times\frac{Q}{2}+F\times\frac{T}{Q}$ 求导，求出 TC（Q）极小值，可以确定出最佳现金持有量、最佳现金总成本和最佳变现次数。其计算公式分别为：

$$Q^*=\sqrt{\frac{2TF}{K}}$$

$$TC^*=\sqrt{2TFK}$$

$$N^*=\frac{T}{Q^*}$$

式中，Q^* 为最佳现金持有量；TC^* 为最佳现金总成本；N^* 为最佳变现次数；其他字母表示的含义同上。

存货模型的优点是计算结果比较精确，但其使用条件较为严格，使该方法的使用受到一定的限制。

【例 7－2】宁海公司预计全年现金总需要量为 1 000 000 元，其收支状况比较稳定。有价证券年利率为 8%。假设有价证券变现的转换成本为每次 100 元，计算该公司最佳现金持有量、最佳现金总成本及最佳变现次数。

$$Q^*=\sqrt{\frac{2\times1\ 000\ 000\times100}{8\%}}=50\ 000\text{（元）}$$

$$TC^*=\sqrt{2\times1\ 000\ 000\times100\times8\%}=4\ 000\text{（元）}$$

$$N^*=\frac{1\ 000\ 000}{50\ 000}=20\text{（次）}$$

【想一想 7－1】利用成本分析模型和存货模型确定最佳现金持有量的相关成本有何不同？

3. 随机模型

米勒（M. Miller）和奥尔（D. Orr）设计了一个在现金流入、流出不稳定情况下确定最佳现金持有量的模型。该模型假设每日现金净流量是一个随机变量，该随机变量在一定时期内接近正态分布，每日现金净流量可能等于期望值，也可能高于期望值。随机模型确定最高控制线为 H，最低控制线为 L，回归线为 R。L 取决于模型之外的因素，其数额由现金管理部经理在综合考虑短缺现金风险程度、公司借款能力、公司日常周转所需资金、银行要求的补偿性余额等因素的基础上确定。当现金余额上升到 H 线时，表明现金余额过多，公司可以购入有价证券，使现金余额回落到 R 线上；当现金余额下降到 L 线时，公司将出售一定量的有价证券，使现金余额上升到 R 线上。如图 7－4 所示。

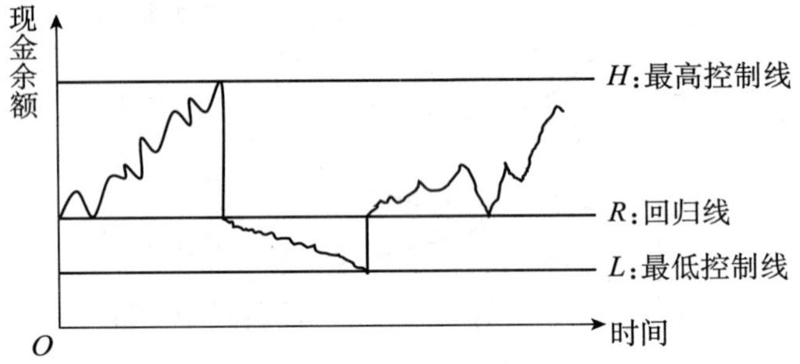

图 7－4　随机模型

现金回归线 R 和最高控制线 H 的计算公式为：:

$$R=\sqrt[3]{\frac{3b\sigma^2}{4i}}+L$$

$$H=3R-2L$$

式中，b 为证券转换为现金或现金转换为证券的成本；σ 为公司每日现金流量变动的标准差；i 为以日为基础计算的现金机会成本（或日利率）。

运用随机模型确定最佳现金持有量符合随机思想，即企业现金支出是随机的，收入是无法预知的，所以，该模型适用于所有企业最佳现金持有量的预测。由于随机模型建立在企业的现金未来需求总量和收支不可预测的前提下，因此计算出来的现金持有量比较保守。

【例 7－3】宁海公司现金部经理决定任何时候其现金余额都不能低于 20 000 元，估计每天的现金净流量标准差为 2 000 元，持有现金的年机会成本为 15%，买卖证券转换成本为 150 元。那么，在随机模型下，该公司现金余额回归线和最高控制线分别为多少？

$$R=\sqrt[3]{\frac{3\times150\times2\ 000^2}{4\times(15\%\div365)}}+20\ 000=30\ 307.14\text{（元）}$$

$$H=3\times30\ 307.14-2\times20\ 000=50\ 921.42\text{（元）}$$

【想一想 7－2】成本分析模型、存货模型、随机模型各自的适用范围和优缺点是什么？

二、现金的日常管理

1. 加快现金周转速度

现金周转期是指企业从购买材料支付现金开始，到销售产成品收回现金为止，所需要的时间。其计算公式为：

现金周转期＝存货周转期＋应收账款周转期－应付账款周转期

它们之间的关系如图 7－5 所示。

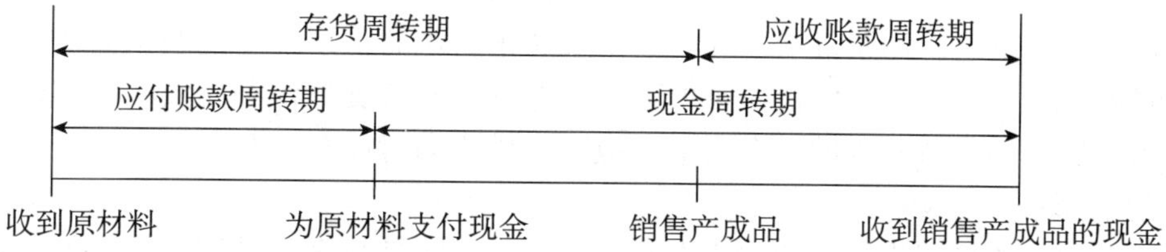

图 7－5　现金周转期

由上图可知，加快现金周转速度的主要途径是：加快制造与销售产成品速度以缩短存货周转期，加速应收账款的回收速度以缩短应收账款周转期，减缓支付应付账款以延长应付账款周转期。

2. 加强现金回收管理

企业加速现金的收取，不仅要尽量使顾客早付款，而且要尽快地将这些付款转化为可用现金。因此，关键是要做好两方面工作：一是缩短顾客给企业邮寄支票（或汇票）的过程，二是缩短现金存入企业往来银行的过程。常用的方法有：

（1）银行业务集中法。银行业务集中法是指企业指定一个主要开户银行（通常是总部所在地）为集中银行，并在收款额较集中的若干个地区分别设立多个收款中心；客户收到账单后直接将货款汇给当地收账中心，中心收款后立即存入当地银行；当地银行在进行票据交换后立即转给企业总部所在银行。这种方法不仅可以缩短客户邮寄支票的时间和支票托收的时间，也可缩短现金从客户到企业的中间周转时间，同时还便于应收账款的及时清理。

（2）改善收款方式。尽量采用电子支付的方式。电子支付方式相对于纸质支付方式的优点有：结算时间和资金可用性可以预计；向任何一个账户或任何金融机构的支付具有灵活性，不受人工干扰；客户的汇款信息可与支付同时传达，更容易更新应收款；减少或消除了收款浮动期，降低了收款成本，收款过程更容易控制，并且提高了预测精度。

（3）其他方法。企业对数额较大的货款，可直接派人员前往收取支票并存入银行。企业如果下属机构很多，还应严格控制这些机构之间的现金往来调拨，密切关注所属机构占用过多资金的现象。如果企业在多家银行开设账户，应取消一些不必要的账户，以防现金的不合理滞留或闲置。

3. 加强现金支出管理

企业现金支出管理的主要任务是在合理合法的情况下，尽可能延缓现金的支出时间。其主要方法有：

（1）合理使用现金浮账量。现金浮账量是指企业账户上的现金余额与银行账户上的余额之间的差额，其形成的主要原因是企业与银行双方在款项接受和划转上的时间差。有时企业账户上的现金余额已为零或负数，而银行账户上的现金余额还很多，此时企业可以合理利用二者之间的差额。因此企业若能正确预测现金浮账量并合理利用，就能达到节约现金的目的。

（2）推迟应付款支付。推迟应付款支付是指企业在不影响其信誉的情况下，尽可能推迟应付款的支付期。如某企业在采购材料时，其付款条件是“1/10，n/45”，如果企业确实急需现金，而短期筹资又比较困难，可放弃现金折扣，在信用期的最后一天付款，即应在开票后的第45天付款，但往往放弃现金折扣的成本是很高的。

（3）汇票代替支票。汇票分为商业承兑汇票和银行承兑汇票，与支票不同的是，承兑汇票并不是见票即付。这一方式的优点是推迟了企业调入资金支付汇票的实际所需时间，这样企业就只需在银行中保持较少的现金余额。但有些供应商可能并不喜欢用汇票付款，而且银行往往会收取较高的手续费。

（4）力争现金流量同步。企业在现金管理中应树立力争现金流量同步的思想，可通过编制现金预算的方法，尽量使一定时期的现金流量在发生的时间和金额上趋于一致和平衡。这样，不仅能保证企业一定时期内以现金流入满足现金流出的需求，而且能使企业所持有的现金余额降低到最低水平，从而减少资金占用，提高现金的使用效率。

（5）改进工资支付方式。单独开设职工工资账户，通过银行向职工支付工资。为了最大限度地减少工资账户的存款余额，企业要合理估计开出支付工资的支票兑现时间和金额。

4. 加强资金集中管理控制

资金集中管理也称司库管理，是指集团企业借助商业银行网上银行功能及其他信息技术手段，将分散在集团各所属企业的资金集中到总部，由总部统一调度、统一管理和统一运用。目前，集团企业资金集中管理主要有四种模式：统收统支模式、拨付备用金模式、结算中心模式和财务公司模式。

（1）统收统支模式。统收统支模式是指集团的一切现金收支活动都集中在集团财务部门，各分支机构或子公司不单独设立财务账号，一切收入直接进入总部的账户，一切现金支出都通过财务部门付出，现金收支的批准权高度集中在经营者或经营者授权的代表手中。

（2）拨付备用金模式。拨付备用金模式是指企业按照一定的期限统拨给所属分支机构或子公司一定数额的现金，备其使用；等各分支机构或子公司发生现金支出后，持有关凭证到企业财务部门报销补足备用金。

（3）结算中心模式。结算中心又称内部银行，是集团公司实现资金集中控制最主要的方式。结算中心通常设立于集团总部的财务部门内，是一个独立运行的职能机构，负责内部各成员或分公司现金收付和往来结算业务。

（4）财务公司模式。财务公司模式是指通过财务公司实现资金的集中管理。财务公司是大型集团公司或跨国公司投资设立的一个独立的法人实体，它是由人民银行批准设立，经营部分银行业务的非银行金融机构，主要开展存贷款、融资租赁、担保、债券承销、信用鉴证、财务咨询等业务，其主要职责是为集团公司或跨国公司内部各成员企业提供金融服务。

※ 职业能力训练 ※

一、判断题

（1）企业现金持有量较多会提高企业的收益水平。（　　）

（2）利用存货模型确定最佳现金持有量时，相关成本为管理成本、机会成本、转换成本和短缺成本四项。（　　）

（3）预防性需要是指置存现金以防发生意外的支付，它与企业现金流量的确定性及企业的借款能力有关。（　　）

（4）在不影响自己信誉的前提下，充分运用供货方所提供的信用优惠，尽可能地推迟应付款的支付期，是企业日常现金管理策略之一。（　　）

（5）企业营运资金余额越大，说明企业风险越大，收益率越大。（　　）

（6）现金浮账量是指由于企业提高收款效率和延长付款时间所产生的企业账户上的现金余额和银行账户上的企业存款余额之间的差额。（　　）

二、不定项选择题

（1）下面现金管理目标描述正确的是（　　）。

A. 现金变现能力最强，因此不必持有太多的现金

B. 持有足够的现金，可以降低或避免财务风险和经营风险，因此现金越多越好

C. 现金是一种非盈利资产，因此不该持有现金

D. 现金的流动性和收益性呈反向变化关系，因此现金管理要在两者之间做好权衡

（2）下列项目中属于持有现金机会成本的是（　　）。

A. 现金管理人员工资　　B. 现金安全措施费用

C. 现金被盗损失　　D. 现金的再投资收益

（3）影响现金周转期的因素有（　　）。

A. 存货周转期　　B. 应收账款周转期

C. 应付账款周转期　　D. 市场环境

（4）在成本分析模式下确定现金最佳持有量的相关成本有（　　）。

A. 现金管理成本　　B. 持有现金机会成本

C. 现金转换成本　　D. 现金短缺成本

（5）企业置存现金，主要是为了满足（　　）。

A. 交易性、预防性、收益性需求　　B. 交易性、预防性、投机性需求

C. 交易性、投机性、收益性需求　　D. 交易性、流动性、收益性需求

（6）持有过量现金可能导致的不利后果有（　　）。

A. 财务风险加大　　B. 收益水平下降

C. 偿债能力下降　　D. 资产流动性下降

三、操作题

（1）某企业今年现金需要量为 60 000 元，假定年内收支状况稳定。每次买卖有价证券发生的固定费用为 120 元，证券市场平均利率为 10%，试用存货模式确定最佳现金持有量、最低现金管理相关总成本、年内有价证券最佳变现次数。

（2）某企业有四种现金持有方案，各方案有关成本资料见表 7－3。

表 7－3 某企业现金持有方案 金额单位：元

项　目	甲	乙	丙	丁
现金持有量	30 000	40 000	50 000	60 000
机会成本率	8%	8%	8%	8%
短缺成本	3 000	1 000	500	0
管理成本	2 000	2 000	2 000	2 000

要求：计算该企业的最佳现金持有量。

任务二

应收账款管理

※ 任务描述 ※

在制定应收账款政策之前，应掌握应收账款形成的原因、应收账款的功能、应收账款成本、应收账款管理的目标等基础知识。本任务学习目标为：

（1）了解应收账款形成的原因。

（2）熟知应收账款的功能。

（3）掌握应收账款成本的分析计算。

（4）明确应收账款管理的目标。

（5）会进行信用政策决策分析。

※ 知识准备 ※

应收账款是企业因对外赊销商品、提供劳务及其他原因，应向购货单位或接受劳务单位及其他单位收取的款项，主要包括应收销售款和应收票据等。

一、应收账款形成的原因

应收账款形成的原因主要有以下两个方面：

1. 商业竞争

企业迫于竞争的需要向顾客提供信用业务，即赊销。在信息经济时代，市场竞争更加激烈，企业为了扩大销售，除了依靠产品质量、价格、售后服务、广告等营销手段外，还可以把赊销作为一种营销手段。实行赊销的产品或商品的销售额将大于现金销售的产品或商品的销售额，这是因为顾客可以从赊销中得到好处。当企业采取赊销方式时，就产生了应收账款。

2. 销售和结算的时间差

由于结算方法的缘故，销售和结算的时间不同步也会导致应收账款产生。对于大批量生产与批发销售的企业来讲，发货时间和收到货款的时间往往不同步，这是因为货款结算需要时间。结算手段越是落后，结算所需的时间就会越长。销货方的资金在这一期间是属于垫付性质的，由此形成的应收账款不属于商业信用。

二、应收账款的功能

应收账款的功能是指它在企业生产经营活动中所具有的作用。概括起来主要有以下两个方面：

1. 促进销售

在激烈的市场竞争中，赊销是促进销售的一种重要方式。企业销售产品时，既可以采用现销方式，也可以采用赊销方式。现销的最大优点是应计现金流入量与实际现金流入量完全吻合，既能避免呆账、坏账损失，又能及时将收回的现金投入再生产过程，因此现销是企业最理想的一种销售结算方式。但是，在激烈的市场竞争条件下，仅靠这种方式是很难获取竞争优势的。采用赊销方式，在向顾客提供商品的同时，还向顾客提供了可以在一定期限内无偿使用的资金，即商业信用资金，这对顾客具有较大的吸引力，也会给企业带来销售收入和额外的利润。

2. 减少存货

赊销可以加速产成品销售的实现，加快产成品向销售收入的转化速度，从而降低存货中产成品的数量，有利于缩短产成品的库存时间，降低产成品的库存管理成本。因此，当产成品存货较多时，企业可以采用优惠的信用条件进行赊销，尽快实现产成品存货向销售收入的转化，变持有存货为持有应收账款，节约各项存货支出。

三、应收账款成本

应收账款成本是指企业持有应收账款所付出的代价，主要包括：应收账款机会成本、应收账款管理成本和应收账款坏账成本等。

1. 应收账款机会成本

应收账款机会成本是指企业的资金因投放于应收账款而必须放弃其他投资机会所丧失的收益。这一成本的大小通常与应收账款占用资金数额、资本成本（一般按短期有价证券利率计算）有关。其计算公式为：

应收账款机会成本＝应收账款占用资金×资本成本率

式中：应收账款占用资金＝应收账款平均余额×变动成本率

应收账款平均余额＝日销售额×平均收现期

【例7-4】宁海公司预计计划期年度赊销收入净额为360万元，应收账款周转期为30天，变动成本率为65%，资本成本率为8%，一年按360天计算，则应收账款机会成本计算如下：

$$应收账款平均余额=\frac{360}{360}\times 30=30（万元）$$

应收账款占用资金＝30×65%＝19.5（万元）

应收账款机会成本＝19.5×8%＝1.56（万元）

根据以上计算可知：企业投放30万元的资金可维持360万元的赊销业务，相当于垫支资金的12倍之多。在正常情况下，应收账款周转速度越快，应收账款占用资金就越少，应收账款机会成本就越低；应收账款周转速度越慢，应收账款占用资金就越多，应收账款机会成本就越高。因此，只有加速应收账款周转速度，减少应收账款占用资金，才能降低应收账款机会成本，提高应收账款管理效益。

2. 应收账款管理成本

应收账款管理成本是指企业因管理应收账款而发生的各项费用，主要包括：对客户的资信调查费用、收集相关信息的费用、账簿的记录费用、收账费用及其他费用。

3. 应收账款坏账成本

应收账款坏账成本是指企业的应收账款因故不能收回而发生的损失。这一成本与应收账款数额成正比，即应收账款越多，可能发生的坏账成本也越多。为避免发生坏账成本给企业经营活动的稳定性造成不利影响，财务制度规定企业应以年末应收账款余额的一定比例提取坏账准备金。

四、应收账款管理目标

从以上分析可知，对企业来讲，虽然应收账款具有扩大销售、减少存货、提高市场竞争力的功能，但是，拥有应收账款是要付出成本代价的。因此，企业需要在应收账款所增加的盈利和所增加的成本之间做好权衡。应收账款管理目标是在发挥应收账款功能的同时，尽可能降低应收账款成本，提高经济效益，从而提升企业价值。

※ 任务设计及工作过程 ※

近期，宁海公司应收账款偏高，应收账款管理风险较大。公司高层多次召开财务管理工作会议，研究讨论应收账款管理问题。目前，宁海公司要解决的问题主要有两个方面：一是制定公司信用政策，二是加强应收账款日常管理。

【任务】请根据本任务的详细资料，为宁海公司制定信用政策和应收账款的日常管理措施。

信用政策就是应收账款的管理政策，是企业对应收账款投资进行规划和控制的基本原则和行为规范，一般主要包括信用标准、信用条件和收账政策三部分。企业必须保持恰当的信用政策：若公司信用政策较严，将有利于减少应收账款成本，降低风险，但可能会限制销售规模，不利于市场竞争；若公司信用政策较为宽松，则可扩大销售，提高竞争力，但会增加成本，加大风险。因此，公司必须权衡利弊，制定恰当的信用政策，这是提高应收账款管理效益的重要前提。同时，企业还必须建立有效的应收账款管理制度，加强应收账款日常管理，这是提高应收账款管理效益的必要保障。

一、制定信用政策

（一）信用调查与评估

对客户进行信用调查与评估是企业制定信用政策的首要工作，企业在制定信用政策前应运用一定的方法，分析客户的信用状况，确定信用等级，以便为信用政策的制定提供有用信息。

1. 信用调查

信用调查是指通过收集有关信息资料，对客户的偿债能力和主观愿望作出判断和估计，以便企业制定正确、合理的信用政策。信用调查的具体方法主要有直接调查和间接调查两种。

直接调查是企业调查人员通过对客户当面采访、询问、观察、记录等方式获取信用资料的一种方法。这种方法的优点是保证信息的准确性和及时性，但若得不到被调查客户的合作，则会使调查资料不完整或部分不真实。

间接调查是企业通过有关单位的财务报告、信用评估机构、商业银行的信用部门和财务咨询公司、工商财税部门、消费者协会、证券交易部门等取得信息资料，了解客户情况的一种调查方法。

2. 信用评估

通过调查收集好信用资料后，就需要对这些资料进行分析，并对客户的信用状况进行评估。在实践中，信用评估的方法很多，可用定性分析法和定量分析法评价客户的信用品质。比较常用的信用评估方法是5C评估法和信用评分法。

（1）5C评估法。5C评估法是西方国家常用的方法，该方法认为客户的资信程度通常取决于5个方面，这5个方面的英文单词的第一个字母都是C，故称为5C评估法。这5个因素分别为：

①信用品质（character）。客户信用品质，即客户的信誉，是指客户履行偿债义务或赖账的可能性，是决定是否给予客户信用的首要因素。信用品质主要通过了解客户以往的付款履约记录进行评价。

②偿付能力（capacity）。偿付能力即客户的偿债能力。偿付能力的强弱，主要取决于企

业的资产，特别是流动资产的数量、变现能力及其与流动负债的关系。一般而言，企业流动资产的数量越多，流动比率越大，其偿付能力就越强；反之，则偿付能力就越弱。当然，对客户偿付能力的判断，还要注意对资产质量的分析，即对资产的变现能力以及负债的流动性进行分析。资产的变现能力越强，企业的偿付能力就越强；负债的流动性越大，企业的偿付能力就越小。

③资本（capital）。资本是指客户的经济实力与财务状况，是客户偿付债务的最终保证。资本实力雄厚的企业一般偿付债务的能力较强。

④抵押品（collateral）。抵押品是指客户为获取商业信用而向企业提供的作为担保的资产。一旦收不到这些顾客的款项，便以抵押品抵补。因此，要求能够作为抵押品的资产，必须是客户实际所拥有，并且变现能力较强的，这在向相互不知底细或信用状况有争议的客户提供信用时尤为重要。

⑤条件（condition）。条件是指经济发展趋势或某些不利经济环境对客户偿付能力产生的影响。如某一地区的一些特殊情况对客户偿还能力的影响。

通过以上5个方面的分析，便可以对客户的信用状况作出定性判断，为最后决定是否向客户提供信用做好准备。但是，在实践中仅仅靠定性评估往往不能直接作为制定应收账款信用政策的依据，还需要对客户的信用状况进行定量分析。

（2）信用评分法。信用评分法是指对反映客户信用质量的各种指标进行评分，然后进行加权平均，计算出客户的综合信用分数，并据此进行信用评估的一种方法。定量评价常用的指标有：流动性和营运资本比率（如流动比率、速动比率、现金流动负债比）、债务管理和支付比率（如资产负债率、利息保障倍数）、营运能力比率（如存货周转率、应收账款周转率、总资产周转率）、盈利能力比率（如销售利润率、总资产报酬率、净资产收益率）。

企业在进行客户信用评估时，还可以聘请专门的信用评估机构，因为专门的信用评估机构通常评估方法先进、评估调查细致、评估程序合理，可信度较高。目前信用评估机构在评估等级方面主要有两种：第一种采用三类九级制，即把企业的信用情况分为AAA、AA、A、BBB、BB、B、CCC、CC、C三类九级，AAA为最优等级，C为最差等级；第二种采用三级制，即AAA、AA、A三级。

小贴士　**标准普尔信用评级简介**

标准普尔公司，美国评级机构，当今著名评级机构之一，其评级分为长期债券信用等级和短期债券信用等级。其中，长期债券信用等级共设10个等级，分别为AAA、AA、A、BBB、BB、B、CCC、CC、C和D，AA至CCC可用“+”和“-”号微调。短期债券信用等级共设6个等级，分别为A-1、A-2、A-3、B、C和D。最高评级代表偿还债务能力极强。

（二）信用政策的制定

1. 信用标准

信用标准是指客户获取企业商业信用所应具备的最低条件，通常用预期的坏账损失率表示。影响信用标准的因素主要是5C，企业在设定信用标准时往往面临两难的选择：如果企业信用标准严格，将使许多客户因信用品质达不到所设定的标准而被拒于企业商业信用之外，这尽管有利于减少坏账损失，降低应收账款机会成本、管理成本和违约风险，但却会影响企业市场竞争能力的提高和销售收入的扩大；如果企业信用标准宽松，虽然有利于扩大销售，提高市场占有率和竞争力，但同时却需要冒较大的坏账损失风险，支付较高的收账费用，并且还可能增加应收账款的机会成本。因此，企业在设定信用标准时必须在扩大销售和增加成本之间做好权衡。

【例 7－5】 宁海公司为扩大销售、提高竞争力，在原有信用标准的基础上拟定了甲、乙两个备选方案。原方案与甲、乙方案的有关资料见表 7－4。

表 7－4　宁海公司信用标准备选方案

项　目	原方案	甲方案	乙方案
年赊销收入总额（万元）	3 000	3 200	3 800
坏账损失率（%）	2	2.5	4
应收账款平均收账期（天）	30	45	60
收账费用（万元）	26	42	56

该公司的生产能力尚有剩余，即增加产量只需增加变动成本，变动成本率为 65%，资本成本率为 15%，假设不考虑所得税因素，一年按 360 天计算。该公司信用标准的决策分析如下：

根据以上资料，分析计算各方案的信用成本后收益，见表 7－5。

表 7－5　宁海公司信用标准备选方案信用成本后收益计算表　单位：万元

项　目	原方案	甲方案	乙方案
信用成本前收益	3 000×（1－65%）＝1 050	3 200×（1－65%）＝1 120	3 800×（1－65%）＝1 330
应收账款机会成本	(3 000÷360）×30×65%×15%＝24.375	(3 200÷360）×45×65%×15%＝39	(3 800÷360）×60×65%×15%＝61.75
坏账损失	3 000×2%＝60	3 200×3%＝96	3 800×4%＝152
收账费用	26	42	56
信用成本后收益	1 050－24.375－60－26＝939.625	1 120－39－96－42＝943	1 330－61.75－152－56＝1 060.25

根据以上计算结果可知：由于三个方案中，乙方案信用成本后收益最大，因此该公司应选用乙方案为宜，即预计坏账损失率应由原来的 2%放宽到 4%。

2. 信用条件

信用条件是指企业接受客户信用订单时所提出的付款要求，其内容主要包括信用期限、折扣期限和现金折扣三部分。信用期限是指企业为客户规定的最长付款时间，一般来讲，企业给予客户的信用期越长，表明客户享受的信用条件越优，对客户的吸引力也越强，但同时又会增加企业的资金占用，增加企业的机会成本，加大企业的风险；折扣期限是指企业为顾客规定的可享受现金折扣的付款时间；现金折扣是指企业为了鼓励客户提前付款而给予的优惠。

信用条件的基本表达方式，如账单中的“2/10，1/30，n/60”，就是一项信用条件。它规定：如果在发票开出后 10 天内付款，可享受 2%的现金折扣；如果在发票开出后 30 天内付款，可享受 1%的现金折扣；如果不想取得现金折扣，这笔货款可以在发票开出 60 天内付清。在这里，60 天为信用期限，10 天和 30 天均为折扣期限，2%和 1%均为现金折扣。提供比较优惠的信用条件能增加销售量，但也会带来额外的费用负担，如会增加应收账款的机会成本、坏账成本、现金折扣成本等，同时还会增加企业的风险。因此，企业应权衡成本、收益后再作决策。

【例 7－6】宁海公司目前的信用条件是“n/60”，即无现金折扣，预计年赊销收入净额为 3 500万元，估计坏账损失率为 3%，收账费用为 25 万元。假设公司收账政策不变，固定成本总额不变，为加速应收账款回收，公司决定将信用条件改为“2/10，1/30，n/60”，估计约有 60%的客户会利用 2%的折扣，25%的客户会利用 1%的折扣，坏账损失率将降低至 2%，收账费用将降低至 20 万元。该公司的变动成本率为 65%，资本成本率为 15%。假设不考虑所得税因素。通过计算分析该公司是否应改变目前的信用条件。

根据以上资料，分析计算目前信用条件下的信用成本后收益和改变信用条件下的信用成本后收益，见表 7－6。

表 7－6　　宁海公司信用成本后收益计算表　　单位：万元

项　目	信用条件：n/60	信用条件：2/10，1/30，n/60
信用成本前收益	3 500×（1－65%）＝1 225	3 500×（1－65%）＝1 225
应收账款机会成本	(3 500÷360）×60×65%×15%＝56.87	(3 500÷360）×22.5* ×65%×15%＝21.33
现金折扣成本	0	3 500×60%×2%＋3 500×25%×1%＝50.75
坏账损失	3 500×3%＝105	3 500×2%＝70
收账费用	25	20
信用成本后收益	1 225－56.87－0－105－25＝1 038.13	1 225－21.33－50.75－70－20＝1 062.92

注：表中 * 为平均收账期＝10×60%＋30×25%＋60×15%＝22.5（天）。

根据以上计算可知：改变信用条件后可为公司多盈利 24.79（＝1 062.92－1 038.13）万元。因此，该公司应将信用条件调整为“2/10，1/30，n/60”。

3. 收账政策

收账政策是指当客户违反信用条件，拖欠甚至拒付账款时企业采取的策略和措施。

企业在向客户提供商业信用时，必须考虑三个问题：一是客户是否会拖欠或拒付账款，程度如何；二是怎样最大限度地防止客户拖欠账款；三是一旦账款遭到拖欠甚至拒付时，企业应采取怎样的对策。前两个问题主要靠信用调查和严格信用审批制度来解决；第三个问题则必须通过制定完善的收账政策，采取有效的收账措施予以解决。一般来讲，当账款被客户拖欠甚至拒付时，企业要做好以下工作：首先，分析现有的信用标准及信用审批制度是否存在纰漏；其次，重新对违约客户的资信进行调查、评价。将信用品质恶劣的客户从信用名单中删除，对其所拖欠的款项可先通过信函、电讯或者派人等方式进行催收，态度可以渐加强硬，并提出警告。这些措施无效时，可考虑通过法律途径来解决。除上述收账政策外，有些国家还兴起了一种新的收账代理业务，即企业可以委托收账代理机构催收账款。但由于委托手续费往往较高，因此许多企业，尤其是那些资金较少、经济效益差的企业很难采用。

对企业来讲，收账政策一般有两种选择：积极的收账政策和消极的收账政策。若采取积极的收账政策，则会减少资金占用和坏账损失，但会增加收账费用；若采取消极的收账政策，则可能会增加应收账款资金占用，增加坏账损失及应收账款机会成本，但同时会减少收账费用。坏账损失与收账费用之间的关系如图 7－6 所示。

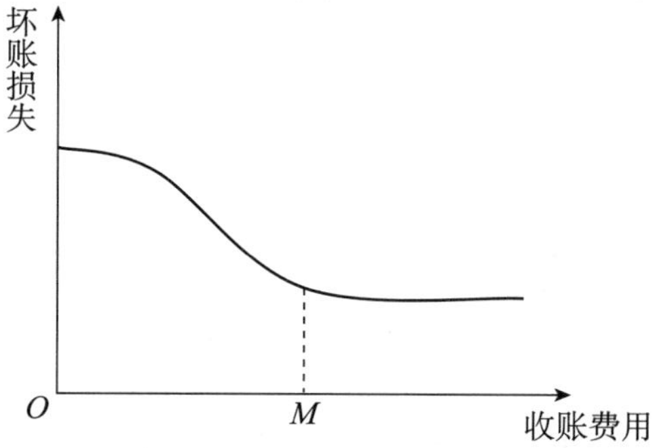

图 7－6　坏账损失与收账费用关系

从图 7－6 可以看到，坏账损失会随着收账费用的增加而减少，但随着收账费用的不断增加，坏账损失的递减速度下降，当收账费用达到一定数量时，坏账损失就不再减少（图中 M 点）。这是收账费用的饱和点，说明在商品经济条件下，一定的坏账损失是不可避免的，企业在制定收账政策时一定要考虑到这一点。因此，企业在制定收账政策时，应充分考虑应收账款的机会成本和坏账损失与收账费用之间的这种此消彼长的关系，权衡收账过程的成本与收益后再作决定。

【例 7－7】 宁海公司应收账款收账政策备选方案 A 和 B 的有关资料见表 7－7。一年按 360 天计算，试通过计算分析，为该公司作出是否改变收账政策的决策。

表 7－7　　宁海公司收账政策备选方案

项　目	方案 A	方案 B
收账费用（万元）	10	16
平均收账期（天）	60	45
坏账损失率（%）	3	2
赊销额（万元）	1 500	1 500
变动成本率（%）	65	65
资本成本率（%）	15	15

根据表 7－7 中的资料，计算两种方案的收账成本见表 7－8。

表 7－8　　宁海公司收账政策备选方案总成本计算表　　单位：万元

项　目	方案 A	方案 B
赊销额	1 500	1 500
应收账款机会成本	（1 500÷360）×60×65%×15%＝24.37	（1 500÷360）×45×65%×15%＝18.28
坏账损失	1 500×3%＝45	1 500×2%＝30
收账费用	10	16
收账总成本	79.37	64.28

从以上计算结果可知：B 方案的收账总成本低于 A 方案的收账总成本，因此该公司应选

择B方案。

值得注意的是，影响企业信用标准、信用条件及收账政策的因素除了有关的成本和收益之外，还有很多因素，这就使得信用政策的制定更为复杂。一般来说，理想的信用政策应该是企业采取这种信用政策时所带来的收益最大。

二、加强应收账款日常管理

信用政策是企业在应收账款方面的全局性策略，一般一年制定一次，是一种事前规划。而对应收账款的日常管理则是一种事中控制。应收账款日常管理主要有应收账款账龄分析、ABC分析法、应收账款收现保证率分析、应收账款保理等。

1. 应收账款账龄分析

应收账款账龄分析，即应收账款账龄结构分析，是指分析各账龄应收账款余额占应收账款总计余额的比重。企业已发生的应收账款时间有长有短，有的尚未超过信用期，有的则已经逾期拖欠。一般来说，拖欠的时间越长，收回款项的可能性越小，形成坏账的可能性也就越大。因此，企业应对应收账款定期进行账龄分析，密切注意应收账款的回收情况，提高应收账款的管理效益。实际工作中，企业多是通过定期编制应收账款账龄分析表来进行分析的。

【例7-8】 宁海公司2019年6月30日的应收账款账龄结构见表7-9。

表7-9　　宁海公司应收账款账龄分析表

应收账款账龄	客户数（个）	金　额（万元）	比重（%）
信用期（设为3个月）	55	4 000	49.50
超过信用期1个月以内	30	2 500	30.94
超过信用期2个月以内	25	120	1.48
超过信用期3个月以内	30	100	1.24
超过信用期4个月以内	25	260	3.22
超过信用期5个月以内	18	800	9.90
超过信用期6个月以内	12	200	2.48
超过信用期6个月以上	10	100	1.24
合　计	205	8 080	100

从表7-9可知，该企业应收账款余额中，有4 000万元尚在信用期内，占全部应收账款的49.50%。这些款项尚未到期，属于正常欠款，但到期后能否收回，现在还不能确定，所以仍须及时监督。过期数额为4 080万元，占全部应收账款的50.50%，其中：逾期在1、2、3、4、5、6个月内的，分别为30.94%、1.48%、1.24%、3.22%、9.90%、2.48%，合计为49.26%；超过信用期半年以上的为1.24%。企业对逾期账款应给予足够重视，查明具体属于哪些客户，这些客户的资信情况如何，发生拖欠的原因何在。对不同拖欠时间的账款及不同信用品质的客户，企业应采取不同的收账方法，制定出相应的经济可行的收账政策和收账方案；对可能发生的坏账损失，需提前做好准备，充分估计这一因素对企业损益的影响。对尚未过期的应收账款，也不能放松管理，以防发生新的拖欠。通过应收账款账龄分析，提示财务管理人员在把过期款项视为工作重点的同时，有必要进一步研究制定新的信用政策。

2. ABC 分析法

ABC 分析法又称重点分析法，其基本原则是“抓好重点、照顾一般”。采用此方法，需要将企业的所有欠款客户按其金额的多少进行分类排队：A 类为应收账款逾期金额大的客户，B 类为应收账款逾期金额较大的客户，C 类为应收账款逾期金额较小的客户。对 A 类客户重点管理，可以发出措辞较严厉的信件催收，或派专人催收，或委托收账代理机构处理，甚至可以通过法律途径解决；对 B 类客户可以多发几封信件催款，或打电话催收；对 C 类客户只需要发出通知其付款的信函即可。

3. 应收账款收现保证率分析

由于企业当期现金支付需要量与当期应收账款收现额之间存在非对称性矛盾，并呈现出预付性与滞后性的差异性特征（如企业必须用现金支付与赊销收入有关的增值税和所得税，弥补应收账款资金占用等），这就决定了企业必须针对应收账款收现水平制定一个必要的控制标准，即应收账款收现保证率。

应收账款收现保证率是指有效收现的账款应占全部应收账款的百分比。其计算公式为：

$$\text{应收账款收现保证率}=\frac{\text{当期必要现金支出总额}-\text{当期其他稳定可靠的现金流入总额}}{\text{当期应收账款总额}}$$

式中，其他稳定可靠的现金流入总额是指从应收账款收现以外的途径可取得的各种稳定可靠的现金流入数额，包括短期有价证券变现净额、可随时取得的银行贷款额等。

这一指标反映了企业既定会计期间预期现金支付数额扣除各种可靠、稳定性来源后的差额后，必须通过应收款项有效收现予以弥补的最低保证程度。其主要意义在于：应收款项未来是否可能发生坏账损失对企业来说并非最重要，更重要的是，实际收现的账项能否满足同期必要的现金支付要求，特别是满足具有刚性约束的纳税债务及偿付不得展期或调换的到期债务的需要。企业应定期计算应收账款实际收现率并与控制标准进行比较，发现差异，及时采取措施予以纠正。

4. 应收账款保理

保理是保付代理的简称，是指保理商与债权人签订协议，转让其对应收账款的部分或全部权利与义务，并收取一定费用的过程。

应收账款保理是企业将赊销形成的未到期应收账款在满足一定条件的情况下，转让给保理商，以获得银行的流动资金支持，加快资金的周转。保理可以分为有追索权保理（非买断型）和无追索权保理（买断型）、明保理和暗保理、折扣保理和到期保理。

有追索权保理是指供应商将债权转让给保理商，供应商向保理商融通资金后，如果购货商拒绝付款或无能力付款，保理商有权向供应商要求偿还预付的现金。如果购货商破产或无力支付，只要有关款项到期未能收回，保理商都有权向供应商进行追索，因而保理商具有全部“追索权”，这种保理方式在我国采用较多。无追索权保理是指保理商将销售合同完全买断，并承担全部的收款风险。

明保理是指保理商和供应商需要将销售合同被转让的情况通知购货商，并签订保理商、供应商、购货商之间的三方合同。暗保理是指供应商为了避免让客户知道自己因流动资金不足而转让应收账款，并不将债权转让情况通知客户，货款到期时仍由销售商出面催款，再向银行偿还借款。

折扣保理又称融资保理，即在销售合同到期前，保理商将剩余未收款部分先预付给销售商，一般不超过全部合同额的70%～90%。到期保理是指保理商不提供预付账款融资，而是在赊销到期时才支付，届时不管货款是否收到，保理商都必须向销售商支付货款。

应收账款保理对于企业而言，其理财作用主要体现在：融资功能、减轻企业应收账款管理负担、减少坏账损失、改善企业的财务结构等。

※ 职业能力训练 ※

一、判断题

（1）信用标准一般以预期坏账损失率作为判断标准，企业规定的预期坏账损失率越高，表明其信用政策越严。（　）

（2）应收账款平均收现期是指所有客户收现期的算术平均数。（　）

（3）应收账款保理对企业而言，有利于减少坏账损失、改善财务结构。（　）

（4）确定应收账款收现保证率的目的是确定应收账款最高收现水平的控制标准。（　）

（5）编制账龄分析表，可以了解客户的欠款金额、欠款时间等，以便采取措施及时清欠，提高应收账款管理效益。（　）

（6）一般来讲，企业应收账款占用资金越多，应收账款机会成本也越高。（　）

二、不定项选择题

（1）下面对信用标准的描述正确的是（　）。

A. 信用标准是客户获得企业商业信用的最高条件

B. 信用标准通常用预期坏账损失率表示

C. 信用标准越严格，企业的坏账损失越低

D. 信用标准越宽松，企业的销售收入越高

（2）下面关于企业收账政策的描述正确的是（　）。

A. 收账政策是企业整个信用政策实施过程中的一个有机组成部分

B. 对客户拖欠或拒付账款的行为应付诸法律解决

C. 尽管客户拖欠或拒付理由各不相同，但是这些客户的共同点是信用品质恶劣

D. 收回欠款最有效的方法是付诸法律

（3）企业目前信用条件为“n/30”，赊销额为3 600万元，若该企业变动成本率为60%，资本成本率为10%，一年按360天计算。那么，该企业应收账款机会成本为（　）万元。

A. 18　　B. 30　　C. 54　　D. 36

（4）企业目前的信用政策为“2/10，1/20，n/60”，预计有60%的客户在10天内付款，有15%的客户在20天内付款，其余的客户不享受折扣于60天内付款，则企业应收账款平均收现期为（　）天。

A. 20　　B. 22　　C. 24　　D. 25

（5）对应收账款信用期限的表述，正确的是（　）。

A. 信用期限越短，企业坏账风险越小

B. 延长信用期限，不利于销售收入的扩大

C. 信用期限越长，表明客户享受的信用条件越优越

D. 信用期限越长，应收账款的机会成本越低

(6) 在应收账款信用政策中确定现金折扣政策的主要目的在于（　　）。

A. 吸引顾客为享受优惠而提前付款

B. 减轻企业税负

C. 缩短企业平均收款期

D. 扩大销售量

三、操作题

(1) 某公司 2019 年为销售甲产品拟定了两个信用条件方案，有关资料如下：A 方案给予客户 45 天信用期限，即“n/45”，预计销售收入为 5 000 万元，其收账费用为 20 万元，坏账损失率为 2%；B 方案的信用条件为“2/10，1/20，n/60”，预计销售收入为 5 500 万元，将有 30%的客户于 10 天内付款，20%的客户于 20 天内付款，其余 50%的客户于 60 天内付款，前两部分不会发生坏账，后一部分货款的坏账损失率为该部分货款的 4%，收账费用为 50 万元。该企业甲产品销售额的相关范围为 5 000 万元～6 000 万元，变动成本率为 60%，资本成本率为 8%。为简化计算，不考虑增值税因素。要求：为该企业作出信用条件的决策，并说明理由。

(2) 某公司预计 2019 年应收账款总额为 6 000 万元，预计当期有关现金收支项目为：材料采购付现支出 10 000 元，购买有价证券 500 元，偿还长期负债 2 000 元，收到货币资本 5 000 元，获得银行贷款 3 000 元。要求：据上述资料计算应收账款收现保证率。

任务三

存货管理

※ 任务描述 ※

存货是企业流动资产的重要组成部分，科学地进行存货管理，不仅能加快存货资产的周转速度，更重要的是有利于提高企业资产使用效率和收益能力。本任务学习目标为：

(1) 会分析计算存货成本。

(2) 会运用各种模型确定存货经济订货批量。

(3) 会计算确定存货再订货点。

（4）能运用 ABC 分类控制法加强存货日常管理。

※ 知识准备 ※

存货是指企业在生产经营过程中为生产或销售而储备的物资，主要包括各类材料、商品、在产品、产成品等。

一、存货的功能

1. 保证企业生产正常进行

企业拥有一定数量原材料、在产品存货，主要是为了满足生产正常进行。这是因为即使市场经济很发达，也不可能保证企业所需的各类存货都不出现短缺，一旦出现物资短缺，必然会给企业造成生产中断、停工待料的损失。因此，为了减少损失，企业必须储存一定数量的存货。

2. 把握销售良机，有利于产品销售

生产经营过程中储存一定数量的存货，能够增加企业在生产与销售方面的机动性和适应市场变化的能力，以免因存货储备不足而失去销售良机。

3. 组织批量采购，有利于降低进货成本

一般情况下，零购物资的价格往往高于成批采购的价格，特别是市场竞争激烈的今天，一些企业为了鼓励客户多买，在价格上给予更多的优惠。采购企业采用成批采购的方式，不仅可以享受较多的折扣优惠，而且能减少进货次数，降低采购费用。只要进货成本的降低额大于因存货增加而增加的储存费用，便是可行的采购方式。

4. 便于组织均衡生产，降低产品成本

有的企业生产活动具有比较明显的季节性，为了实行均衡生产，降低生产成本，企业必须储存一定的半成品存货或保持一定的原材料存货。否则，就会出现旺季超负荷运转，淡季生产能力闲置、生产成本提高的现象。储存一定数量的存货，可以使企业组织均衡生产，降低产品成本。

二、存货成本

存货成本是指企业为充分发挥存货的固有功能，必须拥有一定的存货储备而付出的代价。其主要内容包括：

1. 取得成本

取得成本是指企业取得某种存货而支付的成本，主要由订货成本和购置成本两部分构成。

（1）订货成本。订货成本是指为组织订货而发生的各项支出，如办公费、差旅费、邮资费、电话电报费等支出。订货成本分为固定性订货成本和变动性订货成本。固定性订货成本与订货次数无关，如常设采购机构的基本开支（采购人员工资、折旧费、水电费）等；变动性订货成本与订货数量无关而与订货次数有关，如采购人员的差旅费、邮资费、电话电报费等。

（2）购置成本。购置成本由存货买价、运杂费、装卸费、运输途中的合理损耗和入库前的挑选整理费等构成，一般与采购数量成正比例关系。在存货年需求量一定，并且物价稳定、无数量折扣的情况下，购置成本在存货管理决策中属于无关成本；但在有数量折扣时，购置成本就成为决策的相关成本。

2. 储存成本

储存成本是指存货在储存过程中发生的费用，包括仓储费、搬运费、保险费、存货占用资金应计利息或机会成本、存货残损霉变损失等。储存成本可以按照与储存数额的关系分为固定性储存成本和变动性储存成本。固定性储存成本与存货储存数额的多少无直接关系，如仓储折旧、仓库职工的固定月工资等，属于决策的无关成本；变动性储存成本与存货数额的多少成正比例关系，如存货占用资金的应计利息、存货残损与变质损失、存货的保险费用等，属于决策的相关成本。

3. 缺货成本

缺货成本是指由于存货中断而造成的损失，包括由于材料供应中断造成的停工损失、产成品库存短缺造成的拖欠发货损失和丧失销售机会的损失（还应包括需要主观估计的商誉损失）等。如果生产企业能够以替代材料解决库存材料供应中断之急，缺货成本则表现为替代材料紧急采购的额外开支（紧急额外购入的开支一般会大于正常采购的开支）。缺货成本能否作为决策的相关成本，应视企业是否允许出现存货短缺的情形而定。若企业允许缺货，则缺货成本便与存货数量反向相关，属于决策的相关成本；若企业不允许发生短缺情形，则此时缺货成本为零，无须考虑。

三、存货管理的目标

企业持有足够数量的存货，不仅有利于保证生产经营活动正常进行，及时满足客户订货的需要，节约进货费用，而且有利于避免因存货不足而带来的损失。但是，拥有较多存货，必然要占用大量的资金，这不仅会使企业付出较大的机会成本，而且会增加存货的储存保管费用，影响企业获利能力的提高。因此，存货管理的目标是要在存货成本与收益之间做好权衡，达到二者的最佳结合，争取以最低的存货成本保证正常生产经营的需要，并最大可能地提高经济效益。

※ 任务设计及工作过程 ※

存货是联结企业产品生产和销售的纽带，为了保证生产经营过程的持续进行，宁海公司决定加强存货管理，制定了存货采购、耗用和销售管理制度，建立了存货内部控制体系。目前的主要任务是进一步加强存货决策控制。

【任务】假设你是宁海公司财务部门负责人，试为宁海公司制定存货管理决策。

存货管理决策涉及的内容很多，主要包括决定进货项目、选择供应单位、决定进货时间、确定进货批量、确定再订货点等。决定进货项目、选择供应单位是销售部采购部门和生产部门的职责。财务部门主要做进货时间和进货批量的决策。公司财务部门应结合公司的实际情况，选择适合的存货经济订货批量模型，为公司确定一定时期的存货订购批量、保险储备、再订货点等，既要能够保证生产经营活动的正常进行，又不产生存货超储积压。同时，公司还应利用现代化管理手段，采用科学方法加强存货日常管理，提高存货管理水平。

一、存货进货批量决策

进货批量决策主要是确定经济订货批量。经济订货批量是指能够使一定时期存货总成本达到最低的订货量。有了经济订货批量，可以很容易地确定合适的进货时间。下面介绍几种存货经济订货决策的模型。

1. 存货经济订货批量基本模型

存货经济订货批量基本模型需要设立的假设条件如下：

（1）企业能够及时补充存货，即需要订货时便可立即取得存货。

（2）能集中到货，而不是陆续入库。

（3）不允许缺货，即无缺货成本。

（4）存货需求量稳定，即为已知的常数。

（5）存货单价稳定，不存在数量折扣。

设立了上述假设后，与存货决策相关总成本的公式可以简化为：

存货总成本＝变动订货成本＋变动储存成本

即：$$TC=\frac{A}{Q}\times K+\frac{Q}{2}\times K_c$$

为了求出 TC 的极小值，对上式进行求导演算，便可得出经济订货批量的基本模型，即：

$$Q^*=\sqrt{\frac{2AK}{K_c}}$$

根据存货经济订货批量的基本模型还可以演变出其他模型，即：

$$N^*=\frac{A}{Q^*}$$

$$TC^*=\sqrt{2AKK_c}$$

式中，TC 为存货总成本；Q^* 为经济订货批量；A 为存货年需要量；K 为每次订货成本；K_c 为单位存货年储存成本；N^* 为经济订货批次；TC^* 为经济订货总成本。

在上述假设下，存货余额周期性变化如图7-7所示，存货成本与订货批量之间的关系如图7-8所示。

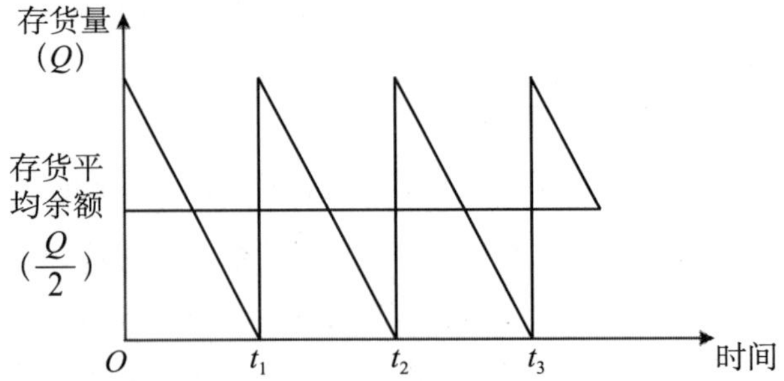

图7-7　存货余额周期性变化

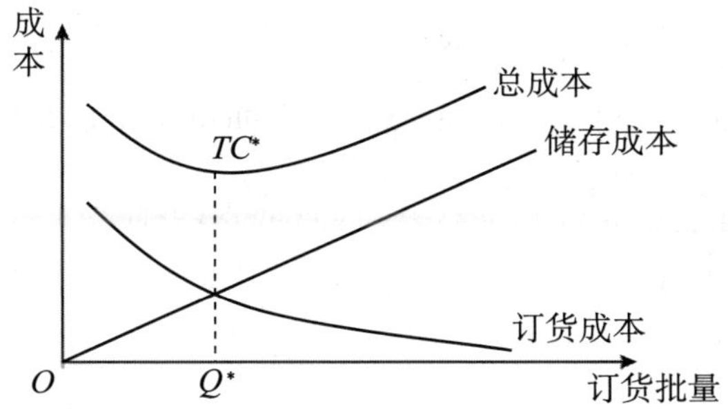

图 7-8　存货成本与订货批量的关系

【**例 7-9**】宁海公司每年需要甲零件 3 600 件，购买单价为 30 元，单位存货年储存成本为购买单价的 20%，每次订货成本为 300 元。则甲零件的经济订货批量、订货次数、最低总成本计算如下：

$$Q^{*}=\sqrt{\frac{2\times3\ 600\times300}{30\times20\%}}=600\text{（件）}$$

$$N^{*}=\frac{3\ 600}{600}=6\text{（次）}$$

订货成本＝6×300＝1 800（元）

储存成本＝600÷2×30×20%＝1 800（元）

TC^{*}＝订货成本＋储存成本＝1 800＋1 800＝3 600（元）

或：　　$TC^{*}=\sqrt{2\times3\ 600\times300\times30\times20\%}=3\ 600$（元）

2. 存货经济订货批量扩展模型

（1）陆续供应和使用的经济订货批量模型。在建立存货经济订货批量基本模型时，是假设存货一次采购量一次全部入库，故存货增加时，存量变化为一条垂直的直线。在其他条件不变时，各批存货也可能陆续到货入库，库存量将陆续增加，尤其是产成品入库和在产品转移，几乎总是陆续供应和陆续耗用的。在这种情况下就需要对存货经济订货批量基本模型作一些修改。

设每日存货进货量为 P，每日存货耗用量为 d，则该批存货全部送达所需天数，即进货期为$\frac{Q}{P}$。进货期内最高库存量为 $Q-\frac{Q}{P}\times d$，则平均存货量为：$\frac{1}{2}$（$Q-\frac{Q}{P}\times d$）。

存货量的变动情况如图 7-9 所示。

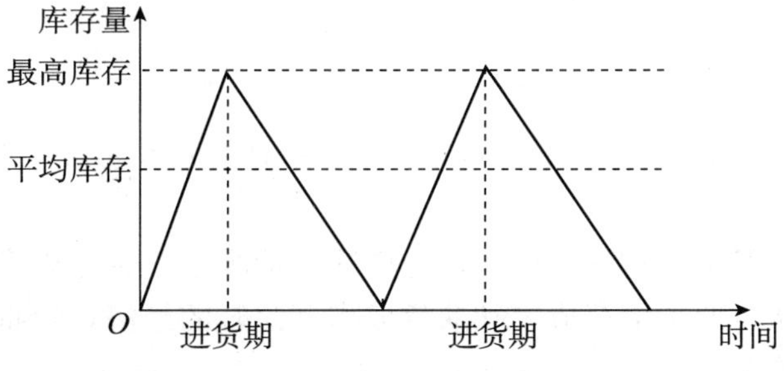

图 7-9　存货量变动情况

存货总成本为：

$$TC=\frac{A}{Q}\times K+\frac{Q}{2}\times \left(1-\frac{d}{p}\right)\times K_c$$

为了求出 TC 的极小值，对上式进行求导演算，便可得出存货陆续供应和使用的经济订货批量及最低总成本计算公式如下：

$$Q^*=\sqrt{\frac{2AK}{K_c}\times\frac{P}{P-d}}$$

$$TC^*=\sqrt{2AKK_c\times\left(1-\frac{d}{P}\right)}$$

【例7-10】 宁海公司乙零件年需要量为500 000千克，每日进货量为500千克，每日耗用量为300千克，单价为20元。一次订货成本为30元，单位存货年储存成本为3元。乙零件的经济订货批量和最低总成本分别为：

$$Q^*=\sqrt{\frac{2\times 500\ 000\times 30}{3}\times\frac{500}{500-300}}=5\ 000\text{（千克）}$$

$$TC^*=\sqrt{2\times 500\ 000\times 30\times 3\times\left(1-\frac{300}{500}\right)}=6\ 000\text{（元）}$$

（2）有数量折扣的经济订货批量模型。如果企业在采购存货时，销售企业根据采购数量给予不同程度的价格折扣，则确定经济订货批量除了考虑变动订货成本和变动储存成本外，还应考虑购置成本。此时的存货总成本等于购置成本、变动订货成本和变动储存成本之和，经济订货批量为这三种成本之和最小时的批量。

【例7-11】 宁海公司丙材料年需求量为6 000千克，每千克的标准单价为20元。供应商规定，客户每批的购买量不足750千克，按照标准价格计算；每批购买量在750千克至1 000千克之间，价格优惠2%；每批购买量在1 000千克以上，价格优惠3%。已知每批订货成本为60元，单位材料的年储存成本为2元。试计算丙材料的经济订货批量。

①没有价格折扣时：

$$\text{经济订货批量}=\sqrt{\frac{2\times 6\ 000\times 60}{2}}=600\text{（千克）}$$

$$\text{存货总成本}=6\ 000\times 20+\frac{6\ 000}{600}\times 60+\frac{600}{2}\times 2=121\ 200\text{（元）}$$

②订货批量在750千克至1 000千克时：

$$\text{存货总成本}=6\ 000\times 20\times(1-2\%)+\frac{6\ 000}{750}\times 60+\frac{750}{2}\times 2=118\ 830\text{（元）}$$

③订货批量在1 000千克以上时：

$$\text{存货总成本}=6\ 000\times 20\times(1-3\%)+\frac{6\ 000}{1\ 000}\times 60+\frac{1\ 000}{2}\times 2=117\ 760\text{（元）}$$

由以上计算可知：当订货批量为1 000千克时存货总成本最低，因此1 000千克为该企业丙材料的经济订货批量。

（3）允许缺货时的经济订货批量模型。允许缺货情况下，企业确定经济订货批量要考虑的成本有变动订货成本、变动储存成本和缺货成本，此时的经济订货批量为这三种成本之和最低时的批量。其计算公式为：

$$Q^*=\sqrt{\frac{2AK}{K_c}\times\frac{K_c+S}{S}}$$

式中，S为单位缺货成本；其他字母含义同上。

【例 7-12】宁海公司丁材料年需要量为 3 000 千克，每次进货成本为 100 元，单位材料年储存成本为 3 元，允许出现缺货，其单位缺货成本为 5 元，则丁材料允许缺货时的经济订货批量为：

$$Q^{*}=\sqrt{\frac{2\times 3\,000\times 100}{3}\times\frac{3+5}{5}}=565.69\text{（千克）}$$

3. 保险储备

一般情况下，企业的存货工序不稳定，不能做到随时补充，不能等存货用完再去订货，而需要在没有用完时提前订货。那么，在什么时候订购下一批存货为宜？这就需要确定再订货点。所谓再订货点，就是在提前订货的情况下，企业再次发出订单时，尚有存货的库存量。为防止存货供应中断，企业应建立一定的保险储备，有保险储备的再订货点等于预计交货期内的存货需求与保险储备之和。其计算公式为：

再订货点＝预计交货期内的存货需求＋保险储备

不确定需求和保险储备下的存货水平如图 7-10 所示。

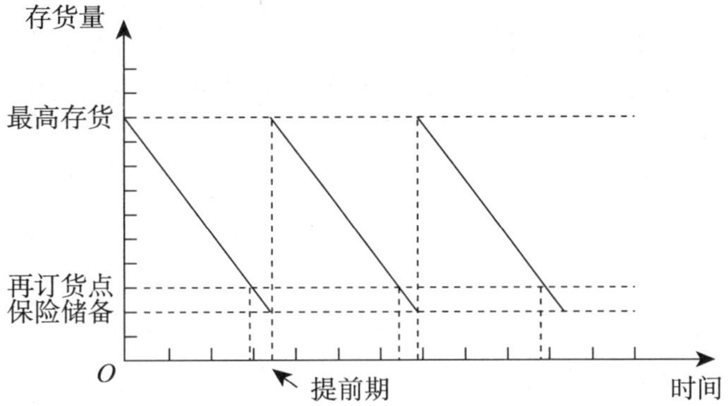

图 7-10　不确定需求和保险储备下的存货水平

企业存货保险储备的多少往往取决于存货中断的概率和存货供应中断的损失。较高的保险储备可能降低缺货损失，但也会增加存货的持有成本。因此，最佳的保险储备应该是使缺货损失和保险储备的持有成本之和最低。

【例 7-13】宁海公司丁材料自订货日至到货日的时间为 10 天，每日丁材料需要量为 20 千克，保险储备量为 100 千克，则：

无保险储备的再订货点＝10×20＝200（千克）

有保险储备的再订货点＝10×20＋100＝300（千克）

即当公司的丁材料库存量剩余 300 千克时，应再次订货，等到订货到达时（再次发出订货单 10 天后），原有存货刚好用完或用到保险储备量。此时，有关存货的每次订货批量、订货次数、订货间隔时间等并无变化，与瞬时补充时相同。

小贴士　**库存管理模式现代化**

为加强存货管理，降低存货风险，一些著名跨国企业创造了不同的存货管理模式，诸如通用电气开创了 ABC 库存管理、丰田公司发明了即时制管理、戴尔公司创建了零库存管理等。戴尔公司认为："库存不是资产而是负债！在戴尔公司，库存的只是信息。"从某种意义上说，存货就是浪费，它耗费空间、资金和时间。随着计算机技术的发展与普及，订单处理、采购管理、日程管理、配销工程等作业的整合性和同步性得到提高。存货管理走向综合化，并进展到将销售、生产、库存作为综合系统的库存管理。注重库存"物流"与"资金流"系统的控制和管理，已成为企业"第三大利润源泉"。

二、存货日常控制

企业存货日常控制的方法有许多，其中ABC分类控制法是较常用的一种方法。企业存货品种繁多，尤其是大中型企业的存货往往多达上万种甚至数十万种。实际上，不同的存货对企业财务目标的实现具有不同的作用。有的存货尽管品种数量很少，但金额巨大，如果管理不善，将给企业造成极大的损失；相反，有的存货虽然品种数量繁多，但金额微小，即使管理当中出现一些问题，也不至于对企业产生较大的影响。因此，无论是从能力还是经济角度看，企业均不能也没有必要对所有存货不分巨细地严加管理。ABC分类控制法正是基于这一考虑而提出来的，其目的在于使企业分清主次，突出重点，以提高存货资金管理的整体效果。

所谓ABC分类控制法，就是按照一定的标准，将企业的存货划分为A、B、C三类，分别实行分品种重点管理、分类别一般控制和按总额灵活掌握的存货管理方法。

1. 存货ABC分类的标准

分类的标准主要有两个：一是金额标准，二是品种数量标准。其中金额标准是基本标准，品种数量标准仅作为参考。

一般来讲，A类存货的特点是金额巨大，但品种数量很少，其品种数约占全部品种的5%～15%，累计金额约占存货资金总额的60%～80%；B类存货金额一般，品种数量相对较多，品种数约占全部品种数的20%～30%，累计金额约占存货资金总额的20%～30%；C类存货品种数量繁多，但金额却很小，品种数约占全部品种数的60%～80%，累计金额约占存货资金总额的5%～15%。可见，A类存货占用资金数额大，只要控制好A类存货，基本上就不会出现较大问题。

把存货划分成A、B、C三类的目的是对存货占用资金进行有效控制，避免不分主次、面面俱到。由于A类存货占用资金多，因此企业对A类存货往往采取按每一品种进行周密规划，严格控制，实行重点管理；B类存货相对资金占用较少，则可以通过划分类别的方式进行管理；对C类存货只需要把握总额就可以了。

2. A、B、C三类存货的具体划分

具体划分过程可分三个步骤进行（有条件的可通过计算机进行）：

（1）列示企业全部存货的明细表，并计算出每种存货的价值总额及占全部存货总金额的百分比。

（2）按照金额由大到小进行排列并计算累计占用金额百分比。

（3）按照累计占用金额百分比将存货划分为A、B、C三类。

【例7-14】宁海公司共有15种材料，共占用资金108 980元，存货日常控制采用ABC

分类控制法，各种存货按资金多少的顺序排列，根据上述步骤将存货划分为A、B、C三类，见表7-10。

表7-10 宁海公司存货ABC分类表

材料品种	占有资金数额（元）	类别	各类存货所占的种数	各类存货所占的比重（%）	各类存货占用资金的金额（元）	各类存货占用资金的比重（%）
101	60 000	A	2	13.33	85 000	78.00
102	25 000					
103	8 000	B	4	26.67	18 000	16.51
104	5 000					
105	3 000					
106	2 000					
107	980	C	9	60	5 980	5.49
108	900					
109	880					
110	780					
111	680					
112	600					
113	500					
114	380					
115	280					
合计	108 980		15	100	108 980	100

※ 职业能力训练 ※

一、判断题

（1）订货成本的高低取决于订货的数量和质量。（ ）

（2）保险储备的建立是为了防止需求过大而发生缺货或供货中断。（ ）

（3）存货周转期是指将原材料转化成产成品并出售所需要的时间。（ ）

（4）在存货ABC控制法下，应重点管理的是品种数量较少、资金额较大的A类存货。（ ）

（5）存货占用资金的应计利息属于变动储存成本，在存货决策时应加以考虑。（ ）

（6）存货的经济订货批量是指订货成本达到最低时的订货批量。（ ）

二、不定项选择题

（1）在基本模型前提下确定经济订货批量时，通常应考虑的成本有（ ）。

A. 采购成本 B. 变动订货成本 C. 变动储存成本 D. 缺货成本

（2）下列订货成本中，属于变动成本的是（ ）。

A. 采购部门管理费用 B. 订货差旅费

C. 采购人员的工资　　　　D. 存货占用资金利息

（3）已知某企业A类存货的全年需要量为7 200件，假设生产周期为1年（360天），存货的交货期为5天，建立的保险储备量为50件，则该种存货的再订货点为（　　）。

A. 20件　　B. 50件　　C. 100件　　D. 150件

（4）在存在数量折扣的情况下，与存货订货批量相关的成本有（　　）。

A. 购置成本　　B. 变动订货成本　　C. 缺货成本　　D. 变动储存成本

（5）下列不属于变动储存成本的是（　　）。

A. 仓库折旧费　　　　B. 存货保险费

C. 存货的变质破损损失　　　　D. 存货占用资金的利息

（6）在确定经济订货批量时，下列表述中正确的有（　　）。

A. 随每次订货批量的变动，相关订货费用和相关储存成本与批量呈反方向变化

B. 相关储存成本的高低与每次订货批量成正比

C. 相关订货成本的高低与每次订货批量呈反方向变化

D. 年相关储存成本与年相关订货成本相等时的采购批量，即为经济订货批量

三、操作题

（1）某公司预计年耗用A材料250 000千克，单价为10元/千克，每次订货成本为200元，单位存货的年储存成本为单价的10%。要求：计算该企业A材料经济订货批量。

（2）已知某公司每年需要甲材料36 000千克，每次订货成本为1 250元，每千克甲材料年储存成本为10元。要求：①计算甲材料的经济订货批量；②计算经济订货批量下的相关总成本；③计算最优订货次数；④若一年生产周期为360天，甲材料从发出订单到货物验收完毕一般需要的交货期为3天，企业建立的保险储备量为200千克，则该材料的再订货点为多少？

【项目小结】

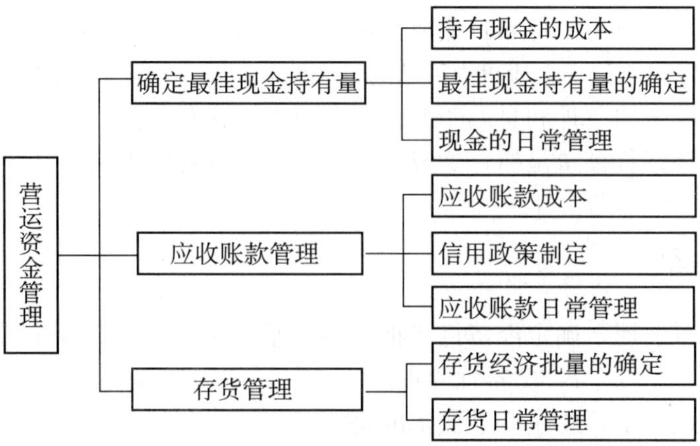

图7-11　项目七结构图

【术语与公式】

1. 现金的机会成本——企业因持有一定现金余额而丧失的再投资收益。

2. 持有现金总成本＝管理成本＋机会成本＋短缺成本。

3. 目标现金余额：$H=3R-2L$。

4. 应收账款机会成本＝应收账款占用资金×资本成本率。

5. $\text{应收账款收现保证率}=\dfrac{\text{当期必要现金支出总额}-\text{当期其他稳定可靠的现金流入总额}}{\text{当期应收账款总额}}$。

6. 存货经济订货批量：$Q^*=\sqrt{\dfrac{2AK}{K_c}}$。

7. 再订货点＝预计交货期内的存货需求＋保险储备。

【项目实训】

信用政策的选择

1. 任务目标

通过本训练掌握企业信用政策的选择。

2. 任务描述

通达建筑材料厂近年来采取比较宽松的信用政策，因而销售量有所增加，但坏账损失也有所增加。作为财务管理人员，请你为企业决策者作出以下分析：(1) 该企业采用逐渐宽松的信用政策是否成功。(2) 如果企业准备对第三年的信用政策作出修订，能否采用这个修订后的信用方案。

3. 操作准备

(1) 学生分组。6～8 人为一组，选定正、副组长负责组内工作。

(2) 熟悉方案。由组长负责，组织小组人员对提供的方案进行研讨，明确任务目标。

(3) 制订工作计划书。每个小组制订一份工作计划书，工作计划书根据工作内容，由小组学生讨论制订，并经指导老师审阅批准后实施。

4. 操作流程

(1) 各小组对信用政策的选择和任务工单进行全面了解。

(2) 各小组讨论制订信用政策选择工作计划书。

(3) 指导老师审阅各小组信用政策选择工作计划书，并签批。

(4) 各小组根据任务目标和任务工单进行计算、评价。

(5) 各小组撰写信用政策选择评价报告。

(6) 各小组汇报、交流。

5. 实训材料

(1) 任务工单。

①通达建筑材料厂近三年的信用政策见表 7 - 11。公司变动成本率为 65%，有价证券利

息率为20%，公司收账政策不变，固定成本不变。

表7-11　　通达建筑材料厂信用政策方案表　　单位：万元

项目	第一年（n/30）	第二年（n/60）	第三年（n/90）
年赊销额	2 400	2 600	2 800
坏账损失	48	78	140
收账费用	25	42	58

该企业采用按照年赊销额百分比法估计坏账损失。

②如果第三年为了加速应收账款的回笼，企业决定将信用条件改为“2/10，1/20，n/60”。估计约有60%的顾客会利用2%的折扣，20%的顾客会利用1%的折扣，坏账损失率降低为3%，收账费用降低为32万元。

（2）完成任务。

①信用政策选择工作计划书（见表7-12）。

表7-12　　通达建筑材料厂信用政策选择工作计划书

计算评价的主要内容	实施时间	实施形式	主要负责人
其他： 学习小组组长：　　学习小组成员： 年　月　日			
指导老师审阅意见： 签名： 年　月　日			

②计算原信用政策下三年的信用成本后收益（见表 7-13）。

表 7-13 原信用政策下三年的信用成本后收益计算 单位：万元

项目	第一年（n/30）	第二年（n/60）	第三年（n/90）
年赊销额			
变动成本			
信用成本前收益			
应收账款机会成本			
坏账损失			
收账费用			
信用成本后收益			

③计算信用条件改变后企业信用成本后收益（见表 7-14）。

表 7-14 通达建筑材料厂新信用条件下信用成本后收益 单位：万元

项目	信用条件改变后（2/10，1/20，n/60）
年赊销额	
变动成本	
信用成本前收益	
应收账款机会成本	
坏账损失	
收账费用	
信用成本后收益	

④信用政策选择评价报告（见表 7-15）。

表 7-15 通达建筑材料厂信用政策选择评价报告

一、原信用政策评价   二、新信用政策评价   学习小组成员签字：

6. 讨论评价

（1）各小组用 PPT 汇报、交流，限时 10 分钟。

（2）各小组听取汇报交流并打分互评。

（3）指导老师打分并点评。

【案例分析】

比亚迪股份有限公司应收账款管理分析

一、比亚迪股份有限公司应收账款概述

比亚迪股份有限公司于1995年2月成立，是一家具有民营企业背景的上市公司，于2002年在香港上市。公司主要经营的产业包括手机零部件、充电电池以及汽车，公司市值超过150亿元。比亚迪股份有限公司在2010年中国汽车工业协会公布的轿车生产公司中销量排第6名，至2015年登顶新能源汽车全球销量榜首，且位居国内非合资轿车生产公司排名第1名。尤其近几年比亚迪公司将生产和销售重心放在了新能源汽车上，通过技术创新和战略调整，一直在新能源汽车领域充当领头羊的角色，从最开始的纯电动车e6到插电式混合动力汽车F3，在新能源汽车的发展战略上几乎没有断过。得益于先进的研发技术和优质的生产质量，比亚迪公司推出的新能源汽车在汽车领域的名声非常好，在国内很多城市，公交车都已经改头换面升级为新能源混合动力型汽车，使用的正是比亚迪公司的新能源环保汽车；在国外市场上，比亚迪公司的新能源环保汽车更是出口到美国、日本、德国等28个国家。

随着比亚迪公司的汽车销量的迅速增长和市场份额不断增加，比亚迪公司的应收账款也随销售额的增加而不断增加。2013年，比亚迪公司全年营业额为528.63亿元，税后净利润为7.76亿元，应收账款为76.87亿元；2014年，比亚迪公司全年营业额增长到581.96亿元，税后净利润为7.4亿元，应收账款为137.52亿元，较2013年应收账款增长了78.72%，远远大于其营业额10.01%的增长速度；到了2015年，比亚迪公司全年营业额更是暴增到800.09亿元，实现税后净利润28.29亿元，应收账款期末余额更是高达215.19亿元，同比增长了56.48%，应收账款年平均增长幅度高达67.6%，远远高于营业额25.68%的年平均增长率。综上所述，不难发现，近5年来比亚迪公司的应收账款呈现出显著上升趋势，而在2014年和2015年更是出现超过60%的增长速度。应收账款占流动资产的比例、应收账款占营业额的比例也在迅速增加，如2014年的营业额只比去年增加了110.88%，而应收账款却比2013年增加了178.90%。应收账款占销售收入的比例在2015年更是接近30%，意味着比亚迪公司近1/3的销售款项被无偿占用，公司现金流动和周转都面临着巨大的考验，一旦公司出现资金链断裂，公司的财务压力可想而知，甚至会危及比亚迪公司的生存发展。如果企业管理者再对应收账款置之不理，或许公司将来的局面会成为“纸老虎”，虽然营业额增加，但是公司可利用的真金白银日渐匮乏。

二、比亚迪股份有限公司应收账款分析

(1) 账龄分析。通过对比分析比亚迪公司近5年应收账款的账龄，发现：赊销账龄在1年以内的应收账款占应收账款总额近90%，在2011年度更是高达97%；账龄在1～2年的赊销额所占比率为3.17%～8.61%；而2～3年或3年以上的应收账款只占总体的0.1%～4.35%。通常账龄越长，发生坏账损失的可能性越大，通过对比发现比亚迪公司的应收账款账龄主要集中在1年之内，发生坏账的可能性不大。但是2011—2013年度公司应收账款发生坏账损失风险却逐渐加大，好在管理层积极采取有效措施使得2014—2015年度1年内赊销比例有所提高，降低了应收账款发生坏账损失的风险。

（2）坏账准备分析。就传统燃油车的销售模式来说，通常要求客户以应收票据的形式提前支付款项。而对于新能源汽车的销售，比亚迪公司的信用销售规定为给主要客户提供的信用期通常为30～360天，或者为客户提供1～2年的分期付款，同时对赊销款和分期金额不计利息。比亚迪公司通过规范的信用赊销管理方法和健全的内部控制实现对应收账款的有效控制。2013年，比亚迪公司计提了3.89亿元的坏账准备，当年实现净利润7.76亿元，坏账准备占净利润的比例高达50.13%，意味着接近一半的净利润都是“空穴来风”，公司盈利质量堪忧，盈利实现的现金流亦是半真半假；到了2014年，公司实现净利润7.4亿元，计提了2.92亿元坏账准备，坏账准备占净利润的比例降低到10.67%，相比2013年，公司坏账占比降低了21.28%；可观的是2015年，公司净利润为28.29亿元，计提坏账准备金额为4.86亿元，坏账准备占净利润的比例降低到17.18%，较2013年和2014年分别下降了32.95%和22.28%。公司盈利质量显著提升，与公司对应收账款规范的管理无法分离。

（3）应收账款周转率分析。应收账款周转率表示一定时期内企业应收账款转为现金的平均次数。企业的应收账款在流动资产中占据着举足轻重的地位。若应收账款可以及时收回，企业资金的使用效率就能够得到大幅提升。然而令人担忧的是，比亚迪公司近几年应收账款周转率显著呈下降趋势，应收账款周转天数呈显著上升趋势。这主要是因为企业为了促进销售，增加了分期付款业务；或者为了快速扩大销售市场，盲目使用赊销政策，导致赊销货款骤增，回收速度减慢。而2012—2014年竞争对手上汽集团的应收账款周转率分别为56.05%、34.92%、32.50%，比亚迪公司的应收账款周转率仅为7.98%、7.58%、5.43%，与上汽集团相比差距明显。由此可见，比亚迪公司需要在应收账款回收方面多做努力。

（4）应收账款与营业额及流动资产对比分析。比亚迪公司的营业额在近5年中呈显著上升趋势，尤其是2014—2015年销售额实现了断崖式增长，从581.96亿元暴增至800.09亿元。2015年比亚迪公司成功登顶新能源汽车销售排行第一名，与之而来的是营业额的增长与应收账款的增长。应收账款从2014年的137.52亿元上升至2015年的215.19亿元。应收账款占营业额的比例也随着公司的扩展不断上升，从2011年的11%上升至2013年的15%，再从2014年的24%上升至2015年的27%，这说明比亚迪公司在开拓市场方面主要使用信用销售方式吸引客户。与营业额同向增加的还有公司的流动资产，而应收账款占流动资产的比例也是越来越大，从2011年的26%上升至2015年的40%。赊销虽然能够扩展市场，扩大销售，但是也可能为企业的财务稳定埋下隐患，因此比亚迪公司管理层不能忽视对应收账款加强管理。倘若盲目使用信用赊销，一旦应收账款管理失控，一方面会降低企业盈利质量，另一方面很可能会引发企业资金链断裂，无法调度资金进行生产，导致企业进入发展窘境。

三、比亚迪股份有限公司应收账款影响分析

（一）正面影响

（1）扩大市场份额。在竞争激烈的汽车行业中，赊销是增加销量的一种重要手段，应收账款的增加带来营业收入的增加也是企业赊销的目的。在货币紧缩、市场疲软的状态下，赊销的促进作用比较明显，对企业开拓市场、销售商品具有更重要的意义。因此比亚迪公司广泛使用信用赊销政策来开拓市场，增加销量，扩大市场份额，完成预定的营销目标。

（2）降低存货。汽车属于奢侈品，库存的挤压一方面会增加库存费用，即保险费、管理费等支出，另一方面会加剧存货发生减值的风险，尤其像汽车这种高价值奢侈品，一旦错过消费时机产生库存积压，伴随着消费者消费偏好的转变，库存商品就需要计提大量减值准备。因此比亚迪公司积极使用信用赊销能够扩大销量，有效降低库存积压带来的风险。

（二）负面影响

（1）降低自身盈利质量。比亚迪公司在信用赊销模式下，在发生应收账款的同时确认利润，事实上这个利润仅是账面上的利润，公司并未收到实际现金。这样的情况也许会出现账面利润与现金流量的不匹配，大大降低比亚迪公司的盈利质量，尤其是坏账准备的计提占净利润的比例明显地说明了比亚迪公司存在的盈利质量问题。

（2）加剧自身财务风险。应收账款实际上是被对方所占有、调度的资产，企业自身是无法掌握该项资产的。若是应收账款总额占流动资产比例过高，有可能造成公司资金链断裂，对企业的生产及经营造成严重后果。这是因为应收账款的回收具有强不确定性，有可能导致比亚迪公司在某些必要的情况下需要先垫付原材料或其他经营活动所需要的现金。当前企业管理者对应收账款管理尚不够重视，且缺乏理论和实际支持，因此很有可能因管理不善而出现大量逾期未收回的应收账款，导致公司无法迅速回笼资金，甚至出现资金链断裂，从而引发资金危机。

（3）增加自身经营成本。伴随着应收账款的产生，企业的库存商品管理成本会随之减少，而应收账款的管理成本也会随之增加。企业需要耗费人力成本对应收账款进行管理，并对客户进行风险评估，定期与客户联系确保应收账款能在限期内收回。一家公司持有应收账款的成本一般包括：管理成本、收账成本、坏账成本、机会成本和短缺成本。而针对比亚迪公司而言，坏账成本尤为突出，占据了公司大量应有的净利润，这种情况直至2014年开始才出现改善。不仅如此，比亚迪公司对应收账款缺乏有效的催收手段，这部分收账成本虽然无法在财务报表上反映，但是对公司的影响是客观存在的，不容忽视。

资料来源：付广敏．企业应收账款管理问题探究——以比亚迪股份有限公司为例．财会通讯，2017（29）．

【问题】

你认为比亚迪股份有限公司应收账款存在哪些问题？请对该公司应收账款管理改善提出可行性建议。

【阅读推荐】

1.《现金管理暂行条例》

2.《支付结算办法》

项目八

收益分配管理

【学习目标】

- 能够运用定性分析法和定量分析法进行销售预测分析。
- 理解影响产品价格的因素。
- 懂得不同的产品定价策略。
- 理解本量利分析的基本含义和基本模型。
- 会进行保本分析与保利分析。
- 能够计算安全边际及相关指标。
- 明确股利支付的重要日期。
- 理解影响股利政策的因素。
- 掌握四种股利政策的基本内涵。
- 能有区别地把握股票股利、股票分割与股票回购。

【导引案例】

一位依靠养老金生活的老太太与一位现金比较充裕的年轻人购买了同一上市公司的股票。该公司2018年度每股收益为0.8元。公司董事会考虑到近期有一个比较好的投资机会，现金比较紧张，决定不发放现金股利。2019年4月12日发布的股利分配公告，其股利分配预案是每10股送4股。

对于这个股利分配方案，年轻人比较满意，认为分配股票股利比发放现金股利好，将利润留在企业用于未来的发展，扩大了企业的经营规模，增强了企业的实力；另外，分配股票股利后，股价自动除权，降低了股票的价格，也就降低了购买这种股票的门槛，可以改变股票的供求关系。在牛市背景下，填权的可能性很大，有助于提高股民的价差收入。而老太太则不以为然，对这个分配方案不满意，她认为自己靠养老金和现金股利生活，不发放现金股利，将影响今年的生活质量。

作为公司股东的老太太与年轻人，为什么在股利分配形式上会产生分歧？公司在制定股利分配方案以及选择股利分配形式时，应该考虑哪些因素？

任务一
收入管理

※ 任务描述 ※

收益分配管理主要包括收入管理、利润管理和利润分配管理。销售收入的制约因素主要是销量和价格，因此，销售预测分析和销售定价管理构成了收入管理的主要内容。本任务学习目标为：

（1）掌握销售预测方法和产品定价方法。

（2）理解影响产品价格的因素和产品定价策略。

※ 知识准备 ※

一、收入的概念

广义的收入是指企业因销售商品、提供劳务、转让资产使用权所取得的各种收入的总称。由于销售收入是企业收入的主体，因此本任务所指收入主要是销售收入（营业收入），即企业在日常经营活动中，由于销售商品、提供劳务等形成的收入。

二、收入的作用

1. 收入是衡量企业生产经营成果的重要标志

企业生产经营的目的是在向社会提供产品或服务的同时，能够实现资产的增值，获得利润，同时能够积累更多的资金。收入是利润的源泉，企业能否实现利润以及实现多少利润是以一定的收入为基础的。因此，收入是企业经营成果实现与否的重要标志，在某种程度上体现了社会对企业的认可和满意程度。

2. 收入是企业现金流入量的主要组成部分

企业要进行正常的财务活动，必须保持适量的现金以采购商品、支付费用、缴纳税费和偿付到期债务。适量的现金流犹如企业的血液。收入是现金流入量的主要组成部分。只要企业的产品适销对路，价格具有竞争力，实现销售之后收回现金，便可为企业的正常经营注入活力。当然，作为增加现金流入量的辅助措施，举借债务的作用是毋庸置疑的，但是举债要支付利息，也增加了企业的风险。

3. 收入是企业再生产顺利进行的必要条件

企业的收入在资金运动过程中处于起点和重点的地位，它是企业简单再生产和扩大再生产的资金来源，是加速资金周转的前提。企业只有把生产出来的产品及时销售出去，取得销售收入，才能保证再生产过程的顺利进行。

4. 收入是企业利润的主要来源

企业生产经营活动的目的是获取利润。虽然企业对外投资也可以获取利润，但对投资公司、控股公司以外的普通企业而言，对外投资分得的利润在其利润总额中并不占主要比重。而企业获得的收入在补偿成本、费用等开支以后，是企业利润的主要来源。

三、收入管理的主要内容

销售收入的制约因素主要是销量和价格。企业一般是按照“以销定产”的原则组织生产的，因此对销量的预测尤为重要。科学的销售预测可以加速企业的资金周转，提高企业的经济效益。产品价格是企业获得市场占有率、提升产品竞争力的重要因素。产品价格的制定直接或间接地影响着销售收入。一般来说，价格与销量呈反向变动关系：价格上升，销量减少；价格下降，销量增加。企业可以通过不同的价格制定策略来调节产品的销量，进而作用于销售收入。所以，销售预测分析和销售定价管理构成了收入管理的主要内容。

※ 任务设计及工作过程 ※

奇海公司是一家红酒生产企业。红酒作为一种天然、健康的酒类饮品，与提高人们生活质量密切相关。进口红酒由于渠道众多，进口环节复杂，因此价格虚高。奇海公司作为生产国产品牌红酒的企业，其红酒价格的定位与其销量关系密切。因此，公司管理层决定重新考虑产品价格。

【任务】如果让你参与红酒的定价，你会采用什么方法？你会考虑哪些因素？你有什么样的建议？

销售定价管理，就是在调查分析的基础上，选用合适的产品定价方法，为销售的产品制定最为恰当的售价，并根据具体情况运用不同的价格策略，以实现经济效益最大化的过程。

企业销售各种产品都必须确定合理的产品销售价格。产品价格的高低直接影响销量的大小，进而影响企业的盈利水平。一般来说，在既定的销量下，销售单价越高，销售收入和销售利润就越高；但是，销售单价的高低，直接影响到销量。如果销售单价定得太高，就会减少销量，进而使单位产品成本上升而导致销售利润的降低；如果销售单价定得太低，可能难以补偿所发生的成本，无法保证目标利润的实现。因此，产品销售价格的高低，价格策略运用是否恰当，都会对企业的正常生产经营活动产生影响，甚至影响企业的生存和发展。

一、影响产品价格的因素

1. 价值因素

价值是产品价格的基础，产品价格是其价值的货币表现。一般来说，产品价值包括产品的正常生产成本、合理利润以及税金和流通费用。价值的大小决定着价格的高低。

2. 成本因素

成本是影响定价的基本因素。从长期来看，产品价格应等于总成本加上合理的利润，否则企业将无利可图，难以长久生存；从短期来看，企业应根据成本结构确定产品价格，即产品价格必须高于平均变动成本，以降低经营风险。

3. 市场供求因素

市场供求关系的变动直接影响产品价格。一般来说，产品的市场需求大于市场供应，可将其价格定得高一些；产品的市场供应大于市场需求，可将其价格定得低一些。同时，产品价格下降，将会引起该产品需求量的增加；产品价格上升，将会引起该产品需求量的减少。不同产品的价格变动所引起的需求量变动幅度并不相同，这取决于产品的价格弹性。

4. 竞争因素

产品竞争的激烈程度不同，对定价的影响也不同。竞争越激烈，对价格的影响也越大。在完全竞争的市场中，企业几乎没有定价的主动权；在不完全竞争的市场中，竞争的强度主要取决于产品制作的难度和供求形势。由于竞争影响定价，企业要做好定价工作，必须充分了解竞争者的情况。

5. 政策法规因素

各个国家对市场物价的高低和变动都有法律规定予以限制，同时，国家还利用生产市场、货币金融等手段间接调节价格。在进行国际贸易时，各国政府对价格制定的限制更多、更严。因此，企业应很好地了解本国以及所在国关于物价方面的政策和法规，将其作为企业制定定价策略的依据。

二、产品定价方法

产品定价方法主要有以成本为基础的定价方法和以市场需求为基础的定价方法两大类。

（一）以成本为基础的定价方法

成本是企业生产和销售产品所发生的各项费用的总和，是构成产品价格的基本因素，也是价格的最低经济界限。以成本为基础制定产品价格，不仅可以保证生产中的耗费得到补偿，而且能保证企业实现必要的利润。凡是新产品的价格制定，都可以采用以成本为基础的定价方法。

1. 成本加成定价法

成本加成定价法是以单位预计完全成本（或目标完全成本）为基础，加上一定数额的利润和销售税金来确定产品价格。一般有以下三种计算方式：

（1）计划成本定价法：

$$单位产品价格=\frac{单位预测成本+单位预测利润}{1-适用税率}$$

其中：

$$单位预测利润=\frac{该产品预测利润总额}{该产品预测销售量}$$

（2）成本利润率定价法：

$$单位产品价格=\frac{单位预测成本\times(1+成本利润率)}{1-适用税率}$$

其中：

$$成本利润率=\frac{该产品预测利润总额}{该产品预测总成本}\times100\%$$

（3）销售利润率定价法：

$$单位产品价格=\frac{单位预测成本}{1-销售利润率-适用税率}$$

其中：

$$销售利润率=\frac{该产品预测利润总额}{该产品预测销售收入总额}\times100\%$$

大多数工业企业采用成本利润率定价法，商业企业一般采用销售利润率定价法。

【例 8－1】奇海公司计划投资 300 万元生产新品种的葡萄酒。根据市场调查，这种新葡萄酒预计每年销售 50 万升，总成本预计 500 万元，该企业要求该项投资利润率为 25%。假设消费税税率为 10%。有关指标的计算如下：

$$单位预测成本=\frac{500}{50}=10（元/升）$$

$$预测利润总额=300\times 25\%=75（万元）$$

$$单位预测利润=\frac{75}{50}=1.5（元/升）$$

$$成本利润率=\frac{75}{500}\times 100\%=15\%$$

$$销售利润率=75\div\frac{500+75}{1-10\%}\times 100\%=11.74\%$$

单位产品价格定价如下：

①计划成本定价法：

$$\frac{10+1.5}{1-10\%}=12.78（元/升）$$

②成本利润率定价法：

$$\frac{10\times(1+15\%)}{1-10\%}=12.78（元/升）$$

③销售利润率定价法：

$$\frac{10}{1-11.74\%-10\%}=12.78（元/升）$$

成本加成定价法的优点在于：预测企业成本比预测市场需求更有把握，因而可以减少需求变动对价格的调整次数，可以保证生产耗费得到补偿。但是，这种方法存在明显的缺点：一是很难适用市场需求的变化，往往导致定价过高或偏低；二是企业生产多种产品时，难以准确分摊间接费用，导致定价不准确。

2. 目标利润定价法

目标利润是指企业在预定时期内应实现的利润水平。目标利润定价法是根据目标利润和产品销量、产品成本、适用税率等因素来确定产品销售价格的方法，其计算公式为：

$$单位产品价格=\frac{目标利润总额+完全成本总额}{产品销量\times(1-适用税率)}$$

$$=\frac{单位目标利润+单位完全成本}{1-适用税率}$$

【例 8－2】奇海公司生产某种葡萄酒，本期计划销售为 50 000 升，目标利润总额为 60 000元，完全成本总额为 250 000 元（其中固定成本为 40 000 元，单位变动成本为 5 元）。假设适用税率为 10%，则该种葡萄酒单位产品价格预计为：

$$单位产品价格=\frac{60\ 000+250\ 000}{50\ 000\times(1-10\%)}=6.89（元/升）$$

该方法简便易行，能够预测企业获得必要利润的最低价格。但是，由于销量往往受价格影响，因此计算结果的准确性会受到一定的影响。

（二）以市场需求为基础的定价方法

1. 需求价格弹性系数定价法

产品的价格会影响其市场需求，企业所制定的价格高低会影响产品的销量。因此，我们有必要考虑需求的价格弹性。所谓需求的价格弹性是指产品需求量对价格变动作出反应的程度。一般来说，价格下降，需求量增加；价格上升，需求量减少。需求的价格弹性通常用需求量变动率与价格变动率之比，即需求的价格弹性系数来衡量。其计算公式为：

$$某种产品的需求价格弹性系数（E）=\frac{需求量变动率}{价格变动率}$$

上式表示价格每增加（或减少）1%时，需求量所降低（或增加）的百分比。因此，需求的价格弹性系数恒为负值，其绝对值可以反映出需求与价格变动水平之间的关系：

当 $|E|>1$ 时，称为富有弹性或弹性大，表明价格以较小幅度变动时，可使需求量产生较大幅度的变动。

当 $|E|<1$ 时，称为缺乏弹性或弹性小，表明价格变动幅度即使很大，需求量的变化幅度也不会太大。

当 $|E|=1$ 时，称为单一弹性，表明需求量受价格变动影响完全与价格本身变动幅度一致。

需求的价格弹性系数的大小，说明了产品价格与需求量之间反方向变动水平的大小。对于弹性大的产品，提高价格将导致销量迅速下降，而降低价格却会使需求量大大提高，因此，应适当降低价格，刺激需求，薄利多销。对于弹性小的产品，当价格变动时，需求量的变化幅度很小，对这类产品不仅不应降低价格，相反，在条件允许的范围内应适当调高价格。对于单一弹性的产品，前两种策略都不适用，只能选择其他的价格策略。

2. 边际分析定价法

边际分析定价法，是指基于微分极值原理，通过分析不同价格与销量组合下的产品边际收入、边际成本和边际利润之间的关系，进行定价决策的一种定量分析方法。

【想一想 8-1】岁末年终，各大商场纷纷促销，促销手段各不相同。服饰、皮具、床品三个商场的促销措施分别是：满 200 元减 100 元，满 300 元获赠 300 元优惠卡，全场 5 折销售。你认为哪种促销方式对商场更有利？如果你是消费者，你会选择哪个商场？

三、定价策略

定价策略是指企业在进行定价决策时，按照一定经验，最终作出特定价格定性选择分析所依据的原则或技巧。产品定价方法是依靠定价模型进行定量分析，而定价策略则是凭经验进行定性分析。

（一）新产品定价策略

1. 撇脂定价策略

撇脂定价是指在产品生命周期的最初阶段，把产品的价格定得很高，以攫取最大利润。撇脂定价的条件：（1）市场有足够的购买者，他们的需求缺乏弹性，即使把价格定得很高，市场需求也不会大量减少；（2）高价使需求减少，但不致抵消高价所带来的利益；（3）在高价情况下，仍然独家经营，别无竞争者。高价使人们产生这种产品是高档产品的印象。

2. 渗透定价策略

渗透定价是指企业把其创新产品的价格定得相对较低，以吸引大量顾客，提高市场占有率。渗透定价的条件：（1）市场需求对价格极为敏感，低价会刺激市场需求迅速增长；（2）企业的生产成本和经营费用会随着生产经营经验的增加而下降；（3）低价不会引起实际和潜在的竞争。

3. 满意定价策略

满意定价策略是一种介于撇脂定价策略和渗透定价策略之间的价格策略，其所定的价格比撇脂价格要低，比渗透价格要高，是一种中间价格。这种定价策略由于能使生产者和顾客都比较满意而得名，有时又被称为“君子价格”或“温和价格”。

（二）折扣定价策略

折扣定价策略是指对基本价格作出一定的让步，直接或间接地降低价格，以争取顾客，达到扩大销量的目的。其中，直接折扣的形式有数量折扣、现金折扣、功能折扣、季节折扣，间接折扣的形式有回扣和津贴。

1. 数量折扣

数量折扣是指按购买数量的多少，分别给予不同的折扣，购买数量越多，折扣越大，其目的是鼓励大量购买，或集中向本企业购买。数量折扣包括累计数量折扣和一次性数量折扣两种形式。累计数量折扣是规定顾客在一定时间内购买商品若达到一定数量或金额，则按其总量给予一定折扣，其目的是鼓励顾客经常向本企业购买，成为可信赖的长期客户。一次性数量折扣是规定一次购买某种产品达到一定数量或购买多种产品达到一定金额，则给予折扣优惠，其目的是鼓励顾客大批量购买，促进产品多销、快销。

2. 现金折扣

现金折扣是对在规定的时间内提前付款或用现金付款者所给予的一种价格折扣，其目的是鼓励顾客尽早付款，加速资金周转，降低销售费用，减少财务风险。

3. 功能折扣

中间商在产品分销过程中所处的环节不同，其所承担的功能、责任和风险也不同，企业据此给予不同的折扣称为功能折扣。对生产性用户的价格折扣也属于功能折扣。功能折扣的比例，主要考虑中间商在分销渠道中的地位、对生产企业产品销售的重要性、购买批量、完成的促销功能、承担的风险、服务水平、履行的商业责任，以及产品在分销中所经历的层次和在市场上的最终售价等因素。功能折扣的结果形成了购销差价和批零差价。

4. 季节折扣

有些商品的生产是连续的，而其消费却具有明显的季节性。为了调节供需矛盾，这些商品的生产企业便采用季节折扣的方式，对在淡季购买商品的顾客给予一定的优惠，使企业的生产和销售在一年四季能保持相对稳定。例如，啤酒生产厂家对在冬季进货的商业单位给予大幅度让利，羽绒服生产企业则为夏季购买其产品的顾客提供折扣。

5. 回扣和津贴

回扣是间接折扣的一种形式，它是指购买者在按价格目录将货款全部付给销售者以后，销售者再按一定比例将货款的一部分返还给购买者。津贴是企业为非凡目的，对非凡顾客以特定形式所给予的价格补贴或其他补贴。比如，当中间商为企业产品提供了包括刊登地方性广告、设置样品陈列窗等在内的各种促销活动时，生产企业给予中间商一定数额的资助或补贴。又如，对于进入成熟期的顾客，开展以旧换新业务，将旧货折算成一定的价格，在新产品的价格中扣除，顾客只支付余额，以刺激消费需求，促进产品的更新换代，扩大新一代产品的销售。这也是一种津贴的形式。

（三）心理定价策略

心理定价策略是针对顾客心理特点而采用的一种定价策略，主要应用于零售商业。主要有尾数定价策略、整数定价策略、声望定价策略、招徕定价策略等。

1. 尾数定价策略

尾数定价，也称零头定价或缺额定价，即给产品定一个零头数结尾的非整数价格。大多数顾客在购买产品时，尤其是购买一般的日用消费品时，乐于接受尾数价格，如 0.99 元、9.98 元等。顾客会认为这种价格经过精确计算，购买不会吃亏，从而产生信任感。同时，价格虽离整数仅相差几分或几角钱，但给人一种低一位数的感觉，符合顾客求廉的心理愿望。这种策略通常适用于基本生活用品。

2. 整数定价策略

整数定价与尾数定价正好相反，企业有意将产品价格定为整数，以显示产品具有一定质量。整数定价多用于价格较贵的耐用品或礼品，以及顾客不太了解的产品。对于价格较贵的高档产品，顾客对质量较为重视，往往把价格高低作为衡量产品质量的标准之一，容易产生“一分价钱一分货”的感觉，从而有利于销售。

3. 声望定价策略

声望定价是指针对顾客“便宜无好货、价高质必优”的心理，对在顾客心目中享有一定声望、具有较高信誉的产品制定高价。不少高级名牌产品和稀缺产品，如豪华轿车、高档手表、名牌时装、名人字画、珠宝古董等，在顾客心目中享有极高的声望价值。购买这些产品的人，往往不在意产品价格，而最关心的是产品能否显示其身份和地位，价格越高，心理满足的程度也就越大。

4. 招徕定价策略

招徕定价策略是指根据顾客求廉的心理，将产品价格定得低于一般市价，个别的甚至低于成本，以吸引顾客、扩大销售的一种定价策略。采用这种策略，虽然几种低价产品不赚钱，甚至亏本，但从总的经济效益看，由于低价产品带动了其他产品的销售，企业还是有利可图的。

（四）组合定价策略

组合定价策略是针对相关产品组合所采取的一种定价策略。组合定价，是指对于一些既可单独购买，又可成套购买的商品，实行成套优惠价格。顾客对购买次数较少的商品价格较为敏感，对价值高的商品价格也较为敏感，反之则不大在意。利用这一心理，采取对相关商品中购买次数少、价值相对大的商品价格定得低一些，而对购买次数多、价值相对小的商品价格定得高一些，从而获得整体效益。

小贴士　　京东、当当价格战

2011年11月11日，世纪光棍节，苏宁电器上线图书频道，引发当当网和京东商城等网购平台掀起价格战。一些电子商务企业自称“争当败家子”，不遗余力地打折促销聚人气，期望以此和竞争对手拉开距离甚至拖垮对手。京东商城一些图书本来就是两折，竟然成了一折了。当当网满100元返200元。对此，国务院参事、中国电子商会会长曲维枝说：“反对不计成本的价格战，提供良好的售后服务是电子商务发展的重要条件。”

※ 职业能力训练 ※

一、判断题

（1）边际收入等于边际成本时的销售价格是最优售价。（　　）

（2）产品需求的价格弹性系数比较大时，提高价格将使销量迅速上升，对这类产品应提高价格。（　　）

（3）当 $|E|<1$ 时，称为缺乏弹性或弹性小，表明价格变动幅度即使很大，需求量的变化幅度也不会太大。（　　）

（4）某产品标明“原价250元，现价100元”，这种标价法属于心理定价策略。（　　）

（5）渗透定价是指在产品生命周期的最初阶段，把产品的价格定得很高，以攫取最大利润。（　　）

二、不定项选择题

（1）某企业生产C产品，本期计划销量为5 000件，目标利润总额为100 000元，完全成本总额为256 250元，适用的税率为5%。根据上述资料，运用目标利润定价法测算单位C产品的价格应为（　　）元。

A. 71.25　　B. 75　　C. 80.25　　D. 81.5

（2）按照边际分析定价法，当收入函数和成本函数均可微时，（　　）。

A. 边际利润为0时的价格就是最优售价

B. 边际利润大于0时的价格就是最优售价

C. 边际利润最大时的价格就是最优售价

D. 边际利润为1时的价格就是最优售价

（3）企业按照其产品在市场上的知名度和顾客中的信任程度来制定产品价格的方法，属于（　　）。

A. 渗透定价　　B. 尾数定价

C. 招徕定价　　D. 声望定价

（4）影响价格的基本因素有（　　）。

A. 成本因素　　B. 价值因素

C. 竞争因素　　D. 政策法规因素

三、操作题

某公司2010—2018年的产品销量资料见表8-1。

表8-1　　某公司2010—2018年产品销量表

年度	2010	2011	2012	2013	2014	2015	2016	2017	2018
销量（吨）	1 950	1 980	1 890	2 010	2 070	2 100	2 040	2 260	2 110
权数	0.03	0.05	0.07	0.08	0.1	0.13	0.15	0.18	0.21

要求：

（1）根据以上资料，用算术平均法预测公司2019年的销量。

（2）根据以上资料，用加权平均法预测公司2019年的销量。

任务二

利润管理

※ 任务描述 ※

利润管理的内容主要是在收入预测的基础上，对目标利润进行预测。目标利润预测最常用的方法是本量利分析法。本量利分析法是指在成本性态分析的基础上，通过分析企业在一定期间内的成本、业务量和利润三者之间的关系，建立数学化的会计模型和图式，进而揭示变动成本、固定成本、销售量、销售单价和利润等诸多变量之间的内在规律性联系，进行预测、决策、规划、控制的一种会计分析方法。本任务学习目标为：

（1）理解本量利分析的基本含义。

（2）掌握本量利分析的基本模型。

（3）掌握保本分析与保利分析。

（4）掌握安全边际及相关指标的计算。

※ 知识准备 ※

一、利润的概念

利润是指企业在一定会计期间的经营成果。利润包括收入减去费用后的净额和直接计入当期利润的利得与损失等，因此当期利润总额取决于该期间收入和费用以及直接计入当期利润的利得与损失的金额大小。

二、利润的作用

企业利润来自企业的生产经营活动，在缴纳企业所得税后，最终的净利润归属于企业股东。企业加强利润管理，不断提高利润水平，无论对企业股东还是对国家来说都具有重大的经济意义。

（1）利润是企业实现财务目标的基础。一般认为，企业财务管理的目标是企业价值最大化，而企业价值最大化要达到利润与风险的最佳组合匹配。企业只有实现足够的利润，才能使得企业债权人和股东的利益得到保障。

（2）利润是国家财政收入的重要来源之一。企业要依法向国家缴纳所得税。由于所得税具有强制性、无偿性和固定性等特点，因此利润构成了国家财政收入的重要来源之一。

（3）利润是衡量企业生产经营水平的一项综合性指标。利润从构成内容看，概括了企业的全部生产经营工作范围。因此，利润的多少反映了企业生产经营水平的高低。企业获得的利润越多，也可以说明企业管理者经营管理有方，生产经营活动中的消耗少，产品成本低，质量好，产品适销对路。

（4）利润是企业扩大再生产的资金保障。企业资金的来源是多方面的，其中利润是一项重要的资金来源。企业要扩大生产经营规模、提高生产技术，主要应依靠企业自身的内部积累。这不仅能给企业带来更多的未来利润，也有利于提高企业的安全性。

三、利润管理的要求

1. 树立正确的盈利理念，不断提高企业利润水平

企业在生产经营的过程中，不能不顾国家的法律和政策，不择手段、唯利是图；也不能不讲核算，不讲效益，浪费社会财富。企业应当在坚持正确的生产经营方向的前提下，把经济效益放在应有的位置上，并采取各种有效的方法和措施来提高企业的盈利水平。

2. 实行目标利润分管责任制，保证利润目标的完成

利润既反映企业的生产经营结果，又对企业生产经营活动起着一定的制约作用。为了加强利润管理，企业必须开展利润预测，制定切合实际的利润目标。为了实现利润目标，企业要完善内部的责任制，将利润目标和其他各项经济技术指标分解，落实到企业有关部门和个人，明确他们的经济责任，并且将责权利结合起来，组织和动员各方面的力量来增加利润，保证利润目标的顺利完成。

3. 严格执行有关财经法规，正确进行利润分配

企业采取各种措施增加利润，必须从全局利益出发，严格执行国家的有关财经法规。同时，企业应严格按照财经法规的规定，正确组织利润分配。企业一定时期内的利润必须首先用以缴纳企业所得税，然后才能将剩下的利润用于企业生产经营发展和股东分配。

四、会计利润的形成

根据自2007年1月1日起正式施行的《企业会计准则——基本准则》和《企业会计准

则——应用指南》中关于企业利润表列报的相关规定，上市公司至少应列报包括营业利润、利润总额和净利润三大类关于利润的指标。

（一）营业利润

利润形成的主体是营业利润。营业利润是指企业在一定时期从事主要生产经营活动所产生的利润，由营业收入、营业成本、税金及附加、销售费用、管理费用、财务费用、资产减值损失、公允价值变动损益和投资净收益等内容构成。

营业利润是企业在某一会计期间的营业收入与为实现这些营业收入所发生的费用成本比较计算的结果，它是企业通过自身的生产经营活动所取得的。营业利润的计算公式为：

营业利润＝营业收入－营业成本－税金及附加－销售费用－管理费用－财务费用
－资产减值损失±公允价值变动损益±投资净收益

其中：

营业成本是指企业根据《企业会计准则第 14 号——收入》确认销售商品、提供劳务等主营业务收入和其他业务收入时应结转的成本和其他经营活动发生的成本，包括主营业务成本和其他业务成本。

税金及附加是指企业经营活动发生的增值税、消费税、城市维护建设税、资源税和教育费附加等相关税费。

销售费用是指企业销售商品和材料、提供劳务的过程中发生的各种费用。

管理费用是指企业为组织和管理企业生产经营所发生的管理费用。

财务费用是指企业为筹集生产经营所需资金等而发生的筹资费用。

资产减值损失是指企业根据《企业会计准则第 8 号——资产减值》等计提各项资产减值准备所形成的损失。

公允价值变动损益是指企业交易性金融资产等公允价值变动形成的应计入当期损益的利得（或损失）。

投资净收益是指企业以各种方式对外投资所取得的收益（或损失）。

（二）利润总额

利润总额是指企业在一定时期所有活动所取得的经营成果。从整个社会来看，利润是社会再生产的重要资金来源；从企业来看，利润是企业生存与发展的必要条件，也是评价企业生产经营状况的一个重要指标。利润总额的计算公式为：

利润总额＝营业利润＋营业外收入－营业外支出

其中，营业外收入是指企业发生的与其主要生产经营活动无直接关系的各项收入，营业外支出是指企业发生的与其主要生产经营活动无直接关系的各项支出。

（三）净利润

净利润是指企业利润总额减去所得税费用之后的金额。净利润的计算公式为：

净利润＝利润总额－所得税费用

其中，所得税费用是指企业根据《中华人民共和国企业所得税法》（简称《企业所得税法》）确认的应从当期利润总额中扣除的所得税费用。

五、财务管理中利润的分类

在企业的财务管理活动中，利润根据其构成不同，还可以表述为以下不同的层次：息税前利润、税前利润和税后利润。

（一）息税前利润

息税前利润是指企业支付利息和缴纳所得税之前的利润，其计算公式可以分别从其形成和分配两个方面反映。

从形成方面看：

息税前利润＝营业收入－营业成本－税金及附加－销售费用－管理费用－财务费用
－资产减值损失±公允价值变动损益±投资净收益＋营业外收支净额

或：息税前利润＝利润总额＋利息费用

从分配方面看：

息税前利润＝净利润＋所得税＋利息费用

可见，息税前利润是对应企业总资本的利润，其中净利润和所得税分别归属于投资人和国家，利息费用则归属于债权人。息税前利润反映了企业的经营效果和盈利水平，体现了不同企业间的不同资本结构、不同税率以及其他有关因素的影响，可以比较准确地对企业的经营管理水平进行评价。在计算财务杠杆系数、分析财务报表时都要用到息税前利润。

（二）税前利润

税前利润是指企业的息税前利润扣除利息费用后的余额，是计算企业所得税的重要依据，也称为利润总额。其计算公式也可以分别从其形成和分配两个方面反映。

从形成方面看：

税前利润＝息税前利润－利息费用

从分配方面看：

税前利润＝净利润＋所得税

可见，税前利润是企业投资者的投资和国家提供行政管理服务相对应的利润，其中净利润归属于投资人，所得税归属于国家。

（三）税后利润

税后利润也称为净利润，它是与投资者权益资本相对应、归属于投资者的利润。其计算公式为：

税后利润＝税前利润－所得税

财务管理活动中的利润分配从分配的范围来看，包括息税前利润分配、税前利润分配、税后利润分配，与此相对应的分配程序是：息税前利润是在利息与税前利润之间的分配，按契约规定，向债权人支付利息；税前利润是在所得税与净利润之间的分配，按税法要求，向政府缴纳所得税；税后利润是在企业留存与股利之间的分配，根据有关法律法规的要求提取法定盈余公积，进而根据企业发展对资本的需求、现金支付能力与流量状况，以及投资者对收益的偏好等因素，确定对内留存和对外分配的比例。

小贴士 **净收益与现金流量的差异**

净收益，又称净利润，是以权责发生制为基础分期确认，依据费用同收入的配比和因果关系而形成的。而现金流量反映的是企业现金的实际进出。净收益与现金流量的差异不仅体现在数量上，而且在对企业财务状况评价时所具有的作用也不相同。

在企业的整个存续期间，其净收益和现金流量在金额上是完全相同的，但在某一个会计期间，在金额上完全相同则是一种巧合。这两者之间之所以会有差别，是因此采用不同的会计概念和时间推移。具体表现在以下几个方面：

（1）净资本性支出。资本性支出在付款时是一种现金流出，但以后以折旧形式在其估计的使用年限内作为利润的冲销。因此，在任何一个会计时期，如果资本支出超过折旧，超过数额就是现金流量低于净收益的数额；反之，情况则相反。

（2）存货的周转。存货的增加，在购入付款时是一种现金流出，只有以后在售出而取得净收益时才能冲销。因此，在一个会计时期，如果库存增加，现金流量就低于净收益，其所低的金额就是这一增加额；当然，如果库存或在制品减少，则正好相反。

（3）应收、应付账款的存在。应收账款反映的赊销收入和应付账款相对应的赊购支出在开出发票阶段就以利润计算，只有在以后用现金结算时才是现金流量的增减。因此，如果在一个会计时期应收账款增加，现金流量就会低于净收益；而如果应付账款增加，现金流量就会高于净收益。反之，情况则相反。

（4）其他额外资金的流动。有额外资金进入企业，或企业偿还借款，这些都是现金流量，但只对资产负债表有某些影响，而对净收益并无影响。

正是以上四个方面的相互制约，才形成了净收益和现金流量之间的差异。

※ 任务设计及工作过程 ※

2018 年，红酒市场竞争激烈，奇海公司促销费用大幅增加；夏天，葡萄原产地遭遇洪水，产量大减；人力成本增加已是大势所趋。年终，公司要对 2019 年的利润进行预测，计算盈亏平衡点。财务部门经过分析认为 2019 年必须降低成本，用更高的销售量来实现盈亏平衡。

【任务】如果你是公司财务部门的负责人，请用数据与模型向公司管理层解释 2019 年的预测利润指标。

利润管理的内容主要是在收入预测的基础上，对目标利润进行预测。目标利润是指企业在未来一段期间内，通过经营管理应该或者可以达到的利润控制目标。目标利润是企业未来经营必须考虑的重要战略目标之一。

目标利润预测是指企业在运用定量预测分析的基础上，通过分析和研究产品销售量、销售单价和产品成本以及其他对利润产生影响的因素，对企业在未来某一时期可以实现的利润的预计和测算。正确的目标利润预测可以为企业未来的经营建立合理的利润目标，以便企业按利润目标对经营效果进行考核和分析。

目标利润预测的方法有很多，在这里主要介绍本量利分析法。

一、本量利分析的含义

本量利分析是成本、业务量、利润分析的简称，又称为CVP分析（cost-volume-profit analysis）。它是指在成本性态分析的基础上，通过分析企业在一定期间内的成本、业务量和利润三者之间的关系，建立数学化的会计模型和图式，进而揭示变动成本、固定成本、销售量、销售单价和利润等诸多变量之间的内在规律性联系，从而进行预测、决策、规划、控制的一种会计分析方法。

本量利分析的基本原理和分析方法在企业的预测、决策、规划和控制等多方面具有广泛的用途，也是管理会计的一项重要内容。

二、本量利分析的基本模型

如果把成本、业务量和利润三者之间的依存关系用方程式来描述，就可以得到本量利分析的基本模型，即：

利润＝销售收入－变动成本－固定成本
＝销售单价×销售量－单位变动成本×销售量－固定成本
＝（销售单价－单位变动成本）×销售量－固定成本

若设销售单价为p，销售量为x，固定成本总额为a，单位变动成本为b，利润为P，则这些变量之间的关系可以用下式表达：

$$P=px-bx-a=(p-b)x-a$$

三、保本分析

1. 保本点的含义与形式

保本点，亦称盈亏临界点、损益平衡点、够本点等。当产品的销售业务达到某一点时，其总收入等于总成本，贡献毛益正好抵偿全部固定成本，利润为零，企业处于不盈不亏的状态，这种特殊的状态就称为保本状态，使企业达到保本状态的销售量或销售额的点即保本点。

保本点的意义和作用在于它能帮助管理人员正确地把握产品销售量与企业盈利之间的关系，即企业要盈利，其销售量一定要超过其保本点。保本点的另一个重要意义是，超过保本点后的销售量所提供的贡献毛益就是利润，这是因为所有固定成本都已由保本点销售量所提供的贡献毛益所抵偿，而超过保本点的销售量所提供的贡献毛益已无须抵偿任何固定成本，所以即为利润。故企业的销售量一旦超过了保本点，销售越多，利润的增长也就越快。

保本点主要有两种表现形式，即保本销售量（简称保本量）和保本销售额（简称保本额），前者以实物表示，后者以货币价值量单位表示。

2. 单一品种保本点的计算

单一品种的保本点可以采用数学推导法来计算确定，即在本量利分析基本模型的基础上，根据保本点定义，计算不盈不亏、利润为零的销售业务量之点。

根据本量利分析的基本模型：

利润=（销售单价−单位变动成本）×销售量−固定成本

即：$P=(p-b)x-a$

设：保本量为 x_0，保本额为 y_0，令利润 $P=0$，则：

$$保本量(x_0)=\frac{a}{p-b}=\frac{a}{cm}$$

$$保本额(y_0)=px_0=\frac{ap}{p-b}=\frac{a}{\frac{p-b}{p}}=\frac{a}{cmR}=\frac{a}{1-bR}$$

式中，cm 表示单位边际贡献，cmR 表示边际贡献率，bR 表示变动成本率。

【例 8-3】 某公司只产销 A 产品，全年产销量为 10 000 件，单位变动成本为 1 800 元，固定成本总额为 600 万元，每件售价为 3 000 元，则：

$$保本量(x_0)=\frac{a}{p-b}=\frac{6\ 000\ 000}{3\ 000-1\ 800}=5\ 000（件）$$

$$保本额(y_0)=px_0=3\ 000\times5\ 000=15\ 000\ 000（元）$$

或：

$$保本额(y_0)=\frac{a}{cmR}=\frac{6\ 000\ 000}{40\%}=15\ 000\ 000（元）$$

以上计算表明，该企业今年销售量为 5 000 件或销售额为 1 500 万元时刚好处于不盈不亏的状态，即保本。

3. 各因素变动对保本点的影响

以上关于保本点的本量利分析，都是假定在相关范围内除业务量以外的销售单价、单位变动成本、固定成本、品种结构等因素保持不变的条件下讨论的。而在实际的经营活动中，每个因素都会发生变动。所以事先了解有关因素变动对保本点的影响，争取降低保本点，对企业避免亏损有重要意义。

【例 8-4】 假设某公司只产销甲产品，每件售价为 20 元，单位变动成本为 14 元，计划期内固定成本总额为 6 000 元。由此，可计算出保本点：

$$保本量(x_0)=\frac{6\ 000}{20-14}=1\ 000（件）$$

$$保本额(y_0)=1\ 000\times20=20\ 000（元）$$

（1）销售单价变动对保本点的影响。

【例 8-5】 沿用例 8-4，若在其他因素不变的情况下，销售单价提高至 22 元，则此时保本点为：

$$保本量(x_0')=\frac{6\ 000}{22-14}=750（件）$$

$$保本额(y_0')=750\times22=16\ 500（元）$$

可见，销售单价上升，保本点随之下降。

（2）单位变动成本变动对保本点的影响。

【例 8-6】 沿用例 8-4，假定单位变动成本由 14 元增加到 16 元，其他因素不变，则此时保本点为：

$$保本量(x_0')=\frac{6\ 000}{20-16}=1\ 500（件）$$

保本额（y_0'）=1 500×20=30 000（元）

可见，单位变动成本增加，保本点随之上升。

（3）固定成本变动对保本点的影响。

【例8-7】沿用例8-4，假设固定成本总额由6 000元下降到5 400元，其他因素不变，则此时保本点为：

$$\text{保本量}（x_0'）=\frac{5\ 400}{20-14}=900（\text{件}）$$

保本额（y_0'）=900×20=18 000（元）

可见，固定成本下降，保本点也随之下降。

通过以上分析可以看出：销售单价与保本点的变动方向相反；单位变动成本和固定成本与保本点的变动方向相同；销售量的变动对保本点没有影响。

4. 多品种条件下的保本点的计算

以上所讨论的保本分析，是假定在单一产品条件下进行的。但是实际上大多数企业都不可能只生产和销售一种产品，而是同时生产和销售多种产品。这就需要进一步探讨多品种条件下的保本点计算问题。

企业在产销多种产品的条件下，由于各种产品的性能存在差异，在实物数量上无法简单相加，因此，在计算多品种保本点时，不宜采用实物量单位进行分析，只能用金额来反映，即计算保本点的销售额。多品种条件下保本点的计算常用的方法是加权平均贡献毛益率法。

加权平均贡献毛益率法又叫综合贡献毛益率法，是指以各品种产品的贡献毛益率为基础，用各产品的预计销售比重（即产品销售结构）为权数进行加权平均计算的，用以反映企业多产品综合创利能力的平均贡献毛益率。在实际工作中，加权平均贡献毛益率法是计算多种产品保本点最常用的方法。

主要计算公式如下：

各产品加权平均贡献毛益率=$\sum$（各种产品贡献毛益率×该种产品销售比重）

$$\text{某种产品销售比重}=\frac{\text{该种产品预计销售额}}{\sum\text{各种产品预计销售额}}\times100\%$$

$$\text{综合保本额}=\frac{\text{固定成本总额}}{\text{加权平均贡献毛益率}}$$

某种产品保本销售额=综合保本销售额×该种产品销售比重

$$\text{某种产品保本销售量}=\frac{\text{该种产品保本销售额}}{\text{该种产品销售单价}}$$

【例8-8】某企业计划期产销甲、乙、丙三种产品，有关资料见表8-2。

表8-2　某企业产品产销资料

摘要	甲产品	乙产品	丙产品
产销量（件）	500	2 500	1 000
销售单价（元）	20	10	15
单位变动成本（元）	15	7	9
固定成本总额（元）	3 200		

对上述资料进行计算整理，见表8-3。

表 8－3　　某企业产品毛益率计算

摘要	甲产品	乙产品	丙产品
单位贡献毛益（元）	5	3	6
贡献毛益率（%）	25%	30%	40%
销售额（件）	10 000	25 000	15 000
销售比重（%）	20%	50%	30%

则：

加权平均贡献毛益率＝25%×20%＋30%×50%＋40%×30%＝32%

$$综合保本额=\frac{3\ 200}{32\%}=10\ 000（元）$$

三种产品的保本点分别为：

甲产品：

保本销售额＝10 000×20%＝2 000（元）

保本销售量＝2 000÷20＝100（件）

乙产品：

保本销售额＝10 000×50%＝5 000（元）

保本销售量＝5 000÷10＝500（件）

丙产品：

保本销售额＝10 000×30%＝3 000（元）

保本销售量＝3 000÷15＝200（件）

【想一想 8－2】保本点是使企业达到保本状态的销售量或销售额。为什么对一个企业来说，预测保本点有重要意义？

四、保利分析

1. 保利点的含义

保利点，是指将目标利润引进本量利分析的基础数学模式，在单价和成本水平既定的情况下，为确保目标利润的实现，而应达到的销售量和销售额。为此，保利点也称实现目标利润的业务量，具体包括实现目标利润销售量和实现目标利润销售额两项指标。

可以看出，前述的保本点分析仅仅是企业本量利分析内容的一部分，即假定目标利润为0时的本量利分析。由于保本经营并非企业的最终目的，确定保本点只是为管理者建立一道经营中的预警线，企业经营的最终目的还是盈利，因此，为保证既定目标利润的顺利实现，企业应在保本点分析的基础上，进一步进行目标利润的规划分析，即分析为实现企业目标利润而应完成的销售量、应控制的成本水平，以及应制定的价格水平等。

值得说明的是，尽管现实中的成本、业务量和利润等诸因素之间存在错综复杂的制约关系，但为了简化分析，在揭示任何一个因素与目标利润之间的关系时，通常均假定其他因素是已知或不变的。因此，目标利润的规划分析实质上是在目标利润已确定的前提下，孤立抽象地逐一研究目标利润与业务量、成本、价格等因素间的数量关系。

2. 保利点的计算

根据前述本量利分析的基本数学模型，保利点的计算公式如下：

$$保利量（x'）=\frac{a+TP}{p-b}=\frac{a+TP}{cm}$$

$$保利额（y'）=px'=\frac{a+TP}{cmR}=\frac{a+TP}{1-bR}$$

【例8-9】沿用例8-3资料，假设该公司年目标利润为120万元，价格和成本水平保持不变，则：

$$保利量（x'）=\frac{6\ 000\ 000+1\ 200\ 000}{3\ 000-1\ 800}=6\ 000（件）$$

$$保利额（y'）=3\ 000\times 6\ 000=18\ 000\ 000（元）$$

或：$$保利额（y'）=\frac{6\ 000\ 000+1\ 200\ 000}{40\%}=18\ 000\ 000（元）$$

计算结果表明，该企业为实现120万元目标利润，需完成6 000件销售量或1 800万元的销售额。

五、本量利分析的其他指标

（一）安全边际与安全边际率

1. 安全边际

企业实际或预计的销售量（或销售额）与保本销售量（或销售额）之间的差量（或差额），称为安全边际量（或安全边际额）。

安全边际量=实际（或预计）销售量－保本销售量

安全边际额=实际（或预计）销售额－保本销售额

=安全边际量×销售单价

安全边际可以表明从实际或预计销售量（额）到保本销售量（额）之间的差距，说明企业达不到预计销售目标而又不至于亏损的范围有多大，这个范围越大，说明企业发生亏损的可能性越小，经营就越安全。

2. 安全边际率

企业生产经营的安全性，还可以用安全边际率来表示。安全边际率是安全边际量（额）与实际（或预计）销售量（额）之间的比率，公式如下：

$$安全边际率=\frac{安全边际量（额）}{实际（或预计）销售量（额）}\times 100\%$$

安全边际与安全边际率都是评价企业经营安全程度的指标，即：指标数值越大，则企业经营越安全；指标数值越小，则企业经营风险越大。安全边际率是相对指标，便于不同企业和不同行业的比较。企业经营安全性的经验数据见表8-4。

表8-4　　企业经营安全性检验标准

安全边际率	10%以下	10%～20%	20%～30%	30%～40%	40%以上
安全程度	危险	值得注意	比较安全	安全	很安全

【例8-10】某企业生产一种产品，单价为2元，单位变动成本为1.2元，固定成本为

1 600元，正常销售量为 2 500 件，正常销售额为 5 000 元，计算其安全边际量、安全边际额和安全边际率。

$$保本量 = \frac{1\ 600}{2-1.2} = 2\ 000(件)$$

$$保本额 = 2\times 2\ 000 = 4\ 000(元)$$

$$安全边际量 = 2\ 500 - 2\ 000 = 500(件)$$

$$安全边际额 = 5\ 000 - 4\ 000 = 1\ 000(元)$$

或：

$$安全边际额 = 500\times 2 = 1\ 000(元)$$

$$安全边际率 = \frac{500}{2\ 500}\times 100\% = 20\%$$

或：

$$安全边际率 = \frac{1\ 000}{5\ 000}\times 100\% = 20\%$$

（二）安全边际率与相关指标的关系

1. 保本点作业率

保本点作业率又称盈亏临界点作业率，是指保本点销售量（额）占实际或预计销售量（额）的百分比。该指标是一个逆指标，指标数值越小，说明企业经营越安全。其计算公式为：

$$保本点作业率 = \frac{保本点销售量(额)}{实际或预计销售量(额)}\times 100\%$$

保本点作业率表明企业的保本业务量在正常业务量（实际或预计业务量）中所占的比重。由于多数企业的生产经营能力是按正常销售量来规划的，生产经营能力与正常销售量基本相同，因此保本点作业率还表明保本状态下企业生产经营能力的利用程度。

由于企业实际或预计的销售量（额）包括安全边际量（额）和保本点销售量（额）两部分，因此正指标安全边际率与逆指标保本点作业率具有互补关系，如图 8－1 所示。

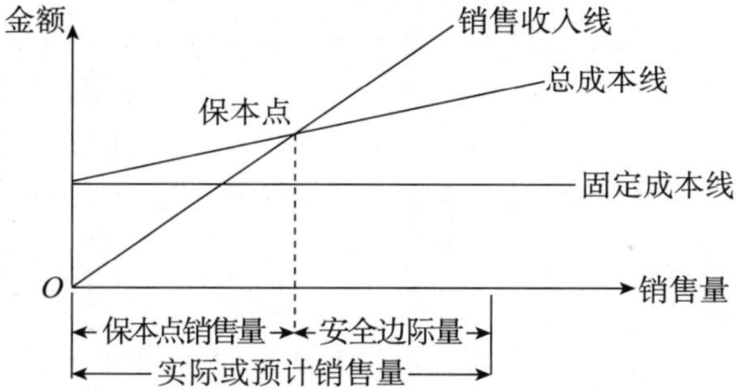

图 8－1　安全边际量与保本点销售量图

安全边际率与保本点作业率之间的关系用公式表示为：

$$安全边际率 + 保本点作业率 = \frac{安全边际量(额)}{实际或预计销售量(额)} + \frac{保本点销售量(额)}{实际或预计销售量(额)} = 1$$

【例 8－11】 根据例 8－10 的资料，计算保本点作业率，并验证安全边际率与保本点作业率之间的关系。

$$保本点作业率 = \frac{2\ 000}{2\ 500}\times 100\% = 80\%$$

或：　　$保本点作业率=\frac{4\ 000}{5\ 000}\times100\%=80\%$

$安全边际率+保本点作业率=20\%+80\%=1$

2. 销售利润率

从保本点分析的角度考察，保本点销售量提供的贡献毛益只能为企业收回固定成本总额，不能提供利润。当销售量超过保本点销售量即安全边际量时，才能为企业提供利润。安全边际额减去其自身的变动成本后的差额，也就是安全边际额中的贡献毛益，形成企业的利润。也就是说，当产品销售超过保本点一个单位的业务量时，即可获得一个单位贡献毛益的盈利。因此，利润又可表示为：

利润＝（安全销售量－保本点销售量）×单位贡献毛益

＝安全边际量×单位贡献毛益

＝安全边际额×贡献毛益率

$$销售利润率=\frac{利润}{销售额}=\frac{安全边际额\times贡献毛益率}{销售额}=安全边际率\times贡献毛益率$$

【想一想8-3】利润预测可以通过不同的方式进行，常用的利润预测方法是哪种？

小贴士　**什么是存款准备金**

存款准备金，是因限制金融机构信贷扩张和保证客户提取存款和资金清算需要而准备的资金。法定存款准备金率，是金融机构按规定向中央银行缴纳的存款准备金占其存款总额的比率。

换句话说，存款准备金是指中央银行强制要求商业银行，将其存款按照一定比率作为准备金，不得随意动用。比如，存款准备金率达到10%，相当于老百姓在商业银行每存100元，就有10元被放进了中央银行，商业银行不得动用这10元去放贷。

存款准备金率变动对商业银行的作用过程如下：当中央银行提高法定准备金率时，商业银行可提供放款及创造信用的能力就下降。因为准备金率提高，货币乘数就变小，从而降低了整个商业银行体系创造信用、扩大信用规模的能力，其结果是社会的银根偏紧，货币供应量减少，利率提高，投资及社会支出都相应缩减。反之，则银根偏松。

存款准备金制度是在中央银行体制下建立起来的，在世界上，美国最早以法律形式规定商业银行向中央银行缴存存款准备金。存款准备金制度的初始作用是保证存款的支付和清算，之后才逐渐演变成为货币政策工具，通常被认为是货币政策中最猛烈的工具之一，具有强制性。中央银行通过调整存款准备金率，影响金融机构的信贷资金供应能力，从而间接调控货币供应量。

※ 职业能力训练 ※

一、判断题

（1）贡献毛益是销售收入扣除单位产品变动成本后的差额，不必扣除单位变动非生产成本。　（　　）

（2）企业如果只生产一种产品，保本点既可以用实物量表示，也可以用金额表示。（ ）

（3）安全边际越大，企业经营越安全，亏损的可能性越小。（ ）

（4）在销售收入既定的情况下，固定成本越多，盈亏临界点越低。（ ）

（5）若贡献毛益等于固定成本，则企业处于保本状态。（ ）

（6）在多品种情况下，若其他因素不变，只要提高贡献毛益率较大的产品销售比重，就可以降低整个企业的综合保本销售额。（ ）

（7）销售利润率可以通过贡献毛益率和安全边际率相乘求得。（ ）

二、不定项选择题

（1）产品销售收入扣除变动成本后的余额叫（ ）。

A. 毛利　B. 贡献毛益　C. 税前净利　D. 净利润

（2）下列公式不正确的是（ ）。

A. 单位贡献毛益＝单价－单位变动成本

B. 贡献毛益总额＝销售收入总额－变动成本总额

C. 单位贡献毛益×销售量＝贡献毛益总额

D. 毛利－固定成本＝净收益

（3）某企业盈亏临界点销售额为 16 000 元，正常开工销售收入为 20 000 元，则如果该公司要求获利，保本点作业率至少应达到（ ）。

A. 20%　B. 80%　C. 125%　D. 以上均不对

（4）下列导致盈亏临界点上升的因素是（ ）。

A. 售价下降　B. 单位变动成本下降

C. 单位贡献毛益增加　D. 固定成本下降

（5）企业经营安全程度的评价指标包括（ ）。

A. 保本点　B. 安全边际量

C. 安全边际额　D. 保本点作业率

（6）若企业处于保本状态，则有（ ）。

A. 保本点作业率为 0　B. 安全边际率为 0

C. 保本点作业率为 100%　D. 安全边际率为 100%

（7）下列因素中，（ ）呈上升趋势变化时，会导致保本点升高。

A. 销售量　B. 单价　C. 固定成本　D. 单位变动成本

（8）加权平均贡献毛益率＝（ ）。

A. ∑(各种产品的贡献毛益率×该种产品的销售收入)

B. ∑(各种产品的贡献毛益率×该种产品的销售比重)

C. 各种产品贡献毛益之和÷各种产品销售收入之和

D. 各种产品销售收入之和÷各种产品贡献毛益之和

三、操作题

（1）甲、乙、丙、丁四个公司 2018 年的产销资料见表 8－5，假定每个公司只产销一种产品，且均产销平衡。

表8-5　　甲、乙、丙、丁四个公司产销资料

公司	销售数量	销售收入总额	变动成本总额	固定成本总额	单位贡献毛益	利润（或亏损）
甲公司	10 000件	100 000元	60 000元	25 000元	（　）元	（　）元
乙公司	5 000台	200 000元	160 000元	（　）元	（　）元	10 000元
丙公司	（　）套	250 000元	（　）元	50 000元	15元	25 000元
丁公司	8 000件	（　）元	96 000元	（　）元	8元	24 000元

要求：

①根据本量利分析的基本数学模型，计算并填写上表空白栏的数额。

②分别计算丙公司和丁公司的单位变动成本、贡献毛益率、变动成本率，并验证贡献毛益率与变动成本率的互补关系。

（2）某公司2018年销售收入为120 000元，销售成本为150 000元，其中包括固定费用90 000元。若2019年计划增加广告费4 500元，产品单价仍为30元。

要求：

①预测2019年该公司的保本销售额。

②若该公司计划实现目标利润30 000元，则目标销售额应为多少？

（3）假设某企业的年固定成本为21 000元，生产甲、乙、丙三种产品，有关资料见表8-6。

表8-6　　某企业生产甲、乙、丙三种产品的有关年度资料

产品	销量（件）	单价（元）	单位变动成本（元）	单位贡献毛益（元）	贡献毛益率
甲	2 500	20	10	10	50%
乙	3 000	10	6	4	40%
丙	1 250	16	12	4	25%

要求：

①计算甲、乙、丙三种产品的综合贡献毛益率。

②计算甲、乙、丙三种产品的保本销售量和保本销售额。

任务三
利润分配管理

※ 任务描述 ※

企业通过经营活动赚取收益，并将其在相关各方之间进行分配。本任务学习目标为：

（1）能结合会计等相关知识明确利润分配的原则和分配的顺序。

（2）能明确股利支付的程序。
（3）能结合实际掌握影响股利政策的因素。
（4）能掌握四种股利政策及其对企业的影响。
（5）能有区别地把握股票股利、股票分割与股票回购。
（6）培养运用网络搜集上市公司信息的能力。
（7）培养将不同学科知识融会贯通的能力。

※ 知识准备 ※

利润分配是指按照有关政策的规定和顺序，将净利润分配给投资者和留存于公司再投资的活动，是企业在一定时期内所创造的剩余价值总额在企业内外各利益主体之间分割的过程。因此，企业财务活动中的利润分配活动主要是：首先，执行有关的法律、政策、制度以及事先确定的分配顺序；其次，由于利润分配活动影响着企业的筹资活动和投资活动，影响着各方的经济利益，因此利润分配活动必须妥善处理好各利益主体之间的关系、企业短期发展与长远发展的关系，以保证企业的健康稳定发展。

一、利润分配的原则

利润分配关系到企业、投资者等有关各方的利益，涉及企业的生存与发展。因此，在利润分配过程中，应遵循以下原则：

1. 依法分配原则

企业的利润分配必须依法进行。针对企业的利润分配行为，国家制定和颁布了若干法律法规，如公司法、税法以及财务管理的有关规章制度。这些法律法规规定了企业利润分配的基本原则、一般次序和重大比例，企业应认真执行，不得违反。

2. 资本保全原则

企业的利润分配必须以资本的保全为前提。企业的利润分配是对投资者投入资本的增值部分所进行的分配，不是投资者资本金的返还。以企业的资本金进行的分配，属于清算行为，而不是利润的分配。按照这一原则，一般情况下，企业如果存在尚未弥补的亏损，应首先弥补亏损，再进行其他分配。当然，股份公司为了维护公司信誉，避免股价波动，经股东大会特别决议，也可以用以前年度积累的法定盈余公积分配股利，但有一定的比例限制。

3. 兼顾各方利益原则

企业的利润分配必须兼顾各方面的利益。企业的利润分配直接关系到投资者、债权人、员工等多方利益。企业除依法纳税外，其投资者作为资本投入者和企业的所有者，依法享有净收益的分配权。企业的债权人在向企业投入资金的同时也承担了一定的风险，企业的利润分配中应当体现出对债权人利益的充分保护，不能伤害债权人的利益。另外，企业的员工是企业净收益的直接创造者，企业的利润分配应当考虑到员工的长远利益。因此，企业在进行利润分配时，应当树立全局观念，统筹兼顾，维护各方利益。

4. 分配与积累并重原则

企业的利润分配必须坚持分配与积累并重的原则。企业实现的净利润，一部分向投资者分配，另一部分形成企业的积累。企业积累起来的留存收益虽暂时未作分配，但仍归企业所有者拥有。这部分积累不仅为企业扩大再生产筹措了资金，也增强了企业抵抗风险的能力，提高了企业经营的安全系数和稳定性。正确处理分配与积累之间的关系，留存一部分利润以供未来分配之需，可以达到以丰补歉、平抑利润分配数额波动幅度、稳定投资回报率的效果。实践证明，投资者更为青睐能够提供稳定回报的企业。因此，企业在进行利润分配时，应当正确处理分配与积累的关系。

5. 投资与收益对等原则

企业分配利润应当体现投资与收益对等的原则，即“谁投资谁受益”、受益大小与投资比例相适应，这是正确处理投资者利益关系的关键。这就要求企业在向投资者分配利润时，本着平等一致的原则，按照各方投资比例多少进行分配，保护投资者的利益，鼓励投资者投资。

二、利润分配的程序

企业通过经营活动赚取收益，并将其在相关各方之间进行分配。企业的收益分配有广义的收益分配和狭义的收益分配两种。广义的收益分配是指对企业的收入和收益总额进行分配的过程，狭义的收益分配则是指对企业净收益的分配。在实际工作中，企业收益分配具体表现为对企业一定时期实现的利润总额的分配。按照《公司法》的有关规定，企业应当按照如下程序进行利润分配：

（1）弥补以前年度亏损，但不得超过税法规定的弥补期限。税法规定，企业某一纳税年度发生的亏损可以用下一年度的所得弥补，下一年度的所得不足以弥补的，可以逐年延续弥补，但最长不得超过5年。

（2）缴纳企业所得税。企业所得税是对我国境内的企业和其他取得收入的组织的生产经营所得和其他所得征收的所得税。它按年计征，分期预缴。企业必须严格执行《企业所得税法》的规定，正确计算和缴纳企业所得税。

（3）弥补在税前利润弥补之后仍存在的亏损。如果企业的亏损数额较大，用税前利润在5年的期限内弥补不完，就应由企业的税后利润弥补。

（4）提取法定公积金。根据《公司法》的规定，企业应按当年税后利润（弥补亏损后）的10%提取法定公积金，当法定公积金累计达到注册资本的50%以后，可以不再提取。法定公积金主要用于弥补亏损、转增资本和在企业亏损年度经股东会特别决议后按规定分配股利。用法定公积金转增资本或分配股利后不得低于转增前注册资本的25%。提取法定公积金的目的是增加企业内部积累，以利于企业扩大再生产。

（5）提取任意公积金。经股东会或股东大会决议，企业还可以从税后利润中提取任意公积金，其用途和法定公积金相同。

（6）向投资者分配利润。根据《公司法》的规定，企业弥补亏损和提取公积金后所余税后利润，可以向股东（投资者）分配股利（利润）。其中，有限责任公司股东按照实缴的出资比例分取红利，全体股东约定不按照出资比例分取红利的除外；股份有限公司按照股东持有的股份比例分配，但股份有限公司章程规定不按持股比例分配的除外。

三、股利支付的程序

1. 决策程序

上市公司股利分配的基本程序是，首先由公司董事会根据公司盈利水平和股利政策，制定股利分配方案，提交股东大会审议，通过后方能生效。董事会依股利分配方案宣布，并在规定的股利发放日以约定的支付方式派发。在经上述决策程序之后，公司方可对外发布股利分配公告，具体实施分配方案。我国股利分配决策权属于股东大会。我国上市公司的现金分红一般是按年度进行，也可以进行中期现金分红。

2. 分配信息披露

根据有关规定，公司利润分配方案、公积金转增股本方案须经股东大会批准，董事会应当在股东大会召开后 2 个月内完成股利派发或股份转增事项。在此期间，董事会必须对外发布股利分配公告，以确定分配的具体程序与时间安排。

股利分配公告，一般在股权登记前 3 个工作日发布。若公司股东较少，股票交易又不活跃，则公告日可以与股利支付日在同一天。公告内容包括利润分配方案、股利分配对象、股利发放方法。其中，股利分配对象为股权登记日当日登记在册的全体股东。我国上市公司的股利分配程序应当按登记的证券交易所的具体规定执行。

3. 分配程序

以深圳证券交易所（简称“深交所”）的规定为例：对于流通股份，其现金股利由上市公司于股权登记日前划入深交所账户，再由深交所于登记日后第 3 个工作日划入各托管证券经营机构账户，托管证券经营机构于登记日后第 5 个工作日划入公司资金账户。红股则于股权登记日后第 3 个工作日直接记入股东的证券账户，并自即日起开始上市交易。

4. 股利支付过程中的重要日期

公司在选择了股利政策、确定了股利支付方式后，应当进行股利的发放。公司股利的发放必须遵循相关的要求，按照日程安排来进行。一般来说，股利的发放要按照下列日程来进行：

(1) 股利宣告日。股利宣告日是指股东大会通过分配预案并由董事会宣布发放股利的日期。在宣布分配预案的同时，要公布股权登记日、除息日和股利发放日。

(2) 股权登记日。股权登记日是有权领取本次股利的股东资格登记截止日期。股权登记日是明确是否有资格领取股利的日期界限。由于股票可以在证券市场上自由交易，股东经常变动，因此为了明确具体的股利发放对象，公司必须规定股权登记日。只有登记日前在公司股东名册上的股东，才有权分享股利，在次日及以后取得公司股票的股东则没有权利取得这次分派的股利。

(3) 除息日。除息日是股权登记日的下一个交易日。在除息日，股票的所有权和领取股息的权利分离，股利权利不再从属于股票，所以在这一天购入公司股票的投资者不能享有已宣布发放的股利。另外，由于失去了“附息”的权利，除息日的股价会下跌，下跌的幅度约等于分派的股息。

(4) 股利发放日。股利发放日是向股东发放股利的日期。在这一天，公司通过资金清算系统或其他方式，按公布的分红方案向股权登记日在册的股东实际支付股利。

【例 8－12】假设奇海公司是上市公司，2019 年 3 月 8 日召开董事会会议，讨论上年度股利分配方案，并于 3 月 25 日提交股东大会表决通过，同日发布公告如下：本公司于 2019 年 3 月 25 日召开股东大会，讨论通过上年度股利分配方案：每 10 股派发现金股利 15 元，送红股 5 股。所有 2019 年 4 月 11 日前持有本公司股票的股东将获得本次发放的股利，股利将于 4 月 25 日发放。

实施日期：2019 年 3 月 25 日为股利宣告日，2019 年 4 月 11 日为股权登记日，2019 年 4 月 12 日为除息日，2019 年 4 月 25 日为股利发放日（见图 8－2）。

图 8－2　奇海公司股利分配过程

四、股利支付的方式

按照公司对股东支付股利的形式不同，股利支付的方式常见的有以下四类：

（1）现金股利。现金股利是股份公司以现金的形式发放给股东的股利。发放现金股利的多少主要取决于公司的股利政策和经营业绩。上市公司发放现金股利主要出于三个原因：投资者偏好、减少代理成本和传递公司的未来信息。公司采用现金股利形式时，必须具备两个基本条件：第一，公司要有足够的未指明用途的留存收益（未分配利润）；第二，公司要有足够的现金。

（2）股票股利。股票股利是公司以增发的股票作为股利的支付方式，将在后面作详细介绍。

（3）财产股利。财产股利是以现金以外的其他财产支付的股利，主要以公司所拥有的其他公司的有价证券，如公司债券、公司股票等，作为股利发放给股东。

（4）负债股利。负债股利是以负债方式支付的股利，通常以公司的应付票据支付给股东，有时也以发行公司债券的方式支付股利。由于负债要还本付息，因此这种股利支付方式对公司的支付压力较大，只能作为现金不足时的权宜之策。

财产股利和负债股利实际上是现金股利的替代，在我国实务中很少使用，但并非法律所禁止。

【想一想 8－4】现金股利是股份公司以现金的形式发放给股东的股利，股票股利是公司以增发的股票作为股利的支付方式。现金股利和股票股利有什么不同？会计处理一样吗？

五、股利理论

围绕公司股利政策对公司股票价值或者公司价值有无影响，形成了股利政策的基本理论。在西方学术界以及实务界，对该理论的研究存在不同的观点，形成了不同的股利理论。

（一）股利无关论

股利无关论认为公司的股利政策不会对公司价值（股票价格）产生影响。其代表人物是美国财务学家米勒和莫迪格莱尼（Miller & Modigliani），因此该理论又称为 MM 理论。他们指出，在满足一定条件下，公司的股利政策不会对公司的价值或股票的价格产生任何影响。一个公司的股票价格完全由公司投资决策的获利能力和风险组合决定，而与公司的利润分配政策无关。其假设前提是：

（1）现行市场价格反映了所有已公开或者未公开的信息，公司的投资者和管理当局可以相同地获得关于未来投资机会的信息。

（2）没有筹资费用（包括发行费用和各种交易费用）。

（3）不存在个人和公司所得税。

（4）公司的投资决策与股利政策彼此独立（即公司的股利政策不影响投资决策）。

（二）股利相关论

股利相关论认为，企业的股利政策会影响股票价格。其代表性观点主要有：

1. 股利重要论

股利重要论又称为“一鸟在手”理论。这种理论认为，在不确定的条件下，公司利润在留存收益和股利之间的分配影响股票价格。投资者对股利收益与资本利得收益是有偏好的，大部分投资者更偏向于股利收益，特别是正常的股利收益。这是因为正常的股利收益是投资者能够按时、按量、有把握取得的现实收益，好比在手之鸟，抓在手中是飞不掉的。而资本利得收益要靠出售股票才能得到，但抛售股票的价格起伏不定，具有很大的不确定性。一旦股价大跌，则资本利得会大幅度减少，好比在林之鸟，看上去多，却不一定能抓到。因此，资本利得风险比股利风险大得多。在两者之间，投资者更偏向于选择股利支付比率较高的股票。随着公司股利支付率的下降，股票价格因此而下跌。用谚语来形容就是“一鸟在手，强于二鸟在林”，该理论因此而得名。

2. 信号传递理论

这种理论认为，MM 理论中关于公司的投资者和管理当局可以相同地获得关于未来投资机会的信息这一假设是不存在的。这是因为，投资者一般只能通过公司的财务报告及其他公司的财务信息来了解公司的经营状况和盈利能力，并据此来判断股票的价格是否合理。但财务报告在一定时期内是可以调整的，甚至还可能有虚假的成分。因此，投资者对未来收益和发展的了解远不如公司管理人员清晰，即存在某种信息不对称。在这种信息不对称的情形下，现金股利的分配就成了一个难得的信息传播渠道。股利政策因此就有了信息效应，即股利的分配给投资者传递了一个难得的关于公司盈利能力的信息，而这一信息自然会引起股票价格的变化。通常，增加现金股利的支付，向投资者传递的是公司经营状况良好、盈利能力充足的信息，会导致股票价格的上升；减少现金股利的支付，可能给投资者传递的是公司经营状况恶化、前途不甚乐观的信息，会导致股票价格的下跌。这就是说，股利政策所产生的信息效应影响股票的价格。

3. 所得税差异理论

这种理论认为，MM 理论中关于不存在个人和公司所得税这一假设是不存在的。在现实中，不仅存在个人和公司所得税，而且在很多国家，资本利得与股利收入的所得税税率是不同的，前者较低，后者较高。此外，如果投资者不出售股票，就不会获得资本利得，也就不需要纳税，只有出售股票获得资本利得时才纳税，因此投资者对资本利得收入的纳税时间选择更有弹性，具有推迟纳税的效果。因此，该理论认为，由于普遍存在的所得税税率的差异及纳税时间的差异，资本利得收入比股利收入更有助于实现收益最大化目标，企业应当采用低股利政策。

4. 客户效应理论

这种理论认为，投资者不仅对资本利得和股利收入有偏好，即使投资者本身，因其税收类别不同，对公司股利政策的偏好也是不同的。富有的投资者偏好低股利支付率的股票，偏好少分现金股利，多留存。这样既可以避免因取得股利收入而进一步增加其按较高税率计算并支付的个人所得税，又可以为将来积累财富。收入较低的投资者喜欢高股利支付率的股票，偏好经常性的高额现金股利，因为较多的现金股利可以弥补其收入的不足，并可以减少不必要的交易费用。因此，较高的现金股利满足不了富有的投资者需要，而较低的现金股利又会引起低收入阶层的不满。所以，投资者会根据自己的偏好，选择股利政策不同的公司。

【想一想8-5】 股东获得现金股利和出售股票获得资本利得都要缴税，一般来说，两者的税率是不一样的，不同的投资者对公司股利政策的偏好也不同。根据不同的股利理论，不同的投资者对公司的股利政策有何偏好？

六、确定股利分配政策应考虑的因素

在现实生活中，公司的股利政策是在种种制约因素下制定的，采取何种股利政策虽然是由管理层决定，但是实际上在其决策过程中会受到许多主观和客观因素的制约。确定股利分配政策时应考虑的因素有：

1. 法律因素

为了保护债权人和股东的利益，有关法律法规对公司的股利分配作出了限制，股利政策的确定必须符合相关法律法规的要求。

(1) 资本保全约束。公司不能用资本（股本和资本公积）发放股利，股利的支付不能减少法定资本。资本保全的目的，在于防止公司任意减少资本结构中所有者权益的比例，以保护投资人的利益。

(2) 偿债能力约束。现金股利是企业现金的支出，而大量的现金支出必然影响公司的偿债能力。因此，公司在确定股利分配数量时，一定要考虑现金股利分配对企业偿债能力的影响。如果公司已经无力偿付到期债务，或因股利的支付而使其失去偿债能力，则不能支付股利，以保护债权人的利益。

(3) 资本积累约束。按照规定，公司的税后利润必须先提取法定公积金，同时鼓励公司提取任意公积金。只有当提取的法定公积金累计数额达到注册资本的50%时，才可以不再计提。提取法定公积金后的利润净额可以用于支付股利。

(4) 超额累积利润约束。由于股东接受股利缴纳的所得税高于其进行股票交易的资本利得税，因此公司通过保留利润来提高其股票价格，可使股东避税。许多国家规定不得超额累积利润，一旦公司的保留盈余超过法律认可的水平，将被加征额外税额。目前，我国股东接受现金股利缴纳的所得税税率为20%，未开征股票交易的资本利得税，对公司超额累积利润未作出限制性规定。

2. 公司因素

公司出于长期发展和短期经营的考虑，需要考虑以下因素，来确定利润分配政策：

(1) 盈余的稳定性。公司能否获得长期稳定的盈余，是其股利分配政策的重要依据。公司的盈利越稳定，其股利支付水平就越高。

(2) 资产的流动性。公司现金股利的支付能力，在很大程度上受其资产变现能力的限制。较多地支付现金股利，会减少企业的现金持有量，使资产的流动性降低。而保持一定的资产流动性，是公司经营所必需的。所以，公司的现金状况和资产流动性越好，其股利支付能力就越强。

(3) 举债能力。如果公司的举债能力较强，能够及时筹措到所需资金，就有可能采取较为宽松的股利政策；如果公司的举债能力较弱，就不得不多留存盈余，从而采取较紧的股利政策。公司规模越大，实力越雄厚，其举债能力就越强。

(4) 投资机会。利润分配政策受到公司未来投资机会的影响。有着良好投资机会的公司，需要有强大的资金支持，因而往往较少发放现金股利，将大部分盈余用于投资；缺乏良好投资机会的公司，保留大量现金会造成资金的闲置，于是倾向于支付较高的现金股利。因此，成长中的公司往往采取低现金股利政策，经营萎缩的公司多采取高现金股利政策。

(5) 资本成本。与发行新股相比，保留盈余不需要花费筹资费用，是一种比较经济的筹资渠道。因此，从资本成本考虑，如果公司欲扩大规模，有筹资需要时，可以采取低现金股利政策。

3. 股东因素

公司的股利政策最终由代表股东利益的董事会决定，因此，股东的要求不可忽视。股东在收入、控制权、税负、投资机会等方面的考虑均对公司的股利分配政策产生影响。

(1) 稳定的收入。富有的股东多半不会依赖公司发放的现金股利维持生活，他们对定期支付股利的要求不会非常迫切；相反，那些依靠现金股利维持生活的股东，则非常关注现金股利，特别是稳定的现金股利发放。

(2) 控制权的稀释。如果公司支付较高的现金股利，其留存收益将相应减少。这意味着公司将来为筹集资金发行新股的可能性加大。若发行新股，在原有股东拿不出更多的资金购买新股时，其所持股权必然被稀释。因此，为避免由于增发新股而造成的股权稀释，原有股东就会倾向于较低的股利支付政策，以便从内部的留存收益中获得所需资金。

(3) 避税。公司的股利政策会受到股东对避税因素考虑的影响。一般来讲，股利收入的税率要高于资本利得的税率，很多股东考虑避税因素而偏好低股利支付水平，因为低股利政策会使他们获得更多纳税上的好处。

(4) 投资机会。股东的外部投资机会也是公司制定分配政策必须考虑的一个因素。如果公司将留存收益用于再投资的所得报酬，低于股东个人单独将股利收入投资于其他投资机会所得的报酬，则股东倾向于企业不应多留存收益，而应多发放股利给股东，因为这样做，将对股东更有利。

4. 其他因素

除了上述因素外，还有一些因素也会制约公司的股利政策。

(1) 债务合同约束。公司的债务合同，特别是长期债务合同，往往有限制公司现金支付程度的条款，这使得公司只能采取低现金股利政策。

（2）所处行业。一般来说，朝阳行业一般处于快速成长期，甚至能以数倍于经济发展速度的水平发展，因而可能进行较高比例的股利支付；而夕阳产业则由于处在发展的衰退期，难以进行高比例的分红。

（3）通货膨胀。在通货膨胀情况下，公司折旧基金的购买力水平下降，会导致没有足够的资金来源重置固定资产。这时，公司会把盈余作为弥补折旧基金购买水平下降的资金来源，因此通货膨胀时期公司往往采取偏紧的股利政策。

※ 任务设计及工作过程 ※

奇海公司自成立以来，一直实行的是低正常股利加额外股利政策。公司事先设定一个较低的经常性股利额，一般情况下，公司每期都按此金额支付正常股利，只有公司盈利较多时，才根据实际情况发放额外股利。2018 年，由于市场竞争激烈，公司的效益下滑，利润减少，而 2019 年为了增强公司的竞争力，公司决定调整产品结构，进行投资，所以董事会研究决定，2018 年只向股东支付正常股利，相信股东能够支持公司的发展，与公司共渡难关。由于公司 2018 年的应收账款余额较大，现金流量不是很充足，因此公司决定采取以股票股利支付的方式来向股东分配利润。

2018 年奇海公司发行在外的普通股为 1 000 万股，每股面值为 15 元。为促进股票流通和交易，向股票市场和广大投资者传递公司业绩好、增长潜力大的信息，公司决定降低每股市价，按 5 股换 1 股的比例进行股票分割。股票分割完成后，每股面值为 3 元，普通股股数为 5 000 万股。

【任务】如果你是公司财务部门负责人，请分析不同的股利政策对公司的不同影响有哪些，以及股票股利、股票分割和股票回购之间的关系，并向公司管理层作详细说明汇报。

一、股利政策

股利政策是指在法律允许的范围内，企业是否发放股利、发放多少股利以及何时发放股利等方面的方针和对策。股利政策是现代公司理财活动的核心内容之一。一方面，它是公司筹资、投资活动的逻辑延续，是其理财行为的必然结果；另一方面，恰当的股利分配政策，不仅可以树立起良好的公司形象，而且能激发广大投资者对公司持续投资的热情，从而使公司获得长期、稳定的发展条件和机会。

（一）剩余股利政策

1. 剩余股利政策的含义和理论依据

剩余股利政策是将股利的分配与企业的资金结构有机地联系起来，即在企业有着良好的投资机会时，首先要根据企业的最佳资金结构（目标资金结构）测算出企业投资所需的权益资本，从企业的未分配利润中扣除所需增加的权益资本，然后将剩余的未分配利润作为股利进行分配。

剩余股利政策的理论依据是 MM 股利无关理论。在完全理想状态下的资本市场中，股份公司的股利政策与公司普通股每股市价无关，公司派发股利的高低不会对股东的财富产生实质性的影响，公司决策者不必考虑公司的股利分配方式，公司的股利政策将随公司投资、融资方案的制定而确定。因此，在完全资本市场的条件下，股利完全取决于满足投资项目所需后的剩余，投资者对于盈利的留存或发放股利毫无偏好。

2. 剩余股利政策的具体应用程序

（1）设定目标资本结构，即确定权益资本与债务资本的比例，在此资本结构下，加权平均资本成本将达到最低水平。

（2）确定目标资本结构下企业投资项目的权益资金需要额。

（3）尽可能地使用留存收益来满足投资所需的权益资本数额。

（4）若留存收益在满足投资需要后尚有剩余，则派发现金股利。

【例 8-13】 假设奇海公司 2018 年的税后净利润为 8 000 万元，由于公司尚处于初创期，产品市场前景看好，因此产业优势明显。确定的目标资本结构为：负债资本为 70%，股东权益资本为 30%。如果 2019 年该公司有较好的投资项目，需要投资 6 000 万元，该公司采用剩余股利政策，则该公司应当如何融资和分配股利？

首先，确定按目标资本结构需要筹集的股东权益资本为：6 000×30%＝1 800（万元）。

其次，确定应分配的股利总额为：8 000－1 800＝6 200（万元）。

因此，该股份公司还应当筹集的负债资金为：6 000－1 800＝4 200（万元）。

3. 剩余股利政策的优缺点

（1）剩余股利政策的优点：留存收益优先保证再投资的需要，使综合资本成本最低，保持理想的资本结构，实现企业价值的长期最大化。

（2）剩余股利政策的缺点：第一，如果完全遵照执行剩余股利政策，则将使股利发放额每年随投资机会和盈利水平的波动而波动。即使在盈利水平不变的情况下，股利将与投资机会的多寡呈反方向变动：投资机会越多，股利发放越少；投资机会越少，股利发放越多。而在投资机会维持不变的情况下，股利发放额将因公司每年盈利的波动而同方向波动。第二，剩余股利政策不利于投资者安排收入与支出，也不利于公司树立良好形象，一般适用于公司初创阶段。

（二）固定股利支付率政策

1. 固定股利支付率政策的含义和理论依据

固定股利支付率政策是公司确定一个股利占净利润的比率作为固定的股利支付率，并长期按此比率从净利润中支付股利的政策。在这一股利政策下，各年股利额随税后利润的波动而波动，获得净利润较多的年份股利额就高，获得净利润较少的年份股利额就低。

固定股利支付率政策的理论依据是"一鸟在手"理论。该理论认为，用留存利润再投资带给投资者的收益具有很大的不确定性，并且投资风险随着时间的推移将进一步增大，因此，投资者更倾向于获得现在的固定比率的股利收入。如果有 A 股票和 B 股票，它们的基本情况相同，A 股票支付股利，而 B 股票不支付股利，那么，A 股票价格要高于不支付股利 B 股票的价格。同样，股利支付率高的股票价格肯定要高于股利支付率低的股票价格。显然，股利分配模式与股票市价相关。

【例 8-14】 假设奇海公司长期以来采用固定股利支付率政策进行股利分配。该公司 2017 年税后净利润为 500 万元，2018 年由于公司经营不当，税后盈余降为 475 万元。目前公司发行在外的普通股为 100 万股。该公司对未来仍有信心，决心投资 400 万元设立新厂，其 60% 将来自举债，40%来自权益资金。此外，该公司 2018 年每股股利为 3 元。要求计算：

①若该公司实行固定股利支付率政策，则2018年应支付每股股利多少元？

②若该公司实行剩余股利政策，则2018年应支付每股股利多少元？

分析如下：

①若该公司实行固定股利支付率政策：

固定股利支付率＝3×100÷500×100%＝60%

2018年可支付股利＝475×60%＝285（万元）

2018年每股股利＝285÷100＝2.85（元）

②若该公司实行剩余股利政策：

2018年需要权益资金＝400×40%＝160（万元）

2018年可发放股利＝475－160＝315（万元）

2018年每股股利＝315÷100＝3.15（元）

2. 固定股利支付率政策的优缺点

（1）固定股利支付率政策的优点：采用该政策，使股利与企业盈余紧密结合，以体现“多盈多分、少盈少分、不盈不分”的原则；保持股利与利润间一定的比例关系，体现了风险投资与风险收益的对称。

（2）固定股利支付率政策的缺点：①公司财务压力较大。根据固定股利支付率政策，公司实现利润越多，派发股利也就应当越多。而公司实现利润多只能说明公司盈利状况好，并不能表明公司的财务状况就一定好。在此政策下，用现金分派股利是刚性的，这必然给公司带来相当大的财务压力。②缺乏财务弹性。股利支付率是公司股利政策的主要内容，股利分配模式的选择、股利政策的制定是公司的财务手段和方法。在不同的发展阶段，公司应当根据自身的财务状况制定不同的股利政策，这样更有利于实现公司的财务目标。但在固定股利支付率政策下，公司丧失了利用股利政策的财务方法，缺乏财务弹性。③确定合理的固定股利支付率难度很大。一个公司如果固定股利支付率确定低了，就不能满足投资者对现实股利的要求；如果固定股利支付率确定高了，就会使大量资金因支付股利而流出，资金缺乏会制约公司的发展。可见，确定公司较优的固定股利支付率是具有相当难度的工作。

由于公司每年面临的投资机会、筹资渠道都不相同，这些因素都会影响到公司的股利分配，因此一成不变地奉行固定股利支付率政策的公司在实际中并不多见。固定股利支付率政策只适用于稳定发展的公司和公司财务状况较稳定的阶段。

（三）固定股利或稳定增长股利政策

1. 固定股利或稳定增长股利政策的含义

固定股利或稳定增长股利政策是公司将每年派发的股利额固定在某一特定水平上，然后在一段时间内不论公司的盈利情况和财务状况如何，派发的股利额均保持不变。只有当企业对未来利润增长确有把握，并且这种增长被认为是不会发生逆转时，才增加每股股利额。这一政策的特点是：不论经济状况如何，也不论企业经营业绩好坏，将每期的股利固定在某一水平上保持不变，只有当公司管理当局认为未来盈利将显著地、不可逆转地增长时，才会提高股利的支付水平。

2. 采用固定股利或稳定增长股利政策的原因

采用该政策的理论依据是“一鸟在手”理论和信号传递理论。其原因是：固定股利或稳定增长股利政策一般适用于经营比较稳定的企业。

（1）股利政策向投资者传递重要信息。如果公司支付的股利稳定，就说明该公司的经营业绩比较稳定，经营风险较小，有利于股票价格上升；如果公司的股利政策不稳定，股利忽高忽低，这就给投资者传递企业经营不稳定的信息，导致投资者对风险的担心，进而使股票价格下降。

（2）稳定的股利政策，是许多依靠固定股利收入生活的股东更喜欢的股利支付方式，它更有利于投资者有规律地安排股利收入和支出。普通投资者一般不愿意投资于股利支付额忽高忽低的股票，因此，这种股票不大可能长期维持于相对较高的价位。

（3）稳定股利或稳定的股利增长率可以消除投资者内心的不确定性，相当于向投资者传递了该公司经营业绩稳定或增长稳定的信息，从而使公司股票价格上升。

3. 固定股利或稳定增长股利政策的缺陷

（1）公司股利支付与公司盈利相脱离，造成投资的风险与投资的收益不对称。

（2）它可能会给公司造成较大的财务压力，甚至侵蚀公司留存利润和公司资本，公司很难长期采用该政策。

（四）低正常股利加额外股利政策

1. 低正常股利加额外股利政策的含义

低正常股利加额外股利政策是公司事先设定一个较低的经常性股利额，一般情况下，公司每期都按此金额支付正常股利，只有企业盈利较多时，才根据实际情况发放额外股利。

低正常股利加额外股利政策的理论依据是“一鸟在手”理论和信号传递理论。将公司派发的股利固定地维持在较低的水平，则当公司盈利较少或需用较多的保留盈余进行投资时，公司仍然能够按照既定的股利水平派发股利，体现了“一鸟在手”理论。而当公司盈利较大且有剩余现金时，公司可派发额外股利，体现了信号传递理论。公司将派发额外股利的信息传播给股票投资者，有利于股票价格的上扬。

2. 低正常股利加额外股利政策的优缺点

（1）低正常股利加额外股利政策的优点：①低正常股利加额外股利政策可以赋予企业较大的灵活性。当企业盈余较少或投资需要较多资金时，可以维持设定得较低但正常的股利，股东不会有跌落感；而当盈余有较大幅度增加时，可适度增发股利，把企业经济繁荣的部分利益分配给股东，使他们增强对公司的信心，这有利于稳定股票的价格。②低正常股利加额外股利政策，既可以维持股利一定的稳定性，吸引那些依靠股利度日的股东，又有利于企业的资本结构达到目标资本结构，使灵活性与稳定性较好地相结合，因而被许多企业采用。

（2）低正常股利加额外股利政策的缺点：①股利派发仍然缺乏稳定性，额外股利随盈利的变化时有时无，给人漂浮不定的印象。②如果公司较长时期一直发放额外股利，股东就会误认为这是“正常股利”，一旦取消，极易造成公司“财务状况”逆转的负面影响，股价下跌在所难免。

【例 8-15】假设奇海公司成立于 2011 年 1 月 1 日，2017 年度实现的净利润为 1 000 万元，分配现金股利 550 万元，提取盈余公积 450 万元（所提盈余公积均已指定用途）。2018 年实现的净利润为 900 万元（不考虑计提法定盈余公积的因素）。2019 年计划增加投资，所需资金为 700 万元。假定公司目标资本结构为自有资金占 60%，借入资金占 40%。

分析如下：

①在保持目标资本结构的前提下，2019年投资方案所需的自有资金额和需要从外部借入的资金额为：

所需的自有资金额＝700×60%＝420（万元）

所需从外部借入的资金额＝700×40%＝280（万元）

②在保持目标资本结构的前提下，如果公司执行剩余股利政策，则：

2018年度应分配的现金股利＝净利润－2019年投资方案所需的自有资金额

＝900－420＝480（万元）

③在不考虑目标资本结构的前提下，如果公司执行固定股利或稳定增长股利政策，则：

2018年度应分配的现金股利＝上年分配的现金股利＝550（万元）

可用于2019年投资的留存收益＝900－550＝350（万元）

2019年投资需要额外筹集的资金额＝700－350＝350（万元）

④在不考虑目标资本结构的前提下，如果公司执行固定股利支付率政策，则：

该公司股利支付率＝550÷1 000×100%＝55%

2018年度应分配的现金股利＝900×55%＝495（万元）

二、股票股利、股票分割与股票回购

（一）股票股利

股票股利是公司将应分配给股东的股利以股票的形式发放。在我国，股票股利通常称为红股，发放股票股利又称为送股或送红股。股票股利是股利分配的主要形式之一。股票股利不会导致公司现金的流出或负债的增加，同时也不会因此增加公司的财产，但会引起所有者权益各项目的结构发生变化，即将公司的留存收益转化为股本。

【例8-16】假设奇海公司在2019年发放股票股利前，其资产负债表上的股东权益情况见表8-7。

表8-7　奇海公司发放股票股利前股东权益情况　单位：万元

普通股（面值10元，流通在外1 000万股）	10 000
资本公积	20 000
盈余公积	4 000
未分配利润	5 000
股东权益合计	39 000

假设该公司宣布发放30%的股票股利，即现有股东每持有10股，即可获赠3股普通股。随着股票股利的发放，“未分配利润”项目划转出的资金为10 000万元×30%＝3 000万元。

发放股票股利后的资产负债表上的股东权益情况见表8-8。

表8-8　奇海公司发放股票股利后股东权益情况　单位：万元

普通股（面值10元，流通在外1 300万股）	13 000
资本公积	20 000
盈余公积	4 000
未分配利润	2 000
股东权益合计	39 000

可见，发放股票股利，不会对公司股东权益总额产生影响，但会发生资金在各股东权益项目间的再分配。

发放股票股利虽不直接增加股东财富，也不增加企业价值，但对股东和公司都有特殊意义。

（1）对股东来说，股票股利的优点主要有：

①派发股票股利后，理论上每股市价会成比例下降，但实务中这并非必然结果。这是因为市场和投资者普遍认为，发放股票股利往往预示着公司会有较大的发展和成长，这样的信息传递会稳定股价或使股价下降比例减小甚至不降反升，股东便可获得股票价值相对上升的好处。

②由于股利收入和资本利得税率的差异，如果股东把股票出售，还会带来资本利得纳税上的好处。

（2）对公司来说，股票股利的优点主要有：

①发放股票股利不需要向股东支付资金，在再投资机会较多的情况下，公司可以为再投资提供成本较低的资金，有利于公司的发展。

②发放股票股利可以有效地降低每股市价，增加股票的流动性，有效地提高投资者的兴趣，进而使股权更分散，有效防止公司被恶意控制。

③发放股票股利可以传递公司未来经营前景良好的信息，从而增强投资者对公司的信心，在一定程度上稳定股票价格。

（二）股票分割

1. 股票分割的含义与特点

股票分割又称拆股，是公司管理当局将某一特定数额的新股按一定比例交换一定数量的流通在外普通股的行为。例如，3 股换 1 股的股票分割是指 3 股新股换取 1 股旧股。

股票分割对公司的资本结构和股东权益不会产生任何影响，一般只会使发行在外的股票总数增加，每股面值降低，并由此引起每股市价下跌，而资产负债表中股东权益各账户的余额都保持不变，股东权益的总额也维持不变。

【例 8－17】假设奇海公司原发行在外的普通股为 1 000 万股，每股面值 10 元，公司按 5 股换 1 股的比例进行股票分割。股票分割前后的股东权益见表 8－9。

表 8－9　　奇海公司股票分割前后的股东权益情况　　单位：万元

股票分割前		股票分割后	
普通股（1 000 万股，面值 10 元）	10 000	普通股（5 000 万股，面值 2 元）	10 000
资本公积	5 000	资本公积	5 000
留存收益	15 000	留存收益	15 000
股东权益合计	30 000	股东权益合计	30 000

2. 股票分割的作用

股票分割的作用体现在以下两个方面：第一，降低股票价格，促进股票流通和交易。股票分割可以增加公司股票股数，从而使每股市价降低，吸引更多的投资者。同时，流通性的提高和股东数量的增加，会在一定程度上加大对公司恶意收购的难度。第二，向股票市场和广大投资者传递公司业绩好、利润高、增长潜力大的信息，从而能提高投资者对公司的信心。

与股票分割相反，如果公司认为其股票价格过低，为了提高股价，会采取反分割措施。反分割又称股票合并或逆向分割，是指将数股面值较低的股票合并为一股面值较高的股票。例如，假设原面值1元、发行200 000股、市价10元的股票，按2股换成1股的比例进行反分割，该公司的股票面值将成为2元，股数将成为100 000股，市价也将上升。反分割会降低股票的流通性，提高公司股票投资的门槛，它向市场传递的信息通常是不利的。

（三）股票回购

1. 股票回购的定义、方式及动机

股票回购是指股份公司出资将其发行流通在外的股票以一定价格购回予以注销或作为库存股的一种资本运作方式。公司不得随意收购本公司的股票，只有满足相关法律规定的情形才允许股票回购。

股票回购的方式主要包括公开市场回购、要约回购和协议回购三种。其中，公开市场回购是指公司在公开交易市场上以当前市价回购股票；要约回购是指公司在特定期间向股东发出的以高于当前市价的某一种价格回购既定数量股票的要约；协议回购则是指公司以协议价格直接向一个或几个主要股东回购股票。

股票回购的动机可概括为以下几点：

第一，与现金股利相比，股票回购对投资者可产生节税效应。对股东而言，股票回购后股东得到的资本利得需缴纳资本利得税，发放现金股利后股东需缴纳股息税。在前者低于后者的情况下，股东可得到纳税上的好处。

第二，向市场传递股价被低估的信息。如果公司管理层认为公司目前的股价被低估，通过股票回购，向市场传递积极信息。股票回购的市场反应通常是股价提高，有利于稳定公司股票价格。

第三，增加每股盈利水平。当公司可支配的现金流明显超过投资项目所需的现金流时，可以用自由现金流进行股票回购，有助于增加每股盈利水平。

第四，发挥财务杠杆作用。如果公司认为资本结构中权益资本的比例较高，可以通过股票回购改变公司的资本结构，从而降低加权平均资本成本。

第五，降低公司被收购风险。通过股票回购，可以减少外部流通股的数量，提高股票价格，在一定程度上降低公司被收购的风险。

2. 股票回购可能对上市公司经营造成的负面影响

第一，股票回购需要大量资金支付回购的成本，易造成资金紧缺，资产流动性变差，影响公司发展后劲。上市公司进行股票回购首先要有资金实力，如果公司负债率较高，再举债进行回购，将使公司资产流动性劣化，巨大的偿债压力将进一步影响公司正常的生产经营和发展。

第二，股票回购无异于股东退股和公司资本的减少，也可能使公司的发起人股东更注重创业利润的实现，从而不仅在一定程度上削弱对债权人利益的保护，而且忽视公司长远的发展，会损害公司的根本利益。

第三，股票回购容易导致内幕操纵股价。股份公司拥有本公司最准确、最及时的信息，如果允许上市公司回购本公司股票，容易导致其利用内幕消息进行炒作，使大批普通投资者蒙受损失，甚至有可能出现借回购之名、行炒作本公司股票之实的违规行为。

小贴士　**《中华人民共和国公司法》对公司股票回购的规定**

我国《公司法》规定，公司只有在以下几种情况下才能回购本公司的股份：
(1) 减少公司注册资本；
(2) 与持有本公司股份的其他公司合并；
(3) 将股份用于员工持股计划或者股权激励；
(4) 股东因对股东大会作出的公司合并、分立决议持异议，要求公司收购其股份；
(5) 将股份用于转换上市公司发行的可转换为股票的公司债券；
(6) 上市公司为维护公司价值及股东权益所必需。

※ 职业能力训练 ※

一、判断题

(1) 企业预计将有一个投资机会，则选择低股利政策较好。　(　　)

(2) 固定股利支付率政策的主要缺点，在于公司股利支付与盈利能力相脱节，当盈利较低时仍要支付较高的股利，容易引起公司资金短缺，财务状况恶化。　(　　)

(3) 股票分割对公司的资本结构和股东权益不会产生任何影响，但会引起每股面值降低，并由此引起每股收益和每股市价下跌。　(　　)

(4) 剩余股利政策的优点是有利于保持理想的资金结构，降低企业综合资本成本。(　　)

(5) 公司向股东分配股票股利，既不会减少现金，也不会减少股东权益总额。　(　　)

(6) 股票分割不仅有利于促进股票流通和交易，而且有助于公司并购政策的实施。(　　)

二、不定项选择题

(1) 企业收益分配主要是确定企业的净利润在(　　)两方面进行分配。

A. 债权人和所有者　　B. 投资者和用于再投资

C. 债权人和用于再投资　　D. 投资者和国家

(2) 在下列股利分配政策中，能保持股利与利润之间一定的比例关系，并体现风险投资与风险收益对等原则的是(　　)。

A. 剩余股利政策　　B. 固定股利或稳定增长股利政策

C. 固定股利支付率政策　　D. 低正常股利加额外股利政策

(3) 能充分利用筹资成本最低的资金来源，保持理想的资金结构，使综合资本成本最低的收益分配政策是(　　)。

A. 剩余股利政策　　B. 固定股利或稳定增长股利政策

C. 固定股利支付率政策　　D. 低正常股利加额外股利政策

(4) 在下列股利分配政策中，能保持股利与收益之间一定的比例关系，并体现多盈多分、少盈少分、无盈不分原则的是(　　)。

A. 剩余股利政策　　B. 固定股利或稳定增长股利政策

C. 固定股利支付率政策　　D. 低正常股利加额外股利政策

（5）目前，我国上市公司的股利分配形式主要是（　　）。

A. 现金股利　　B. 股票股利

C. 财产股利　　D. 负债股利

（6）影响企业股利政策的法律因素有（　　）。

A. 资本保全限制　　B. 资本积累限制

C. 避税考虑　　D. 偿债能力限制

（7）股票分割后，（　　）。

A. 公司价值不变　　B. 股东权益内部结构发生变化

C. 股东权益总额不变　　D. 每股面额降低

（8）支付现金股利（　　）。

A. 会使企业的现金减少

B. 会使企业的未分配利润减少

C. 不会使企业的所有者权益减少

D. 会使企业的所有者权益减少

三、操作题

（1）某公司2017年实现净利润180万元，分配的股利为108万元。2018年实现的净利润为200万元，2018年年初未分配利润为600万元，年末公司讨论决定股利分配的数额。计算并回答下列问题：

①预计2019年需要增加投资资本300万元，公司的目标资本结构为权益资本占55%、债务资本占45%，公司采用剩余股利政策，则公司2018年应发放多少股利？

②公司采用固定股利或稳定增长股利政策，公司2018年应发放多少股利？

③公司采用固定股利支付率政策，公司2018年应发放多少股利？

④公司采用低正常股利加额外股利政策，规定每股股利最低为0.1元，按净利润超过最低股利部分的30%发放额外股利，该公司普通股股数为500万股，公司2018年应发放多少股利？

（2）东方公司发放股票股利前的股东权益情况见表8-10。

表8-10　　东方公司发放股票股利前股东权益情况　　单位：万元

项　目	金　额
股本（面值1元，已发行300万股）	300
资本公积	500
未分配利润	1 500
股东权益合计	2 300

假定公司宣布发放10%的股票股利，若当时该股票市价为9元，计算发放股票股利后的股东权益各项目的情况。

（3）某上市公司2018年年末资产负债表上的股东权益账户情况见表8-11。

表 8－11　　某公司 2018 年年末股东权益账户情况　　单位：万元

股东权益	金额
普通股（面值 10 元，流通在外 1 000 万股）	10 000
资本公积	10 000
盈余公积	7 000
未分配利润	9 000
股东权益合计	36 000

要求：

①假设股票市价为 15 元，该公司宣布发放 20%的股票股利，即现有股东每持有 10 股，即可获赠 2 股普通股。发放股票股利后，股东权益有何变化？每股净资产是多少？

②假设该公司按照 1：2 的比例进行股票分割。股票分割后，股东权益有何变化？每股净资产是多少？

【项目小结】

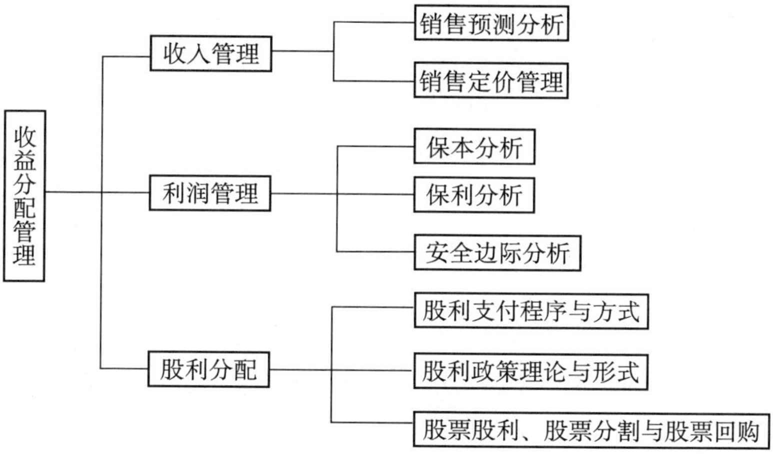

图 8－3　项目八结构图

【术语与公式】

1. 营业利润＝营业收入－营业成本－税金及附加－销售费用－管理费用－财务费用－资产减值损失±公允价值变动损益±投资净收益。

2. 保本点：

保本量$(x_0) = \dfrac{a}{p-b} = \dfrac{a}{cm}$；

保本额$(y_0) = px_0 = \dfrac{ap}{p-b} = \dfrac{a}{\frac{p-b}{p}} = \dfrac{a}{cmR} = \dfrac{a}{1-bR}$。

3. 保利点：

保利量$(x') = \dfrac{a+TP}{p-b} = \dfrac{a+TP}{cm}$；

保利额$(y')=px'=\dfrac{a+TP}{cmR}=\dfrac{a+TP}{1-bR}$。

4. 安全边际——企业实际或预计的销售量（或销售额）与保本销售量（或销售额）之间的差量（或差额），称为安全边际量（或安全边际额）。
5. 股利政策——在法律允许的范围内，企业是否发放股利、发放多少股利以及何时发放股利等方面的方针和对策。
6. 股票股利——公司将应分配给股东的股利以股票的形式发放。
7. 股票分割——又称拆股，是公司管理当局将某一特定数额的新股按一定比例交换一定数量的流通在外普通股的行为。
8. 股票回购——股份公司出资将其发行流通在外的股票以一定价格购回予以注销或作为库存股的一种资本运作方式。

【项目实训】

股利分配方案决策

1. 任务目标

（1）研究公司章程规定的股利分配政策。

（2）计算分析公司应保留的未分配利润。

（3）提出公司股利分配方案。

（4）撰写股利分配实施公告。

2. 任务描述

华诚股份有限公司（简称“华诚公司”）是一家上市公司，总股本29 617万股，流通股21 676万股。2018年实现净利润22 916万元，公司董事会要求财务部根据公司章程和公司发展提出2018年股利分配方案和股利分配实施公告，供股东大会审议。

3. 操作准备

（1）学生分组。按6～8人为一组，选定正、副组长为公司财务部正、副部长。

（2）学生分工。财务部正、副部长将组内学生按股利分配方案决策分析要求合理分工。

（3）制订工作计划书。每个小组制订一份工作计划书，工作计划书根据工作内容，由小组学生讨论制订，并经指导老师审阅批准后实施。

4. 操作流程

（1）各小组描述学习任务目标和任务，研究任务工单和应完成的任务。

（2）复习股利分配程序和股利分配政策。

（3）各小组讨论制订华诚公司股利分配方案决策分析工作计划书。

（4）指导老师审阅各小组制订的华诚公司股利分配方案决策分析工作计划书，并签批。

（5）各小组通过网络查阅同类企业（大东方，600327）2018年度股利分配方案和股利分配实施公告。

（6）各小组研究制定华诚公司2018年度股利分配方案。

（7）各小组撰写华诚公司2018年度股利分配实施公告（未知信息与大东方相同）。

5. 实训材料

（1）任务工单。

①华诚公司2018年主要财务数据（见表8－12）。

表8－12　　华诚公司2018年主要财务数据

财务指标	金额
主营收入（万元）	516 564
净利润（万元）	22 916
扣除非经常性损益后净利润（万元）	22 916
总资产（万元）	342 386
股东权益（万元）	105 724
每股收益（元）	0.71
每股净资产（元）	3.25
每股现金流量（元）	1.08
净资产收益率（%）	21.68

②华诚公司2018年未分配利润有12 862万元。

③华诚公司股利分配政策与公司发展要求：a. 按10%提取法定盈余公积。b. 按5%提取任意盈余公积。c. 按总股本提出每股应分配的现金股利（含税）。d. 为了公司发展资金所需，分配股利后的未分配利润应不少于股东权益的20%。

（2）完成任务。

①股利分配方案决策分析计划书（见表8－13）。

表8－13　　华诚公司股利分配方案决策分析计划书

主要内容	实施时间	实施形式	主要负责人
研究股利分配方案决策分析的任务、要求与分工			
复习股利分配程序和股利分配政策			
查阅同类企业（大东方，600327）2018年度股利分配方案和股利分配实施公告			
各小组研究制定华诚公司2018年度股利分配方案			
撰写华诚公司2018年度股利分配实施公告			
其他： 学习小组组长：　　学习小组成员： 年　月　日			
指导老师审阅意见： 签名： 年　月　日			

②2018年华诚公司股份股利分配和股利分配实施公告信息（见表8-14）。

表8-14　　2018年华诚公司股份股利分配公告摘录

一、股利分配方案   二、股利分配实施方案   学习小组成员签字：

③2018年华诚公司股利分配方案（见表8-15）。

表8-15　　2018年华诚公司股利分配方案

   学习小组成员签字：

④2018年华诚公司股利分配实施方案（见表8-16）。

表8-16　　2018年华诚公司股利分配实施方案

   学习小组成员签字：

6. 讨论评价

（1）各小组用PPT汇报交流，限时5分钟。

（2）各小组听取汇报，交流并打分互评。

（3）指导老师打分并点评。

【案例分析】

江苏中天科技股份有限公司2018年年度权益分派实施公告

> 本公司董事会及全体董事保证本公告内容不存在任何虚假记载、误导性陈述或者重大遗漏，并对其内容的真实性、准确性和完整性承担个别及连带责任。

重要内容提示：

• 每股分配比例：A股每股现金红利0.10元。

• 相关日期：

股份类别	股权登记日	最后交易日	除权（息）日	现金红利发放日
A股	2019-07-15	—	2019-07-16	2019-07-16

• 差异化分红送转：是。

一、通过分配方案的股东大会届次和日期

本次利润分配方案经江苏中天科技股份有限公司（简称“中天科技”或“公司”）2019年6月13日的2018年年度股东大会审议通过。

二、分配方案

1. 发放年度

2018年年度。

2. 分派对象

截至股权登记日下午上海证券交易所收市后，在中国证券登记结算有限责任公司上海分公司（简称“中国结算上海分公司”）登记在册的本公司全体股东。

根据《公司法》《证券法》《上海证券交易所上市公司回购股份实施细则》等法律、法规、规范性文件及《公司章程》的有关规定，公司存放于回购专用证券账户的股份不参与利润分配。

3. 差异化分红送转方案

(1) 本次差异化分红方案。

公司于2019年6月13日召开2018年年度股东大会，审议通过了《江苏中天科技股份有限公司2018年度利润分配方案》，公司2018年年度利润分配以公司2018年年度利润分配方案实施时股权登记日扣除回购专户上已回购股份后的总股本为基数，向全体股东每10股派发现金股利1.00元（含税）。本次利润分配方案实施后，公司剩余未分配利润结转下年度。本年度不进行资本公积转增股本。

公司本次利润分配实施前的股本总数为3 066 072 521股，扣减公司通过集中竞价交易方式累计回购的49 505 125股，本次实际参与分配的股数为3 016 567 396股，每股派发现金股利0.10元（含税），共计派发现金红利301 656 739.60元（含税）。

(2) 本次差异化分红除权除息的计算依据。

公司将按照以下公式计算除权除息开盘参考价：

$$\text{除权（息）参考价格}=\left[\left(\text{前收盘价格}-\text{每股现金红利}\right)+\text{配（新）股价格}\times\text{流通股份变动比例}\right]\div\left(1+\text{流通股份变动比例}\right)$$

根据公司2018年年度股东大会审议通过的利润分配方案，本次仅进行现金红利分配，无送股和转增分配，因此公司流通股不会发生变化，流通股股份变动比例为0。则：

每股现金红利＝（参与分配的股本总数×实际分派的每股现金红利）÷总股本
＝（3 016 567 396×0.10）÷3 066 072 521≈0.098 39（元/股）

即：

公司除权（息）参考价格＝［（前收盘价格－0.098 39）＋0］÷（1＋0）

三、相关日期

股份类别	股权登记日	最后交易日	除权（息）日	现金红利发放日
A股	2019-07-15	—	2019-07-16	2019-07-16

四、分配实施办法

1. 实施办法

（1）无限售条件流通股的红利委托中国结算上海分公司通过其资金清算系统向股权登记日上海证券交易所收市后登记在册并在上海证券交易所各会员办理了指定交易的股东派发。已办理指定交易的投资者可于红利发放日在其指定的证券营业部领取现金红利，未办理指定交易的股东红利暂由中国结算上海分公司保管，待办理指定交易后再进行派发。

（2）派送红股或转增股本的，由中国结算上海分公司根据股权登记日上海证券交易所收市后登记在册的股东持股数，按比例直接计入股东账户。

2. 自行发放对象

股东中天科技集团有限公司、南通中昱投资股份有限公司的现金红利由公司直接发放；存放于江苏中天科技股份有限公司回购专用证券账户（证券账户号码：B882369661）的股份是公司以集中竞价交易方式回购的股份，不参与本次利润分配。

3. 扣税说明

（1）对于持有公司无限售条件流通股的个人股东和证券投资基金，根据《关于实施上市公司股息红利差别化个人所得税政策有关问题的通知》（财税〔2012〕85号）和《关于上市公司股息红利差别化个人所得税政策有关问题的通知》（财税〔2015〕101号）的有关规定，个人从公开发行和转让市场取得的公司股票，持股期限超过1年的，股息红利所得暂免征收个人所得税，实际每股派发现金红利0.10元；个人持股1年以内（含1年）的，上市公司暂不扣缴个人所得税，实际每股派发现金红利0.10元，待个人转让股票时，中国结算上海分公司根据其持股期限计算应纳税额，由证券公司等股份托管机构从个人资金账户中扣收并划付中国结算上海分公司，中国结算上海分公司于次月5个工作日内划付公司，公司在收到税款当月的法定申报期内向主管税务机关申报缴纳。具体实际税负为：持股期限在1个月以内（含1个月）的，其股息红利所得全额计入应纳税所得额，实际税负为20%；持股期限在1个月以上至1年（含1年）的，暂减按50%计入应纳税所得额，实际税负为10%。持股期限超过1年的，股息红利所得暂免征收个人所得税。

（2）对于持有公司股份的合格境外机构投资者（Qualified Foreign Institutional Investor，QFII）股东，由公司根据国家税务总局于2009年1月23日颁布的《关于中国居民企业向QFII支付股息、红利、利息代扣代缴企业所得税有关问题的通知》（国税函〔2009〕47号）的规定，按10%的税率统一代扣代缴企业所得税，税后每股实际派发现金红利0.09元人民币。如相关股东认为其取得的股息、红利收入涉及享受税收协定（安排）待遇的，可按照规定在取得股息、红利后自行向主管税务机关提出申请。

（3）对于香港联交所投资者（包括企业和个人）投资公司A股股票（即“沪股通”），其现金红利将由公司通过中国结算上海分公司按股票名义向持有人账户以人民币派发，扣税根据《财政部 国家税务总局 证监会关于沪港股票市场交易互联互通机制试点有关税收政策的通知》（财税〔2014〕81号）执行，按照10%的税率代扣所得税，税后每股实际派发现金红利0.09元人民币。

（4）对于持有公司股份的其他机构投资者和法人股东，公司将不代扣代缴企业所得税，由纳税人按税法规定自行判断是否应在当地缴纳企业所得税，其现金红利所得税由其按税法规定自行申报缴纳，公司实际每股派发现金红利0.10元。

五、有关咨询办法

关于本次权益分派有关问题，请按照以下联系方式咨询：

联系部门：中天科技证券部

联系电话：0513-83599505

特此公告。

江苏中天科技股份有限公司董事会

2019年7月10日

资料来源：江苏中天科技股份有限公司董事会．中天科技2018年年度权益分派实施公告．(2019-07-10). http://vip.stock.finance.sina.com.cn/corp/view/vCB_AllBulletinDetail.php?id=5484385.

【问题】

1. 请说出江苏中天科技股份有限公司2018年股利分配程序中的几个重要日期。
2. 江苏中天科技股份有限公司2018年股利分配的形式是什么？

【阅读推荐】

1. 《中华人民共和国公司法》
2. 《上市公司回购社会公众股份管理办法（试行）》

项目九

财务控制

【学习目标】

- 会进行责任中心的划分。
- 能掌握各种责任中心的考核指标。
- 会编制责任报告。
- 能运用成本中心进行业绩考核，实施财务控制。
- 能运用利润中心进行业绩考核，实施财务控制。
- 能运用投资中心进行业绩考核，实施财务控制。

【导引案例】

“书与游戏”公司有两家书店：安蒂书店和马琳书店。每家书店的经理都拥有很大的决策权。但是，广告、市场调查、购书、法律服务以及人事职能是由中心办公室来执行的。“书与游戏”公司现行会计系统是将所有成本分摊到书店。2018年的经营成果见表9-1。

表9-1　“书与游戏”公司2018年经营成果　单位：美元

项目	全公司	安蒂书店	马琳书店
销售收入	700 000	350 000	350 000
销售成本	450 000	225 000	225 000
销售毛利	250 000	125 000	125 000
经营费用			
工资和薪金	63 000	30 000	33 000
物料	45 000	22 500	22 500
租金和设施费	60 000	40 000	20 000
折旧	15 000	7 000	8 000
分配行政成本	60 000	30 000	30 000
经营费用小计	243 000	129 500	113 500
经营收益（亏损）	7 000	(4 500)	11 500

书店经理作出的决策能够影响员工的工资和薪金、物料及折旧。与之相对的是，租金和设施费在经理们的控制范围之外，因为经理们不能选择书店的地址和规模。

物料属于变动成本；工资和薪金的可变部分是销货成本的8%，工资和薪金的其余部分属于固定成本；租金、设施费和折旧也属于固定成本；人事成本分摊并不受书店任何事项的影响，但是按照销售收入的比例分配。

你能否用边际贡献法编制业绩报表，将每家书店的业绩和书店经理的业绩区分开来，并对每家书店的财务业绩和每家书店经理的财务业绩进行评价？

资料来源：［美］查尔斯·亨格瑞，等．管理会计教程．12版．潘飞，等，译．北京：人民邮电出版社，2006.

任务一 成本中心控制

※ 任务描述 ※

一个责任中心，如果不形成或者不考核其收入，而着重考核其发生的成本和费用，这类责任中心称为成本中心。成本中心分为标准成本中心和费用中心。成本中心只评价成本费用，不评价收益；只对可控成本承担责任；只对责任成本进行考核和控制。成本中心的考核指标包括成本（费用）变动额和变动率两个指标。成本中心要编制责任报告。本任务学习目标为：

（1）理解成本中心的概念和特征。

（2）了解成本中心的考核指标。

（3）了解责任报告的编制。

（4）理解成本中心的业绩考核。

※ 知识准备 ※

一、财务控制概述

财务控制是指按照一定的程序和方法，确保企业及其内部机构和人员全面落实及实现财务预算的过程。

（一）财务控制的特征

（1）以价值控制为手段。财务控制以实现财务预算为目标，财务预算所包括的现金预算、预计利润表和预计资产负债表，都是以价值形式予以反映的，财务控制必须借助价值手段进行。

（2）以综合经济业务为控制对象。财务控制以价值为手段，可以将不同岗位、不同部门、不同层次的业务活动综合起来进行控制。

（3）以现金流量控制为日常控制的内容。由于日常的财务活动过程表现为组织现金流量的过程，因此，控制现金流量成为日常财务控制的主要内容。在控制过程中要以现金预算为依据，通过编制现金流量表来考核评价现金流量运行状况。

（二）财务控制的功能

财务控制与财务预测、决策、预算和分析等环节共同构成财务管理的循环。其中，财务控制是财务管理循环的关键环节，对实现财务管理目标具有决定作用。在财务管理中，如果仅限于确定合理的决策，制定切实可行的财务预算，而对实施预算的行动不加控制，预定的财务目标是难以实现的。从一定意义上说，财务预测、决策和预算是为财务控制指明方向，提供依据、规划、措施；而财务控制则是对这些设想和规划加以落实。如果没有了财务控制，任何预测、决策和预算都是徒劳无益的。此外，财务控制由于是借助货币手段对生产经营活动所实施的控制，因此在企业整个经济控制系统中是一种连续性、系统性和综合性最强的控制。由此可见，财务控制在企业经营控制系统中处于一种特殊地位，具有保证、促进、监督和协调等重要功能。

（三）财务控制实施的条件

1. 建立组织机构

企业为了实行有效的内部控制，通常都按照统一领导、分级管理的原则，在其内部合理划分责任单位，明确各责任单位应承担的经济责任、应有的权力和利益，促使各责任单位尽其责任协同配合。责任中心就是承担一定经济责任，并享有一定权力和利益的企业内部（责任）单位。

2. 建立责任会计体系

企业为了保证预算的贯彻落实和最终实现，必须把总预算中确定的目标和任务，按照责任中心逐层进行指标分解，形成责任预算，使各个责任中心据以明确目标和任务。

责任预算执行情况的揭示和考评可以通过责任会计来进行。责任会计围绕各个责任中心，把衡量工作成果的会计同企业生产经营的责任制紧密结合起来，建立责任会计体系，成为企业内部控制体系的重要组成部分。由此可见，建立责任中心是实行责任预算和责任会计的基础。

责任中心通常具有以下特征：

（1）责任中心是一个责权利结合的实体。它意味着每个责任中心都要对一定的财务指标承担责任；同时，赋予责任中心与其所承担责任的范围和大小相适应的权力，并规定出相应的业绩考核标准和利益分配标准。

（2）责任中心具有承担经济责任的条件。它有两方面的含义：一是责任中心具有履行经济责任中各条款的行为能力；二是责任中心一旦不能履行经济责任，能对其后果承担责任。

（3）责任中心所承担的责任和行使的权力都应是可控的。每个责任中心只能对其责权范围内可控的成本、收入、利润和投资负责，在责任预算和业绩考核中也只应包括他们能控制的项目。可控是相对于不可控而言的，不同的责任层次，其可控的范围并不一样。一般而言，责任层次越高，其可控范围也就越大。

（4）责任中心具有相对独立的经营业务和财务收支活动。它是确定经济责任的客观对象，是责任中心得以存在的前提条件。

（5）责任中心便于进行责任会计核算或单独核算。责任中心不仅要划清责任而且要单独核算，划清责任是前提，单独核算是保证。只有既划清责任又能进行单独核算的企业内部单位，才能作为一个责任中心。

根据权责范围及业务活动的特点不同，企业内部责任中心可以分为成本中心、利润中心、投资中心三大类。

3. 制定奖惩制度

企业通过制定完善的奖惩制度，明确业绩与奖惩之间的关系，引导员工约束自己的行为，争取好的业绩。恰当的奖惩制度，是保证企业财务控制长期有效运行的重要因素。

二、成本中心概述

1. 成本中心的含义

一个责任中心，如果不形成或者不考核其收入，而着重考核其发生的成本和费用，这类责任中心称为成本中心。

成本中心一般是没有收入的。例如，一个生产车间，它的产成品或半成品并不由自己出售，没有销售职能，没有货币收入。有的成本中心可能有少量收入，但不能成为主要的考核内容。例如，生产车间可能会取得少量外协加工收入，但这不是它的主要职能，不是考核车间的主要内容。

成本中心的应用范围最广，一般来说，企业内部凡有成本发生，需要对成本负责，并能实施成本控制的单位，都可以成为成本中心。制造业上至工厂一级，下至车间、工段、班组，甚至个人都有可能成为成本中心。成本中心的规模不一，各个较小的成本中心共同构成一个较大的成本中心，各个较大的成本中心又共同构成一个更大的成本中心，从而在企业内形成一个逐级控制并层层负责的成本中心体系。规模大小不一和层次不同的成本中心，其控制和考核的内容也不尽相同。

2. 成本中心的类型

成本中心分为标准成本中心和费用中心。

（1）标准成本中心，必须是所生产的产品稳定而明确，并且已经知道单位产品所需要的投入量的责任中心。通常，标准成本中心的典型代表是制造业工厂、车间、工段、班组等。产品在生产过程中发生的直接材料、直接人工、间接制造费用等数额，通过技术分析可以相对可靠地估算出来。实际上，任何一种重复性的活动都可以建立标准成本中心，只要这种活动能够计量实际产出数量，并且能够说明投入与产出之间可望达到的函数关系。

（2）费用中心，适用于那些产出物不能用财务指标来衡量，或者投入与产出之间没有密切关系的单位。这些单位包括：一般行政管理部门，如会计、人事、劳资、计划等；研发部门，如设备改造、新产品研发等；某些销售部门，如广告、宣传等。一般行政管理部门的产出难以度量，研究开发和销售活动的投入量与产出量之间没有密切的关系。对于费用中心，唯一可以实际计量的是实际费用，无法通过投入与产出的比较来评价其效果和效率以及限制无效费用的支出。

3. 成本中心的特点

相对于利润中心和投资中心而言，成本中心的特点主要表现在：

（1）成本中心只评价成本费用，不评价收益。成本中心一般不具备经营权和销售权，其经济活动的结果不会形成可以用货币计量的收入。有的成本中心可能有少量的收入，但整体上讲，其产出与投入之间不存在密切的对应关系，因而，这些收入不作为主要的考核内容，也不必计算这些货币收入。概括地说，成本中心只以货币形式计量投入，不以货币形式计量产出。

（2）成本中心只对可控成本承担责任。成本费用依其责任主体是否可以控制，分为可控成本与不可控成本。凡是责任中心能控制其发生及其数量的成本称为可控成本，凡是责任中心不能控制其发生及其数量的成本称为不可控成本。具体来说，可控成本必须具备以下四个条件：

①可以预计，即成本中心能够事先知道将发生哪些成本以及在何时发生。

②可以计量，即成本中心能够对发生的成本进行计量。

③可以施加影响，即成本中心能够通过自身的行为来调节成本。

④可以落实责任，即成本中心能够将有关成本的控制责任分解落实，并进行考核评价。

可控成本与不可控成本是相对而言的。一项成本，对某个责任中心来说是可控的，对另外的责任中心来说则是不可控的。这与责任中心所处管理层次的高低、管理权限以及控制范围的大小和经营期间的长短有直接关系。因此，可控成本和不可控成本在一定的条件下可以相互转化。

首先，某些成本对于较高层次的责任中心是可控的，而对于较低层次的责任中心可能是不可控的。如车间主任不能控制自己的工资（尽管它通常计入车间成本），但他的上级可以控制。对企业来说，几乎所有的成本都是可控的。

其次，成本的可控与否，与责任中心的管辖权限有关。例如，对于耗用材料的进货成本，采购部门可以控制，使用材料的生产部门则不能控制。

最后，成本的可控与否还要考虑其发生的时间范围。一般来说，消耗或支出的当期成本是可控的，一旦消耗或支付就不再可控。

从整个公司的空间范围和很长的时间范围来看，所有成本都是人的某种决策或行为的结果，都是可控的。但是，对于特定的人或时间来说，有些是可控的，有些是不可控的。

（3）成本中心只对责任成本进行考核和控制。责任成本是各成本中心当期确定或发生的各项可控成本之和。责任成本可分为预算责任成本和实际责任成本，前者是指由预算分解确定的各责任中心应承担的责任成本，后者是指各责任中心从事业务活动实际发生的责任成本。对成本费用进行控制，应以各成本中心的预算责任成本为依据，确保实际责任成本不会超过预算责任成本；对成本中心进行考核，应通过对各成本中心的实际责任成本与预算责任成本进行比较，确定其成本控制的绩效，并采取相应的奖惩措施。

【想一想9-1】在企业内部按成本（费用）的归属部门建立成本中心，实施财务控制。有人说“某个成本中心的可控成本之和就是它的责任成本”，你认为正确吗？为什么？

※ 任务设计及工作过程 ※

华明公司是一家石化企业，该企业在内部划分了若干个责任中心。月末，财务部门要对各责任中心的业绩进行考评。华明公司的油气勘探与生产分公司有A、B、C三个成本中心。

【任务】 如果你是公司财务部门负责人，请根据相关资料，编制责任报告，对各成本中心的业绩作出评价。

一、成本中心的考核指标

成本中心的考核指标主要采用相对指标和比较指标，包括成本（费用）变动额和成本（费用）变动率两个指标，其计算公式是：

$$成本（费用）变动额=实际责任成本（费用）-预算责任成本（费用）$$

$$成本（费用）变动率=\frac{成本(费用)变动额}{预算责任成本(费用)}\times 100\%$$

在进行成本中心考核时，如果预算产量与实际产量不一致，应注意按弹性预算的方法先行调整预算指标，然后按上述公式计算。

【例 9-1】 华明公司 A 车间是一个成本中心，只生产甲产品。其预算产量为 3 000 件，单位标准材料成本为 100 元/件（即 10 元/千克×10 千克/件）；实际产量为 3 500 件，实际单位材料成本为 96 元/件（即 12 元/千克×8 千克/件）。假定其他成本忽略不计，要求：计算该成本中心消耗的直接材料成本的变动额和变动率，分析并评价该成本中心的成本控制情况。

$$成本变动额=96\times 3\ 500-100\times 3\ 500=-14\ 000(元)$$

$$成本变动率=\frac{-14\ 000}{100\times 3\ 500}\times 100\%=-4\%$$

计算结果表明，该成本中心的成本降低额为 14 000 元，降低率为 4%。其原因分析如下：

材料价格上升对成本的影响：3 500×8×(12－10)＝56 000 元。

材料用量降低对成本的影响：(3 500×8－3 500×10)×10＝－70 000 元。

该成本中心的直接材料节省了 14 000 元。

原因与评价如下：①由于材料采购价格上升，成本超支 56 000 元，这属于 A 车间的不可控成本，应由采购部门承担。②由于材料用量降低，成本节约 70 000 元，这属于 A 车间的成绩。

二、成本中心的责任报告

责任报告也称为业绩报告、绩效报告，是根据责任会计记录编制的反映责任预算实际执行情况，揭示责任预算与执行差异的内部会计报告。责任报告的目的是将责任中心的考核指标与预算比较，以判别其业绩。责任中心是逐级设置的，责任报告也必须逐级编制，但通常只采用自下而上的程序逐级编报。成本中心的责任报告应以可控成本为重点内容。公司通过考核责任成本预算差异，揭示各项成本的支出水平，评价各成本中心的绩效。

【例 9-2】 华明公司的油气勘探与生产分公司 A 成本中心 2018 年 11 月的责任报告见表 9-2。

表9-2　　华明公司A成本中心责任报告（2018年11月30日）　　单位：万元

摘要	预算	实际	差异
A中心直接成本：			
第一工段	1 400	1 480	+80
第二工段	1 200	1 190	−10
小计	2 600	2 670	+70
A中心可控固定成本：			
间接人工	1 800	1 820	+20
管理人员工资	3 200	3 140	−60
设备折旧及维修费	3 000	3 070	+70
其他	1 400	1 680	+280
小计	9 400	9 710	+310
A中心责任成本合计	12 000	12 380	+380

三、成本中心的业绩考核

成本中心一般没有收入来源，只对成本负责，因此不考核其收入，只考核其责任成本。由于不同层次的成本费用控制的范围不同，因此计算和考评的成本费用指标也不尽相同，越往上一层次计算和考评的指标越多，考核内容也越多。

成本中心业绩考核是以责任报告为依据，将实际成本与预算成本或责任成本进行比较，确定两者的差异的性质、数额以及形成原因，并根据差异分析的结果对各成本中心进行奖惩，以督促成本中心努力降低成本。

【想一想9-2】将发生的直接材料和直接人工归属于不同的责任中心通常比较容易，而制造费用的归属比较困难。思考一下，可以怎样处理？

小贴士　　总会计师与财务总监

Chief Financial Officer，译为首席财务官、财务总监或财务副总经理，是西方企业的最高财务负责人，统领企业的财务工作。总会计师是中国特色，是我国学习苏联企业干部管理体制经验形成的，具有浓厚的计划经济色彩。我国《会计法》规定：“国有的和国有资产占控股地位或者主导地位的大、中型企业必须设置总会计师。总会计师的任职资格、任免程序、职责权限由国务院规定。”根据国务院1990年发布的《总会计师条例》的规定，国有大中型企业设立总会计师岗位的，总会计师是地位最高的财务负责人。2002年11月召开的中国总会计师协会第三次全国会员代表大会，对总会计师的章程进行了修订，总会计师中文名称不变，但英文名称已经改为CFO。

※ 职业能力训练 ※

一、判断题

(1) 因为企业内部的个人不能构成责任实体，所以不能作为责任会计的责任中心。　（　　）

（2）对一个企业而言，变动成本和直接成本大多是可控成本，而固定成本和间接成本大多是不可控成本。（ ）

（3）属于某成本中心的各项可控成本之和即构成该中心的责任成本。（ ）

（4）在对成本进行分类、归集责任中心成本时，所确定的不可控成本都是固定成本。（ ）

（5）同一成本项目，对有的部门来说是可控的，而对有的部门来说则可能是不可控的。也就是说，成本的可控与否是相对的，而不是绝对的。（ ）

二、不定项选择题

（1）下列各项中，不属于责任成本基本特征的是（ ）。

A. 可以预计　B. 可以计量

C. 可以控制　D. 可以对外报告

（2）对成本中心而言，下列各项中，不属于该类中心特点的是（ ）。

A. 只考核本中心的责任成本

B. 只对本中心的可控成本负责

C. 只对责任成本进行控制

D. 只对直接成本进行控制

（3）下列成本中，属于成本中心必须控制和考核的指标是（ ）。

A. 产品成本　B. 期间成本

C. 不可控成本　D. 责任成本

（4）成本中心的业绩，可以通过（ ）来考核。

A. 标准成本降低额

B. 变动成本降低额

C. 责任成本降低额

D. 责任成本降低率

（5）成本中心相对于利润中心和投资中心有其自身的特点，主要表现在（ ）。

A. 成本中心只考评成本费用而不考评收益

B. 成本中心应对全部成本负责

C. 成本中心只对可控成本承担责任

D. 成本中心只对责任成本进行考核和控制

三、操作题

某车间为成本中心，生产甲产品，预算产量为 5 000 件，预算单位成本为 200 元，实际产量为 6 000 件，实际单位成本为 195 元。要求：计算预算成本节约额和预算成本节约率。

任务二

利润中心控制

※ 任务描述 ※

利润中心分为自然利润中心和人为利润中心。自然利润中心以内部转移价格进行结算。对利润中心进行考核的指标主要是利润。在评价利润中心的业绩时，我们可以选择边际贡献、可控边际贡献和部门营业利润等指标。利润中心要编制责任报告。本任务学习目标为：

(1) 理解利润中心的概念和种类。

(2) 理解利润中心的考核指标。

(3) 了解责任报告的编制。

(4) 理解利润中心的业绩考评。

※ 知识准备 ※

一、利润中心的含义

一个责任中心，如果能同时控制生产和销售，既要对成本负责，又要对收入负责，但没有责任或没有权利决定该中心资产投资的水平，可以根据其利润的多少来评价该中心的业绩，则该中心称为利润中心。

利润中心往往处于企业内部的较高层次，如分厂、分店、分公司等。利润中心一般具有独立的收入来源或被视同为一个有独立收入的部门，它一般还具有成本或劳务生产经营决策权。与成本中心相比，利润中心的权力和责任都相对较大，它不仅要对成本负责，还要对收入负责。

二、利润中心的类型

利润中心分为自然利润中心与人为利润中心两种。

(1) 自然利润中心是指可以直接对外销售产品并取得收入的利润中心。这种利润中心直接面向市场，具有产品销售权、价格制定权、材料采购权和生产决策权。它虽然是企业内的一个部门，但其功能同独立企业相近。最典型的形式就是公司的事业部，每个事业部均有销售、生产、采购的机能，有很大的独立性，能独立地控制成本、取得收入。

(2) 人为利润中心是指对责任单位提供产品或劳务而取得“内部销售收入”的利润中心。这种利润中心一般不直接对外销售产品。成立人为利润中心应具备两个条件：一是该中心可以向其他责任中心提供产品或劳务；二是该中心能为其产品或劳务确定合理的内部转移价格，以实现公平交易、等价交换。例如，大型钢铁公司分为采矿、炼铁、炼钢、轧钢等几个部门，这些生产部门的产品主要在公司内部转移，只有少量对外销售，或者由专门的销售机构全部对外销售，这些生产部门即为人为利润中心。再如，公司内部的辅助部门，包括修理、供电、供水、供气等部门，可以按固定的价格向生产部门收费，也可以确定为人为利润中心。

三、内部转移价格

内部转移价格是指企业内部有关责任单位之间提供产品或劳务的结算价格。内部转移价格直接关系到不同责任中心的获利水平，可以有效地防止成本转移引起的责任中心之间的责任转嫁，使每个责任中心都能够作为单独的组织单位进行业绩评价，并且可以作为一种价格信号引导下级采取正确决策，保证局部利益和整体利益一致。内部转移价格一般包括市场价格、协商价格、成本转移价格、双重价格等种类。

1. 市场价格

市场价格是以产品或劳务的市场价格作为基础的内部转移价格。采用市场价格，一般假定各责任中心处于独立自主状态，可自由决定从外部或内部进行购销，同时交易的产品或劳务有客观的市价可以采用。在中间产品存在完全竞争市场的情况下，市场价格减去对外的销售费用，就是理想的转移价格。

以市场价格作为内部转移价格应注意以下问题：

（1）在以市场价格作为内部转移价格时，一般不能直接将市场价格用于内部结算。这是因为公司将中间产品销售出去，还需追加各种销售费用，如包装费、运输费、广告费等，而内部转移价格不应包括这些项目。

（2）在采用市场价格作为内部转移价格时，应尽可能地使企业的中间产品在各责任中心之间进行转移，即应首先保证内部责任单位对中间产品的需要，除非有充分理由说明对外交易比内部转移更为有利。一般来说，要遵循以下三个原则：第一，销售方愿意对内销售，且售价不高于市价时，购买方有购买的义务，不得拒绝“购进”；第二，当销售方的售价高于市价时，购买方有向外部市场购买的权利；第三，如果销售方宁愿向外部市场销售，则应有不对内销售的权利。以上后两条原则的应用必须以不影响企业的整体利益为前提。

2. 协商价格

如果中间产品存在不完全竞争的外部市场，可以采用协商的办法确定转移价格，即双方部门经理就转移中间产品的数量、质量、时间和价格进行协商并设法取得一致意见。

成功的协商价格依赖于下列条件：

（1）要有一个某种形式的外部市场，两个部门经理可以自由地选择接受或拒绝某一价格。如果根本没有可能从外部取得或协商中间产品，就会使一方或双方处于垄断状态，这样谈判结果不是协商价格而是垄断价格。在垄断的情况下，最终价格的确定受谈判人员的实力和技巧的影响。

（2）在谈判者之间共同分享所有的信息资源。这个条件能使协商价格接近一方的机会成本，如双方都接近机会成本则更为理想。

（3）最高管理层的必要干预。虽然应该尽可能让谈判双方自己来解决大多数问题，以发挥分散经营的优点，但是，对于双方谈判时可能导致的公司非最优决策，最高管理层要进行干预，对于双方不能自行解决的争论有必要进行调解。当然，这种干预必须是有限的、得体的，不能使整个谈判变成由上级领导裁决一切。

协商价格往往浪费时间和精力，可能导致部门之间的矛盾，部门获利能力大小与谈判人员的谈判技巧有很大关系，这是这种价格的缺点。尽管有上述不足之处，协商价格仍被广泛采用，它的好处是有一定弹性，可以照顾双方利益并得到认可。

3. 成本转移价格

成本转移价格是指所有的内部交易均以某种形式的成本价格进行结算，它适用于内部转移的产品或劳务没有市场价格的情况。

因为成本有不同的口径，所以成本转移价格有多种类型，主要有以下两种：

（1）按标准成本加成制定内部转移价格。该方法是根据产品或劳务的标准成本，再加上一定的合理利润作为计价基础。它的优点是简便易行，而且能够分清买卖双方的经济责任，不会把供应方的浪费和无效劳动转嫁给购买方，有利于激励双方降低成本的积极性。其缺点是确定加成利润率难免带有一定的主观随意性，需要慎重研究，妥善制定。

（2）按实际成本加成制定内部转移价格。该方法是按产品或劳务的实际成本，再加上一定的合理利润作为计价基础。它的优点是能保证销售方有利可图，可调动其积极性。其缺点是使供应方的功过全部转嫁给购买方负担，而供应方仍能维持一定的利润水平，显得很不公平。此外，加成利润率的确定也带有很大的主观随意性。

4. 双重价格

双重价格是由内部责任中心的交易双方采用不同的内部转移价格进行结算的价格。采用双重价格，买卖双方可以选择不同的双重价格或协商价格，其差额由会计部门进行调整。这种价格能够较好地满足企业内部交易双方在不同方面的管理需要。

【想一想9-3】内部转移价格是指企业内部有关责任单位之间提供产品或劳务的结算价格。从整个企业角度看，调高或调低内部转移价格会对企业的利润产生影响吗？

※ 任务设计及工作过程 ※

华明公司油品炼制和销售分公司有M、N两个利润中心，它们均有独立的收入来源，具有成本和销售决策权。

【任务】如果你是财务部门相关责任人，请根据相关资料，编制责任报告，对各利润中心的业绩进行评价。

一、利润中心的考核指标

对利润中心进行考核的指标主要是利润。由于利润不是一个十分具体的概念，因此在评价利润中心的业绩时，可以有三种选择：边际贡献、可控边际贡献和部门营业利润。

边际贡献＝销售收入总额－变动成本总额

可控边际贡献＝边际贡献－该中心负责人可控固定成本

部门营业利润＝可控边际贡献－该中心负责人不可控固定成本

【例9-3】华明公司油品炼制和销售分公司M利润中心的有关数据见表9-3。

表 9-3 **华明公司 M 利润中心部分数据** 单位：万元

项目	成本费用	收益
销售收入		15 000
销售成本	8 000	
变动费用	2 000	
(1) 边际贡献		5 000
可控固定成本	800	
(2) 可控边际贡献		4 200
不可控固定成本	1 200	
(3) 部门营业利润		3 000

分析如下：

(1) 以边际贡献 5 000 万元作为业绩评价依据不够全面。部门经理至少可以控制某些固定成本，并且在固定成本和变动成本的划分上有一定的选择余地。以边际贡献作为考核依据，可能导致部门经理尽可能多地支出固定成本以减少变动成本支出，尽管这样做并不能降低总成本。因此，业绩评价时至少应包括可以控制的固定成本。

(2) 以可控边际贡献 4 200 万元作为业绩评价依据可能是最好的，它反映了部门经理在其权限和控制范围内有效使用资源的能力。部门经理可以控制收入以及变动成本和部分固定成本，因而可对可控边际贡献承担责任。这一衡量标准的主要问题是可控固定成本和不可控固定成本的区分比较困难。例如，折旧、保险等，如果部门经理有权处理这些有关资产，那么它们就是可控的；反之，则是不可控的。

(3) 以部门营业利润 3 000 万元作为业绩评价依据，可能更适合评价该部门对公司利润和管理费用的贡献，而不适合对部门经理的评价。如果要决定该部门的取舍，部门营业利润是有重要意义的信息。但在评价部门经理的业绩方面，由于有一部分固定成本是过去最高管理层投资决策的结果，现在的部门经理很难改变，因此部门营业利润超出了部门经理的控制范围。

二、利润中心的责任报告

将各利润中心的实际责任利润与责任利润预算进行比较，编制责任报告，确定责任利润的完成情况，并分析具体原因。

【例 9-4】华明公司油品炼制和销售分公司 M 利润中心的责任报告见表 9-4。

表 9-4 **华明公司 M 利润中心责任报告（2018 年 11 月 30 日）** 单位：万元

摘要	预算	实际	差异
销售收入	14 000	15 000	+1 000
变动生产成本	7 600	8 000	+400
变动销售及管理费用	2 100	2 000	−100
变动成本合计	9 700	10 000	+300
边际贡献	4 300	5 000	+700
直接发生的固定成本	1 200	900	−300
上级分配的管理费用	1 000	1 100	+100
固定成本合计	2 200	2 000	−200
可控边际贡献	3 100	4 100	+1 000
部门营业利润	2 100	3 000	+900

【想一想9-4】在评价利润中心的业绩时，我们可以选择边际贡献、可控边际贡献和部门营业利润等指标。要评价部门经理的业绩，哪个指标最为合适？

三、利润中心的业绩考核

利润中心既对成本负责，又对收入和利润负责。在对利润中心进行业绩考核时，应以销售收入、可控边际贡献以及息税前利润为依据进行分析和评价，应通过一定期间实际利润与预算利润进行对比，分析差异及其形成原因，明确责任，从而对责任中心的经营业绩作出正确评价，并进行奖惩。

在考核利润中心的业绩时，只计算和考评本利润中心权责范围内的收入和成本。凡不属于本利润中心的收入和成本，即使由本利润中心收付，仍然要剔除，不能作为考核本利润中心的依据。

小贴士　财务人员还要做什么

作为一名财务人员，除了要做会计报表外，还要做好以下几件事情：

（1）做好财务分析，计算出各个重要科目或比率的临界点。财务分析的内容包括偿债能力分析、运营能力分析、获利能力分析和发展能力分析等。不同主体出于不同的利益考虑，对财务分析信息需求的侧重点不同。财务人员要将对于企业来说重要的财务比率全部计算出来，然后告诉领导。这些比率，每月要计算一次，只要超过临界点就及时提醒领导，做到防患于未然。

（2）注重帮助老板解读重要的财务信息。很多老板不懂财务，或者说不太懂财务。如果财务人员只是把做成的财务报表“原汁原味”地送到老板那里，老板不懂又不好意思说。因此财务人员应主动做好信息解释工作，在一些重要数据边上用不同颜色的笔注明这些数据表示什么意思，并做好通俗易懂的报表分析说明。

（3）财务人员应主动向老板请示参加公司的营销会议。目前一个普遍的问题是财务人员不懂业务，业务人员不懂财务。很多公司的财务人员从来不参加营销会议，这就导致财务人员永远是被动的，他们不了解企业的发展和规划，不知道企业的销售计划和资金计划。因此，企业在召开重要的营销会议时，应该允许、要求财务人员尤其是财务负责人列席会议。

（4）注意颜色管理，也就是在财务报表上用不同的颜色将不同重要程度的信息进行区分。例如，重要的数据用绿色荧光笔涂上去，就表示正常；黄色的表示注意；红色的就表示十分严重了。

（5）按顺序排列自己公司最严重的财务危机，注意提醒老板。一般来说，一个公司最严重的财务危机有以下几种：第一，现金不足；第二，过多的应收账款没有收回来；第三，过多的存货没有卖出去；第四，公司买了过多的房子和土地，占用了大量资金；第五，向银行借的钱都是短期贷款，每一年都要换单。

※ 职业能力训练 ※

一、判断题

（1）人为利润中心是指只对内部责任单位提供产品或劳务而取得“内部销售收入”的利润中心。（　　）

（2）当一个责任中心向另一个责任中心提供产品时，不仅要办理内部结算，还应同时办理责任成本的内部结转。（　　）

（3）以市场价格作为内部转移价格，就是直接按市场价格结算。（　　）

（4）从企业总体看，内部转移价格无论怎样变动，企业利润总额不变，变动的只是企业内部各责任中心的收入或利润的分配份额。（　　）

（5）具有独立或相对独立的收入和生产经营决策权，并对成本、收入和利润负责的责任中心是投资中心。（　　）

二、不定项选择题

（1）以下属于典型的人为利润中心的是（　　）。

A. 分公司　　B. 分店　　C. 车间　　D. 海外事业部

（2）利润中心的考核总指标为利润，具体内容有（　　）。

A. 边际贡献　　B. 可控边际贡献

C. 部门营业利润　　D. 总资产息税前利润率

（3）下列各项中，属于自然利润中心特征的有（　　）。

A. 直接面对市场　　B. 具有部分经营权

C. 通常只计算可控成本　　D. 对外销售产品而取得收入

（4）属于利润中心负责的项目包括（　　）。

A. 成本　　B. 费用　　C. 收入　　D. 利润

（5）在内部转移价格的制定方法中，最不合理的是（　　）。

A. 市场价格　　B. 协商价格

C. 实际成本加成转移价格　　D. 双重价格

任务三

投资中心控制

※ 任务描述 ※

投资中心是指既对成本、收入和利润负责，又对投资及其投资收益负责的责任中心。投资中心是企业最高层次的责任中心，它具有最大的决策权，也承担最大的责任。在组织形式上，投资中心一般具有独立法人资格，而成本中心和利润中心往往是企业内部组织，不具有独立法人地位。对投资中心进行业绩评价，不仅要使用利润指标，还需要计算和分析利润与投资的关系，常用的指标主要有投资报酬率和剩余收益。投资中心要编制责任报告。本任务学习目标为：

（1）理解投资中心的定义和特征。

（2）掌握投资报酬率和剩余收益的计算以及优缺点。

（3）能够编制责任报告，进行业绩考评。

※ 知识准备 ※

一、投资中心的含义

投资中心是指既对成本、收入和利润负责，又对投资及其投资收益负责的责任中心。由于投资的目的是获得利润，因此投资中心在本质上也是一种利润中心。但是投资中心又不同于利润中心，主要表现在两个方面。第一，权限不同。利润中心没有投资决策权，它只能在项目投资形成生产能力后进行具体的经营活动；而投资中心不仅具有制定价格、确定产品和生产方法等短期经营决策权，而且具有投资规模和投资类型决策权。第二，考核办法不同。对利润中心进行业绩考核，不考虑投资以及占用资产的多少，即不进行投入产出的比较；对投资中心进行业绩考核，必须将所获得的利润与所占用的资产进行比较。

二、投资中心的特点

投资中心既要对成本、收入和利润负责，又要对投资效果负责。投资中心是企业最高层次的责任中心，它具有最大的决策权，也承担最大的责任。投资中心的管理特征是较高程度的分权管理。一般而言，大型集团所属的子公司往往都是投资中心。在组织形式上，投资中心一般具有独立法人资格，而成本中心和利润中心往往是企业内部组织，不具有独立法人地位。

※ 任务设计及工作过程 ※

华明公司有油气勘探与生产、油品炼制与销售两个子公司，都是投资中心。它们不仅具有制定价格、确定产品和生产方法等短期经营决策权，而且具有投资规模和投资类型决策权。

【任务】如果你是华明公司财务部门相关责任人，请根据相关资料，编制责任报告，对各投资中心的业绩进行评价。

一、投资中心的考核指标

对投资中心进行业绩评价，不仅要使用利润指标，还要计算和分析利润与投资的关系。常用的指标主要有投资报酬率和剩余收益。

1. 投资报酬率

投资报酬率又称投资利润率或投资收益率，是指投资中心所获得的利润与投资额之间的比率。计算公式是：

$$投资报酬率=\frac{营业利润}{平均总资产}\times 100\%$$

$$平均总资产=\frac{期初总资产+期末总资产}{2}$$

投资报酬率的公式可以进行分解：

$$\begin{aligned}投资报酬率&=\frac{营业利润}{平均总资产}\times 100\%\\&=\frac{营业利润}{销售收入}\times\frac{销售收入}{平均总资产}\times 100\%\\&=销售利润率\times资产周转率\end{aligned}$$

上式中，营业利润是指扣减利息和所得税之前的利润，即息税前利润。由于利润是整个期间内实现并累积形成的，属于期间指标，而营业资产属于时点指标，故取其平均数。

投资报酬率说明了投资中心运用公司的每单位资产对公司整体利润的贡献。它能够反映投资中心的综合获利能力，因此可以促使经理人员关注营业资产运营效率，并有利于存量资产的调整，优化资源配置。

【例 9-5】华明公司的两个投资中心（分公司）2018 年有关数据见表 9-5。

表 9-5　华明公司两个分公司 2018 年部分数据

单位：万元

项目	油气勘探与生产公司	油品炼制与销售公司
部门营业利润	10 800	9 000
所得税（税率 25%）	2 700	2 250
部门税后营业利润	8 100	6 750
平均总资产	90 000	60 000
平均经营负债	5 000	4 000
平均净经营资产（投资资本）	85 000	56 000

$$油气勘探与生产公司投资报酬率=\frac{10\ 800}{90\ 000}\times 100\%=12\%$$

$$油品炼制与销售公司投资报酬率=\frac{9\ 000}{60\ 000}\times 100\%=15\%$$

用投资报酬率来评价投资中心的业绩的优点有：第一，它是根据现有的会计资料计算的，比较客观，可用于部门之间以及不同行业之间的比较，投资人和部门经理都非常关注这个指标；第二，投资报酬率可以分解为销售利润率与资产周转率的乘积，并可以进一步分解为资产的明细项目和收支的明细项目，从而对整个部门的经营状况作出评价。

投资报酬率指标的不足也十分明显：部门经理会放弃高于资本成本而低于目前部门投资报酬率的机会，或者减少现有的投资报酬率较低但高于资本成本的某些资产，使部门的业绩获得较好的评价，但却会伤害公司整体的利益。

【例 9-6】假设例 9-5 中华明公司要求的最低税前投资报酬率为 10%。油品炼制与销售公司的经理面临一个税前投资报酬率为 12%的投资机会，投资额为 1 000 万元，每年营业利润为 120 万元。尽管对整个公司来说，由于该项目的投资报酬率高于公司要求的最低投资报酬率，应当利用这个投资机会，但是它却使油品炼制与销售公司的投资报酬率由15%下降到14.95%。

$$投资报酬率=\frac{9\,000+120}{60\,000+1\,000}\times 100\%=14.95\%$$

同样道理，当情况与此相反，假设油品炼制与销售公司现有一项资产价值为500万元，每年营业利润为65万元，税前投资报酬率为13%，超过了公司要求的最低投资报酬率，该部门经理却愿意放弃该项资产，以提高部门的投资报酬率：

$$投资报酬率=\frac{9\,000-65}{60\,000-500}\times 100\%=15.02\%$$

由此可以看出，从引导部门经理采取与公司整体利益一致的决策来看，投资报酬率并不是一个很好的指标。

2. 剩余收益

剩余收益是一个绝对数指标，是指投资中心获得的营业利润扣减其投资额或平均总资产按规定或预期的最低收益率计算的最低投资收益后的余额。最低投资收益是投资中心的投资额（或资产占用额）按规定或预期的最低报酬率计算的收益。其计算公式是：

剩余收益＝营业利润－投资额（平均总资产）×最低投资报酬率

公式中的最低投资报酬率是根据资本成本来确定的。它一般等于或大于资本成本，通常可以采用企业整体的最低期望投资报酬率，也可以是企业为该投资中心单独规定的最低投资报酬率。

以剩余收益作为投资中心经营业绩评价指标，各投资中心只要投资报酬率大于规定或预期的最低投资报酬率，该项投资（或资产占用）便是可行的。剩余收益指标具有以下两个特点：

（1）体现了投入产出关系。由于减少投资（或降低资产占用）同样可以达到增加剩余收益的目的，因此该指标与投资报酬率一样，也可以用于全面评价与考核投资中心的业绩。

（2）避免本位主义。剩余收益指标可以使部门业绩评价与公司的目标协调一致，引导部门经理采纳高于公司资本成本的决策，克服投资报酬率指标的缺点。

【例9-7】 续例9-5，假设油气勘探与生产公司要求的税前最低投资报酬率为10%，油品炼制与销售公司的风险较大，要求的税前最低投资报酬率为11%，则：

油气勘探与生产公司剩余收益＝10 800－90 000×10%＝1 800(万元)

油品炼制与销售公司剩余收益＝9 000－60 000×11%＝2 400(万元)

油品炼制与销售公司的经理如果采纳前面提到的投资机会（税前最低投资报酬率为12%，投资额为1 000万元，每年营业利润为120万元），可以增加部门剩余收益：

采纳投资方案后的剩余收益＝(9 000＋120)－(60 000＋1 000)×11%

＝2 410(万元)

油品炼制与销售公司的经理如果采纳前面提到的减少一项现有资产的方案（资产价值为500万元，每年营业利润为65万元，税前投资报酬率为13%），会减少部门剩余收益：

采纳减资方案后的剩余收益＝(9 000－65)－(60 000－500)×11%

＝2 390(万元)

因此，油品炼制与销售公司的经理会采纳投资方案而放弃减资方案，与公司总目标一致。

采用剩余收益指标还有一个好处，就是允许使用不同的风险调整资本成本。从现代财务理论来看，不同的投资有不同的风险，要求按风险程度调整其资本成本。因此，不同行业部门的资本成本不同，甚至同一部门的资产也属于不同的风险类型。例如，现金、应收账款和长期资本投资的风险有很大差别，要求有不同的资本成本。在使用剩余收益指标时，可以对不同部门或者不同资产规定不同的资本成本，使剩余收益这个指标更加灵活。

【想一想 9－5】投资报酬率的显著缺点是什么？

二、投资中心的责任报告

将投资中心获得的收益与投资额进行比较，与预算值对比，编制责任报告，评价其业绩。

【例 9－8】华明公司的油气勘探与生产公司的责任报告见表 9－6。

表 9－6　华明公司油气勘探与生产公司责任报告

金额单位：万元

项目	预算	实际	差异
税前营业利润	10 000	10 800	+800
所得税（税率 25%）	2 500	2 700	+200
平均总资产	85 000	90 000	+500
投资报酬率	11.76%	12%	+0.24%
最低报酬率	10%	10%	0
剩余收益	1 500	1 800	+300

三、投资中心的业绩考核

投资中心不仅要对收入、成本和利润负责，还要对投资效果负责。因此，投资中心的业绩考核，除了收入、成本和利润指标外，应重点考核投资报酬率和剩余收益。

从管理层次上看，投资中心是最高一级的责任中心，业绩考核的内容非常全面。考核时通过实际数与预算数的比较，找出差异，进行差异分析，查明差异的成因和性质，并据以进行奖惩。

小贴士　**企业内部银行**

企业内部银行，是将商业银行的信贷与结算职能和方式引入企业内部，来充实和完善企业内部经济核算的办法。在运用和发展责任会计基本功能上，将“企业（基础）管理”“金融信贷（银行机制）”“财务管理（会计核算）”三者融为一体。一般是将企业的自有资金和商业银行的信贷资金统筹运作，在内部银行统一调剂、融通运用，通过吸纳企业下属各单位闲散资金，调剂余缺，减少资金占用，活化与加速资金周转速度，提高资金使用效率、效益，与目标成本管理、企业内部经济责任制有机结合，并进行监督、考核、控制和管理。一般而言，企业内部银行适用于具有较多责任中心的企事业单位，一般不适合小企业或责任实体少的企事业单位使用。

※ 职业能力训练 ※

一、判断题

（1）某项会导致个别投资中心的投资报酬率提高的投资，不一定会使整个企业的投资报酬率提高；但某项会导致个别投资中心的剩余收益增加的投资，则一定会使企业的剩余收益增加。（　　）

（2）利润中心必然是成本中心，投资中心必然是利润中心，所以投资中心首先是成本中心，但利润中心并不一定都是投资中心。（　　）

（3）如果公司下属的某个投资中心追加投资后，导致该中心的投资报酬率上升，则应以由此引起的公司投资报酬率的上升或下降来评价其业绩。（　　）

（4）因为投资的目的之一是获得利润，所以投资中心同时也必然是利润中心，可以分为自然的投资中心和人为的投资中心两种类型。（　　）

（5）成本中心和利润中心一般不是独立法人，而投资中心一般是独立法人。（　　）

（6）在投资中心的主要考核指标中，能够全面反映该责任中心投入产出的关系，避免本位主义发生，并使个别投资中心的利益与整个企业的利益统一起来的指标是剩余收益。（　　）

二、不定项选择题

（1）在投资中心的主要考核指标中，能使个别投资中心的利益与整个企业的利益统一起来的指标是（　　）。

A. 投资利润率　B. 可控成本　C. 利润总额　D. 剩余收益

（2）在选择剩余收益指标时所使用的规定或预期的最低报酬率，通常考虑的指标是公司的（　　）。

A. 最高利润率　B. 资本成本率

C. 加权平均利润率　D. 销售利润率

（3）下列各项中，不属于投资中心特征的有（　　）。

A. 在企业内部拥有最大的决策权

B. 是企业内部最高层次的责任中心

C. 一般为独立的法人

D. 只需要对投资效果负责，不需要对成本负责

（4）不属于影响剩余收益的因素有（　　）。

A. 息税前利润　B. 总资产占用额

C. 利润留存比率　D. 预期的最低税前报酬率

（5）下列各项指标中，属于投资中心业绩考核重点指标的是（　　）。

A. 可控成本　B. 收入和利润

C. 投资报酬率　D. 剩余收益

（6）相对于剩余收益指标而言，投资报酬率指标的缺点有（　　）。

A. 无法反映投资中心的综合盈利能力

B. 可能造成投资中心的近期目标与整个企业的长期目标相背离
C. 不便于投资项目建成投产后与原定目标的比较
D. 不便于各投资中心经营业绩的横向比较
(7) 投资报酬率可以进一步分解为两个相对数指标之积，它们包括（　　）。
A. 资产周转率　　B. 销售成本率
C. 销售利润率　　D. 成本费用利润率

三、操作题

某集团下设一分公司，2018年实现销售收入5 000万元，变动成本率为70%，固定成本为800万元，其中折旧费为200万元。

(1) 若该分公司为利润中心，固定成本中的折旧费是由集团分摊的该责任中心的不可控成本，折旧费以外的固定成本均为该责任中心的可控成本。要求：①计算该利润中心的边际贡献。②计算该利润中心的可控边际贡献。③计算该利润中心的部门营业利润。

(2) 若该分公司为投资中心，其所占用的经营平均资产总额为4 000万元，要求的最低投资报酬率为11%，所得税税率为25%。要求：①计算该投资中心的投资报酬率。②计算该投资中心的剩余收益。

【项目小结】

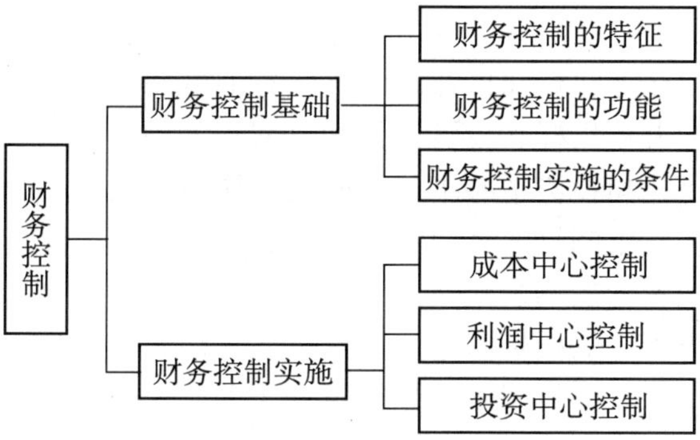

图9-1　项目九结构图

【术语与公式】

1. 财务控制——按照一定的程序和方法，确保企业及其内部机构和人员全面落实及实现财务预算的过程。
2. 成本中心——一个责任中心，如果不形成或者不考核其收入，而着重考核其发生的成本和费用，这类责任中心称为成本中心。
3. 利润中心——一个责任中心，如果能同时控制生产和销售，既要对成本负责，又要对收入负责，但没有责任或没有权利决定该中心资产投资的水平，可以根据其利润的多少来评价该中心的业绩，则该中心称为利润中心。

4. 投资中心——既对成本、收入和利润负责，又对投资及其投资收益负责的责任中心。

5. 剩余收益＝营业利润－投资额（平均总资产）×最低投资报酬率。

【项目实训】

投资中心决策分析

1. 任务目标

（1）计算剩余收益。

（2）分析投资意愿。

（3）提出投资中心决策分析报告。

2. 任务描述

某市高新技术区有一个投资项目，希望公司董事会开会讨论认为本公司若能获得该项目投资将是公司发展的一次战略机遇，但另有三家企业在竞争，董事会要求投资中心收集这三家企业的资料，分析其投资意愿，提出本公司投资决策方案，供董事会研究决策。

3. 操作准备

（1）学生分组。6～8人为一组，选定正、副组长为公司投资中心正、副主任。

（2）学生分工。投资中心正、副主任将组内学生按投资决策分析要求合理分工。

（3）制订工作计划书。每个小组制订一份工作计划书，工作计划书根据工作内容，由小组学生讨论制订，并经指导老师审阅批准后实施。

4. 操作流程

（1）各小组描述学习任务目标和任务，研究任务工单和应完成的任务。

（2）复习投资中心的考核指标和投资评价的方法。

（3）各小组讨论制订公司投资中心决策分析工作计划书。

（4）指导老师审阅各小组制订的公司投资中心决策分析工作计划书，并签批。

（5）各小组计算各投资者的剩余收益。

（6）各小组分析各投资者的投资意愿。

（7）各小组撰写投资中心的投资决策分析报告。

5. 实训材料

（1）任务工单。

①投资项目情况。某市高新技术区的投资项目为光纤通信工程，该工程的投资报酬率为11%。

②三家企业情况（见表9-7）。

表9-7 参与竞争的三家企业情况

项　目	文坛公司	城建公司	信达公司
利润（万元）	950	6 000	3 800
净资产平均占用额（万元）	8 000	85 000	30 000
股东权益（万元）	7 000	65 000	25 000
规定的最低投资报酬率（%）	12	8	10

（2）完成任务。

①投资中心投资决策分析工作计划书（见表9－8）。

表9－8　　希望公司投资中心投资决策分析工作计划书

主要内容	实施时间	实施形式	主要负责人
研究投资中心决策分析的任务、要求与分工			
复习投资中心的考核指标和投资评价方法			
计算投资者的剩余收益			
分析投资者的投资意愿			
撰写投资中心决策分析报告			
其他： 学习小组组长：　　学习小组成员： 年　月　日			
指导老师审阅意见： 签名： 年　月　日			

②计算三家投资企业的剩余收益（见表9－9）。

表9－9　　参与竞争的三家企业剩余收益

投资企业剩余收益	
文坛公司	
城建公司	
信达公司	

学习小组成员签字：________________

③分析与撰写投资决策分析报告（见表9-10）。

表9-10　　希望公司投资决策分析报告

一、文坛公司投资意愿
二、城建公司投资意愿
三、信达公司投资意愿
四、本公司对项目投资的建议
学习小组成员签字：________________

6. 讨论评价

（1）各小组相互交流打分。

（2）指导老师打分并点评。

【案例分析】

能赚钱的成本中心？

康登机器人公司市场公关部主管埃里克·帕尔默，踌躇满志地来到了办公楼最高层CEO的办公室。他急着向老板报告自己又拿到了一个新客户的订单，兴奋之情溢于言表。

回想6个月前，埃里克·帕尔默还处于极度苦闷之中。正当他招兵买马（高薪招聘了几个广告创意人才，申请了一笔技术改造资金），欲大展身手之时，却遭遇经济低迷，公司必须削减成本。埃里克明白，作为支持部门的市场公关部在削减成本的过程中会首当其冲，成为第一只被击落的鸟儿。

因此，当他被召唤到顶楼老板办公室时，他做了最坏的打算——他本人被解雇。就算自己幸免于难，老板也会命令他削减经费和裁员。然而，出乎他意料的是，CEO汤姆和他商谈的最终结果是市场公关部仍然像过去那样继续为兄弟部门提供服务。但是，它现在向内部客户按双方商定的费用收取服务费，而不是像以前那样按实际发生的费用进行交叉记账。新改组的部门有充分自由采用“价值定价法”，并且在有余力的时候可以寻找外部客户。简而言之，市场公关部现在不再是一个成本中心，而将成为一个利润中心。

一开始，这一消息在员工中产生的反响是积极的，人们认为，出现一个把他们当客户对待而不是当同事对待的支持部门，只有好处没有坏处。然而，两个月之后冒出了第一个抱怨的人。有人气急败坏地打电话给CEO说自己从市场公关部收到了一张7.5万美元的高额账单！好脾气的小伙子萨姆也迷惑不解地问：“是不是我们再也不能到埃里克的部门拿产品说明书和宣传单了？我需要最新的材料，在下个月的展览会上用，但他们根本不理我的碴儿。”阿曼达也向CEO抱怨说，她的第一大客户沃尔顿公司最大的竞争对手是Pandemix公司，而埃里克却在帮助 Pandemix 公司制作宣传资料。甚至连行政部门也在抱怨市场公关部制作贺卡的收费过高。

尽管事件接连不断，汤姆却颇为成功地平息了人们的种种不满。他给大多数高管做工作时总是说："这是一种新的运作方式，给我们一个机会。"然而，当高管们在每月的业务会议上看到财务部的月度财务报表时，他们发作了……

根据会计报表的详细数据，埃里克的团队正以低于成本的价格为一位外部客户服务。在随后的会面中，汤姆向埃里克指出这一点，后者解释说那只是一个大项目的第一期单子："我们向客户报了个低于成本的价格，但那是一种投资。这个项目最终会获利的，因为客户对我们的工作非常满意。"汤姆提醒埃里克，这种亏本招徕生意的做法给原本已经怨气冲天的内部客户提供了口实："事实上，你应该首先为内部客户服务，有空闲时再为外部客户服务，而不是把自己人放在次要地位。"埃里克则认为那是因为内部客户对待他们像秘书一样随便差使。最后他说道："汤姆，是你告诉我要改变心态，像经营企业一样经营我的部门。好，现在我全做到了。你要我经营一个利润中心，现在我们盈利了。这难道是坏事吗?"

资料来源：朱莉娅·柯比．能赚钱的成本中心．(2009-12-03). http://www.ebusinessreview.cn/articledetail-197.html.

【问题】康登机器人公司是否应该撤销新成立的利润中心？汤姆应当如何调和业务部与市场公关部之间的矛盾？

【阅读推荐】

1.《企业内部控制基本规范》
2.《企业内部控制规范》

参考文献

[1] 中国注册会计师协会．财务成本管理［M］．北京：中国财政经济出版社，2011.

[2] 财政部会计资格评价中心．财务管理［M］．北京：中国财政经济出版社，2012.

[3] 郭凤林，宋常．财务管理［M］．广州：中山大学出版社，2009.

[4] 袁建国，周丽媛．财务管理［M］．大连：东北财经大学出版社，2008.

[5] 王红珠，王希旗．财务管理实训与案例［M］．北京：科学出版社，2008.

[6] 田明．2012 年会计专业技术资格考试经典题解及练习题库：中级财务管理［M］．北京：北京大学出版社，2012.

[7] 闫华红．2012 年注册会计师考试应试指导及全真模拟测试：财务成本管理［M］．北京：北京大学出版社，2012.

[8] 周峰．管理会计与实训［M］．北京：中国财政经济出版社，2010.

[9] 贾成海．管理会计［M］．北京：电子工业出版社，2009.

[10]［美］查尔斯·亨格瑞，等．管理会计教程［M］．12 版．潘飞，等，译．北京：人民邮电出版社，2006.

[11] 潘祖峰. 开启“会计智能”新时代［N］. 中国会计报，2019－03－08.

[12] 李一硕. 做好人生的“资产负债表”［N］. 中国会计报，2019－06－28.

[13] 何年初. 财务共享模式助力政府会计改革有效落地［N］. 中国会计报，2019－07－12.

[14] 刘天安. 不忘初心 谱写新篇章［N］. 中国会计报，2019－09－27.

附录一

“职业能力训练”参考答案

项目一

任务一：

判断题

(1)	(2)	(3)	(4)	(5)
√	√	×	√	√

任务二：

一、判断题

(1)	(2)	(3)	(4)
×	×	√	×

二、不定项选择题

(1)	(2)
C	D

任务三：

一、判断题

(1)	(2)	(3)	(4)	(5)	(6)	(7)
√	×	√	√	×	×	√

二、不定项选择题

(1)	(2)	(3)	(4)	(5)	(6)	(7)	(8)	(9)
ABCD	AC	BD	ABC	ABD	ACD	ABC	ABCDE	ABC

任务四：

一、判断题

(1)	(2)
√	√

二、不定项选择题

(1)	(2)	(3)	(4)
ABC	ABC	BC	ABCD

项目二

任务一：

一、判断题

(1)	(2)	(3)	(4)	(5)
×	×	√	√	√

二、不定项选择题

(1)	(2)	(3)	(4)	(5)
A	B	C	B	ABD

三、操作题

(1) 本题题中2016年、2017年、2018年、2019年每年年末存入5 000元，求在2019年年末终值，根据题意可知，本题是普通年金求终值的问题，所以，2019年12月31日的余额＝5 000元×（F/A,10%,4）＝5 000元×4.641＝23 205元。

(2) A方案现值＝200×［（P/A,10%,5－1）＋1］＝200×4.169 9＝833.98（万元）。

B方案现值＝300×（P/A,10%,5）×（P/F,10%,5）＝300×3.790 8×0.620 9＝706.11（万元）。

因为B方案的现值小于A方案的现值，所以应该选择B方案。

任务二：

一、判断题

(1)	(2)	(3)
×	×	×

二、不定项选择题

(1)	(2)	(3)	(4)	(5)
A	A	CD	ABCD	CD

三、操作题

(1) 甲项目收益率的期望值＝0.2×20%＋0.6×10%＋0.2×5%＝11%。

乙项目收益率的期望值＝0.2×30%＋0.6×10%＋0.2×（－10%）＝10%。

(2) 甲项目收益率的标准离差＝［(20%－11%)^2×0.2＋(10%－11%)^2×0.6＋(5%－11%)^2×0.2］$^{1/2}$＝4.9%。

乙项目收益率的标准离差＝［(30%－10%)^2×0.2＋(10%－10%)^2×0.6＋(－10%－10%)^2×0.2］$^{1/2}$＝12.65%。

(3) 因为甲、乙两个项目的期望值不同，所以应当比较二者的标准离差率，进而比较风险的大小。

甲项目的标准离差率＝4.9%÷11%×100%＝44.55%。

乙项目的标准离差率＝12.65%÷10%×100%＝126.5%。

因为乙项目的标准离差率大于甲项目的标准离差率，所以乙项目的风险大于甲项目的风险。

（4）风险收益率＝风险价值系数×标准离差率＝10％×44.55％＝4.46％。

项目三

任务一：

一、判断题

(1)	(2)	(3)	(4)	(5)
√	√	√	×	√

二、不定项选择题

(1)	(2)	(3)	(4)	(5)
D	BCD	A	B	D

任务二：

一、判断题

(1)	(2)	(3)	(4)	(5)
√	×	×	×	√

二、不定项选择题

(1)	(2)	(3)	(4)	(5)	(6)
D	C	C	A	B	ABD

三、操作题

（1）

①2019年度销售预算计算见下表：

2019年度销售预算

单位：元

项　　目	第一季度	第二季度	第三季度	第四季度	全　　年
预计销量（件）	1 000	1 500	2 000	1 800	6 300
单价（元）	100	100	100	100	100
预计销售收入	100 000	150 000	200 000	180 000	630 000
应收账款期初	62 000				62 000
第一季度现金流入	100 000×60% ＝60 000	100 000×40% ＝40 000			100 000
第二季度现金流入		150 000×60% ＝90 000	150 000×40% ＝60 000		150 000
第三季度现金流入			200 000×60% ＝120 000	200 000×40% ＝80 000	200 000
第四季度现金流入				180 000×60% ＝108 000	108 000
现金收入合计	122 000	130 000	180 000	188 000	620 000

②2019年年末应收账款＝第四季度销售收入×（1－本期收现率）＝180 000×（1－

60%）=72 000（元）。

（2）

①1月份销售现金流入量=100×60%+150×40%=120（万元）。

1月份购买材料现金流出量=200×80%×70%+100×80%×30%=136（万元）。

②应收账款=100×40%=40（万元）。

应付账款=200×80%×30%=48（万元）。

③1月份借款=15.5（万元）。

1月末的现金余额=15.5−12.32=3.18（万元）。

④2月份还款本金=4.5（万元）。

2月份还款利息=4.5×2%=0.09（万元）。

2月末的现金余额=7.598−4.5−0.09=3.008（万元）。

项目四

任务一：

一、判断题

(1)	(2)	(3)	(4)	(5)
×	×	√	×	√

二、不定项选择题

(1)	(2)	(3)	(4)	(5)	(6)	(7)	(8)
D	C	D	D	ABCD	ABC	ABCD	ABC

三、操作题

外部融资需求$=\frac{90+90+120}{600}\times 60-\frac{66+84}{600}\times 60-600\times(1+10\%)\times 8\%\times(1-80\%)$

=4.44（万元）。

任务二：

一、判断题

(1)	(2)	(3)	(4)
×	×	×	×

二、不定项选择题

(1)	(2)	(3)	(4)	(5)	(6)	(7)	(8)
C	C	A	B	ABCD	ABD	ABC	AC

任务三：

一、判断题

(1)	(2)	(3)	(4)	(5)	(6)	(7)
×	×	×	√	×	√	√

二、不定项选择题

(1)	(2)	(3)	(4)	(5)	(6)	(7)
C	A	C	A	D	B	AB

任务四：

一、判断题

(1)	(2)	(3)	(4)	(5)	(6)	(7)
√	×	√	√	√	√	×

二、不定项选择题

(1)	(2)	(3)	(4)	(5)	(6)	(7)	(8)	(9)	(10)
C	A	A	D	A	B	C	D	B	ABCD

三、操作题

(1)

①银行借款资本成本＝5％×（1－25％）＝3.75％。

债券资本成本＝$\frac{40\times6\%\times(1-25\%)}{50\times(1-2\%)}$×100％＝3.67％。

普通股资本成本＝$\frac{0.5}{4\times(1-2\%)}$＋5％≈17.76％。

②加权平均资本成本＝3.75％×25％＋3.67％×25％＋17.76％×50％≈10.74％。

(2)

①$EBIT$＝（100－60）×2－60＝20（万元）。

$EBIT$＝（100－60）×3－60＝60（万元）。

$EBIT$＝（100－60）×4－60＝100（万元）。

②DOL＝80÷20＝4；DOL＝120÷60＝2；DOL＝160÷100＝1.6。

③由以上计算可知，在其他条件不变的情况下，销售量越大，经营杠杆系数越小，企业经营风险也越小。

(3)

①TCM＝（60－30）×10＝300（万元）。

②$EBIT$＝300－200＝100（万元）。

③DOL＝300÷100＝3。

④DFL＝100÷［100－60×12％－10÷（1－25％）］＝1.26。

⑤DCL＝3×1.26＝3.78。

任务五：

一、判断题

(1)	(2)	(3)	(4)
√	×	×	×

二、不定项选择题

(1)	(2)	(3)	(4)	(5)
ABC	ABCD	ABC	ACD	AD

三、操作题

(1) $\overline{EBIT}=\frac{600\times10\%\times100-(600\times10\%+750\times12\%)\times150}{100-150}=330$（万元）。

(2) 当预计息税前利润为 300 万元时，小于每股收益无差别点息税前利润，所以，应选择发行普通股筹资。

项目五

任务一：

一、判断题

(1)	(2)	(3)	(4)	(5)	(6)	(7)	(8)
√	×	√	×	×	√	√	√

二、不定项选择题

(1)	(2)	(3)	(4)	(5)	(6)	(7)	(8)	(9)	(10)
A	B	C	A	D	B	B	CD	BC	BCD

三、操作题

(1)

① $NCF_0=-40$（万元）。

$NCF_{1\sim5}=4+40\div5=12$（万元）。

会计收益率$=4\div(40\div2)\times100\%=20\%$。

②投资回收期$=40\div12=3.33$（年）。

③因为 3.33 年小于 5 年，所以该项目可行。

(2)

1) ①$NCF_0=-200$（万元）。

②$NCF_1=0$。

③$NCF_{2\sim6}=60+200\div5=100$（万元）。

④$NPV=100\times[(P/A,10\%,6)-(P/A,10\%,1)]-200=144.62$（万元）。

2) $PI=\frac{344.62}{200}=1.72$。

3) 通过试误法，IRR 介于 27%与 28%之间。可得：

$$\frac{28\%-IRR}{28\%-27\%}=\frac{-2.19-0}{-2.19-3.36}$$

$IRR=27.61\%$

评价：因为 $NPV=144.62>0$，$PI>1$，IRR 大于行业基准折现率，所以该项目可行。

(3)

①$NCF_0=-200$（万元）。

$NCF_1=0$。

$NCF_{2\sim6}=100\times(1-25\%)+(200-0)\div5=115$（万元）。

②不包括建设期的投资回收期＝200÷115＝1.74（年）。

包括建设期的投资回收期＝1＋1.74＝2.74（年）。

③会计收益率＝100÷200×100%＝50%。

④净现值（NPV）$=-200+115\times[(P/A,10\%,6)-(P/A,10\%,1)]=196.31$（万元）。

⑤净现值率＝196.31÷200×100%＝98.16%。

⑥评价：由于该项目净现值大于0，包括建设期的静态投资回收期小于项目计算期的一半，不包括建设期的投资回收期小于运营期的一半，会计收益率高于基准利润率，因此该投资方案完全具备财务可行性。

任务二：

操作题

①分别计算两个方案的折旧：

旧设备年折旧额$=\dfrac{20\ 000}{5}=4\ 000$（元）。

新设备年折旧额$=\dfrac{60\ 000-10\ 000}{5}=10\ 000$（元）。

②计算各年营业现金净流量的差量：

项目	差量（元）
Δ营业收入（1）	30 000
Δ付现成本（2）	10 000
Δ折旧额（3）	6 000
Δ税前利润（4）＝（1）－（2）－（3）	14 000
Δ所得税（5）＝（4）×25%	3 500
Δ税后利润（6）＝（4）－（5）	10 500
Δ营业现金净流量（7）＝（6）＋（3）＝（1）－（2）－（5）	16 500

③计算两个方案现金流量的差量：

项目	0	1	2	3	4	5
初始现金流量（元）	－40 000					
营业现金净流量（元）		16 500	16 500	16 500	16 500	16 500
终结现金流量（元）						10 000
现金流量（元）	－40 000	16 500	16 500	16 500	16 500	26 500

④计算差量净现值：

$$\Delta NPV=16\ 500\times(P/A,10\%,4)+26\ 500\times(P/F,10\%,5)-40\ 000$$
$$=16\ 500\times3.169\ 9+26\ 500\times0.620\ 9-40\ 000=28\ 757.2\text{（元）。}$$

设备更新后，可多获得净现值28 757.2元，故应出售旧设备，购置新设备。当然，也可分别计算两个方案的净现值来进行对比，其结果一致。

项目六

任务一：

一、判断题

(1)	(2)	(3)	(4)	(5)	(6)
√	×	×	√	×	√

二、不定项选择题

(1)	(2)	(3)	(4)	(5)	(6)
ABC	ABCD	A	B	ABCD	AB

三、操作题

（1）V=2÷（10%−3%）=28.57（元），可以购买。

（2）前3年股利现值计算如下表：

年次	股利（D_t）	复利现值系数（12%）	现值（元）
1	1.5×（1+20%）=1.8	0.892 9	1.61
2	1.8×（1+20%）=2.16	0.797 2	1.72
3	2.16×（1+20%）=2.59	0.711 8	1.84
3年股利的现值合计			5.17

首先，计算第3年年末的普通股内在价值：V=2.59×（1+4%）÷（12%−4%）=33.67（元）。

其次，计算股票价值：V=5.17+33.67×（P/F,12%,3）=29.14（元）。

任务二：

一、判断题

(1)	(2)	(3)	(4)	(5)	(6)
×	√	×	√	√	√

二、不定项选择题

(1)	(2)	(3)	(4)	(5)	(6)
AD	BCD	A	B	C	C

三、操作题

（1）

①债券投资收益率=10%−（1 050−1 000）÷（1 078.97−1 000）×（10%−8%）
=8.73%。

②债券价值=1 000×10%×（P/A,8%,5）+1 000×（P/F,8%,5）=1 078.87（元），购买价格不能高于1 078.87元。

（2）债券价值=1 000×（P/F,8%,3）=793.8（元）。

任务三：

一、判断题

(1)	(2)	(3)	(4)	(5)	(6)
×	×	×	×	√	√

二、不定项选择题

(1)	(2)	(3)	(4)	(5)	(6)
ACD	ABCD	B	AB	BD	ABC

三、操作题

(1) 基金单位资产净值＝（基金资产总额－基金负债总额）÷基金单位总数＝（10×15＋20×12＋50×10＋2 500－300－400）÷2 000＝1.345（元）。

(2) 2019年基金单位资产净值年初数＝（5 600－300）÷1 000＝5.3（元）。

2019年基金单位资产净值年末数＝（6 200－400）÷1 500＝3.87（元）。

基金收益率＝（1 500×3.87－1 000×5.3）÷（1 000×5.3）×100%＝9.53%。

项目七

任务一：

一、判断题

(1)	(2)	(3)	(4)	(5)	(6)
×	×	×	√	×	×

二、不定项选择题

(1)	(2)	(3)	(4)	(5)	(6)
D	D	ABC	ABD	B	D

三、操作题

(1) $Q^* = \sqrt{\dfrac{2\times 60\ 000\times 120}{10\%}} = 12\ 000$（元）。

$TC^* = \sqrt{2TFK} = \sqrt{2\times 60\ 000\times 120\times 10\%} = 1\ 200$（元）。

$N^* = 60\ 000 \div 12\ 000 = 5$（次）。

(2) 甲方案总成本＝30 000×8%＋3 000＋2 000＝7 400（元）。

乙方案总成本＝40 000×8%＋1 000＋2 000＝6 200（元）。

丙方案总成本＝50 000×8%＋500＋2 000＝6 500（元）。

丁方案总成本＝60 000×8%＋2 000＝6 800（元）。

应选择乙方案为宜，即最佳现金持有量为40 000元。

任务二：

一、判断题

(1)	(2)	(3)	(4)	(5)	(6)
×	×	√	×	√	√

二、不定项选择题

(1)	(2)	(3)	(4)	(5)	(6)
BCD	A	A	C	AC	AC

三、操作题

（1）A方案：

信用成本前收益＝5 000×（1－60%）＝2 000（万元）。

机会成本＝（5 000÷360）×45×60%×8%＝30（万元）。

坏账成本＝5 000×2%＝100（万元）。

收账费用＝20万元。

信用成本后收益＝2 000－（30＋100＋20）＝1 850（万元）。

B方案：

信用成本前收益＝5 500×（1－60%）＝2 200（万元）。

平均收账期＝10×30%＋20×20%＋60×50%＝37（天）。

机会成本＝（5 500÷360）×37×60%×8%＝27.13（万元）。

坏账成本＝5 500×50%×4%＝110（万元）。

折扣成本＝5 500×30%×2%＋5 500×20%×1%＝44（万元）。

收账费用＝50（万元）。

信用成本后收益＝2 200－（27.13＋110＋44＋50）＝1 968.87（万元）。

由于B方案信用成本后收益大于A方案信用成本后收益，因此，该企业应选择B方案为宜。

（2）应收账款收现保证率＝［（10 000＋500＋2 000）－（5 000＋3 000）］÷6 000＝75%。即本期应收账款收现保证率高于75%，才能满足现金需要。

任务三：

一、判断题

(1)	(2)	(3)	(4)	(5)	(6)
×	×	×	√	√	×

二、不定项选择题

(1)	(2)	(3)	(4)	(5)	(6)
BC	BD	D	ABD	BCD	BCD

三、操作题

（1）$Q^*=\sqrt{\frac{2\times 250\ 000\times 200}{10\times 10\%}}$＝10 000（千克）。

（2）

①$Q^*=\sqrt{\frac{2\times 36\ 000\times 1\ 250}{10}}$＝3 000（千克）。

②$TC^*=\sqrt{2\times 36\ 000\times 1\ 250\times 10}$＝30 000（元）。

③N^*＝36 000÷3 000＝12（次）。

④再订货点＝36 000÷360×3＋200＝500（千克）。

项目八

任务一：

一、判断题

(1)	(2)	(3)	(4)	(5)
√	√	√	√	×

二、不定项选择题

(1)	(2)	(3)	(4)
B	A	D	ABCD

三、操作题

(1) 用算术平均法预测公司 2019 年的销量为：（1 950＋1 980＋1 890＋2 010＋2 070＋2 100＋2 040＋2 260＋2 110）÷9＝2 045.56（吨）。

(2) 用加权平均法预测公司 2019 年的销量为：1 950×0.03＋1 980×0.05＋1 890×0.07＋2 010×0.08＋2 070×0.1＋2 100×0.13＋2 040×0.15＋2 260×0.18＋2 110×0.21＝2 086.5（吨）。

任务二：

一、判断题

(1)	(2)	(3)	(4)	(5)	(6)	(7)
×	√	√	×	√	√	√

二、不定项选择题

(1)	(2)	(3)	(4)	(5)	(6)	(7)	(8)
B	D	B	A	BC	BC	CD	BC

三、操作题

(1)

①计算结果如下：

公司	销售数量	销售收入总额	变动成本总额	固定成本总额	单位贡献毛益	利润（或亏损）
甲公司	10 000 件	100 000 元	60 000 元	25 000 元	（4）元	(15 000) 元
乙公司	5 000 台	200 000 元	160 000 元	(30 000)元	（8）元	10 000 元
丙公司	(5 000) 套	250 000 元	(175 000)元	50 000 元	15 元	25 000 元
丁公司	8 000 件	(16 0000) 元	96 000 元	(40 000)元	8元	24 000 元

②丙公司：

单位变动成本＝175 000÷5 000＝35（元）。

单价＝250 000÷5 000＝50（元）。

贡献毛益率＝15÷50×100％＝30％。

变动成本率＝35÷50×100％＝70％。

30％＋70％＝1。

丁公司：

单位变动成本：96 000÷8 000=12（元）。

单价=160 000÷8 000=20（元）。

贡献毛益率=8÷20×100%=40%。

变动成本率=12÷20×100%=60%。

40%+60%=1。

（2）计算结果如下：

①销售成本为150 000元，其中固定费用90 000元，变动成本 bx=150 000−90 000=60 000元，又销售收入 px=120 000，即 30×x=120 000元，则 x=4 000元，b×4 000=60 000，b=15。

2019年该公司的保本销售量为：$x=\frac{a}{p-b}=\frac{94\ 500}{30-15}=6\ 300$（件）。

2019年该公司的保本销售额为：y=6 300×30=189 000（元）。

②$x=\frac{94\ 500+30\ 000}{30-15}=8\ 300$（件）。

y=8 300×30=249 000（元）。

（3）

①总销售额=2 500×20+3 000×10+1 250×16=100 000（元）。

计算各产品的销售比重：

甲产品的销售比重=（2 500×20）÷100 000×100%=50%。

乙产品的销售比重=（3 000×10）÷100 000×100%=30%。

丙产品的销售比重=（1 250×16）÷100 000×100%=20%。

综合贡献毛益率=50%×50%+30%×40%+25%×20%=42%。

②综合保本销售额=21 000÷42%=50 000（元）。

计算各产品的保本销售额和保本销售量：

甲产品的保本销售额=50 000×50%=25 000（元）。

甲产品的保本销售量=25 000÷20=1 250（件）。

乙产品的保本销售额=50 000×30%=15 000（元）。

乙产品的保本销售量=15 000÷10=1 500（件）。

丙产品的保本销售额=50 000×20%=10 000（元）。

丙产品的保本销售量=10 000÷16=625（件）。

任务三：

一、判断题

(1)	(2)	(3)	(4)	(5)	(6)
√	√	√	√	√	√

二、不定项选择题

(1)	(2)	(3)	(4)	(5)	(6)	(7)	(8)
B	C	A	C	AB	ABD	ACD	ABD

三、操作题

（1）

①剩余股利政策：

预计 2019 年投资所需的权益资金＝300×55％＝165（万元）。

本年利润留存＝165（万元）。

本年发放的股利＝200－165＝35（万元）。

②固定股利或稳定增长股利政策：

本年发放的股利＝上年发放的股利＝108（万元）。

③固定股利支付率政策：

固定股利支付率＝108÷180×100％＝60％。

本年发放的股利＝200×60％＝120（万元）。

④低正常股利加额外股利政策：

最低股利额＝500×0.1＝50（万元）。

额外股利＝（200－50）×30％＝45（万元）。

本年发放的股利＝50＋45＝95（万元）。

（2）发放股票股利后，需从“未分配利润”项目划转出的资金为：9×300×10％＝270（万元）。

由于股票面值（1 元）仍然不变，发放 30 万股，普通股只应增加“普通股”项目 30 万元，其余的 240（＝270－30）万元作为股票溢价转至“资本公积”项目，而公司股东权益总额保持不变。

项　　目	金　　额
股本（面值 1 元，已发行 330 万股）	330 万元
资本公积	740 万元
未分配利润	1 230 万元
股东权益合计	2 300 万元

（3）

①发放股票股利后，需从“未分配利润”项目划转出的资金为：15×1 000×20％＝3 000（万元）。

由于股票面值（10 元）仍然不变，发放 200 万股，普通股只应增加“普通股”项目 2 000万元，其余的 1 000（＝3 000－2 000）万元作为股票溢价转至“资本公积”项目，而公司股东权益总额保持不变。

股东权益情况如下：

股东权益	金额
普通股（面值 10 元，流通在外 1 200 万股）	12 000 万元
资本公积	11 000 万元
盈余公积	7 000 万元
未分配利润	6 000 万元
股东权益合计	36 000 万元

每股净资产为：36 000÷（1 000＋200）＝30（元/股）。

②股票分割后，股东权益情况如下：

股东权益	金额
普通股（面值5元，流通在外2 000万股）	10 000万元
资本公积	10 000万元
盈余公积	7 000万元
未分配利润	9 000万元
股东权益合计	36 000万元

每股净资产为：36 000÷（1 000×2）＝18（元/股）。

项目九

任务一：

一、判断题

(1)	(2)	(3)	(4)	(5)
×	√	√	×	√

二、不定项选择题

(1)	(2)	(3)	(4)	(5)
D	D	D	CD	ACD

三、操作题

预算成本节约额＝预算责任成本－实际责任成本＝200×6 000－195×6 000＝30 000（元）。

预算成本节约率＝预算成本节约额÷预算责任成本＝30 000÷(200×6 000)×100%＝2.5%。

任务二：

一、判断题

(1)	(2)	(3)	(4)	(5)
√	√	×	√	×

二、不定项选择题

(1)	(2)	(3)	(4)	(5)
D	ABC	AD	ABCD	C

任务三：

一、判断题

(1)	(2)	(3)	(4)	(5)	(6)
√	√	√	×	×	√

二、不定项选择题

(1)	(2)	(3)	(4)	(5)	(6)	(7)
D	B	D	C	CD	B	AC

三、操作题

(1)

①利润中心边际贡献＝5 000×（1－70％）＝1 500（万元）。

②利润中心可控边际贡献＝1 500－（800－200）＝900（万元）。

③利润中心部门营业利润＝900－200＝700（万元）。

(2)

①投资中心的投资报酬率＝700÷4 000×100％＝17.5％。

②投资中心的剩余收益＝700－4 000×11％＝260（万元）。

附录二

"想一想"参考答案

项目一

1-1　组织能力、沟通能力、协调能力、判断能力等。
1-2　以财务规划为出发点，最终实现财务规划目标。
1-3　该系统的纽带是资金。
1-4　会计核算能力、税费计算与申报能力、财务管理能力等。

项目二

2-1　因为该票据的票面利率只有6%，而市场利率为8%。
2-2　银行存款和政府债券虽然按照单利计算，但其实已经包含复利。
2-3　日/万分比、月/千分比、年/百分比。
2-4　相同。
2-5　企业资产总值每年应获得不低于市场利率的盈利。
2-6　是系统风险。
2-7　多角化经营，降低资产风险。
2-8　抢占了市场先机。

项目三

3-1　如果企业业务稳定，则采用此种方法简便易行。
3-2　财政部《关于企业实行财务预算管理的指导意见》。
3-3　滚动预算。
3-4　正确。
3-5　直接材料、直接人工、制造费用、产品成本、销售费用。
3-6　直接材料采购现金支出。
3-7　为了简化编制手续。
3-8　生产预算。
3-9　关系到现金预算、预计利润表和预计资产负债表的编制。
3-10　不准确。
3-11　是。
3-12　第二种方法。
3-13　不准确，只要在预算时已确定的项目投资都应纳入。
3-14　现金预算第四季度末现金余额等于预计资产负债表的货币资金年末数；预计资产负债表的年末未分配利润等于年初未分配利润加预计利润表的净利润。

项目四

4-1　现金、应收账款、存货等流动性资产，应付账款、应付费用和其他应付款等短期债务。

4-2　(1) 资金需要量与营业业务量之间线性关系的假定应符合实际需要；(2) 确定 a、b 值，应利用预测年度前连续若干年的历史资料，一般要有 3 年或 3 年以上时间；(3) 应考虑价格等因素的变动情况。

4-3　良好的发展前景、管理规范、信息透明、对投资者负责。

4-4　《中华人民共和国公司法》和《中华人民共和国证券法》。

4-5　获得股票发行溢价收益。

4-6　按 10%提取法定盈余公积，通过股东大会确定未分配利润。

4-7　《中华人民共和国商业银行法》。

4-8　在信用期限内，进货延期付款，销售提前收款。

4-9　债券的安全性、债券的报酬率、债券的流通性。

4-10　设备资金量大、设备技术要求高、设备使用期和租赁期一致。

4-11　虽不在筹资时发生，但随借款业务发生，因此属筹资费用。

4-12　都可以。国库券利率代表国家行为，可视为无风险。

4-13　基本相同。

4-14　不可能，只是多少而已。

4-15　支付的基本使用费，如利息。

项目五

5-1　无形资产摊销的处理与固定资产的折旧相同。

5-2　不属于。开办费属于建设期现金流量。

5-3　只看到回收期，未考虑中后期高收益。

5-4　计算时都没有考虑资金时间价值。

5-5　净现值率更优。

5-6　是。

5-7　测试区间不宜过大，一般 2%～4%为宜。

项目六

6-1　主要取决于对未来股利分配情况的正确估计以及对未来股票价格走势的合理估计。

6-2　主要有债券面值、票面利率、期限、持有时间、购买价格和出售价格。

6-3　股票投资风险＞基金投资风险＞债券投资风险。

6-4　已知价计算法和未知价计算法。二者的区别是：已知价计算法根据上一个交易日的收盘价计算基金单位资产净值，投资者当天就可以知道单位基金的买卖价格，可以及时办理交割手续；未知价计算法根据当日收盘价计算基金单位资产净值，投资者当天并不知道其买卖的基金价格是多少，要在第二天才知道单位基金的买卖价格。

6－5　基金投资在具有专家理财优势和具有资金规模优势的情况下，最大优点是能够在不承担大风险的情况下获得较高收益；缺点是无法获得很高收益，并且在大盘整体大幅度下跌的情况下，投资人可能承担较大风险。

项目七

7－1　成本分析模型下的相关成本有：持有机会成本和短缺成本。存货模型下的相关成本有：持有机会成本和转换成本。

7－2　成本分析模型适用于现金收支波动较大的企业，优点是简便、易懂，缺点是短缺成本较难预测。存货模型适用于一定假设条件下的企业，优点是计算结果较精确，缺点是由于使用条件的局限性，其使用受到一定限制。随机模型适用于所有企业最佳现金持有量的预测，优点是适用范围广，缺点是计算出来的现金持有量比较保守。

项目八

8－1　满 300 元获赠 300 元优惠卡对商场更有利；全场 5 折销售的商场对消费者更有利。

8－2　企业可以清楚地知道经营的最低目标，为管理者建立一道经营中的预警线。

8－3　本量利分析法。

8－4　股票股利不减少公司的所有者权益，资产及负债均不发生变化，仅仅是所有者权益内部各项目的转换；而发放现金股利会令公司的所有者权益及资产同时减少（已经发放的情况）或所有者权益减少、负债增加（尚未实际发放的情况）。会计处理不同。

8－5　富有的投资者一般偏好低股利支付率的股票，收入比较低的投资者一般喜欢高股利支付率的股票。

项目九

9－1　正确。不可控成本不应是成本中心应该承担的责任。

9－2　①直接计入责任中心；②按责任基础分配；③按受益基础分配；④归入某一个特定的责任中心；⑤不进行分摊。

9－3　不会。导致买卖一方增加的收入或利润正是另一方减少的收入或利润，一增一减，数额相等，方向相反。

9－4　可控边际贡献。

9－5　部门利益与公司整体利益发生冲突。

附表一

复利终值系数表

期数	1%	2%	3%	4%	5%	6%	7%	8%	9%	10%	11%	12%	13%	14%	15%
1	1.010 0	1.020 0	1.030 0	1.040 0	1.050 0	1.060 0	1.070 0	1.080 0	1.090 0	1.100 0	1.110 0	1.120 0	1.130 0	1.140 0	1.150 0
2	1.020 1	1.040 4	1.060 9	1.081 6	1.102 5	1.123 6	1.144 9	1.166 4	1.188 1	1.210 0	1.232 1	1.254 4	1.276 9	1.299 6	1.322 5
3	1.030 3	1.061 2	1.092 7	1.124 9	1.157 6	1.191 0	1.225 0	1.259 7	1.295 0	1.331 0	1.367 6	1.404 9	1.442 9	1.481 5	1.520 9
4	1.040 6	1.082 4	1.125 5	1.169 9	1.215 5	1.262 5	1.310 8	1.360 5	1.411 6	1.464 1	1.518 1	1.573 5	1.630 5	1.689 0	1.749 0
5	1.051 0	1.104 1	1.159 3	1.216 7	1.276 3	1.338 2	1.402 6	1.469 3	1.538 6	1.610 5	1.685 1	1.762 3	1.842 4	1.925 4	2.011 4
6	1.061 5	1.126 2	1.194 1	1.265 3	1.340 1	1.418 5	1.500 7	1.586 9	1.677 1	1.771 6	1.870 4	1.973 8	2.082 0	2.195 0	2.313 1
7	1.072 1	1.148 7	1.229 9	1.315 9	1.407 1	1.503 6	1.605 8	1.713 8	1.828 0	1.948 7	2.076 2	2.210 7	2.352 6	2.502 3	2.660 0
8	1.082 9	1.171 7	1.266 8	1.368 6	1.477 5	1.593 8	1.718 2	1.850 9	1.992 6	2.143 6	2.304 5	2.476 0	2.658 4	2.852 6	3.059 0
9	1.093 7	1.195 1	1.304 8	1.423 3	1.551 3	1.689 5	1.838 5	1.999 0	2.171 9	2.357 9	2.558 0	2.773 1	3.004 0	3.251 9	3.517 9
10	1.104 6	1.219 0	1.343 9	1.480 2	1.628 9	1.790 8	1.967 2	2.158 9	2.367 4	2.593 7	2.839 4	3.105 8	3.394 6	3.707 2	4.045 6
11	1.115 7	1.243 4	1.384 2	1.539 5	1.710 3	1.898 3	2.104 9	2.331 6	2.580 4	2.853 1	3.151 8	3.478 6	3.835 9	4.226 2	4.652 4
12	1.126 8	1.268 2	1.425 8	1.601 0	1.795 9	2.012 2	2.252 2	2.518 2	2.812 7	3.138 4	3.498 5	3.896 0	4.334 5	4.817 9	5.350 3
13	1.138 1	1.293 6	1.468 5	1.665 1	1.885 6	2.132 9	2.409 8	2.719 6	3.065 8	3.452 3	3.883 3	4.363 5	4.898 0	5.492 4	6.152 8
14	1.149 5	1.319 5	1.512 6	1.731 7	1.979 9	2.260 9	2.578 5	2.937 2	3.341 7	3.797 5	4.310 4	4.887 1	5.534 8	6.261 3	7.075 7
15	1.161 0	1.345 9	1.558 0	1.800 9	2.078 9	2.396 6	2.759 0	3.172 2	3.642 5	4.177 2	4.784 6	5.473 6	6.254 3	7.137 9	8.137 1
16	1.172 6	1.372 8	1.604 7	1.873 0	2.182 9	2.540 4	2.952 2	3.425 9	3.970 3	4.595 0	5.310 9	6.130 4	7.067 3	8.137 2	9.357 6
17	1.184 3	1.400 2	1.652 8	1.947 9	2.292 0	2.692 8	3.158 8	3.700 0	4.327 6	5.054 5	5.895 1	6.866 0	7.986 1	9.276 5	10.761 3
18	1.196 1	1.428 2	1.702 4	2.025 8	2.406 6	2.854 3	3.379 9	3.996 0	4.717 1	5.559 9	6.543 6	7.690 0	9.024 3	10.575 2	12.375 5
19	1.208 1	1.456 8	1.753 5	2.106 8	2.527 0	3.025 6	3.616 5	4.315 7	5.141 7	6.115 9	7.263 3	8.612 8	10.197 4	12.055 7	14.231 8
20	1.220 2	1.485 9	1.806 1	2.191 1	2.653 3	3.207 1	3.869 7	4.661 0	5.604 4	6.727 5	8.062 3	9.646 3	11.523 1	13.743 5	16.366 5
21	1.232 4	1.515 7	1.860 3	2.278 8	2.786 0	3.399 6	4.140 6	5.033 8	6.108 8	7.400 2	8.949 2	10.803 8	13.021 1	15.667 6	18.821 5
22	1.244 7	1.546 0	1.916 1	2.369 9	2.925 3	3.603 5	4.430 4	5.436 5	6.658 6	8.140 3	9.933 6	12.100 3	14.713 8	17.861 0	21.644 7
23	1.257 2	1.576 9	1.973 6	2.464 7	3.071 5	3.819 7	4.740 5	5.871 5	7.257 9	8.954 3	11.026 3	13.552 3	16.626 6	20.361 6	24.891 5
24	1.269 7	1.608 4	2.032 8	2.563 3	3.225 1	4.048 9	5.072 4	6.341 2	7.911 1	9.849 7	12.239 2	15.178 6	18.788 1	23.212 2	28.625 2
25	1.282 4	1.640 6	2.093 8	2.665 8	3.386 4	4.291 9	5.427 4	6.848 5	8.623 1	10.834 7	13.585 5	17.000 1	21.230 5	26.461 9	32.919 0
26	1.295 3	1.673 4	2.156 6	2.772 5	3.555 7	4.549 4	5.807 4	7.396 4	9.399 2	11.918 2	15.079 9	19.040 1	23.990 5	30.166 6	37.856 8
27	1.308 2	1.706 9	2.221 3	2.883 4	3.733 5	4.822 3	6.213 9	7.988 1	10.245 1	13.110 0	16.738 7	21.324 9	27.109 3	34.389 9	43.535 3
28	1.321 3	1.741 0	2.287 9	2.998 7	3.920 1	5.111 7	6.648 8	8.627 1	11.167 1	14.421 0	18.579 9	23.883 9	30.633 5	39.204 5	50.065 6
29	1.334 5	1.775 8	2.356 6	3.118 7	4.116 1	5.418 4	7.114 3	9.317 3	12.172 2	15.863 1	20.623 7	26.749 9	34.615 8	44.693 1	57.575 5
30	1.347 8	1.811 4	2.427 3	3.243 4	4.321 9	5.743 5	7.612 3	10.062 7	13.267 7	17.449 4	22.892 3	29.959 9	39.115 9	50.950 2	66.211 8

续前表

期数	16%	17%	18%	19%	20%	21%	22%	23%	24%	25%	26%	27%	28%	29%	30%
1	1.160 0	1.170 0	1.180 0	1.190 0	1.200 0	1.210 0	1.220 0	1.230 0	1.240 0	1.250 0	1.260 0	1.270 0	1.280 0	1.290 0	1.300 0
2	1.345 6	1.368 9	1.392 4	1.416 1	1.440 0	1.464 1	1.488 4	1.512 9	1.537 6	1.562 5	1.587 6	1.612 9	1.638 4	1.664 1	1.690 0
3	1.560 9	1.601 6	1.643 0	1.685 2	1.728 0	1.771 6	1.815 8	1.860 9	1.906 6	1.953 1	2.000 4	2.048 4	2.097 2	2.146 7	2.197 0
4	1.810 6	1.873 9	1.938 8	2.005 3	2.073 6	2.143 6	2.215 3	2.288 9	2.364 2	2.441 4	2.520 5	2.601 4	2.684 4	2.769 2	2.856 1
5	2.100 3	2.192 4	2.287 8	2.386 4	2.488 3	2.593 7	2.702 7	2.815 3	2.931 6	3.051 8	3.175 8	3.303 8	3.436 0	3.572 3	3.712 9
6	2.436 4	2.565 2	2.699 6	2.839 8	2.986 0	3.138 4	3.297 3	3.462 8	3.635 2	3.814 7	4.001 5	4.195 9	4.398 0	4.608 3	4.826 8
7	2.826 2	3.001 2	3.185 5	3.379 3	3.583 2	3.797 5	4.022 7	4.259 3	4.507 7	4.768 4	5.041 9	5.328 8	5.629 5	5.944 7	6.274 9
8	3.278 4	3.511 5	3.758 9	4.021 4	4.299 8	4.595 0	4.907 7	5.238 9	5.589 5	5.960 5	6.352 8	6.767 5	7.205 8	7.668 6	8.157 3
9	3.803 0	4.108 4	4.435 5	4.785 4	5.159 8	5.559 9	5.987 4	6.443 9	6.931 0	7.450 6	8.004 5	8.594 8	9.223 4	9.892 5	10.604 5
10	4.411 4	4.806 8	5.233 8	5.694 7	6.191 7	6.727 5	7.304 6	7.925 9	8.594 4	9.313 2	10.085 7	10.915 3	11.805 9	12.761 4	13.785 8
11	5.117 3	5.624 0	6.175 9	6.776 7	7.430 1	8.140 3	8.911 7	9.748 9	10.657 1	11.641 5	12.708 0	13.862 5	15.111 6	16.462 2	17.921 6
12	5.936 0	6.580 1	7.287 6	8.064 2	8.916 1	9.849 7	10.872 2	11.991 2	13.214 8	14.551 9	16.012 0	17.605 3	19.342 8	21.236 2	23.298 1
13	6.885 8	7.698 7	8.599 4	9.596 4	10.699 3	11.918 2	13.264 1	14.749 1	16.386 3	18.189 9	20.175 2	22.358 8	24.758 8	27.394 7	30.287 5
14	7.987 5	9.007 5	10.147 2	11.419 8	12.839 2	14.421 0	16.182 2	18.141 4	20.319 1	22.737 4	25.420 7	28.395 7	31.691 3	35.339 1	39.373 8
15	9.265 5	10.538 7	11.973 7	13.589 5	15.407 0	17.449 4	19.742 3	22.314 0	25.195 6	28.421 7	32.030 1	36.062 5	40.564 8	45.587 5	51.185 9
16	10.748 0	12.330 3	14.129 0	16.171 5	18.488 4	21.113 8	24.085 6	27.446 2	31.242 6	35.527 1	40.357 9	45.799 4	51.923 0	58.807 9	66.541 7
17	12.467 7	14.426 5	16.672 2	19.244 1	22.186 1	25.547 7	29.384 4	33.758 8	38.740 8	44.408 9	50.851 0	58.165 2	66.461 4	75.862 1	86.504 2
18	14.462 5	16.879 0	19.673 3	22.900 5	26.623 3	30.912 7	35.849 0	41.523 3	48.038 6	55.511 2	64.072 2	73.869 8	85.070 6	97.862 2	112.455 4
19	16.776 5	19.748 4	23.214 4	27.251 6	31.948 0	37.404 3	43.735 8	51.073 7	59.567 9	69.388 9	80.731 0	93.814 7	108.890 4	126.242 2	146.192 0
20	19.460 8	23.105 6	27.393 0	32.429 4	38.337 6	45.259 3	53.357 6	62.820 6	73.864 1	86.736 2	101.721 1	119.144 6	139.379 7	162.852 4	190.049 6
21	22.574 5	27.033 6	32.323 8	38.591 0	46.005 1	54.763 7	65.096 3	77.269 4	91.591 5	108.420 2	128.168 5	151.313 7	178.406 0	210.079 6	247.064 5
22	26.186 4	31.629 3	38.142 1	45.923 3	55.206 1	66.264 1	79.417 5	95.041 3	113.573 5	135.525 3	161.492 4	192.168 3	228.359 6	271.002 7	321.183 9
23	30.376 2	37.006 2	45.007 6	54.648 7	66.247 4	80.179 5	96.889 4	116.900 8	140.831 2	169.406 6	203.480 4	244.053 8	292.300 3	349.593 5	417.539 1
24	35.236 4	43.297 3	53.109 0	65.032 0	79.496 8	97.017 2	118.205 0	143.788 0	174.630 6	211.758 2	256.385 3	309.948 3	374.144 4	450.975 6	542.800 8
25	40.874 2	50.657 8	62.668 6	77.388 1	95.396 2	117.390 9	144.210 1	176.859 3	216.542 0	264.697 8	323.045 4	393.634 4	478.904 9	581.758 5	705.641 0
26	47.414 1	59.269 7	73.949 0	92.091 8	114.475 5	142.042 9	175.936 4	217.536 9	268.512 1	330.872 2	407.037 3	499.915 7	612.998 2	750.468 5	917.333 3
27	55.000 4	69.345 5	87.259 8	109.589 3	137.370 6	171.871 9	214.642 4	267.570 4	332.955 0	413.590 3	512.867 0	634.892 9	784.637 7	968.104 4	1 192.533 3
28	63.800 4	81.134 2	102.966 6	130.411 2	164.844 7	207.965 1	261.863 7	329.111 5	412.864 2	516.987 9	646.212 4	806.314 0	1 004.336 3	1 248.854 6	1 550.293 3
29	74.008 5	94.927 1	121.500 5	155.189 3	197.813 6	251.637 7	319.473 7	404.807 2	511.951 6	646.234 9	814.227 6	1 024.018 7	1 285.550 4	1 611.022 5	2 015.381 3
30	85.849 9	111.064 7	143.370 6	184.675 3	237.376 3	304.481 6	389.757 9	497.912 9	634.819 9	807.793 6	1 025.926 7	1 300.503 8	1 645.504 6	2 078.219 0	2 619.995 6

附表二

复利现值系数表

期数	1%	2%	3%	4%	5%	6%	7%	8%	9%	10%	11%	12%	13%	14%	15%
1	0.990 1	0.980 4	0.970 9	0.961 5	0.952 4	0.943 4	0.934 6	0.925 9	0.917 4	0.909 1	0.900 9	0.892 9	0.885 0	0.877 2	0.869 6
2	0.980 3	0.961 2	0.942 6	0.924 6	0.907 0	0.890 0	0.873 4	0.857 3	0.841 7	0.826 4	0.811 6	0.797 2	0.783 1	0.769 5	0.756 1
3	0.970 6	0.942 3	0.915 1	0.889 0	0.863 8	0.839 6	0.816 3	0.793 8	0.772 2	0.751 3	0.731 2	0.711 8	0.693 1	0.675 0	0.657 5
4	0.961 0	0.923 8	0.888 5	0.854 8	0.822 7	0.792 1	0.762 9	0.735 0	0.708 4	0.683 0	0.658 7	0.635 5	0.613 3	0.592 1	0.571 8
5	0.951 5	0.905 7	0.862 6	0.821 9	0.783 5	0.747 3	0.713 0	0.680 6	0.649 9	0.620 9	0.593 5	0.567 4	0.542 8	0.519 4	0.497 2
6	0.942 0	0.888 0	0.837 5	0.790 3	0.746 2	0.705 0	0.666 3	0.630 2	0.596 3	0.564 5	0.534 6	0.506 6	0.480 3	0.455 6	0.432 3
7	0.932 7	0.870 6	0.813 1	0.759 9	0.710 7	0.665 1	0.622 7	0.583 5	0.547 0	0.513 2	0.481 7	0.452 3	0.425 1	0.399 6	0.375 9
8	0.923 5	0.853 5	0.789 4	0.730 7	0.676 8	0.627 4	0.582 0	0.540 3	0.501 9	0.466 5	0.433 9	0.403 9	0.376 2	0.350 6	0.326 9
9	0.914 3	0.836 8	0.766 4	0.702 6	0.644 6	0.591 9	0.543 9	0.500 2	0.460 4	0.424 1	0.390 9	0.360 6	0.332 9	0.307 5	0.284 3
10	0.905 3	0.820 3	0.744 1	0.675 6	0.613 9	0.558 4	0.508 3	0.463 2	0.422 4	0.385 5	0.352 2	0.322 0	0.294 6	0.269 7	0.247 2
11	0.896 3	0.804 3	0.722 4	0.649 6	0.584 7	0.526 8	0.475 1	0.428 9	0.387 5	0.350 5	0.317 3	0.287 5	0.260 7	0.236 6	0.214 9
12	0.887 4	0.788 5	0.701 4	0.624 6	0.556 8	0.497 0	0.444 0	0.397 1	0.355 5	0.318 6	0.285 8	0.256 7	0.230 7	0.207 6	0.186 9
13	0.878 7	0.773 0	0.681 0	0.600 6	0.530 3	0.468 8	0.415 0	0.367 7	0.326 2	0.289 7	0.257 5	0.229 2	0.204 2	0.182 1	0.162 5
14	0.870 0	0.757 9	0.661 1	0.577 5	0.505 1	0.442 3	0.387 8	0.340 5	0.299 2	0.263 3	0.232 0	0.204 6	0.180 7	0.159 7	0.141 3
15	0.861 3	0.743 0	0.641 9	0.555 3	0.481 0	0.417 3	0.362 4	0.315 2	0.274 5	0.239 4	0.209 0	0.182 7	0.159 9	0.140 1	0.122 9
16	0.852 8	0.728 4	0.623 2	0.533 9	0.458 1	0.393 6	0.338 7	0.291 9	0.251 9	0.217 6	0.188 3	0.163 1	0.141 5	0.122 9	0.106 9
17	0.844 4	0.714 2	0.605 0	0.513 4	0.436 3	0.371 4	0.316 6	0.270 3	0.231 1	0.197 8	0.169 6	0.145 6	0.125 2	0.107 8	0.092 9
18	0.836 0	0.700 2	0.587 4	0.493 6	0.415 5	0.350 3	0.295 9	0.250 2	0.212 0	0.179 9	0.152 8	0.130 0	0.110 8	0.094 6	0.080 8
19	0.827 7	0.686 4	0.570 3	0.474 6	0.395 7	0.330 5	0.276 5	0.231 7	0.194 5	0.163 5	0.137 7	0.116 1	0.098 1	0.082 9	0.070 3
20	0.819 5	0.673 0	0.553 7	0.456 4	0.376 9	0.311 8	0.258 4	0.214 5	0.178 4	0.148 6	0.124 0	0.103 7	0.086 8	0.072 8	0.061 1
21	0.811 4	0.659 8	0.537 5	0.438 8	0.358 9	0.294 2	0.241 5	0.198 7	0.163 7	0.135 1	0.111 7	0.092 6	0.076 8	0.063 8	0.053 1
22	0.803 4	0.646 8	0.521 9	0.422 0	0.341 8	0.277 5	0.225 7	0.183 9	0.150 2	0.122 8	0.100 7	0.082 6	0.068 0	0.056 0	0.046 2
23	0.795 4	0.634 2	0.506 7	0.405 7	0.325 6	0.261 8	0.210 9	0.170 3	0.137 8	0.111 7	0.090 7	0.073 8	0.060 1	0.049 1	0.040 2
24	0.787 6	0.621 7	0.491 9	0.390 1	0.310 1	0.247 0	0.197 1	0.157 7	0.126 4	0.101 5	0.081 7	0.065 9	0.053 2	0.043 1	0.034 9
25	0.779 8	0.609 5	0.477 6	0.375 1	0.295 3	0.233 0	0.184 2	0.146 0	0.116 0	0.092 3	0.073 6	0.058 8	0.047 1	0.037 8	0.030 4
26	0.772 0	0.597 6	0.463 7	0.360 7	0.281 2	0.219 8	0.172 2	0.135 2	0.106 4	0.083 9	0.066 3	0.052 5	0.041 7	0.033 1	0.026 4
27	0.764 4	0.585 9	0.450 2	0.346 8	0.267 8	0.207 4	0.160 9	0.125 2	0.097 6	0.076 3	0.059 7	0.046 9	0.036 9	0.029 1	0.023 0
28	0.756 8	0.574 4	0.437 1	0.333 5	0.255 1	0.195 6	0.150 4	0.115 9	0.089 5	0.069 3	0.053 8	0.041 9	0.032 6	0.025 5	0.020 0
29	0.749 3	0.563 1	0.424 3	0.320 7	0.242 9	0.184 6	0.140 6	0.107 3	0.082 2	0.063 0	0.048 5	0.037 4	0.028 9	0.022 4	0.017 4
30	0.741 9	0.552 1	0.412 0	0.308 3	0.231 4	0.174 1	0.131 4	0.099 4	0.075 4	0.057 3	0.043 7	0.033 4	0.025 6	0.019 6	0.015 1

续前表

期数	16%	17%	18%	19%	20%	21%	22%	23%	24%	25%	26%	27%	28%	29%	30%
1	0.862 1	0.854 7	0.847 5	0.840 3	0.833 3	0.826 4	0.819 7	0.813 0	0.806 5	0.800 0	0.793 7	0.787 4	0.781 3	0.775 2	0.769 2
2	0.743 2	0.730 5	0.718 2	0.706 2	0.694 4	0.683 0	0.671 9	0.661 0	0.650 4	0.640 0	0.629 9	0.620 0	0.610 4	0.600 9	0.591 7
3	0.640 7	0.624 4	0.608 6	0.593 4	0.578 7	0.564 5	0.550 7	0.537 4	0.524 5	0.512 0	0.499 9	0.488 2	0.476 8	0.465 8	0.455 2
4	0.552 3	0.533 7	0.515 8	0.498 7	0.482 3	0.466 5	0.451 4	0.436 9	0.423 0	0.409 6	0.396 8	0.384 4	0.372 5	0.361 1	0.350 1
5	0.476 1	0.456 1	0.437 1	0.419 0	0.401 9	0.385 5	0.370 0	0.355 2	0.341 1	0.327 7	0.314 9	0.302 7	0.291 0	0.279 9	0.269 3
6	0.410 4	0.389 8	0.370 4	0.352 1	0.334 9	0.318 6	0.303 3	0.288 8	0.275 1	0.262 1	0.249 9	0.238 3	0.227 4	0.217 0	0.207 2
7	0.353 8	0.333 2	0.313 9	0.295 9	0.279 1	0.263 3	0.248 6	0.234 8	0.221 8	0.209 7	0.198 3	0.187 7	0.177 6	0.168 2	0.159 4
8	0.305 0	0.284 8	0.266 0	0.248 7	0.232 6	0.217 6	0.203 8	0.190 9	0.178 9	0.167 8	0.157 4	0.147 8	0.138 8	0.130 4	0.122 6
9	0.263 0	0.243 4	0.225 5	0.209 0	0.193 8	0.179 9	0.167 0	0.155 2	0.144 3	0.134 2	0.124 9	0.116 4	0.108 4	0.101 1	0.094 3
10	0.226 7	0.208 0	0.191 1	0.175 6	0.161 5	0.148 6	0.136 9	0.126 2	0.116 4	0.107 4	0.099 2	0.091 6	0.084 7	0.078 4	0.072 5
11	0.195 4	0.177 8	0.161 9	0.147 6	0.134 6	0.122 8	0.112 2	0.102 6	0.093 8	0.085 9	0.078 7	0.072 1	0.066 2	0.060 7	0.055 8
12	0.168 5	0.152 0	0.137 2	0.124 0	0.112 2	0.101 5	0.092 0	0.083 4	0.075 7	0.068 7	0.062 5	0.056 8	0.051 7	0.047 1	0.042 9
13	0.145 2	0.129 9	0.116 3	0.104 2	0.093 5	0.083 9	0.075 4	0.067 8	0.061 0	0.055 0	0.049 6	0.044 7	0.040 4	0.036 5	0.033 0
14	0.125 2	0.111 0	0.098 5	0.087 6	0.077 9	0.069 3	0.061 8	0.055 1	0.049 2	0.044 0	0.039 3	0.035 2	0.031 6	0.028 3	0.025 4
15	0.107 9	0.094 9	0.083 5	0.073 6	0.064 9	0.057 3	0.050 7	0.044 8	0.039 7	0.035 2	0.031 2	0.027 7	0.024 7	0.021 9	0.019 5
16	0.093 0	0.081 1	0.070 8	0.061 8	0.054 1	0.047 4	0.041 5	0.036 4	0.032 0	0.028 1	0.024 8	0.021 8	0.019 3	0.017 0	0.015 0
17	0.080 2	0.069 3	0.060 0	0.052 0	0.045 1	0.039 1	0.034 0	0.029 6	0.025 8	0.022 5	0.019 7	0.017 2	0.015 0	0.013 2	0.011 6
18	0.069 1	0.059 2	0.050 8	0.043 7	0.037 6	0.032 3	0.027 9	0.024 1	0.020 8	0.018 0	0.015 6	0.013 5	0.011 8	0.010 2	0.008 9
19	0.059 6	0.050 6	0.043 1	0.036 7	0.031 3	0.026 7	0.022 9	0.019 6	0.016 8	0.014 4	0.012 4	0.010 7	0.009 2	0.007 9	0.006 8
20	0.051 4	0.043 3	0.036 5	0.030 8	0.026 1	0.022 1	0.018 7	0.015 9	0.013 5	0.011 5	0.009 8	0.008 4	0.007 2	0.006 1	0.005 3
21	0.044 3	0.037 0	0.030 9	0.025 9	0.021 7	0.018 3	0.015 4	0.012 9	0.010 9	0.009 2	0.007 8	0.006 6	0.005 6	0.004 8	0.004 0
22	0.038 2	0.031 6	0.026 2	0.021 8	0.018 1	0.015 1	0.012 6	0.010 5	0.008 8	0.007 4	0.006 2	0.005 2	0.004 4	0.003 7	0.003 1
23	0.032 9	0.027 0	0.022 2	0.018 3	0.015 1	0.012 5	0.010 3	0.008 6	0.007 1	0.005 9	0.004 9	0.004 1	0.003 4	0.002 9	0.002 4
24	0.028 4	0.023 1	0.018 8	0.015 4	0.012 6	0.010 3	0.008 5	0.007 0	0.005 7	0.004 7	0.003 9	0.003 2	0.002 7	0.002 2	0.001 8
25	0.024 5	0.019 7	0.016 0	0.012 9	0.010 5	0.008 5	0.006 9	0.005 7	0.004 6	0.003 8	0.003 1	0.002 5	0.002 1	0.001 7	0.001 4
26	0.021 1	0.016 9	0.013 5	0.010 9	0.008 7	0.007 0	0.005 7	0.004 6	0.003 7	0.003 0	0.002 5	0.002 0	0.001 6	0.001 3	0.001 1
27	0.018 2	0.014 4	0.011 5	0.009 1	0.007 3	0.005 8	0.004 7	0.003 7	0.003 0	0.002 4	0.001 9	0.001 6	0.001 3	0.001 0	0.000 8
28	0.015 7	0.012 3	0.009 7	0.007 7	0.006 1	0.004 8	0.003 8	0.003 0	0.002 4	0.001 9	0.001 5	0.001 2	0.001 0	0.000 8	0.000 6
29	0.013 5	0.010 5	0.008 2	0.006 4	0.005 1	0.004 0	0.003 1	0.002 5	0.002 0	0.001 5	0.001 2	0.001 0	0.000 8	0.000 6	0.000 5
30	0.011 6	0.009 0	0.007 0	0.005 4	0.004 2	0.003 3	0.002 6	0.002 0	0.001 6	0.001 2	0.001 0	0.000 8	0.000 6	0.000 5	0.000 4

附表三

普通年金终值系数表

期数	1%	2%	3%	4%	5%	6%	7%	8%	9%	10%	11%	12%	13%	14%	15%
1	1.000 0	1.000 0	1.000 0	1.000 0	1.000 0	1.000 0	1.000 0	1.000 0	1.000 0	1.000 0	1.000 0	1.000 0	1.000 0	1.000 0	1.000 0
2	2.010 0	2.020 0	2.030 0	2.040 0	2.050 0	2.060 0	2.070 0	2.080 0	2.090 0	2.100 0	2.110 0	2.120 0	2.130 0	2.140 0	2.150 0
3	3.030 1	3.060 4	3.090 9	3.121 6	3.152 5	3.183 6	3.214 9	3.246 4	3.278 1	3.310 0	3.342 1	3.374 4	3.406 9	3.439 6	3.472 5
4	4.060 4	4.121 6	4.183 6	4.246 5	4.310 1	4.374 6	4.439 9	4.506 1	4.573 1	4.641 0	4.709 7	4.779 3	4.849 8	4.921 1	4.993 4
5	5.101 0	5.204 0	5.309 1	5.416 3	5.525 6	5.637 1	5.750 7	5.866 6	5.984 7	6.105 1	6.227 8	6.352 8	6.480 3	6.610 1	6.742 4
6	6.152 0	6.308 1	6.468 4	6.633 0	6.801 9	6.975 3	7.153 3	7.335 9	7.523 3	7.715 6	7.912 9	8.115 2	8.322 7	8.535 5	8.753 7
7	7.213 5	7.434 3	7.662 5	7.898 3	8.142 0	8.393 8	8.654 0	8.922 8	9.200 4	9.487 2	9.783 3	10.089 0	10.404 7	10.730 5	11.066 8
8	8.285 7	8.583 0	8.892 3	9.214 2	9.549 1	9.897 5	10.259 8	10.636 6	11.028 5	11.435 9	11.859 4	12.299 7	12.757 3	13.232 8	13.726 8
9	9.368 5	9.754 6	10.159 1	10.582 8	11.026 6	11.491 3	11.978 0	12.487 6	13.021 0	13.579 5	14.164 0	14.775 7	15.415 7	16.085 3	16.785 8
10	10.462 2	10.949 7	11.463 9	12.006 1	12.577 9	13.180 8	13.816 4	14.486 6	15.192 9	15.937 4	16.722 0	17.548 7	18.419 7	19.337 3	20.303 7
11	11.566 8	12.168 7	12.807 8	13.486 4	14.206 8	14.971 6	15.783 6	16.645 5	17.560 3	18.531 2	19.561 4	20.654 6	21.814 3	23.044 5	24.349 3
12	12.682 5	13.412 1	14.192 0	15.025 8	15.917 1	16.869 9	17.888 5	18.977 1	20.140 7	21.384 3	22.713 2	24.133 1	25.650 2	27.270 7	29.001 7
13	13.809 3	14.680 3	15.617 8	16.626 8	17.713 0	18.882 1	20.140 6	21.495 3	22.953 4	24.522 7	26.211 6	28.029 1	29.984 7	32.088 7	34.351 9
14	14.947 4	15.973 9	17.086 3	18.291 9	19.598 6	21.015 1	22.550 5	24.214 9	26.019 2	27.975 0	30.094 9	32.392 6	34.882 7	37.581 1	40.504 7
15	16.096 9	17.293 4	18.598 9	20.023 6	21.578 6	23.276 0	25.129 0	27.152 1	29.360 9	31.772 5	34.405 4	37.279 7	40.417 5	43.842 4	47.580 4
16	17.257 9	18.639 3	20.156 9	21.824 5	23.657 5	25.672 5	27.888 1	30.324 3	33.003 4	35.949 7	39.189 9	42.753 3	46.671 7	50.980 4	55.717 5
17	18.430 4	20.012 1	21.761 6	23.697 5	25.840 4	28.212 9	30.840 2	33.750 2	36.973 7	40.544 7	44.500 8	48.883 7	53.739 1	59.117 6	65.075 1
18	19.614 7	21.412 3	23.414 4	25.645 4	28.132 4	30.905 7	33.999 0	37.450 2	41.301 3	45.599 2	50.395 9	55.749 7	61.725 1	68.394 1	75.836 4
19	20.810 9	22.840 6	25.116 9	27.671 2	30.539 0	33.760 0	37.379 0	41.446 3	46.018 5	51.159 1	56.939 5	63.439 7	70.749 4	78.969 2	88.211 8
20	22.019 0	24.297 4	26.870 4	29.778 1	33.066 0	36.785 6	40.995 5	45.762 0	51.160 1	57.275 0	64.202 8	72.052 4	80.946 8	91.024 9	102.443 6
21	23.239 2	25.783 3	28.676 5	31.969 2	35.719 3	39.992 7	44.865 2	50.422 9	56.764 5	64.002 5	72.265 1	81.698 7	92.469 9	104.768 4	118.810 1
22	24.471 6	27.299 0	30.536 8	34.248 0	38.505 2	43.392 3	49.005 7	55.456 8	62.873 3	71.402 7	81.214 3	92.502 6	105.491 0	120.436 0	137.631 6
23	25.716 3	28.845 0	32.452 9	36.617 9	41.430 5	46.995 8	53.436 1	60.893 3	69.531 9	79.543 0	91.147 9	104.602 9	120.204 8	138.297 0	159.276 4
24	26.973 5	30.421 9	34.426 5	39.082 6	44.502 0	50.815 6	58.176 7	66.764 8	76.789 8	88.497 3	102.174 2	118.155 2	136.831 5	158.658 6	184.167 8
25	28.243 2	32.030 3	36.459 3	41.645 9	47.727 1	54.864 5	63.249 0	73.105 9	84.700 9	98.347 1	114.413 3	133.333 9	155.619 6	181.870 8	212.793 0
26	29.525 6	33.670 9	38.553 0	44.311 7	51.113 5	59.156 4	68.676 5	79.954 4	93.324 0	109.181 8	127.998 8	150.333 9	176.850 1	208.332 7	245.712 0
27	30.820 9	35.344 3	40.709 6	47.084 2	54.669 1	63.705 8	74.483 8	87.350 8	102.723 1	121.099 9	143.078 6	169.374 0	200.840 6	238.499 3	283.568 8
28	32.129 1	37.051 2	42.930 9	49.967 6	58.402 6	68.528 1	80.697 7	95.338 8	112.968 2	134.209 9	159.817 3	190.698 9	227.949 9	272.889 2	327.104 1
29	33.450 4	38.792 2	45.218 9	52.966 3	62.322 7	73.639 8	87.346 5	103.965 9	124.135 4	148.630 9	178.397 2	214.582 8	258.583 4	312.093 7	377.169 7
30	34.784 9	40.568 1	47.575 4	56.084 9	66.438 8	79.058 2	94.460 8	113.283 2	136.307 5	164.494 0	199.020 9	241.332 7	293.199 2	356.786 8	434.745 1

续前表

期数	16%	17%	18%	19%	20%	21%	22%	23%	24%	25%	26%	27%	28%	29%	30%
1	1.000 0	1.000 0	1.000 0	1.000 0	1.000 0	1.000 0	1.000 0	1.000 0	1.000 0	1.000 0	1.000 0	1.000 0	1.000 0	1.000 0	1.000 0
2	2.160 0	2.170 0	2.180 0	2.190 0	2.200 0	2.210 0	2.220 0	2.230 0	2.240 0	2.250 0	2.260 0	2.270 0	2.280 0	2.290 0	2.300 0
3	3.505 6	3.538 9	3.572 4	3.606 1	3.640 0	3.674 1	3.708 4	3.742 9	3.777 6	3.812 5	3.847 6	3.882 9	3.918 4	3.954 1	3.990 0
4	5.066 5	5.140 5	5.215 4	5.291 3	5.368 0	5.445 7	5.524 2	5.603 8	5.684 2	5.765 6	5.848 0	5.931 3	6.015 6	6.100 8	6.187 0
5	6.877 1	7.014 4	7.154 2	7.296 6	7.441 6	7.589 2	7.739 6	7.892 6	8.048 4	8.207 0	8.368 4	8.532 7	8.699 9	8.870 0	9.043 1
6	8.977 5	9.206 8	9.442 0	9.683 0	9.929 9	10.183 0	10.442 3	10.707 9	10.980 1	11.258 8	11.544 2	11.836 6	12.135 9	12.442 3	12.756 0
7	11.413 9	11.772 0	12.141 5	12.522 7	12.915 9	13.321 4	13.739 6	14.170 8	14.615 3	15.073 5	15.545 8	16.032 4	16.533 9	17.050 6	17.582 8
8	14.240 1	14.773 3	15.327 0	15.902 0	16.499 1	17.118 9	17.762 3	18.430 0	19.122 9	19.841 9	20.587 6	21.361 2	22.163 4	22.995 3	23.857 7
9	17.518 5	18.284 7	19.085 9	19.923 4	20.798 9	21.713 9	22.670 0	23.669 0	24.712 5	25.802 3	26.940 4	28.128 7	29.369 2	30.663 9	32.015 0
10	21.321 5	22.393 1	23.521 3	24.708 9	25.958 7	27.273 8	28.657 4	30.112 8	31.643 4	33.252 9	34.944 9	36.723 5	38.592 6	40.556 4	42.619 5
11	25.732 9	27.199 9	28.755 1	30.403 5	32.150 4	34.001 3	35.962 0	38.038 8	40.237 9	42.566 1	45.030 6	47.638 8	50.398 5	53.317 8	56.405 3
12	30.850 2	32.823 9	34.931 1	37.180 2	39.580 5	42.141 6	44.873 7	47.787 7	50.895 0	54.207 7	57.738 6	61.501 3	65.510 0	69.780 0	74.327 0
13	36.786 2	39.404 0	42.218 7	45.244 5	48.496 6	51.991 3	55.745 9	59.778 8	64.109 7	68.759 6	73.750 6	79.106 6	84.852 9	91.016 1	97.625 0
14	43.672 0	47.102 7	50.818 0	54.840 9	59.195 9	63.909 5	69.010 0	74.528 0	80.496 1	86.949 5	93.925 8	101.465 4	109.611 7	118.410 8	127.912 5
15	51.659 5	56.110 1	60.965 3	66.260 7	72.035 1	78.330 5	85.192 2	92.669 4	100.815 1	109.686 8	119.346 5	129.861 1	141.302 9	153.750 0	167.286 3
16	60.925 0	66.648 8	72.939 0	79.850 2	87.442 1	95.779 9	104.934 5	114.983 4	126.010 8	138.108 5	151.376 6	165.923 6	181.867 7	199.337 4	218.472 2
17	71.673 0	78.979 2	87.068 0	96.021 8	105.930 6	116.893 7	129.020 1	142.429 5	157.253 4	173.635 7	191.734 5	211.723 0	233.790 7	258.145 3	285.013 9
18	84.140 7	93.405 6	103.740 3	115.265 9	128.116 7	142.441 3	158.404 5	176.188 3	195.994 2	218.044 6	242.585 5	269.888 2	300.252 1	334.007 4	371.518 0
19	98.603 2	110.284 6	123.413 5	138.166 4	154.740 0	173.354 0	194.253 5	217.711 6	244.032 8	273.555 8	306.657 7	343.758 0	385.322 7	431.869 6	483.973 4
20	115.379 7	130.032 9	146.628 0	165.418 0	186.688 0	210.758 4	237.989 3	268.785 3	303.600 6	342.944 7	387.388 7	437.572 6	494.213 1	558.111 8	630.165 5
21	134.840 5	153.138 5	174.021 0	197.847 4	225.025 6	256.017 6	291.346 9	331.605 9	377.464 8	429.680 9	489.109 8	556.717 3	633.592 7	720.964 2	820.215 1
22	157.415 0	180.172 1	206.344 8	236.438 5	271.030 7	310.781 3	356.443 2	408.875 3	469.056 3	538.101 1	617.278 3	708.030 9	811.998 7	931.043 8	106 7.279 6
23	183.601 4	211.801 3	244.486 8	282.361 8	326.236 9	377.045 4	435.860 7	503.916 6	582.629 8	673.626 4	778.770 7	900.199 3	1 040.358 3	1 202.046 5	1 388.463 5
24	213.977 6	248.807 6	289.494 5	337.010 5	392.484 2	457.224 9	532.750 1	620.817 4	723.461 0	843.032 9	982.251 1	1 144.253 1	1 332.658 6	1 551.640 0	1 806.002 6
25	249.214 0	292.104 9	342.603 5	402.042 5	471.981 1	554.242 2	650.955 1	764.605 4	898.091 6	1 054.791 2	1 238.636 3	1 454.201 4	1 706.803 1	2 002.615 6	2 348.803 3
26	290.088 3	342.762 7	405.272 1	479.430 6	567.377 3	671.633 0	795.165 3	941.464 7	1 114.633 6	1 319.489 0	1 561.681 8	1 847.835 8	2 185.707 9	2 584.374 1	3 054.444 3
27	337.502 4	402.032 3	479.221 1	571.522 4	681.852 8	813.675 9	971.101 6	1 159.001 6	1 383.145 7	1 650.361 2	1 968.719 1	2 347.751 5	2 798.706 1	3 334.842 6	3 971.777 6
28	392.502 8	471.377 8	566.480 9	681.111 6	819.223 3	985.547 9	1 185.744 0	1 426.571 9	1 716.100 7	2 063.951 5	2 481.586 0	2 982.644 4	3 583.343 8	4 302.947 0	5 164.310 9
29	456.303 2	552.512 1	669.447 5	811.522 8	984.068 0	1 193.512 9	1 447.607 7	1 755.683 5	2 128.964 8	2 580.939 4	3 127.798 4	3 788.958 3	4 587.680 1	5 551.801 6	6 714.604 2
30	530.311 7	647.439 1	790.948 0	966.712 2	1 181.881 6	1 445.150 7	1 767.081 3	2 160.490 7	2 640.916 4	3 227.174 3	3 942.026 0	4 812.977 1	5 873.230 6	7 162.824 1	8 729.985 5

附表四

普通年金现值系数表

期数	1%	2%	3%	4%	5%	6%	7%	8%	9%	10%	11%	12%	13%	14%	15%
1	0.990 1	0.980 4	0.970 9	0.961 5	0.952 4	0.943 4	0.934 6	0.925 9	0.917 4	0.909 1	0.900 9	0.892 9	0.885 0	0.877 2	0.869 6
2	1.970 4	1.941 6	1.913 5	1.886 1	1.859 4	1.833 4	1.808 0	1.783 3	1.759 1	1.735 5	1.712 5	1.690 1	1.668 1	1.646 7	1.625 7
3	2.941 0	2.883 9	2.828 6	2.775 1	2.723 2	2.673 0	2.624 3	2.577 1	2.531 3	2.486 9	2.443 7	2.401 8	2.361 2	2.321 6	2.283 2
4	3.902 0	3.807 7	3.717 1	3.629 9	3.546 0	3.465 1	3.387 2	3.312 1	3.239 7	3.169 9	3.102 4	3.037 3	2.974 5	2.913 7	2.855 0
5	4.853 4	4.713 5	4.579 7	4.451 8	4.329 5	4.212 4	4.100 2	3.992 7	3.889 7	3.790 8	3.695 9	3.604 8	3.517 2	3.433 1	3.352 2
6	5.795 5	5.601 4	5.417 2	5.242 1	5.075 7	4.917 3	4.766 5	4.622 9	4.485 9	4.355 3	4.230 5	4.111 4	3.997 5	3.888 7	3.784 5
7	6.728 2	6.472 0	6.230 3	6.002 1	5.786 4	5.582 4	5.389 3	5.206 4	5.033 0	4.868 4	4.712 2	4.563 8	4.422 6	4.288 3	4.160 4
8	7.651 7	7.325 5	7.019 7	6.732 7	6.463 2	6.209 8	5.971 3	5.746 6	5.534 8	5.334 9	5.146 1	4.967 6	4.798 8	4.638 9	4.487 3
9	8.566 0	8.162 2	7.786 1	7.435 3	7.107 8	6.801 7	6.515 2	6.246 9	5.995 2	5.759 0	5.537 0	5.328 2	5.131 7	4.946 4	4.771 6
10	9.471 3	8.982 6	8.530 2	8.110 9	7.721 7	7.360 1	7.023 6	6.710 1	6.417 7	6.144 6	5.889 2	5.650 2	5.426 2	5.216 1	5.018 8
11	10.367 6	9.786 8	9.252 6	8.760 5	8.306 4	7.886 9	7.498 7	7.139 0	6.805 2	6.495 1	6.206 5	5.937 7	5.686 9	5.452 7	5.233 7
12	11.255 1	10.575 3	9.954 0	9.385 1	8.863 3	8.383 8	7.942 7	7.536 1	7.160 7	6.813 7	6.492 4	6.194 4	5.917 6	5.660 3	5.420 6
13	12.133 7	11.348 4	10.635 0	9.985 6	9.393 6	8.852 7	8.357 7	7.903 8	7.486 9	7.103 4	6.749 9	6.423 5	6.121 8	5.842 4	5.583 1
14	13.003 7	12.106 2	11.296 1	10.563 1	9.898 6	9.295 0	8.745 5	8.244 2	7.786 2	7.366 7	6.981 9	6.628 2	6.302 5	6.002 1	5.724 5
15	13.865 1	12.849 3	11.937 9	11.118 4	10.379 7	9.712 2	9.107 9	8.559 5	8.060 7	7.606 1	7.190 9	6.810 9	6.462 4	6.142 2	5.847 4
16	14.717 9	13.577 7	12.561 1	11.652 3	10.837 8	10.105 9	9.446 6	8.851 4	8.312 6	7.823 7	7.379 2	6.974 0	6.603 9	6.265 1	5.954 2
17	15.562 3	14.291 9	13.166 1	12.165 7	11.274 1	10.477 3	9.763 2	9.121 6	8.543 6	8.021 6	7.548 8	7.119 6	6.729 1	6.372 9	6.047 2
18	16.398 3	14.992 0	13.753 5	12.659 3	11.689 6	10.827 6	10.059 1	9.371 9	8.755 6	8.201 4	7.701 6	7.249 7	6.839 9	6.467 4	6.128 0
19	17.226 0	15.678 5	14.323 8	13.133 9	12.085 3	11.158 1	10.335 6	9.603 6	8.950 1	8.364 9	7.839 3	7.365 8	6.938 0	6.550 4	6.198 2
20	18.045 6	16.351 4	14.877 5	13.590 3	12.462 2	11.469 9	10.594 0	9.818 1	9.128 5	8.513 6	7.963 3	7.469 4	7.024 8	6.623 1	6.259 3
21	18.857 0	17.011 2	15.415 0	14.029 2	12.821 2	11.764 1	10.835 5	10.016 8	9.292 2	8.648 7	8.075 1	7.562 0	7.101 6	6.687 0	6.312 5
22	19.660 4	17.658 0	15.936 9	14.451 1	13.163 0	12.041 6	11.061 2	10.200 7	9.442 4	8.771 5	8.175 7	7.644 6	7.169 5	6.742 9	6.358 7
23	20.455 8	18.292 2	16.443 6	14.856 8	13.488 6	12.303 4	11.272 2	10.371 1	9.580 2	8.883 2	8.266 4	7.718 4	7.229 7	6.792 1	6.398 8
24	21.243 4	18.913 9	16.935 5	15.247 0	13.798 6	12.550 4	11.469 3	10.528 8	9.706 6	8.984 7	8.348 1	7.784 3	7.282 9	6.835 1	6.433 8
25	22.023 2	19.523 5	17.413 1	15.622 1	14.093 9	12.783 4	11.653 6	10.674 8	9.822 6	9.077 0	8.421 7	7.843 1	7.330 0	6.872 9	6.464 1
26	22.795 2	20.121 0	17.876 8	15.982 8	14.375 2	13.003 2	11.825 8	10.810 0	9.929 0	9.160 9	8.488 1	7.895 7	7.371 7	6.906 1	6.490 6
27	23.559 6	20.706 9	18.327 0	16.329 6	14.643 0	13.210 5	11.986 7	10.935 2	10.026 6	9.237 2	8.547 8	7.942 6	7.408 6	6.935 2	6.513 5
28	24.316 4	21.281 3	18.764 1	16.663 1	14.898 1	13.406 2	12.137 1	11.051 1	10.116 1	9.306 6	8.601 6	7.984 4	7.441 2	6.960 7	6.533 5
29	25.065 8	21.844 4	19.188 5	16.983 7	15.141 1	13.590 7	12.277 7	11.158 4	10.198 3	9.369 6	8.650 1	8.021 8	7.470 1	6.983 0	6.550 9
30	25.807 7	22.396 5	19.600 4	17.292 0	15.372 5	13.764 8	12.409 0	11.257 8	10.273 7	9.426 9	8.693 8	8.055 2	7.495 7	7.002 7	6.566 0

续前表

期数	16%	17%	18%	19%	20%	21%	22%	23%	24%	25%	26%	27%	28%	29%	30%
1	0.862 1	0.854 7	0.847 5	0.840 3	0.833 3	0.826 4	0.819 7	0.813 0	0.806 5	0.800 0	0.793 7	0.787 4	0.781 3	0.775 2	0.769 2
2	1.605 2	1.585 2	1.565 6	1.546 5	1.527 8	1.509 5	1.491 5	1.474 0	1.456 8	1.440 0	1.423 5	1.407 4	1.391 6	1.376 1	1.360 9
3	2.245 9	2.209 6	2.174 3	2.139 9	2.106 5	2.073 9	2.042 2	2.011 4	1.981 3	1.952 0	1.923 4	1.895 6	1.868 4	1.842 0	1.816 1
4	2.798 2	2.743 2	2.690 1	2.638 6	2.588 7	2.540 4	2.493 6	2.448 3	2.404 3	2.361 6	2.320 2	2.280 0	2.241 0	2.203 1	2.166 2
5	3.274 3	3.199 3	3.127 2	3.057 6	2.990 6	2.926 0	2.863 6	2.803 5	2.745 4	2.689 3	2.635 1	2.582 7	2.532 0	2.483 0	2.435 6
6	3.684 7	3.589 2	3.497 6	3.409 8	3.325 5	3.244 6	3.166 9	3.092 3	3.020 5	2.951 4	2.885 0	2.821 0	2.759 4	2.700 0	2.642 7
7	4.038 6	3.922 4	3.811 5	3.705 7	3.604 6	3.507 9	3.415 5	3.327 0	3.242 3	3.161 1	3.083 3	3.008 7	2.937 0	2.868 2	2.802 1
8	4.343 6	4.207 2	4.077 6	3.954 4	3.837 2	3.725 6	3.619 3	3.517 9	3.421 2	3.328 9	3.240 7	3.156 4	3.075 8	2.998 6	2.924 7
9	4.606 5	4.450 6	4.303 0	4.163 3	4.031 0	3.905 4	3.786 3	3.673 1	3.565 5	3.463 1	3.365 7	3.272 8	3.184 2	3.099 7	3.019 0
10	4.833 2	4.658 6	4.494 1	4.338 9	4.192 5	4.054 1	3.923 2	3.799 3	3.681 9	3.570 5	3.464 8	3.364 4	3.268 9	3.178 1	3.091 5
11	5.028 6	4.836 4	4.656 0	4.486 5	4.327 1	4.176 9	4.035 4	3.901 8	3.775 7	3.656 4	3.543 5	3.436 5	3.335 1	3.238 8	3.147 3
12	5.197 1	4.988 4	4.793 2	4.610 5	4.439 2	4.278 4	4.127 4	3.985 2	3.851 4	3.725 1	3.605 9	3.493 3	3.386 8	3.285 9	3.190 3
13	5.342 3	5.118 3	4.909 5	4.714 7	4.532 7	4.362 4	4.202 8	4.053 0	3.912 4	3.780 1	3.655 5	3.538 1	3.427 2	3.322 4	3.223 3
14	5.467 5	5.229 3	5.008 1	4.802 3	4.610 6	4.431 7	4.264 6	4.108 2	3.961 6	3.824 1	3.694 9	3.573 3	3.458 7	3.350 7	3.248 7
15	5.575 5	5.324 2	5.091 6	4.875 9	4.675 5	4.489 0	4.315 2	4.153 0	4.001 3	3.859 3	3.726 1	3.601 0	3.483 4	3.372 6	3.268 2
16	5.668 5	5.405 3	5.162 4	4.937 7	4.729 6	4.536 4	4.356 7	4.189 4	4.033 3	3.887 4	3.750 9	3.622 8	3.502 6	3.389 6	3.283 2
17	5.748 7	5.474 6	5.222 3	4.989 7	4.774 6	4.575 5	4.390 8	4.219 0	4.059 1	3.909 9	3.770 5	3.640 0	3.517 7	3.402 8	3.294 8
18	5.817 8	5.533 9	5.273 2	5.033 3	4.812 2	4.607 9	4.418 7	4.243 1	4.079 9	3.927 9	3.786 1	3.653 6	3.529 4	3.413 0	3.303 7
19	5.877 5	5.584 5	5.316 2	5.070 0	4.843 5	4.634 6	4.441 5	4.262 7	4.096 7	3.942 4	3.798 5	3.664 2	3.538 6	3.421 0	3.310 5
20	5.928 8	5.627 8	5.352 7	5.100 9	4.869 6	4.656 7	4.460 3	4.278 6	4.110 3	3.953 9	3.808 3	3.672 6	3.545 8	3.427 1	3.315 8
21	5.973 1	5.664 8	5.383 7	5.126 8	4.891 3	4.675 0	4.475 6	4.291 6	4.121 2	3.963 1	3.816 1	3.679 2	3.551 4	3.431 9	3.319 8
22	6.011 3	5.696 4	5.409 9	5.148 6	4.909 4	4.690 0	4.488 2	4.302 1	4.130 0	3.970 5	3.822 3	3.684 4	3.555 8	3.435 6	3.323 0
23	6.044 2	5.723 4	5.432 1	5.166 8	4.924 5	4.702 5	4.498 5	4.310 6	4.137 1	3.976 4	3.827 3	3.688 5	3.559 2	3.438 4	3.325 4
24	6.072 6	5.746 5	5.450 9	5.182 2	4.937 1	4.712 8	4.507 0	4.317 6	4.142 8	3.981 1	3.831 2	3.691 8	3.561 9	3.440 6	3.327 2
25	6.097 1	5.766 2	5.466 9	5.195 1	4.947 6	4.721 3	4.513 9	4.323 2	4.147 4	3.984 9	3.834 2	3.694 3	3.564 0	3.442 3	3.328 6
26	6.118 2	5.783 1	5.480 4	5.206 0	4.956 3	4.728 4	4.519 6	4.327 8	4.151 1	3.987 9	3.836 7	3.696 3	3.565 6	3.443 7	3.329 7
27	6.136 4	5.797 5	5.491 9	5.215 1	4.963 6	4.734 2	4.524 3	4.331 6	4.154 2	3.990 3	3.838 7	3.697 9	3.566 9	3.444 7	3.330 5
28	6.152 0	5.809 9	5.501 6	5.222 8	4.969 7	4.739 0	4.528 1	4.334 6	4.156 6	3.992 3	3.840 2	3.699 1	3.567 9	3.445 5	3.331 2
29	6.165 6	5.820 4	5.509 8	5.229 2	4.974 7	4.743 0	4.531 2	4.337 1	4.158 5	3.993 8	3.841 4	3.700 1	3.568 7	3.446 1	3.331 7
30	6.177 2	5.829 4	5.516 8	5.234 7	4.978 9	4.746 3	4.533 8	4.339 1	4.160 1	3.995 0	3.842 4	3.700 9	3.569 3	3.446 6	3.332 1

图书在版编目（CIP）数据

财务管理实务/薛春燕，马元兴主编．—2版．—北京：中国人民大学出版社，2020.3
21世纪高职高专规划教材·会计系列
ISBN 978-7-300-28002-8

Ⅰ.①财… Ⅱ.①薛… ②马… Ⅲ.①财务管理-高等职业教育-教材 Ⅳ.①F275

中国版本图书馆CIP数据核字（2020）第049428号

21世纪高职高专规划教材·会计系列
财务管理实务（第2版）
主　编　薛春燕　马元兴
Caiwu Guanli Shiwu

出版发行	中国人民大学出版社		
社　　址	北京中关村大街31号	**邮政编码**	100080
电　　话	010－62511242（总编室）		010－62511770（质管部）
	010－82501766（邮购部）		010－62514148（门市部）
	010－62515195（发行公司）		010－62515275（盗版举报）
网　　址	http://www.crup.com.cn		
经　　销	新华书店		
印　　刷	北京密兴印刷有限公司	**版　　次**	2013年6月第1版
开　　本	787 mm×1092 mm　1/16		2020年3月第2版
印　　张	22.25　插页1	**印　　次**	2023年8月第4次印刷
字　　数	541 000	**定　　价**	48.00元